Handbuch Trailrunning

Allgemeiner Hinweis:

Aus Gründen der besseren Lesbarkeit wird bei Personenbezeichnungen die männliche Sprachform verwendet. Gemeint ist sowohl die männliche als auch die weibliche und die diverse Form.

Das vorliegende Buch wurde sorgfältig erarbeitet. Dennoch erfolgen alle Angaben ohne Gewähr. Weder der Autor noch der Verlag können für eventuelle Nachteile oder Schäden, die aus den im Buch vorgestellten Informationen resultieren, Haftung übernehmen.

Sollte diese Publikation Links auf Webseiten Dritter enthalten, so übernehmen wir für deren Inhalte keine Haftung, da wir uns diese nicht zu eigen machen, sondern lediglich auf deren Stand zum Zeitpunkt der Erstveröffentlichung verweisen.

MARKUS BRENNAUER

HANDBUCH TRAILRUNNING

TRAINING – VORBEREITUNG – WETTKAMPF

Mit Trainingsplänen für den **BASETRAIL XL** beim **ZUT**

Meyer & Meyer Verlag

Handbuch Trailrunning

Bibliografische Information der Deutschen Nationalbibliothek
Die Deutsche Nationalbibliothek verzeichnet diese Publikation in der Deutschen Nationalbibliografie; detaillierte bibliografische Details sind im Internet über <http://dnb.d-nb.de> abrufbar.

Auckland, Beirut, Dubai, Hägendorf, Hongkong, Indianapolis, Kairo, Kapstadt,
Manila, Maidenhead, Neu-Delhi, Singapur, Sydney, Teheran, Wien

Member of the World Sport Publishers' Association (WSPA)

Gesamtherstellung: Print Consult GmbH, München

MIX
Paper from responsible sources
FSC® C084279
FSC
www.fsc.org

ISBN 978-3-8403-7796-9
E-Mail: verlag@m-m-sports.com
www.dersportverlag.de

INHALT

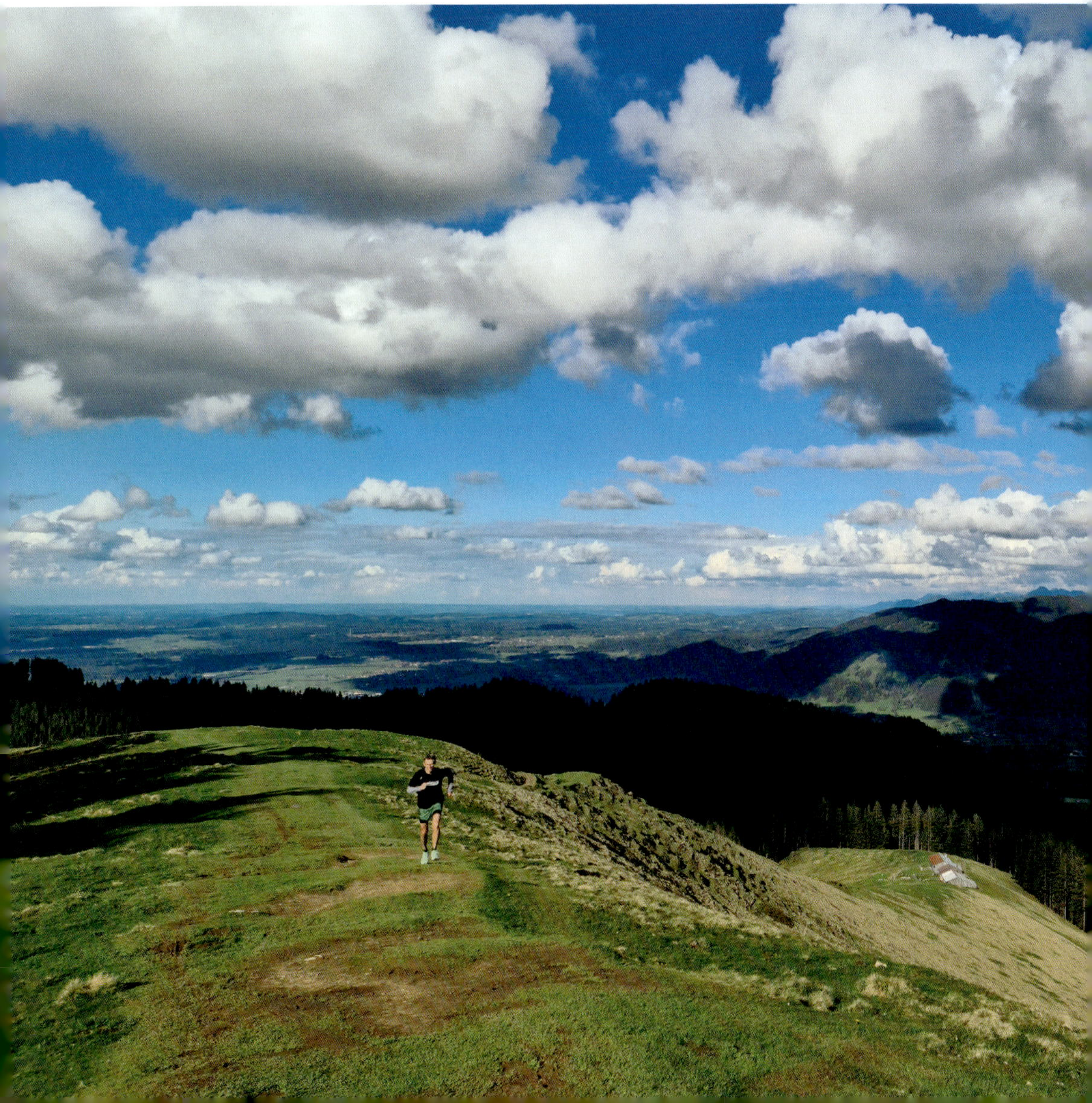

PROLOG

1. Januar 2019

Der Zugspitz-Ultra-Trail, Deutschlands größte Traillaufveranstaltung, ist schon beinahe ausgebucht. Nur wenige der insgesamt 2.500 Startplätze im Juni sind noch frei.

18. Mai 2019

Beim Rennsteiglauf, Deutschlands größtem Landschaftslauf, gehen 16.291 Läufer an den Start. 16.017 von ihnen erreichen das Ziel.

15. Juni 2019

Biathlon-Olympiasiegerin Laura Dahlmeier gewinnt den Basetrail XL (39 km mit 2.000 Höhenmetern) beim Zugspitz-Ultra-Trail. Mit ihr erreichen tausende Läuferinnen und Läufer freudestrahlend das Ziel bei Deutschlands größtem und begehrtestem Trailrunningevent. Die Stimmung am Start und natürlich vor allem im Ziel ist ausgelassen. Freudentränen werden vergossen, wildfremde Menschen liegen sich in den Armen, im Festzelt wird ausgelassen gefeiert.

30. Juni 2019

Jim Walmsley gewinnt den Western States 100 und steigert seinen eigenen Streckenrekord auf unglaubliche 14:09:28 Stunden. Das entspricht einem Kilometerschnitt von 5:16 Minuten! Ein irrwitziges Tempo für diese Distanz (160,9 km) und das Streckenprofil (5.500 Höhenmeter bergauf und 7.000 Höhenmeter bergab).

3. Juli 2019

Traillauflegende Kilian Jornet postet bei Instagram: Bergauflaufen ist eine Kombination aus Speed (Geschwindigkeit) und Kraft. Das perfekte Training für das Bergauflaufen muss also an der VO_2max und der Beinkraft arbeiten.

27. Juli 2019

Die Münchnerin Eva-Maria Sperger pulverisiert beim Großglockner Ultra-Trail (110 km/6.500 Höhenmeter) mit 16:03:13 Stunden den Streckenrekord um mehr als eine Stunde. Deutschlands beste Trailläuferin muss nur zwei Männern den Vortritt lassen. „Der Körper ist einfach ein Wunderwerk", postet sie später auf Instagram.

30. Juli 2019

Kilian Jornet postet bei Instagram: „Während ich mich unten im Tal für schnelle und flache Rennen vorbereite, kann ich nicht aufhören, nach oben in die mich umgebenden Berge zu blicken. Dort hätte ich viel mehr Spaß."

11. August 2019

Noch wenige Meter trennen Kilian Jornet vom Streckenrekord und dem Sieg beim Sierre Zinal, dem wohl prestigeträchtigsten und bedeutendsten Berglauf der Welt. Mit atemberaubender Geschwindigkeit läuft er durch das Spalier der jubelnden Zuschauer. Er animiert die Zuschauer, lauter zu klatschen. Plötzlich springt ein kleiner Junge in einem grünen T-Shirt von links in die Strecke, um seinen Vater auf den letzten Metern zu begleiten. Dieser war einige Stunden vor Kilian Jornet gestartet und genießt nun die letzten Meter. Geistesgegenwärtig bremst Jornet, weicht nach rechts aus und läuft im Slalom durch die kleine Familie hindurch. Wenige Sekunden später erreicht die spanische Traillauflegende das Ziel: 2:25:35 Stunden zeigt die Uhr. Damit bleibt er dreieinhalb Minuten unter dem Streckenrekord des mehrmaligen Berglaufweltmeisters Jonathan Wyatt, dessen Rekordzeit bereits als unerreichbar galt.

12. Oktober 2019

Eliud Kipchoge läuft in Wien als erster Mensch den Marathon unter zwei Stunden. Mit 1:59:40 Stunden durchbricht der aktuell dominierende Marathonläufer die Schallmauer. Auf dem ultraflachen Kurs im Wiener Prater wird er von 41 Tempomachern unterstützt. Ein vorausfahrendes Fahrzeug gibt ihm und den Pacemakern das richtige Tempo per Lasersignal vor.

2. November 2019

Deutschlands bester Trailläufer, Moritz auf der Heide, postet auf Strava folgendes Laufbandtraining: Key session before world champs: 20 Minuten mit 15 km/h, 40 Minuten mit 9 km/h und 15 % Steigung, 3 x 1 km mit 10 km/h und 15 % Steigung, 1 km mit 20 km/h (0 % Steigung), 1 km mit 12 km/h – zwei Minuten Pause jeweils „BOOOM!"

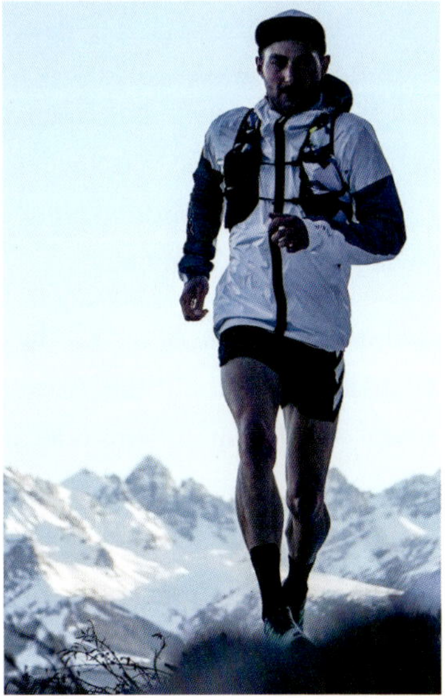

Deutschlands erfolgreichster Trailläufer Moritz auf der Heide

16. November 2019

Moritz auf der Heide belegt bei der Langstrecken-Berglauf-WM in Argentinien den ausgezeichneten 13. Platz. In einem Weltklassefeld benötigt Deutschlands konstantester und bester Trailläufer für die 41,5 km und knapp 2.200 Höhenmeter nur 3:31:18 Stunden. Jim Walmsley gewinnt in 3:12:16 Stunden. Die ehemalige Weltklasse-Biathletin Laura Dahlmeier belegt Rang 27 in 4:20:47 Stunden.

26. Juni 2021

Hannes Namberger gewinnt mit neuem Streckenrekord die Königsstrecke beim Lavaredo-Ultra-Trail. Deutschlands bester Ultratrailläufer benötigt für die 120 Kilometer mit 5.800 Höhenmetern bergauf und bergab nur 12:02 Stunden. In einem hoch spannenden Rennen duelliert er sich lange Zeit mit dem Spanier Andreu Simon Aymerich. Nach 104 Kilometern liegen beide noch gleichauf. „Am letzten Anstieg und im letzten Downhill habe ich dann extrem Druck gemacht", so der sympathische Oberbayer. Seine Zeit für die letzten neun Kilometer mit 1.000 Höhenmetern bergab: sagenhafte 37 Minuten!

Was haben die Profiläufer und all die Läufer beim Rennsteiglauf oder dem ZUT gemeinsam? Alle haben sich wochen- oder monatelang auf dieses eine Event vorbereitet. Viele haben Entbehrungen auf sich genommen. Die Profiläufer haben ihr Leben dem Laufen untergeordnet. Die große Masse der Freizeitläufer hat versucht, Familie, Beruf und Sport unter einen Hut zu bringen. Dabei gibt es natürlich riesige Unterschiede.

Manch einer hat pro Woche 10 oder mehr Stunden investiert. Andere konnten nur den Minimalaufwand betreiben, da in einem stressigen Alltag nicht mehr Zeit zur Verfügung stand. So verschieden die Vorbereitung der einzelnen Läuferinnen und Läufer auf ihren Saisonhöhepunkt gewesen sein mag, vereint doch alle dieselbe Leidenschaft: Trailrunning.

Und genau darum dreht sich dieser Ratgeber. Er soll einen Einblick vermitteln, wie man sich optimal auf das Abenteuer Trailrunning (es spielt keine Rolle, ob Wettkampf, Trailrunningurlaub oder persönliche Lieblingstour) vorbereitet, ohne dabei den Spaß am Training zu verlieren. Zunächst werden die allgemeinen Trainingsmittel berücksichtigt, die für alle Läufer – ob Bahn, Straße oder Trail – wichtig sind.

Vor allem Trailläufer oder Ultraläufer tendieren dazu, diese Trainingsmittel zu schnell aus ihrem Trainingsplan herauszustreichen. Dabei würden gerade sie davon sehr profitieren. Danach wird auf die speziellen Trainingsinhalte für das Trailrunning eingegangen. Bergauf, bergab oder in der Ebene – ein Trailläufer muss alles können. Am Ende soll man in der Lage sein, das perfekte Training für sich selbst entwickeln zu können, ob man als Ziel eine Topplatzierung beim nächsten Trailwettkampf anstrebt oder einfach nur noch mehr Spaß haben will.

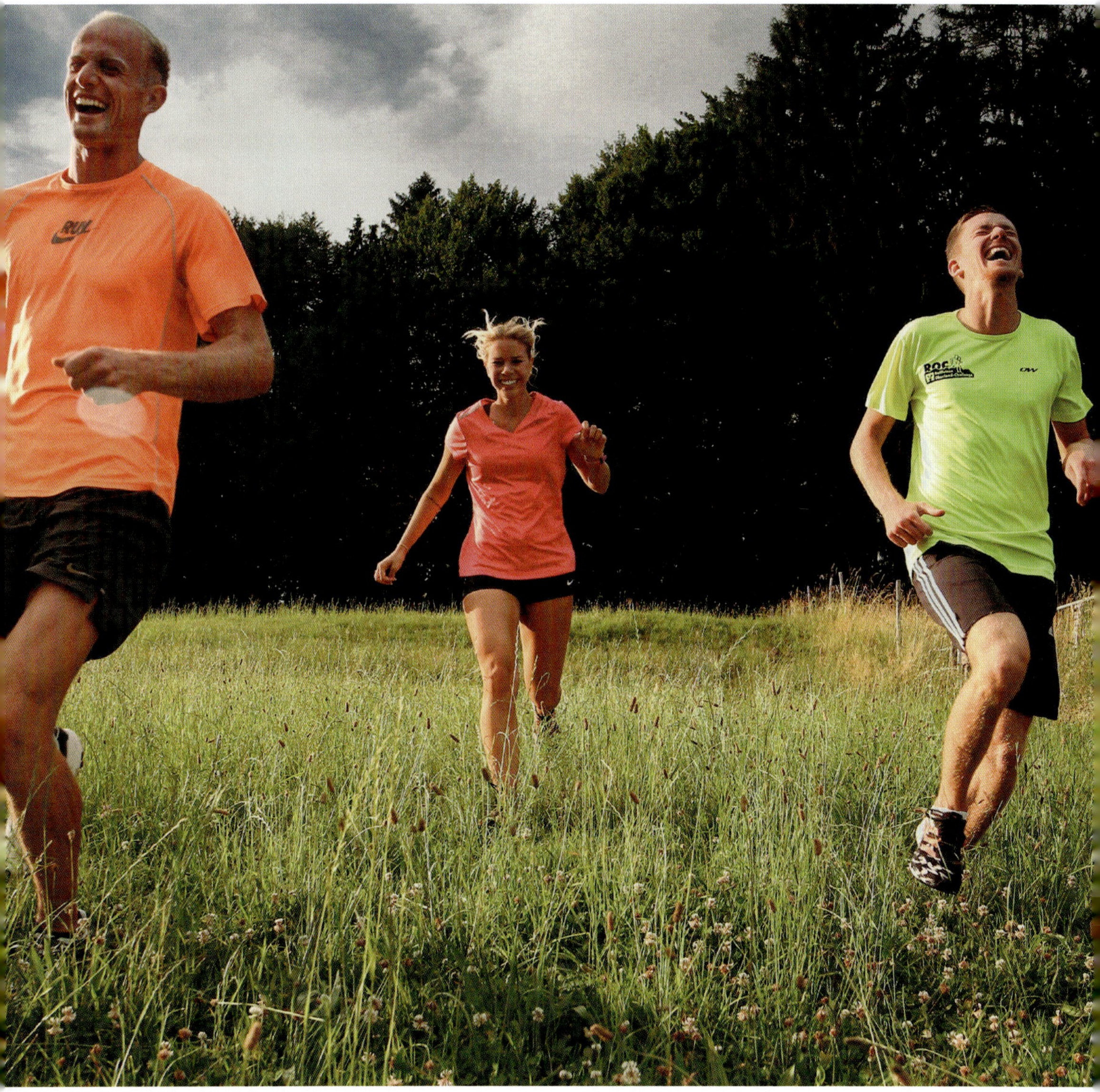

Trailrunning macht Spaß.

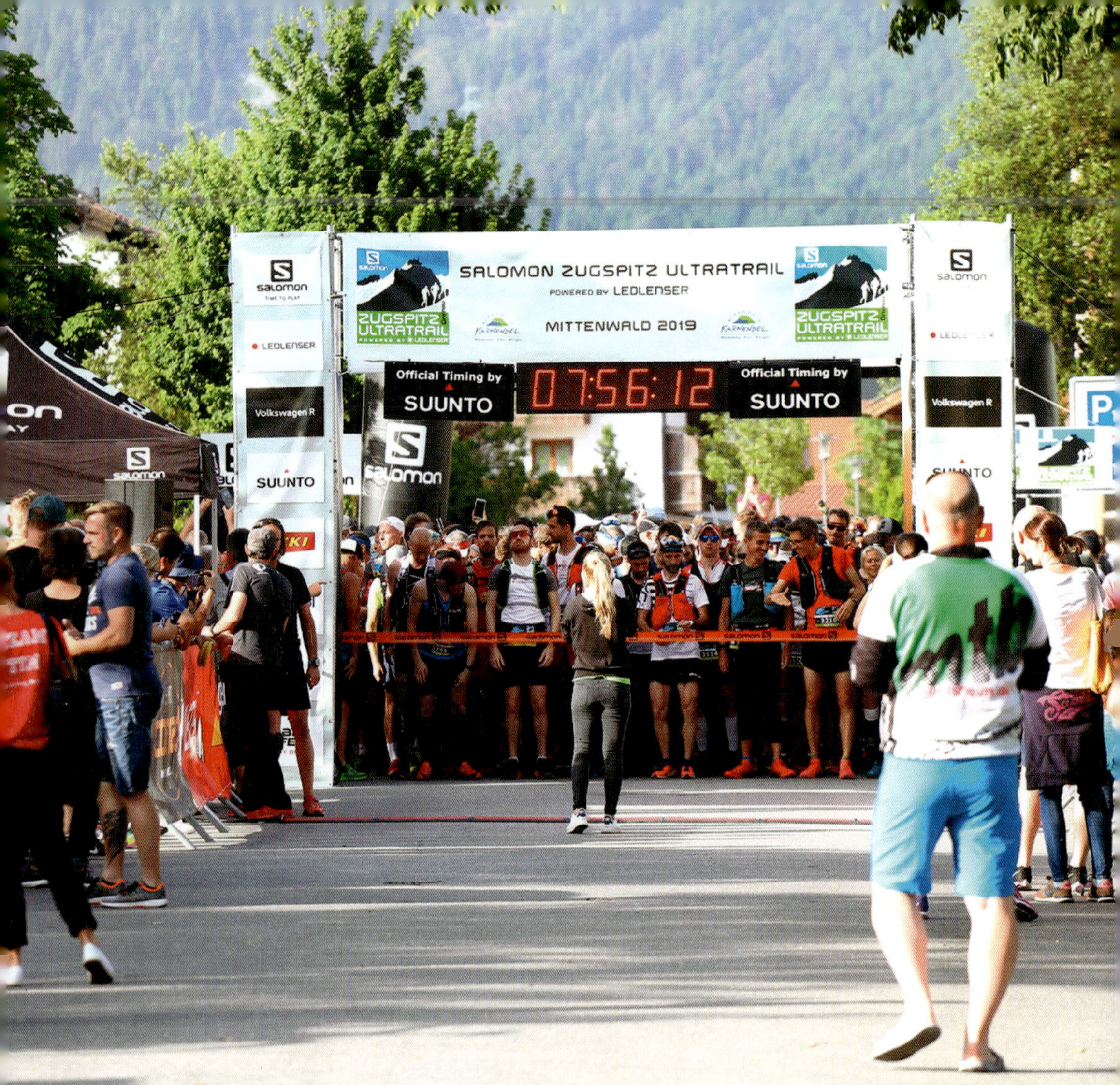

ZUT 2019: Noch 3:48 Minuten bis zum Start des Basetrails XL über 39 km mit knapp 2.000 Höhenmetern

1

TRAILRUNNING: KOMPLEX, ABER EINFACH

1.1 DER TRAILLÄUFER – DER ALLESKÖNNER

„Of all the paths you take in life, make sure a few of them are dirt."

(John Muir, US-amerikanischer Naturphilosoph)

Trail, Ultra, Vertical, Bahn, Straße, Cross, Berglauf, Waldlauf, Obstacle-Run, Hindernislauf, Orientierungslauf ... Diese Liste ließe sich wahrscheinlich noch um einige Begriffe erweitern. Um sich im Dschungel der verschiedenen Laufdisziplinen zurechtzufinden, bedarf es mittlerweile einer ordentlichen Portion Expertenwissens. Doch keine Angst, die Basis für alle diese Spielarten des Laufens ist und bleibt das Laufen selbst.

Um sich allerdings zielgerichtet auf einen Trailrun vorzubereiten, macht es keinen Sinn, ein klassisches Bahntraining zu absolvieren oder es den Berglaufspezialisten gleichzutun. Dies liegt an den verschiedenen Anforderungen, die der Körper während der einzelnen Belastungen ausgesetzt ist. Während man auf der Bahn keinen einzigen Höhenmeter überwinden, nicht auf den Untergrund achten oder auf die Streckenführung Rücksicht nehmen muss, muss der Bergläufer fast ausschließlich bergauf laufen und seinen Laufschritt dem oftmals anspruchsvollen Terrain anpassen.

Wer nun aber glaubt, dass zwischen Bahn- und Bergläufern keine Gemeinsamkeiten im Training zu finden wären, der liegt falsch. Natürlich gibt es große Unterschiede im Trainingsaufbau der beiden Spezialisten, doch zunächst einmal gehen beide derselben Grundsportart nach. Beide setzen einen Fuß vor den anderen, bei beiden ist das Herz-Kreislauf-System gefordert, beide brauchen mentale Stärke, um ihr volles Potenzial entfalten zu können. Obwohl die Gemeinsamkeiten überwiegen, wird ein reiner Bahnspezialist gegen einen Berglaufspezialist bei einem Vertical (Berglauf ausschließlich nach oben) sehr wahrscheinlich keine Chance haben. Vorausgesetzt natürlich, dass beide ungefähr ein vergleichbares Leistungspotenzial aufweisen.

Zu sehr hat sich ihr Körper den speziellen Anforderungen ihrer Disziplin angepasst. Wer nun aber glaubt, dass ein Weltklasse-Bahnläufer nie am Berg trainiert, oder ein Weltklasse-Bergläufer nie im Flachen läuft, der irrt sich gewaltig. Jedes Training führt zu speziellen Anpassungen im Körper. Jeder Reiz hat eine Reaktion des Organismus zur Folge.

Und genau hier setzt nun dieses Buch an. Denn es gibt unzählige verschiedene Trainingsmethoden und -inhalte, die allesamt unterschiedlich auf den menschlichen Körper wirken. Diese unterschiedlichen Inhalte müssen richtig kombiniert und angewendet werden, um die bestmögliche Leistung zu erzielen. Beim Traillaufen ist es besonders schwierig, die Trainingsinhalte aufeinander abzustimmen und sich selbst in die optimale Form für einen Wettkampf zu bringen.

Selbst wenn man nicht an Wettkämpfen teilnimmt oder diese „Just for Fun" läuft, sollte man im Training darauf achten, seinen Körper nicht zu überfordern und gut auf anstehende Belastungen vorzubereiten. Denn Traillaufen ist sicherlich die anspruchsvollste Variante des Laufens, die sowohl Körper als auch den Geist besonders beansprucht.

Das Traillaufen vereint alle Spielarten der einfachsten und schönsten Sportart der Welt. Man braucht die Laktattoleranz der Bahnläufer, die Trittsicherheit der Crossläufer, die Geschmeidigkeit der Obstacle-Runner, die Kraft und Kraftausdauer der Bergläufer, die Übersicht der Orientierungsläufer, die Ausdauer und mentale Stärke der Ultraläufer, den Speed der Straßenläufer, kurz gesagt: Ein guter Trailläufer muss die besten Eigenschaften seiner Laufkollegen miteinander vereinen.

Es gibt aber noch eine weitere Schwierigkeit für einen Trailläufer. Nicht nur, dass er am besten zeitgleich ein pfeilschneller Straßenläufer und eine Kletterziege sein sollte. Nein, je nach Streckenprofil und -länge müssen andere Fähigkeiten mehr oder weniger im Training berücksichtigt werden, was die Trainingsplanung zusätzlich erschwert. Außerdem muss eine gründliche Analyse der Stärken und Schwächen erfolgen, was mitunter deutlich komplexer als bei einem Straßen- oder Bahnläufer sein kann.

Was zunächst nach einer Menge Arbeit klingt, ist aber im Endeffekt gar nicht so arbeitsaufwendig. Denn wenn man Spaß an einer Sache hat – und Traillaufen macht eine Menge Spaß –, beschäftigt man sich gerne mit den verschiedenen Aspekten eben dieser einen Sache. Zudem machen gerade diese verschiedenen Herausforderungen das Traillaufen so interessant. Hier ist der Allrounder unter den Läufern gefragt, der seinen Körper für die speziellen Herausforderungen eines Traillaufs perfekt vorbereitet.

Mithilfe dieses Buchs werden Sie in Zukunft nicht nur besser vorbereitet in einen Wettkampf starten können, sondern mehr Spaß an Ihrer Leidenschaft haben. Und darauf kommt es schließlich an.

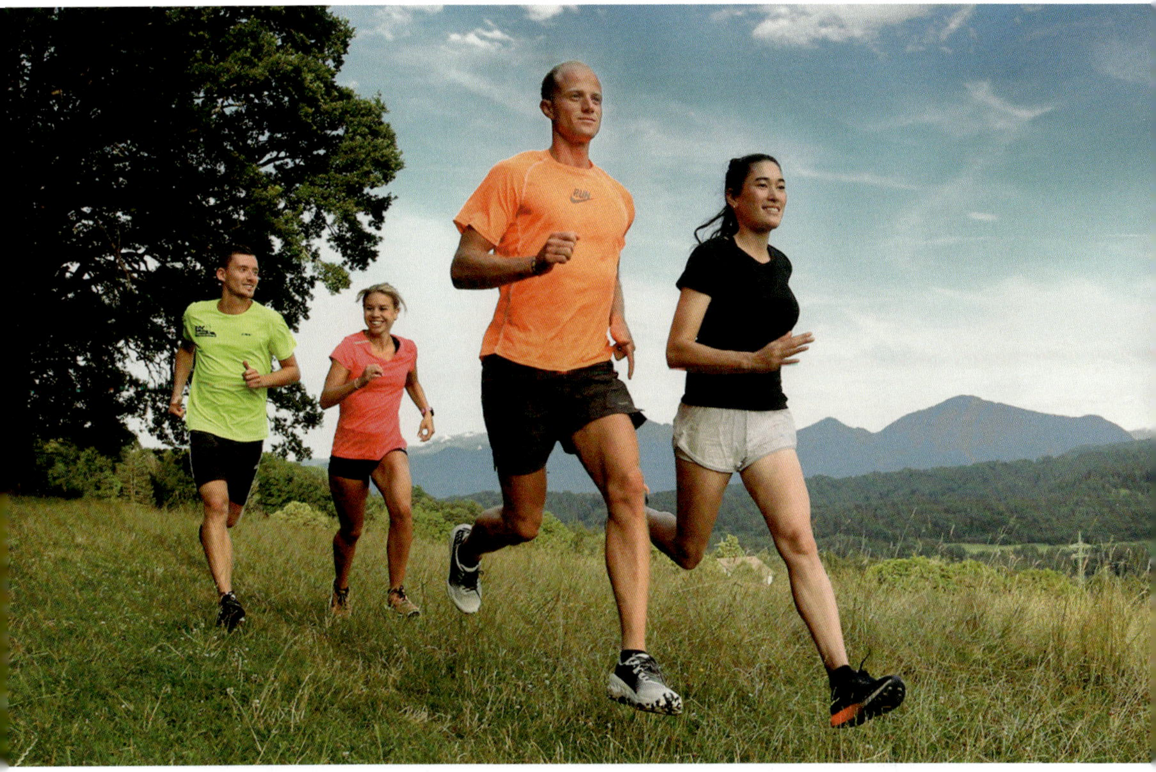

1.2 FAST ALLE LÄUFER KÖNNEN TRAILLAUFEN

„Laufen hat mich vielleicht mehr als alles andere gelehrt, dass es keinen Grund gibt, Startlinien zu fürchten . . . oder andere Neuanfänge."

(Amby Burfoot, Boston-Marathon-Sieger 1968 und Journalist)

Wenn man zum ersten Mal an einem Traillauf teilnimmt oder Fotos von Traillaufveranstaltungen sieht, fallen einem sofort die meist auffällig in bunten Farben gekleideten Läufer auf. Nicht wenige von ihnen tragen zudem einen Laufrucksack, in dem mehr oder weniger wichtige Gegenstände oder Verpflegung untergebracht sind. Viele Teilnehmer sehen hochprofessionell aus, was nicht zuletzt daran liegt, dass die meisten eine Menge Geld für Ausrüstung ausgegeben haben.

Die Teilnehmer wirken auf Außenstehende wie eine eingeschworene Gemeinschaft, die ihren eigenen Regeln und Ritualen folgt. Meist herrscht eine Mischung aus ausgelassener Stimmung und Anspannung, schließlich warten alle auf den Startschuss zu einem kleinen oder großen Laufabenteuer. Doch spätestens mit dem Startschuss sind die Unterschiede zwischen Trailläufern und „normalen" Läufern vergessen und verschwunden. Sobald sich die Masse in Bewegung setzt, zählt nur noch eines: laufen.

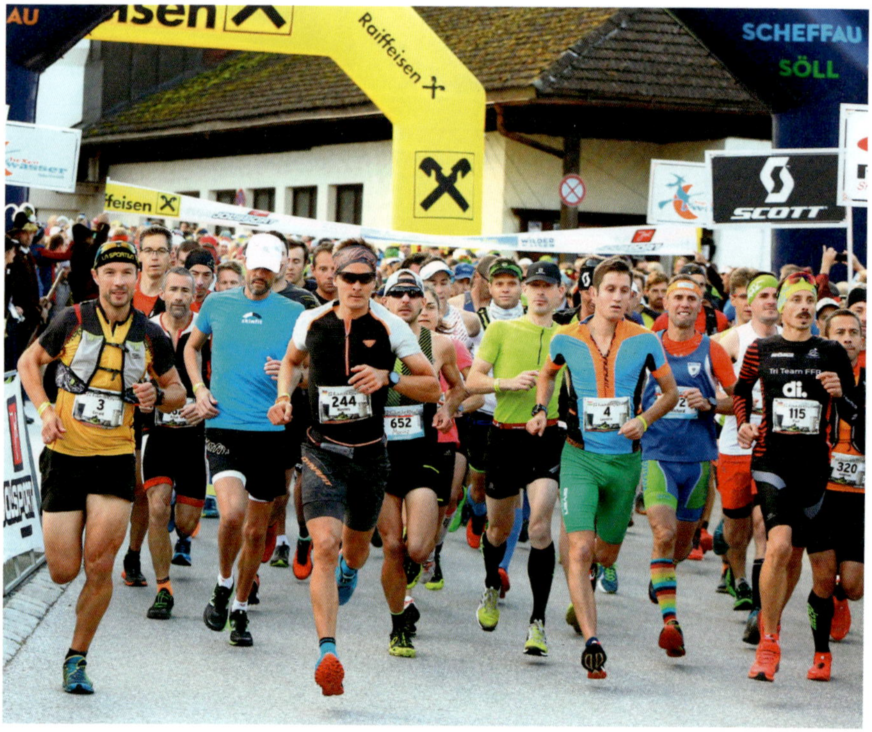

Tour de Tirol 2018 – Trailrunningspaß an drei Tagen

Und genau aus diesem Grund können alle Läufer problemlos an einem Traillauf teilnehmen. Es spielt keine Rolle, welche Kleidung man trägt, welche Philosophie man mit der Teilnahme an einem Traillauf verfolgt, welche Art von Mensch man ist. Hauptsache, man zählt sich selbst zur Kategorie der Läufer.

Traillaufen ist eine Variante des Laufens, wenngleich meist eine sehr anspruchsvolle. Das Adjektiv „anspruchsvoll" sollte allerdings niemanden von der Teilnahme abhalten, wobei einige Läufer vor ihrer Traillaufpremiere ehrlich mit sich ins Gebet gehen und überprüfen sollten, ob sie folgende Fragen mit „Ja" beantworten würden:

- Haben Sie Bock auf Bergauflaufen?
- Haben Sie Lust auf Bergablaufen?
- Laufen Sie gerne auf unebenen Wegen?
- Sind Sie gerne in der Natur?
- Haben Sie Respekt vor der Natur?
- Können Sie einige Kilometer am Stück laufen?
- Lieben Sie Herausforderungen?
- Haben Sie Lust auf ein Abenteuer?
- Bewegen Sie sich gerne?
- Können Sie sich an verändernde Bedingungen anpassen?
- Sind Sie bereit, Ihre Komfortzone zu verlassen?
- Entdecken Sie gerne neue und unbekannte Wege?
- Mögen Sie wandern?

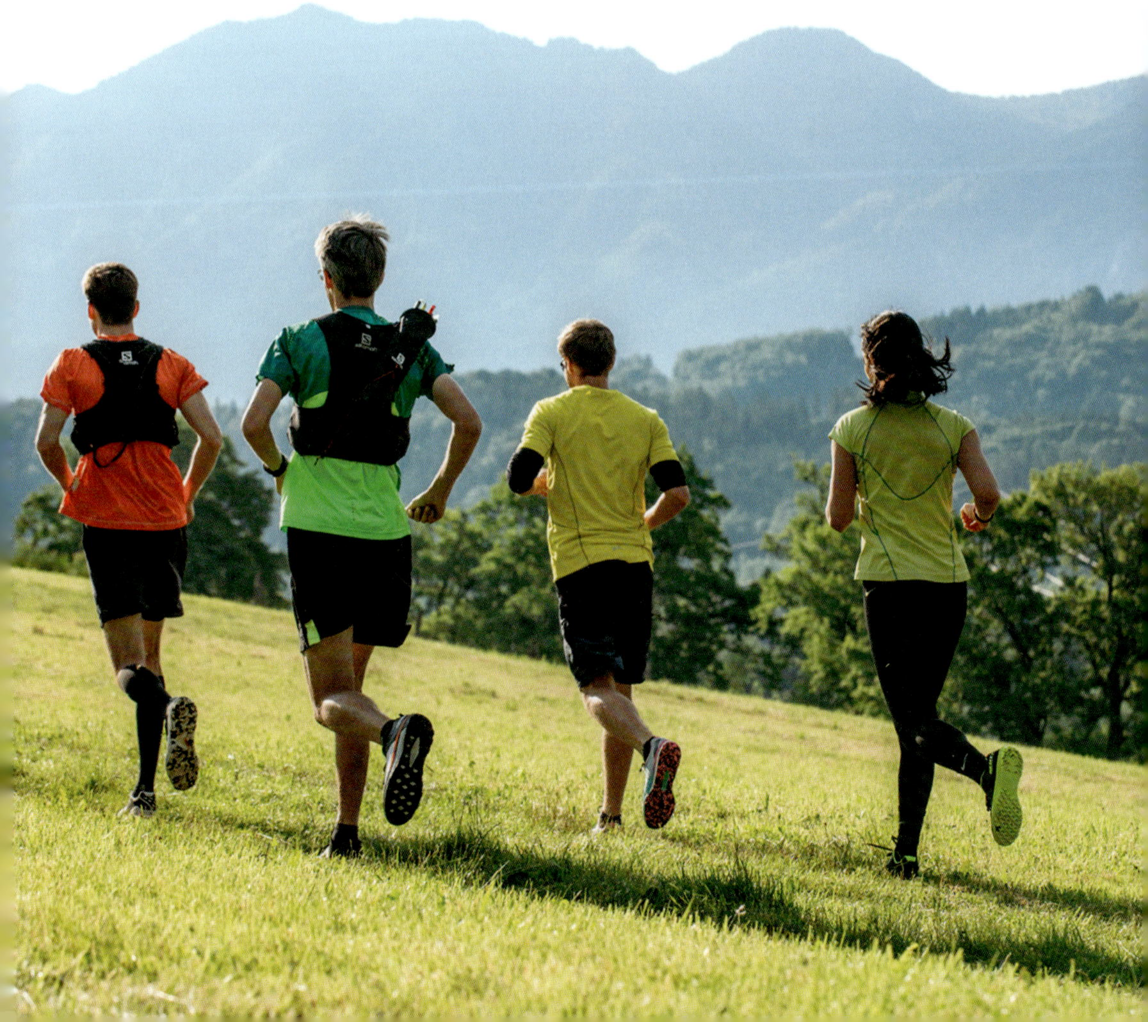

Man könnte noch unzählige weitere Fragen stellen, doch letztendlich ist das Traillaufen eine Frage der richtigen Einstellung. Wer im Vorfeld weiß, worauf er sich einlässt und warum, der wird die Herausforderung, der er sich stellt, auch meistern. Und genau hier ist der große Unterschied zwischen Trailrunning und Straßenläufen zu suchen.

Während man sich für einen Marathon auf der Straße nahezu überall nach standardisierten Plänen vorbereiten kann, ist das für Trailläufe nicht ganz so ohne Weiteres möglich. Dies liegt vor allem daran, dass kein Traillauf dem anderen gleicht. Ob ich in Hamburg, Frankfurt oder Berlin einen Stadtmarathon laufe, die Strecken und Bedingungen sind nahezu identisch. Ob ich hingegen in Garmisch-Partenkirchen, auf der Schwäbischen Alb, im Salzburger Land oder im Taunus einen Trailrunningwettbewerb laufe, spielt sehr wohl eine Rolle. Hier gilt es, geografische, klimatische und viele andere regionale Faktoren zu berücksichtigen.

10 Kilometer Trailrunning im Taunus sind nicht automatisch gleichzusetzen mit 10 Kilometer Trailrunning in den Südtiroler Alpen. Und wer jetzt automatisch denkt, dass 10 Kilometer in den Südtiroler Alpen anspruchsvoller wären als im Taunus, der hat von vornherein verloren. Jede Strecke stellt andere Anforderungen an die Teilnehmer. Wer auf der einen Strecke im Vorderfeld landet, kann sich auf einer anderen auf einmal im Mittelfeld wiederfinden. So unterschiedlich können die Anforderungen an Trailläufer sein.

Trotz dieser Diversität der einzelnen Trailstrecken gibt es aber ein paar Dinge, die jeder Trailläufer in der Vorbereitung unbedingt beachten sollte. Dazu gehört unter anderem, nicht andauernd nur auf der Straße oder sogar auf dem Laufband zu laufen. Man muss nicht jeden Tag hunderte Höhenmeter in den Trainingsplan integrieren, aber ab und zu sollte man seine Muskulatur an das Bergab- und Bergauflaufen schon gewöhnen. Spätestens in den Tagen nach dem Trailrunningevent werden es einem seine Sehnen, Knochen und Muskeln danken, wenn man sich ausreichend auf die Herausforderung vorbereitet hat. Denn nicht selten führt die ungewohnte Belastung bei unzureichender Vorbereitung zu langwierigen Überlastungserscheinungen wie Entzündungen, die einen in den Wochen nach dem Traillauf von seinem liebsten Hobby abhalten können.

Mit der richtigen Ausrüstung macht Trailrunning noch mehr Spaß.

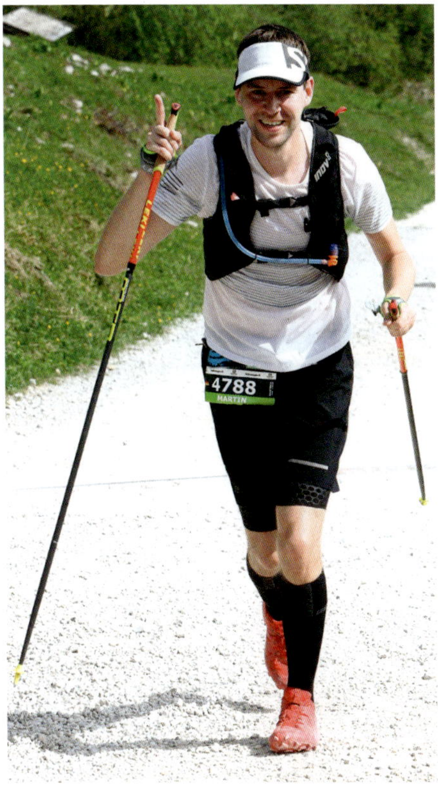

Neben der passenden Vorbereitung benötigt man auch geeignete Ausrüstung, wobei in der Regel Trailrunningschuhe und ein Laufrucksack mit entsprechendem Inhalt ausreichend sind. Dazu gibt es natürlich unzählige weitere Ausrüstungsgegenstände, die man braucht bzw. die einem von der Industrie als unabdingbar aufgeschwatzt werden. Hier gilt meist folgende Regel: Je länger die Strecke ist und je mehr Höhenmeter sie enthält, desto mehr Ausrüstung benötigt man.

Dasselbe gilt auch für die absolute Höhenlage der Strecke. Je weiter nach oben die Strecke führt, desto eher muss man wärmende Kleidung und Regenjacke, Mütze und Handschuhe mitnehmen. Denn vor allem im hochalpinen Gelände kann sich das Wetter innerhalb von Minuten gravierend ändern. Doch das alles ist kein Hindernisgrund, warum man nicht an einem Traillauf teilnehmen sollte. Sicherlich, vielleicht sollte ein blutiger Traillaufanfänger nicht gleich einen 50-Kilometer-Ultra mit 3.000 Höhenmetern im hochalpinen Gelände für seine Premiere auswählen. Aber selbst dieses Abenteuer ist bei entsprechender Vorbereitung als Premierentrail eine lösbare Aufgabe.

Allerdings sollte dem Traillaufnovizen klar sein, dass Trailläufe weit herausfordernder als Straßenläufe sind. Nur weil man einen Halbmarathon auf der Straße sicher in zwei Stunden schafft, ist das noch keine Garantie dafür, dass man dieselbe Distanz im Gelände bewältigen kann. Denn Profil und Untergrund können daraus eine vier- oder fünfstündige Tortur werden lassen. Wer da im Training im Vorfeld nie länger als 90 oder 120 Minuten unterwegs war, könnte hier massive Probleme bekommen und am Ende ein DNF (Did Not Finish) in der Ergebnisliste neben seinem Namen auftauchen sehen. Man muss einfach ehrlich zu sich selbst sein und keine gefährlichen Experimente wagen.

Wer sich 2.000 Höhenmeter bei einem Traillauf vornimmt, sollte zumindest ein paar hundert Höhenmeter pro Woche in das Training miteinbauen. Ansonsten kann aus dem erhofften Trailabenteuer ein Trailalptraum werden. Denn wer im Flachen keine Kraft mehr hat oder mit sich und seinem Körper kämpft, kommt meist noch irgendwie ins Ziel. Wem aber an einem steilen Anstieg die Energie ausgeht, wird nur noch im Schneckentempo nach oben kommen oder entkräftet und demoralisiert das Rennen beenden.

Sollte einem Kraft und Konzentration während eines rasanten Downhills abhandenkommen, ist im schlimmsten Fall sogar eine schwere Verletzung möglich, denn ein Sturz oder ein Umknicken ist im Gelände nie ganz ausgeschlossen. Um dies zu verhindern, ist neben einer konsequenten Vorbereitung auch Trittsicherheit gefragt, die man sich beinahe ausschließlich durch das Laufen abseits asphaltierter Rad- und Fußwege erwerben kann.

Wer aufgrund der letzten Zeilen Angst vor dem Trailrunning bekommen hat, sollte aber jetzt nicht in Panik verfallen. Das sind alles keine unüberwindbaren Hindernisse. Mit viel Kreativität, Engagement und Ehrgeiz kann man sich fast überall auf einen Trailrun vorbereiten. Allerdings sollte man immer einen gewissen Respekt vor der Strecke und der Veranstaltung haben.

Alleine schon deswegen, weil wir uns in der Natur bewegen und dort zu Gast sind. Als Trailläufer muss man die Umgebung, in der man läuft, respektieren und so akzeptieren, wie sie ist. Wer mit Respekt und Achtsamkeit läuft, wird die Umgebung und das Erlebnis viel intensiver wahrnehmen. Das macht auch den Reiz des Traillaufens aus.

Wer sich noch an die Überschrift des Kapitels erinnern kann, wird sich vielleicht an dem Wörtchen „fast" ein wenig stören. Es gibt nämlich tatsächlich Läufer, für die die Teilnahme an einem Traillauf keine gute Idee ist.

Hierzu gehören vor allem diejenigen, die sich aus reiner Bierlaune heraus für irgendeinen x-beliebigen Traillauf anmelden, um damit vielleicht sogar bei den Instagram- oder Facebook-Freunden Respekt und Anerkennung zu erhalten, sich dann völlig unvorbereitet an die Startlinie stellen und bereits den ersten Checkpoint nicht in der vorgegebenen Zeit erreichen. Wer sich ohne einen gewissen Respekt an die Erfahrung Trailrunning heranwagt, hat es nicht verdient, einen der teilweise heiß begehrten Startplätze zu erhalten.

Für alle anderen heißt es jetzt: **Start frei!**

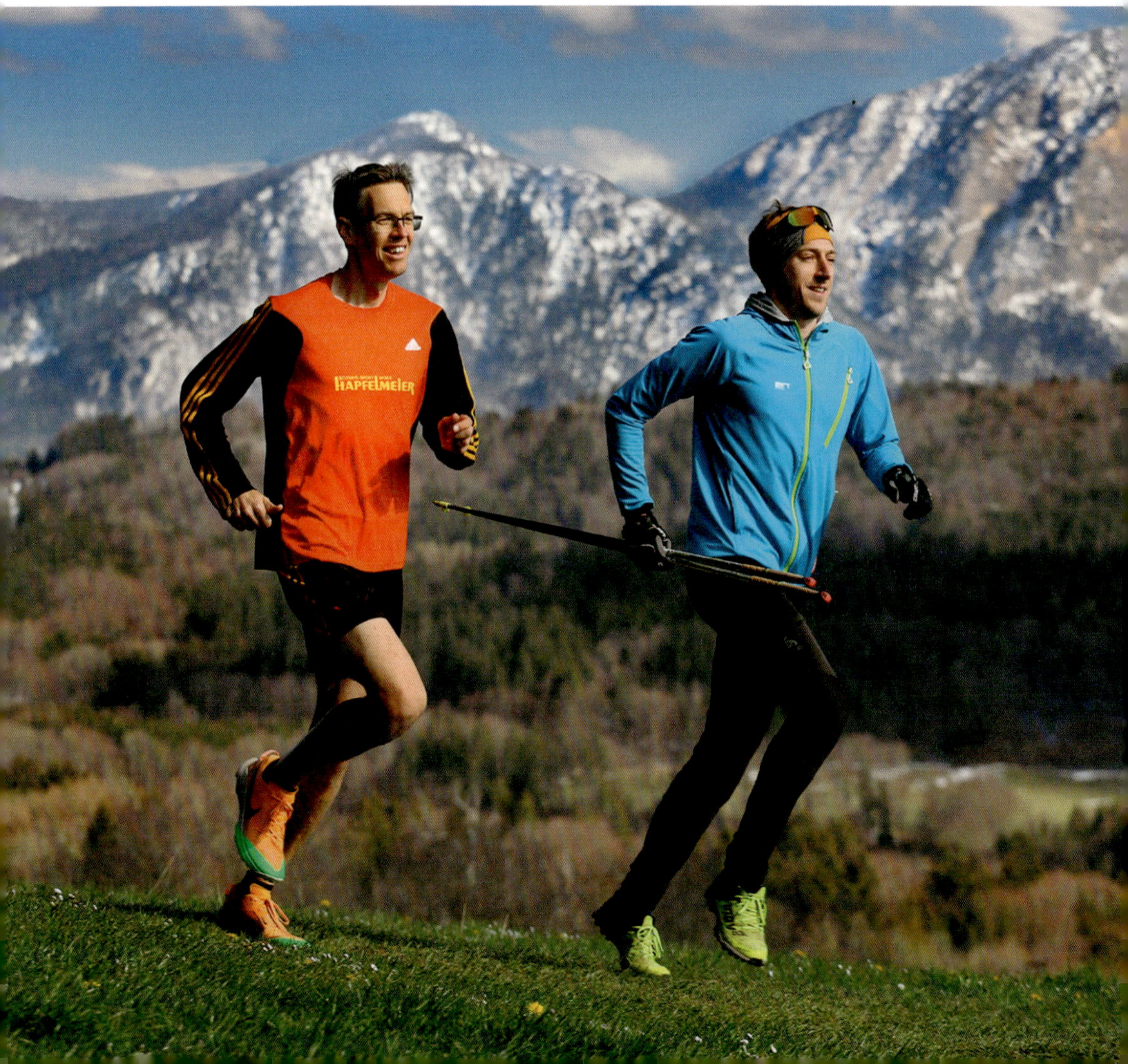

1.3 WAS IST TRAILLAUFEN?

„Stadien sind für Zuschauer.
Wir Läufer haben etwas viel Besseres: die Natur."

(Juha Väätäinen, finnischer Europameister über 5.000 Meter/10.000 Meter, 1971)

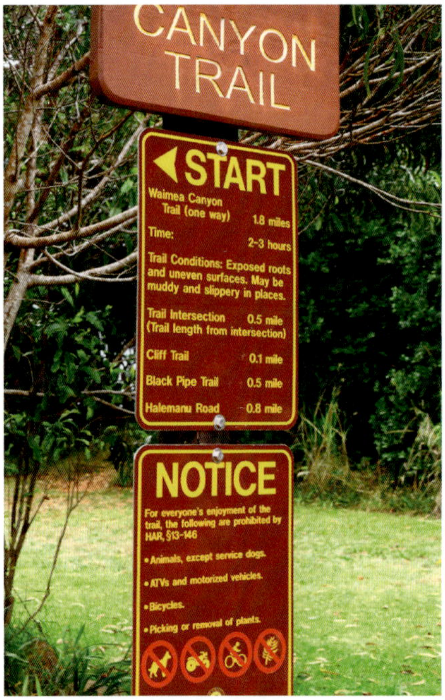

Zunächst sollte geklärt werden, was überhaupt ein Traillauf ist. Das Wort „trail" stammt aus dem Englischen und bedeutet so viel wie „Weg, Spur, Pfad, Wanderweg". Ein „Trail"-Lauf findet also auf Wegen statt. Zur Beschaffenheit dieser Wege verraten die Wörterbücher aber nichts.

Wer aber schon einmal im englischsprachigen Raum wandern war, der weiß, dass viele Wanderwege als „trail" bezeichnet werden. So gibt es in den USA zum Beispiel den legendären Pacific Crest Trail, einen Fernwanderweg, der sich 4.265 Kilometer parallel zur Pazifikküste von Süd nach Nord zieht. Dieser Weg führt die Wanderer im Landesinneren (circa 160-240 Kilometer von der Küste entfernt) unter anderem durch das Sierra-Nevada-Gebirge.

Daneben gibt es aber auch den Appalachian Trail, den Continental Divide Trail sowie natürlich unzählige kürzere Wanderwege. Wanderwege in den USA sind meist unbefestigte Wege, die oftmals deutlich schmaler sind als Straßen.

Wird der Weg so schmal, dass man zu zweit nicht mehr nebeneinandergehen kann, spricht man von einem „Singletrail". Als „Traillaufen" oder eben „Trailrunning" bezeichnet man das Laufen auf mehrheitlich nicht asphaltierten, schmalen Wegen, die zudem meist deutlich mehr Höhenmeter aufweisen als Straßenläufe.

Tab. 1: Unterschied Traillauf und Straßenlauf

Trailläufe	Straßenläufe
• Wechselnde Untergründe • Die Wegbreite variiert stark. • Welliges bis bergiges Profil • Krumme Streckenlängen • Unterschiedliche Lauftempi	• Asphalt • Meist sehr breiter Weg • Flach, wenig Höhenmeter • Standardisierte Streckenlänge • Konstantes Lauftempo möglich

Damit man vom Traillaufen sprechen kann, müssen nicht zwangsläufig alle oben in der Tabelle genannten Kriterien erfüllt sein. So gibt es Trailläufe über die klassische Marathondistanz, Trailläufe in der Stadt, bei denen auch teilweise auf Asphalt gelaufen wird oder Trailläufe, die relativ wenige Höhenmeter aufweisen. Natürlich sollten sich die Veranstalter im Vorfeld gewissenhaft überlegen, ob ihr Lauf das Prädikat „Trail" verdient oder nicht. Aber letztendlich darf jeder selbst entscheiden.

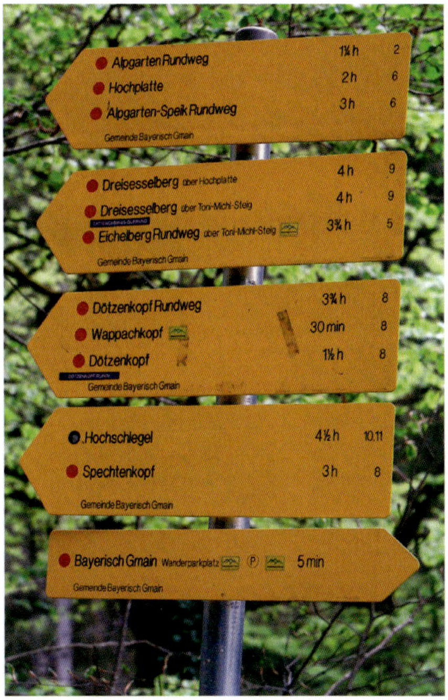

Natürlich gibt es nicht nur Trailwettkämpfe. Auch beim täglichen Training ist schnell ein Trail integriert. Wer in Großstädten auf dem Grünstreifen des kombinierten Rad- und Fußwegs läuft, kann mit Fug und Recht behaupten, gerade einen Traillauf gemacht zu haben. Für manchen hartgesottenen Bergläufer, der regelmäßig auf schmalen Bergpfaden in schwindelerregenden Höhen unterwegs ist, mag das vielleicht lächerlich klingen. Doch Traillaufen ist tatsächlich auch ein wenig Einstellungssache. Für einen beginnt der Trail eben direkt vor der Haustür in Berlin, für den anderen erst oberhalb der Baumgrenze in den Alpen.

1.4 DAS TRAINING BEGINNT VOR DER HAUSTÜR

„Auf deinen Standardstrecken vor deiner Haustür verbringst du Jahr für Jahr hunderte, wenn nicht tausende Stunden. Entsprechend sorgsam solltest du sie auswählen."

(Joe Henderson, USA, Läufer und Autor)

Viele Läufer beginnen ihre Laufkarriere ganz klassisch. Sie fangen damit an, die Wege vor ihrer Haustür oder in ihrer Stadt zu erkunden. Dabei laufen sie meist auf asphaltierten Straßen oder Kieswegen und meiden zu Beginn fast jede Steigung. Dies ist auch verständlich, schließlich ist man zunächst erst einmal froh, überhaupt laufend ein paar Meter oder Kilometer zurückzulegen. Denn es ist schon schwierig genug, ohne entsprechende Ausdauer Lauferfolge im Flachen zu verbuchen.

Doch wenn man erst einmal die ersten Etappenziele erreicht hat, vielleicht eine bestimmte Distanz geschafft oder eine erhoffte Zeit unterboten hat, sucht man sich andere Vorhaben. Dabei fällt der Blick immer öfter auf die zahlreichen Trailläufe. Hier verbindet sich die Sehnsucht nach Natur und Abenteuer mit der Leidenschaft fürs Laufen.

Einerseits bieten die teils schwierigen Trailläufe den erfahrenen Läufern neue Herausforderungen, andererseits war die Begeisterung für Berge und spektakuläre Landschaften noch nie so groß wie jetzt. Kein Wunder also, dass Trailveranstaltungen seit Jahren boomen und teilweise schon Monate vorher ausgebucht sind. Dabei ist es aber keineswegs so, dass die klassischen Straßenläufe deshalb weniger Teilnehmer als früher haben. Es scheint vielmehr so, dass durch das Traillaufen noch mehr Menschen die Liebe zum Laufsport entdecken.

Manch einer der Trailläufer ist sogar noch nie bei einem Straßenlauf mit dabei gewesen, sondern hat direkt mit dem Laufen auf den Trails begonnen. Schaut man sich die weltbesten Läufer sowohl auf der Straße als auch auf den Trails genauer an, so fällt auf, dass kaum jemand vom Trail auf die Straße umgestiegen ist. Umgekehrt gibt es immerhin ein paar wenige Beispiele von Athleten, die nach ihrer Straßen- oder Bahnlaufkarriere den Sprung ins Gelände gewagt haben. Die meisten erfolgreichen Trailläufer, vor allem der jüngeren Generation, sind aber bereits von klein auf in diesen Sport hineingewachsen, kennen aber mitunter das Laufen auf der Straße oder auf der Bahn ebenfalls.

Und genau hier setzt der erste Baustein an, wie man auf den Trails dieser Welt nicht nur schneller und leistungsstärker wird, sondern wie man auch langfristig mehr Spaß daran hat und von Verletzungen verschont bleibt.

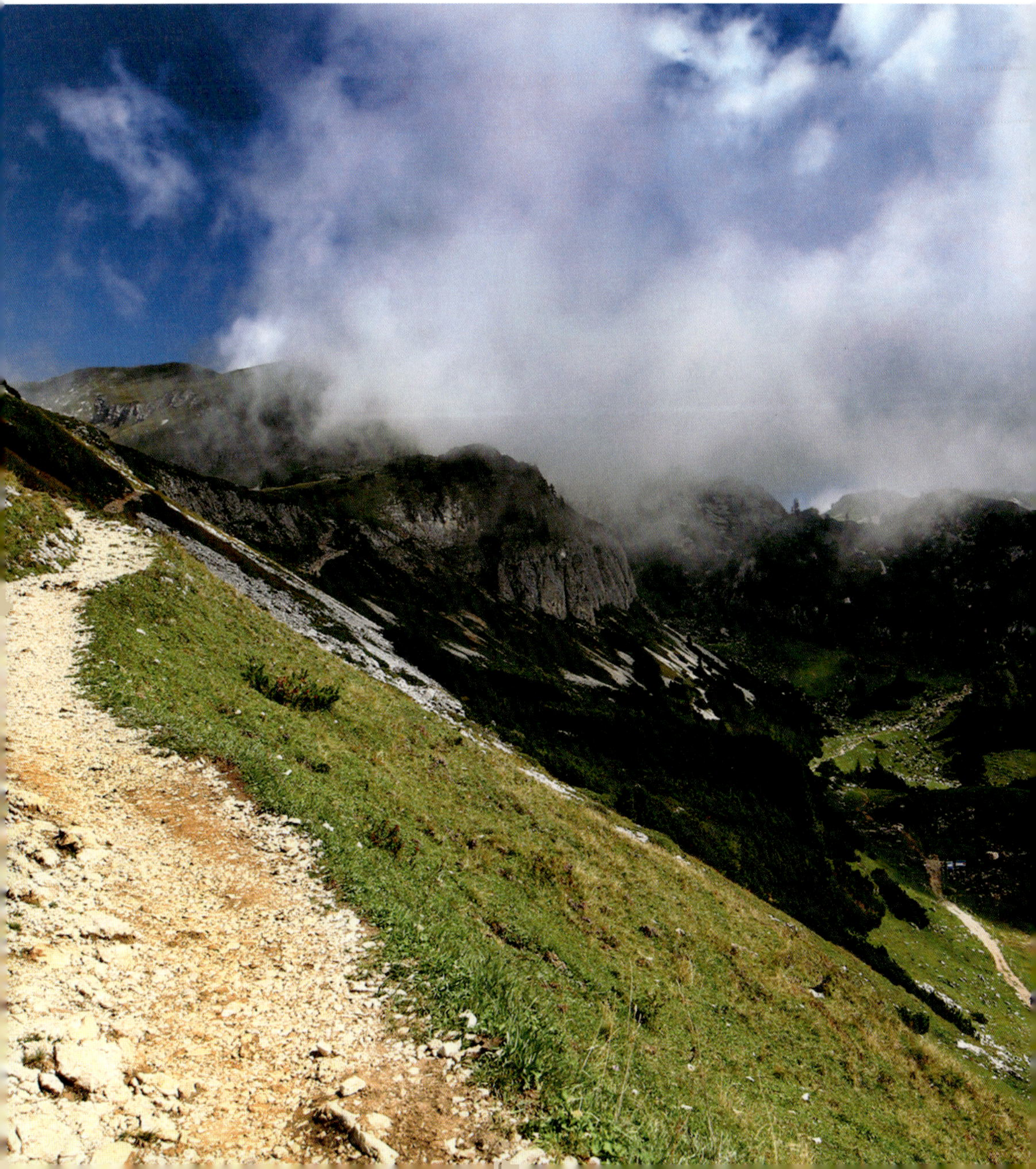

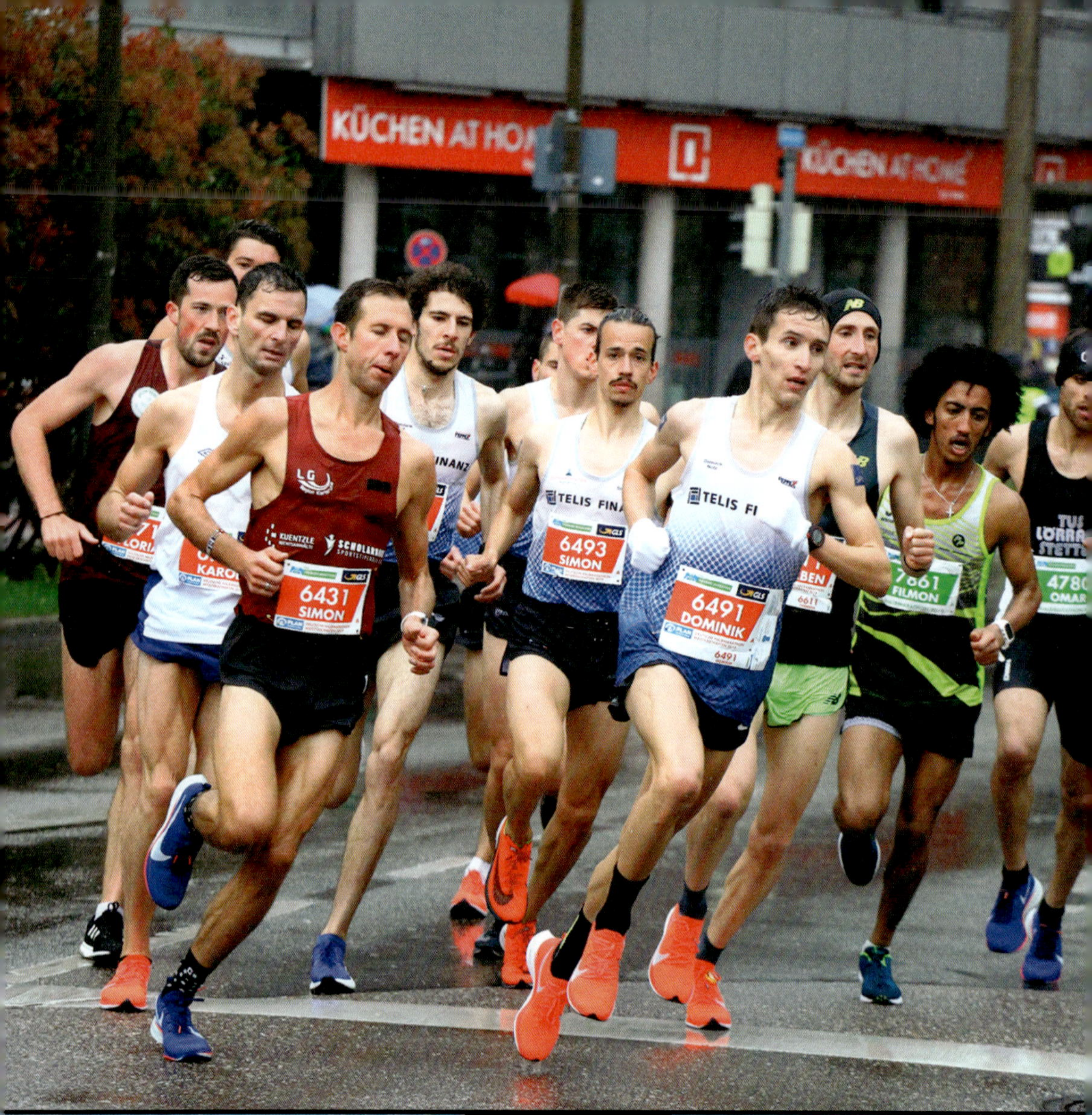

2

DER TRAILLÄUFER BRAUCHT AUCH DAS FLACHE

2.1 STRASSE, BAHN ODER TRAIL?

„Der Straßenläufer läuft auf der Straße,
der Bahnläufer läuft auf der Bahn,
der Trailläufer läuft auf Trails."

Diese etwas eigenwillige Modifizierung des berühmten Zitats von Lauflegende Emil Zatopek (*„Fisch schwimmt, Vogel fliegt, Mensch läuft"*) ist genau wie der Ausspruch des tschechischen Olympiasiegers nur bedingt richtig. Genauso, wie es Vögel gibt, die nicht fliegen – man denke nur an den Vogel Strauß, der mit seinen langen Beinen ein hervorragendes Lauftier ist –, so gibt es auch sehr wohl Trailläufer, die einen Großteil ihres Trainings auf der Straße bzw. auf flachen Trainingsstrecken zubringen.

Es gibt aber auch genug erfolgreiche Bahn- oder Straßenläufer, die fast ausnahmslos auf welligen Strecken laufen, mitunter auch auf anspruchsvollen Trails. Man denke nur an die kenianischen Marathonasse, die ihre Dauerläufe fast ausschließlich auf sandigem oder steinigem Untergrund absolvieren und dabei regelmäßig viele Höhenmeter überwinden. Die meisten ostafrikanischen Läufer meiden Asphalt und nutzen das anspruchsvolle Terrain im Hochland für ihr hartes Training.

Man muss also als Trailläufer im Training nicht ausschließlich im Gelände unterwegs sein. Man darf sogar zu Recht behaupten, dass Läufer, die flache Wege oder die Straße meiden, auf dem Holzweg unterwegs sind.

2.2 DIE BASIS MUSS IN DER EBENE GELEGT WERDEN

„Schmerz gibt es in verschiedenen Geschmacksrichtungen, aber es gibt immer einen Weg, Spaß zu finden."

(Trailläufer Jim Walmsley auf Instagram am 08.05.2020)

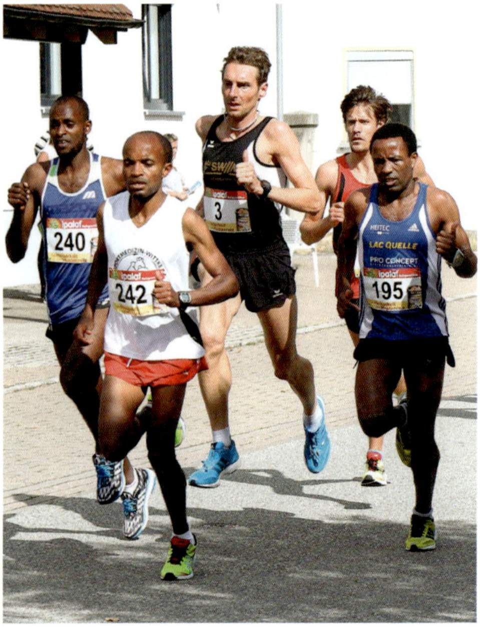

Die Straße ist ein Baustein für das Training eines Trailläufers. Hier geht es schnell zur Sache.

Jim Walmsley ist das beste Beispiel für die Behauptung am Schluss des vorhergehenden Kapitels. 2018 verbesserte er bei einem der wichtigsten Trailwettkämpfe der Welt, dem Western States 100, den Streckenrekord auf 14:30:04 Stunden. So eine Zeit war bei dem 100-Meilen-Klassiker (160,9 Kilometer) nie für möglich gehalten worden. Der damals 28-Jährige hatte die Strecke mit 5.500 positiven und 7.000 negativen Höhenmetern in einem Kilometerschnitt von 5:24 Minuten zurückgelegt.

Ein halbes Jahr später rannte er beim Houston-Halbmarathon exakt 1:04:00 Stunden. Das ist zwar keine absolute Weltklasseleistung. Doch wenn man bedenkt, dass maximal 10 deutsche Läufer pro Jahr diese Zeit unterbieten, wird deutlich, wie schnell Walmsley auf der Straße laufen kann. Auf dem College war Walmsley sogar regelmäßig auf der Bahn unterwegs und hatte dort eine 5.000-Meter-Bestzeit von 13:52 Minuten und konnte die Meile (1.609 Meter) in 4:04 Minuten laufen.

Auch Deutschlands erfolgreichster Trailläufer der vergangenen Jahre, Moritz auf der Heide, hat eine Straßen-Marathonbestzeit von 2:26 Stunden. Beide profitieren auf den Trails von ihrer Grundschnelligkeit und Tempohärte, die sie sich regelmäßig im Training auf der Straße und der Bahn erarbeiten.

Viele, die diese Zeilen lesen, werden jetzt sofort intervenieren und sagen: *Aber ein Kilian Jornet kommt nicht vom Straßen- oder Bahnlauf und dominiert(e) die Szene nach Belieben.* Das stimmt! Doch Kilian Jornet ist hier die berühmte Ausnahme von der Regel, die übrigens auch die 10 Kilometer in 30 Minuten laufen kann. Das spanische Ausnahmetalent hat in seiner Kindheit und Jugend eine unglaublich breit gefächerte Ausbildung genossen.

Seine Eltern waren mit ihm von Beginn an in den Bergen unterwegs. Er lernte Skifahren, war ein Weltklasse-Skitourengeher, ist ein Alpinist und ein großartiger Läufer. Wahrscheinlich gibt es niemanden auf dieser Welt, der trittsicherer in hohem Tempo auf den schwierigsten Trails dieser Welt unterwegs ist. Doch nicht jeder hat das Glück, mitten in den Bergen groß zu werden. Nicht jeder hat solch extrem sportliche Eltern, die nahezu jedes Wochenende mit ihren Kindern in den Bergen verbringen.

Und obwohl Jornet wohl die besten Voraussetzungen für einen Weltklasse-Läufer hat, arbeitet er jeden Tag hart daran, sein Niveau zu halten oder sogar besser zu werden. Dies ist auch zwingend nötig, denn mittlerweile drängen Läufer wie Jim Walmsley in die Trailszene, die ihre Wurzeln eben nicht in den Bergen haben, sondern in der Jugend ihren Speed auf der Bahn erarbeitet haben.

Und sollte in Zukunft auf den Trails richtig viel Geld zu verdienen sein (wie aktuell im Straßenlauf), ist es nur noch eine Frage der Zeit, bis findige Manager ihre ostafrikanischen Läufer auf die Trailszene loslassen. Ob diese dann allerdings sofort mit der Trailweltspitze mithalten können, steht auf einem anderen Blatt.

Eines steht aber fest. Sollten sich Läufer mit schnelleren Bestzeiten auf 5.000 Meter oder 10.000 Meter ernsthaft auf die Trails wagen, müssen Jornet & Co. um ihre Spitzenpositionen fürchten.

Doch warum könnten schnelle Straßenläufer zumindest theoretisch die Traillaufszene aufmischen?

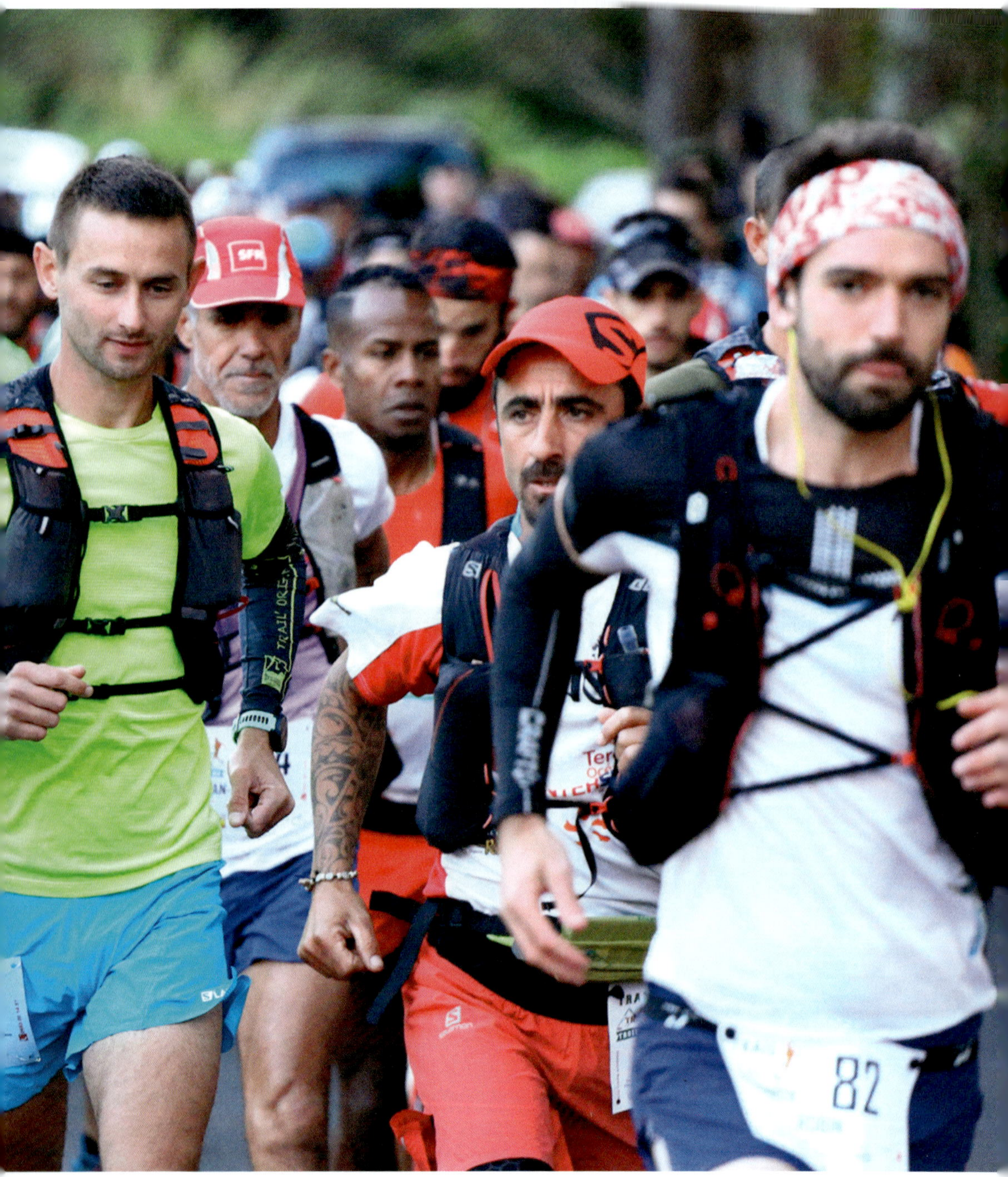

Die Geburtsstätte des Trailrunnings: Die Insel La Réunion bietet unzählige Trails und Wettkämpfe, wie den Trail des Trois Pitons mit 43 Kilometern und 1.800 Höhenmetern.

2.3 DIE GRUNDSCHNELLIGKEIT ENTWICKELN

„Ich würde nicht sagen, dass es Spaß macht. Aber sich der Herausforderung zu stellen, etwas zu verbessern, in dem man schlecht ist, erfüllt einen mit einer gewissen Befriedigung."

(Kilian Jornet am 21.05.2020 auf Instagram zu seinem Post, dass er zum ersten Mal seit zwei Jahren kurze Intervalle auf einer Tartanbahn in einem Stadion absolviert hat.)

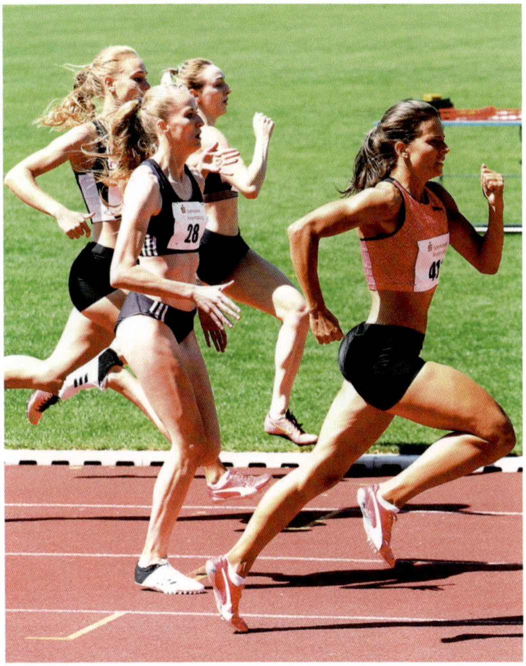

Schnelligkeit ist wichtig, auch für Trailläufer.

Sowohl Walmsley als auch auf der Heide und Jornet verfügen über ein hohes Maß an Grundschnelligkeit. Alle drei können ohne große Probleme einen Kilometer deutlich unter drei Minuten laufen. Dieses „Ballern", wie es im (Trail-) Laufjargon gerne genannt wird, ermöglicht es ihnen, auf den Trails dieser Welt länger im „Schonmodus" zu laufen. Diese hohen Geschwindigkeiten kann man auf technisch anspruchsvollen Wurzelpfaden, steinigen Untergründen oder matschigen Downhills kaum bzw. gar nicht erreichen. Hier muss man seine volle Aufmerksamkeit dem Untergrund widmen, viel Energie geht für das Ausgleichen der Unebenheiten durch die Muskulatur verloren. Warum aber ist die Grundschnelligkeit, die Fähigkeit, einen Kilometer auf Asphalt richtig schnell zu laufen, wichtig für einen Trailläufer, der wie Walmsley beim Western States 100 gerade einmal mit 11,1 km/h läuft?

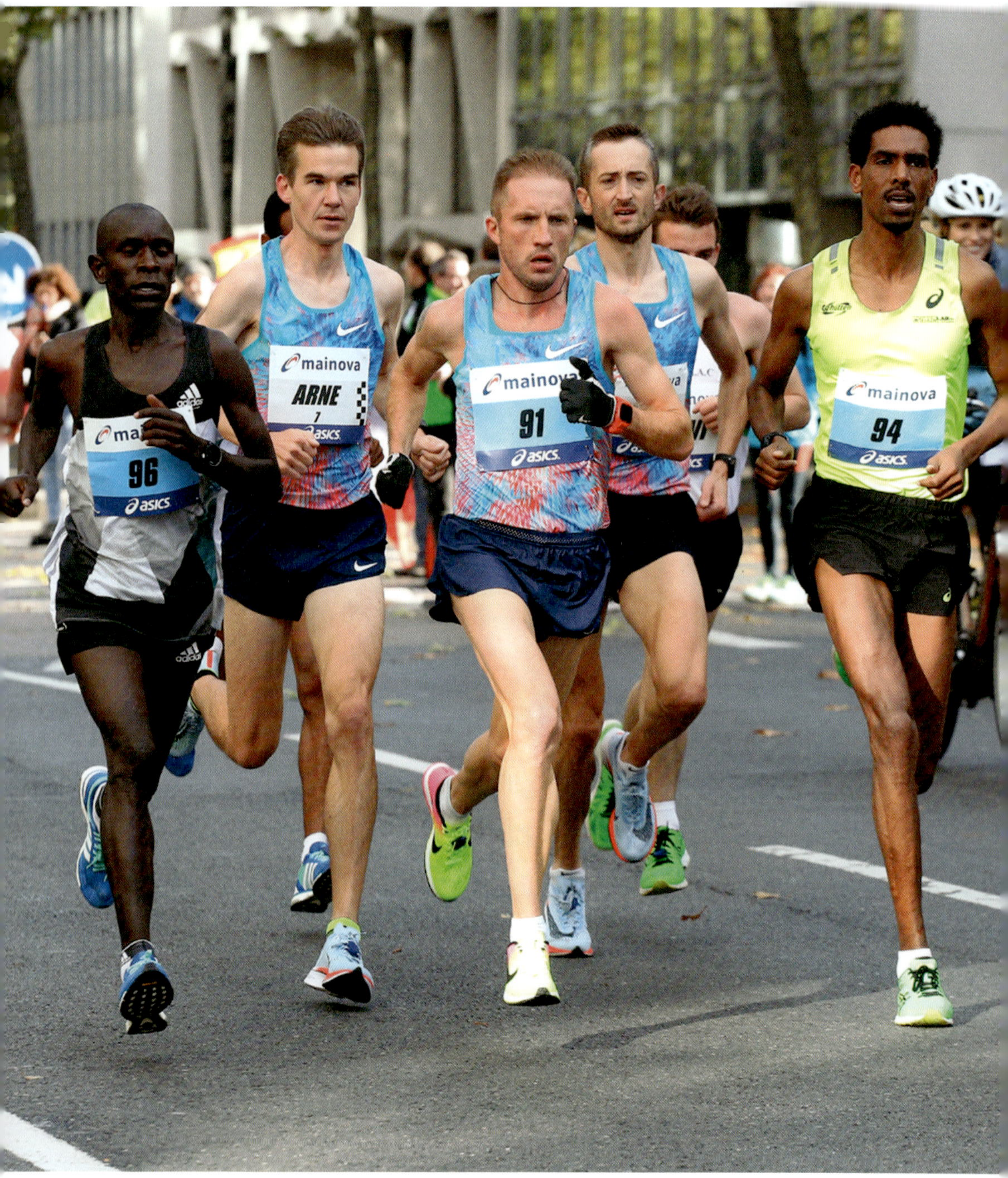

Auch der zweitschnellste Marathonläufer Deutschlands, Arne Gabius, lief früher auf der Bahn und profitierte von seiner guten VO_2max bei seinen Marathonläufen wie hier in Frankfurt 2017.

Wer in der Lage ist, einen Kilometer in 3:00 Minuten zu laufen, für den stellt ein Kilometer in 5:00 Minuten sowohl muskulär als auch rein organisch kein Problem dar. Je größer der Unterschied zwischen der maximal möglichen Geschwindigkeit und der Wettkampfgeschwindigkeit ist, desto weniger ist der Athlet gefordert.

Natürlich ist mit der maximal möglichen Geschwindigkeit nicht unbedingt das 100-Meter-Tempo gemeint. Aber selbst diese Fähigkeit sollte nicht vernachlässigt werden. Denn wer 100 Meter in 12,0 Sekunden (30 km/h) laufen kann, für den sind 1.000 Meter in 3:00 Minuten (20 km/h) weit weniger ein Problem als für jemanden, der 100 Meter gerade einmal in 15,0 Sekunden (24 km/h) sprinten kann. Vorausgesetzt natürlich, beide Athleten verfügen über dieselben guten Ausdauerwerte.

Eklatant deutlich wird dieser Zusammenhang bei Weltklasseleistungen wie dem Marathonweltrekord von Eliud Kipchoge (2:01:39 Stunden). Das sind 420-mal 100 Meter in 17,3 Sekunden. Wer also nicht in der Lage ist, 100 Meter deutlich schneller als 17,3 Sekunden zu laufen, wird natürlich niemals auch nur in die Nähe dieser Fabelzeit gelangen.

Man muss zwei Arten von Grundschnelligkeit für einen Trailläufer bzw. Langstreckenläufer unterscheiden:

Grundschnelligkeit I	= Sprintfähigkeit
Grundschnelligkeit II (VO_2max)	= Tempofähigkeit über 6-7 Minuten

Um eines hier klarzustellen. In der klassischen Trainingslehre gibt es diese Unterscheidung nicht. Diese Differenzierung wurde einfach zur besseren Veranschaulichung gewählt. In der Trainingslehre wird für den Begriff Grundschnelligkeit II vielmehr der Begriff der VO_2max gewählt.

Die maximale Sauerstoffaufnahme (VO_2max) ist eine biologische Kenngröße, die angibt, wie viel Sauerstoff man pro Zeiteinheit aufnehmen und verstoffwechseln kann. Um die eigene VO_2max zu ermitteln, muss man für 6-7 Minuten mit maximaler Intensität laufen. Beide Grundschnelligkeiten müssen bzw. sollten regelmäßig in den Trainingsplänen von Trailläufern Berücksichtigung finden.

Und hier kommt nun die Straße ins Spiel. Auf Asphalt, Tartan oder anderen ebenen Untergründen können Sie mit maximaler oder submaximaler Geschwindigkeit trainieren. Im unebenen Gelände ist das nicht oder nur bedingt möglich. Trotzdem kann und muss man auch hin und wieder auf den Trails die VO_2max trainieren. Doch dazu später mehr. Die Grundschnelligkeit I kann hingegen nur auf ebenen Untergründen verbessert werden.

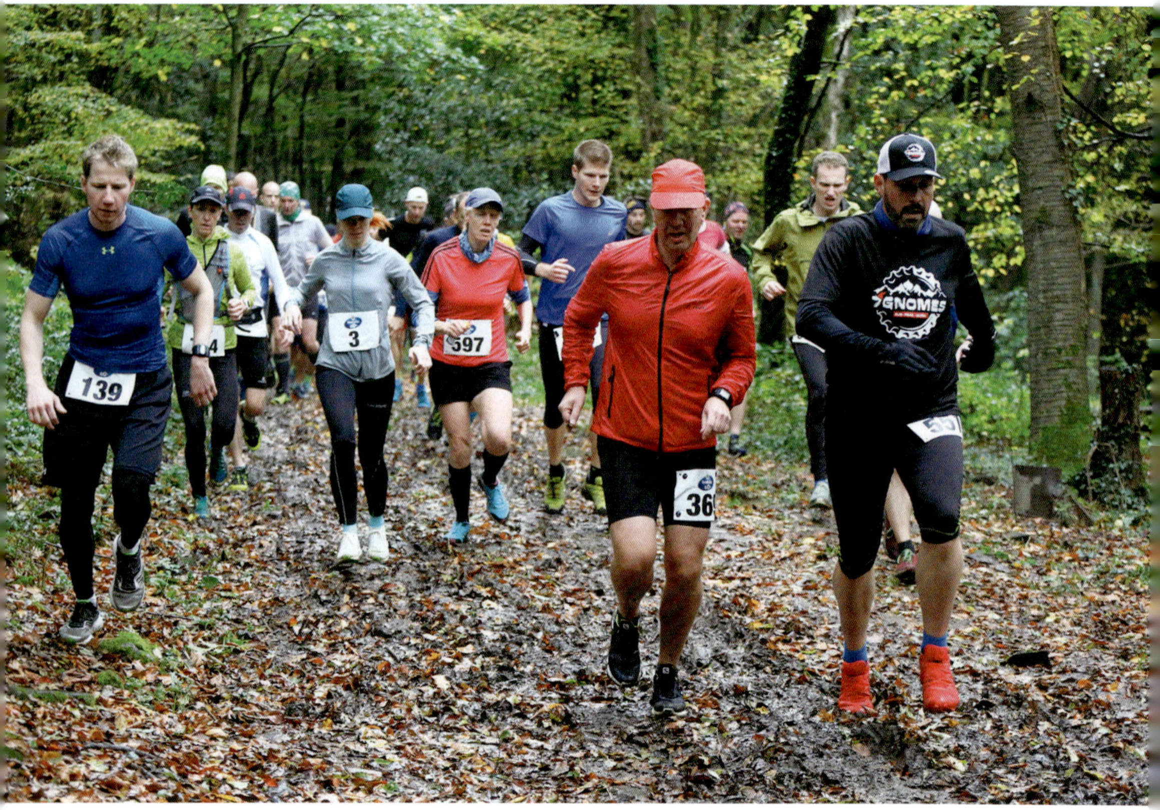

Trailrunning im Siebengebirge: Der Drachenlauf erfordert Tempohärte und Ausdauer.

Die Grundschnelligkeit I stellt zwar die Grundlage für die VO_2max dar. Viel entscheidender für den Erfolg auf den Trails ist aber die VO_2max. Sie bildet ihrerseits wieder die Basis für die Geschwindigkeit auf den längeren Distanzen. Entscheidend ist dabei die Tempofähigkeit über 2-3 Kilometer.

Hier muss man wieder auf Eliud Kipchoge zurückkommen. Der Marathonweltrekordhalter hat eine 3.000-Meter-Bestzeit von 7:27,66 Minuten und ist über 5.000 Meter mit 12:46,53 Minuten nach wie vor unter den Top Ten der ewigen Weltbestenliste. Er profitiert enorm von diesen sogenannten *Unterdistanzleistungen*. Diese Fähigkeit hat er sich vor allem in seiner Jugend bzw. im jungen Erwachsenenalter erarbeitet.

Zu diesem Entwicklungszeitpunkt ist der menschliche Körper am empfänglichsten für diese Geschwindigkeitsreize. Für den Traillaufnachwuchs bedeutet dies, dass sie neben der reinen Ausdauerfähigkeit vor allem an der VO_2max arbeiten sollten.

Aber auch Trailläufern in ihren Dreißigern, Vierzigern oder Fünfzigern bietet das regelmäßige Training in diesen Geschwindigkeitsbereichen lohnenswerte Leistungszuwächse.

Durch das Training der VO_2max wird vor allem das Herz-Kreislauf-System gestärkt. Es ist eine Art Krafttraining für die Herzmuskulatur. Außerdem werden sämtliche anderen Organsysteme durch das hohe Tempo an ihre Grenzen gebracht und erfahren dadurch positive Anpassungen. Diese Anpassungen können nicht durch langsame lange Dauerläufe erzielt werden. Selbst schnelle Dauerläufe oder sogenannte *Tempodauerläufe* über 20-30 Minuten können diese Anpassungen nicht hervorrufen. Sie müssen schon hin und wieder für ein paar Minuten an Ihre Schmerzgrenze gehen und das Laktat im Körper ertragen.

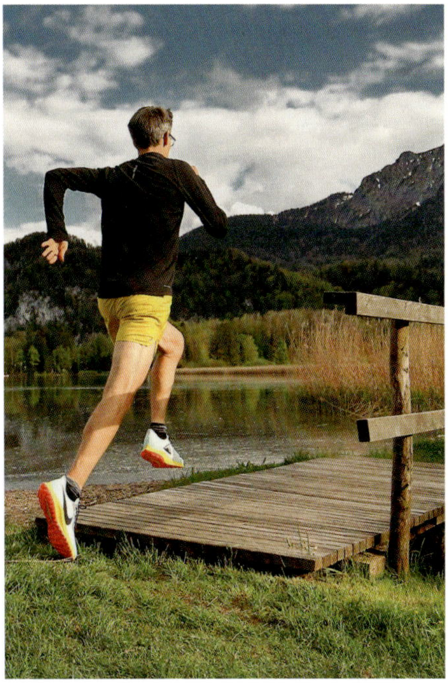

Grenzwertig hohes Tempo stärkt das Herz-Kreislauf-System.

Zudem verbessert das schnelle Laufen das Zusammenspiel der am Laufen beteiligten Beinmuskeln. Der Experte spricht hier von intermuskulärer Koordination. Wenn man zum Beispiel den Oberschenkel nach vorne oben schwingt, muss sich der Hüftbeugemuskel (M. iliopsoas) anspannen, während sich zeitgleich der große Gesäßmuskel (M. glutaeus) entspannen soll.

Um die VO_2max zu verbessern, sind Läufe über 400-1.000 Meter ideal. Zu Beginn reichen bereits 5-6 Läufe über 400 Meter mit je 2-3 Minuten Pause. Mit mehr Trainingserfahrung können Sie dann behutsam die Umfänge steigern, wobei Sie in Summe aber nicht mehr als fünf oder sechs schnelle Kilometer zurücklegen müssen. Mehr Informationen zur VO_2max finden Sie in den Kap. 3 und 4.

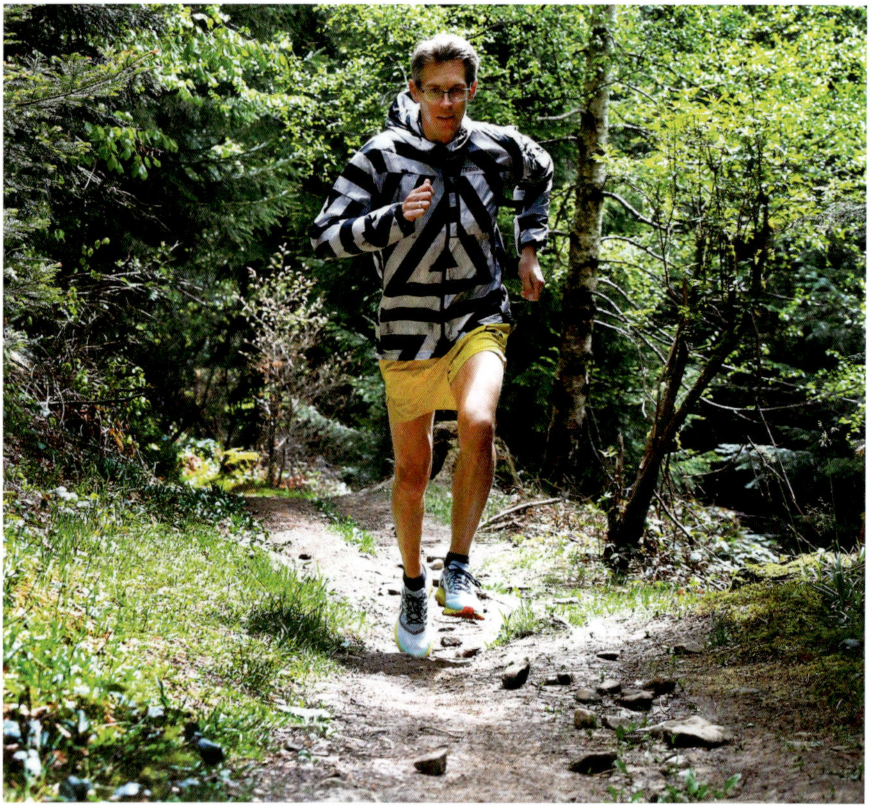

Berglaufintervalle: hart, aber effektiv

Viele Trailspezialisten werden jetzt sicherlich intervenieren und sagen, dass man gerade solche Läufe wunderbar am Berg absolvieren kann. Da haben sie auch recht. Nichts ist effektiver als 400-Meter-Intervalle am Berg. Hier werden alle oben genannten positiven Effekte wahrscheinlich sogar noch besser erzielt als im Flachen.

Eine Komponente kommt hier aber im wahrsten Sinne zu kurz. Bergauf ist die Schrittlänge kürzer. Dadurch werden andere Muskelanteile gefordert als in der Ebene. Vor allem die Oberschenkelmuskulatur (M. quadriceps) muss mehr Arbeit leisten, wohingegen der Hüftstrecker (M. glutaeus) aufgrund der verkürzten Schrittlänge zeitlich etwas weniger lang angespannt werden muss.

Ein kompletter Trailläufer muss alles können: bergauf, flach, bergab. Aus diesem Grund darf man diese Läufe nicht ausschließlich bergauf machen, sondern auch im Flachen. Vor allem im Winter und Frühjahr, also außerhalb der Wettkampfsaison, sollte man deshalb des Öfteren der Straße oder der Bahn den Vorzug vor den Anstiegen geben. Rückt die Traillaufsaison näher, sollten aber Bergaufläufe dieselbe oder größere Aufmerksamkeit erfahren.

Beachtet werden muss auch, dass man an steilen Anstiegen sehr schnell vom Lauf- in den Gehschritt wechseln muss. Je nach Fitnesslevel und Steigung ist das natürlich von Läufer zu Läufer sehr verschieden. Doch spätestens ab Steigungen von 15-20 Prozent müssen bzw. sollten auch die fittesten Trailläufer dem Gehschritt den Vorzug geben.

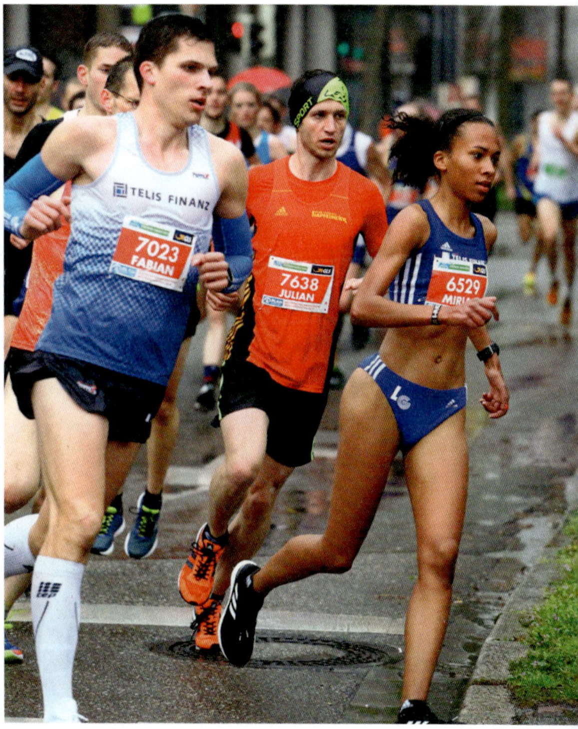

Die Straße ist (fast) immer Bestandteil erfolgreicher Läufer.

Die VO_2max-Gehintervalle bergauf haben natürlich ihre Berechtigung im Training eines Trailläufers. Allerdings werden dabei andere Muskelgruppen als beim Laufen trainiert. Hier muss man genau abwägen, welchen Effekt man mit seinem Training erreichen möchte. Auf jeden Fall sollte man zunächst die VO_2max in der Ebene und erst später am Berg trainieren. Mehr dazu in Baustein 4 (Kap. 4.4).

FAZIT

Um im Training richtig schnell zu laufen, muss man ab und zu auf die Straße oder auf die Bahn. Denn auf unebenen Untergründen oder am Berg kann man nicht sein maximales Lauftempo realisieren. Das muss man aber hin und wieder, um sein volles Leistungspotenzial zu entfalten. Außerdem macht es einfach Spaß, hin und wieder mal zu „ballern“.

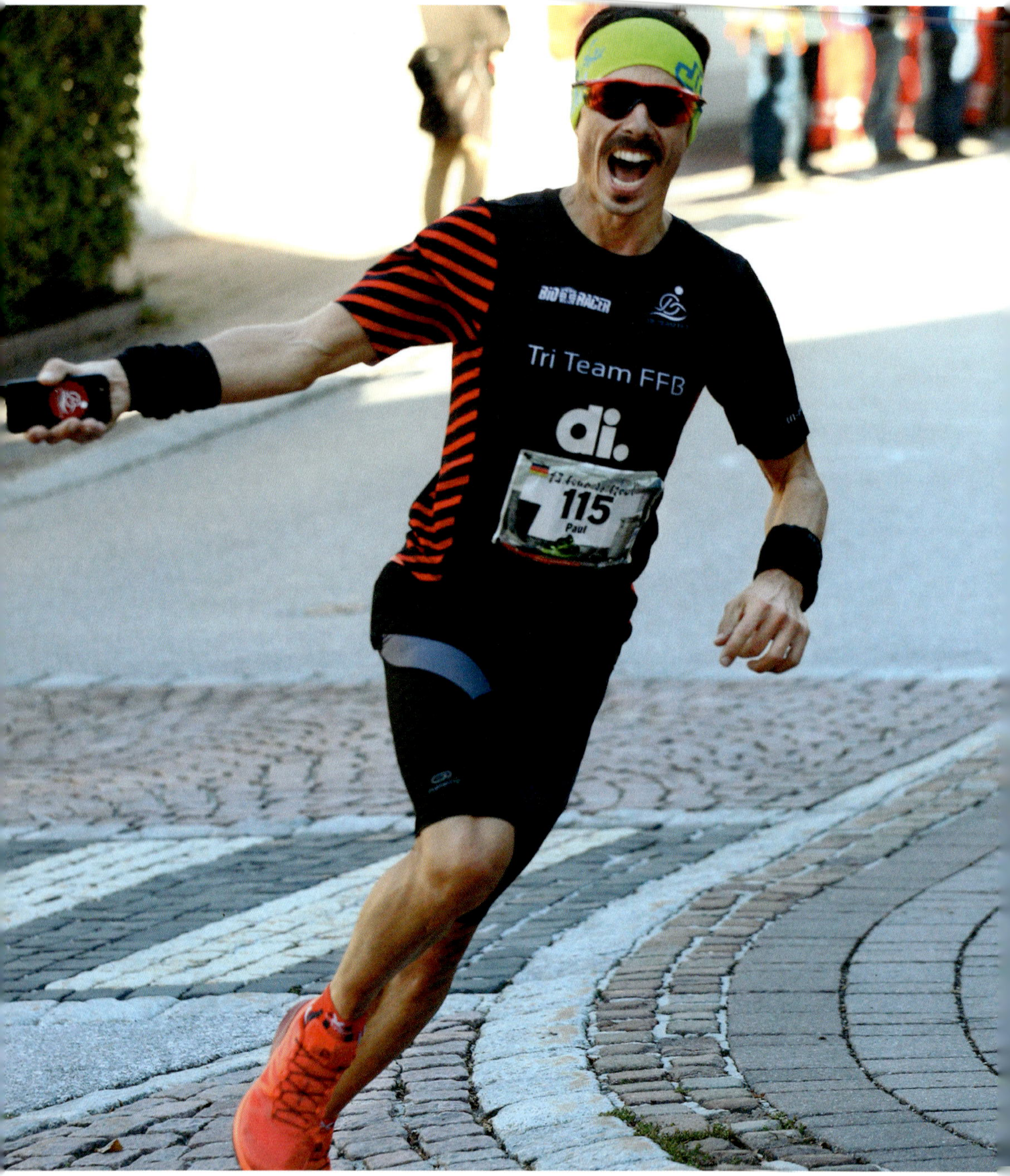

Spaß am Traillaufen! Selbst wenn man zwischendurch auf der Straße laufen muss wie beim Kaiser-marathon.

2.4 DIE DREI VORTEILE DER STRASSE

„Du sollst die Berge nicht durch Rekordsucht entweihen, du sollst ihre Seele suchen."

(Luis Trenker: 10. Gebot seiner 10 Bergsteigergebote)

2.4.1 DIE STRASSE IST FAST ÜBERALL VERFÜGBAR

Ein Grund, warum man des Öfteren der Straße oder der Bahn den Vorzug geben sollte, liegt in der einfacheren Verfügbarkeit dieser beiden Laufuntergründe. Wo auch immer man in Deutschland lebt, eine asphaltierte Straße hat jeder vor seiner Haustür. Kurze Hose, Funktionsshirt und Laufschuhe angezogen, die Haustür hinter sich geschlossen, schon kann es losgehen.

Wer hingegen auf Singletrails in der Natur oder sogar in den Bergen laufen will, muss meist zunächst in das Auto, in den Bus oder in die Bahn steigen, um das nächste Laufparadies zu erreichen. Trailläufer und Traillaufveranstalter haben mittlerweile den Anspruch, möglichst ökologisch zu handeln. Bei vielen Trailevents gibt es an den Verpflegungsstationen keine Trinkbecher mehr, weshalb die Teilnehmer ihren Mehrwegbecher mit dabeihaben müssen. Wer während eines Rennens den Verpackungsmüll seines Energieriegels neben der Strecke entsorgt, muss mit der Disqualifikation rechnen.

Das Laufen neben den Wegen oder Abkürzungen zu benutzen, ist verboten, nicht zuletzt, um Flora und Fauna zu schonen. Wenn man sich schon laufend durch die Natur bewegt, dann möchte man Tiere und Pflanzen so wenig wie möglich stören und keine bis wenige Spuren hinterlassen. Zu diesen Spuren gehört auch der CO_2-Fußabdruck. Was nützt es, wenn man versucht, die Natur zu schützen, aber man jeden Tag mehrere Kilometer mit dem eigenen Auto in die Berge fährt.

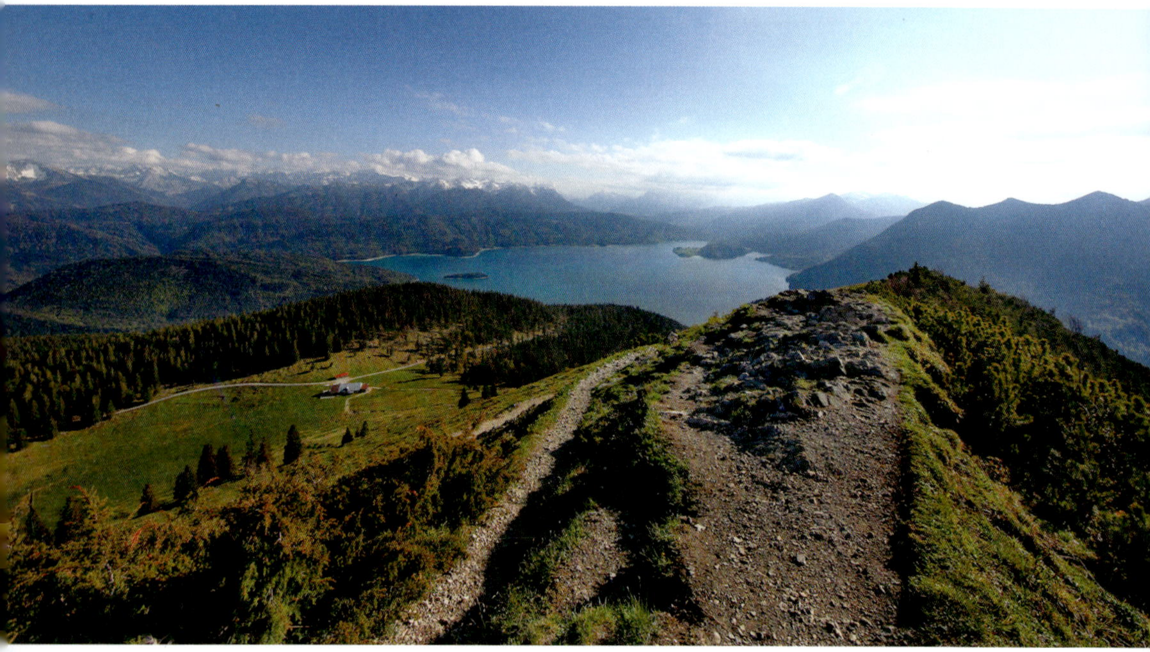

Der Jochberg mit Blick auf den Walchensee – ein (überlaufenes!?) Trailparadies

Der damit verbundene CO_2-Ausstoß ist nämlich alles andere als klimafreundlich. Selbst als hartgesottener Trailläufer, der versucht, jeden Quadratmillimeter Asphalt zu vermeiden und für den jeder flache Weg eine Beleidigung darstellt, sollte man hin und wieder dem geteerten Radweg vor der Haustür gegenüber dem einsamen Singletrail im 30 Kilometer entfernten Mittelgebirge den Vorzug geben.

Seien Sie kreativ und neugierig. Erkunden Sie jeden unbekannten Weg rund um Ihr Haus herum. Weichen Sie von Ihrer Standardrunde ab und biegen Sie einfach einmal in einen unbekannten Feldweg ein. Oder nutzen Sie eine der vielen Möglichkeiten, die Ihnen Strava, Garmin oder andere moderne Lauf-Apps bieten. Hier können Sie sich die beliebtesten Laufrouten oder Streckenabschnitte anzeigen lassen.

Wer natürlich das Privileg genießt, direkt am Wald oder in den Bergen zu leben, benötigt kein Auto, sondern kann direkt von der Haustür aus zu seinem kleinen Trailabenteuer starten. Legt man hingegen tagein, tagaus mit dem Auto mehrere Kilometer für das Hobby Trailrunning zurück, sollte man ernsthaft darüber nachdenken, seinen Wohnsitz näher an das bevorzugte Laufrevier zu verlagern. Dadurch verhält man sich nicht nur klimafreundlicher, sondern spart jede Menge Zeit, die man durch das regelmäßige Autofahren verliert.

Doch selbst wenn man sich umweltbewusst verhält und direkt von der Haustür aus in die Berge starten kann, sollte man zumindest hin und wieder auf die Hausrunde durch den ruhigen Bergwald verzichten. Denn die Natur braucht ab und zu Pause von den Menschen.

2.4.2 DAS BESONDERE MUSS BESONDERS BLEIBEN

Der nächste Grund ist ein ganz profaner, wobei einige von Ihnen hier sicherlich nicht zustimmen werden. Wer ausschließlich auf Trails in bezaubernden Landschaften unterwegs ist, wird in gewisser Art und Weise abstumpfen. Für diese beneidenswerten Läufer wird der Anblick eines Wasserfalls, einer grünen Almwiese, eines schroffen Gipfels oder die Aussicht in ein weites Tal zur Normalität. Der Reiz der Natur, des Unberührten, wird unweigerlich an Attraktivität verlieren.

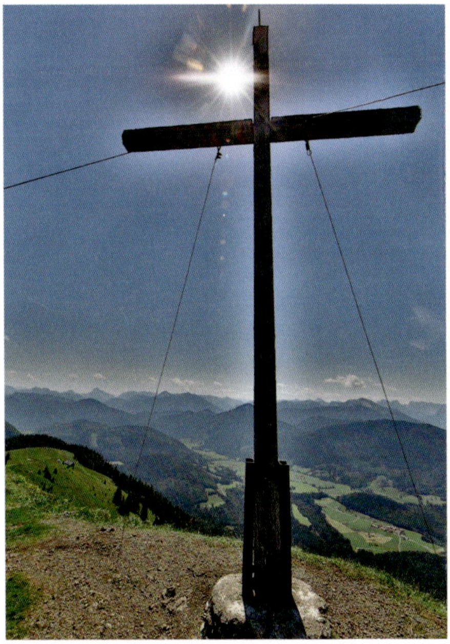

Sehnsuchtsort Berggipfel

Natürlich kann man diesem Effekt begegnen, indem man stets neue Runden läuft, bekannte mit unbekannten Wegen kombiniert oder einfach zu anderen Tageszeiten aufbricht. Aber selbst dann wird man sich irgendwann an die atemberaubende Aussicht und das herrliche Panorama gewöhnen. Wenn man hingegen gelegentlich die Runde durch die Stadt wählt, wird einem erst wieder bewusst, wie einzigartig und faszinierend die Natur ist, wie privilegiert man ist, wenn man gesund und munter durch Wald, Wiesen oder Berge laufen kann.

Wie schon oben erwähnt, werden einige von Ihnen nun sicherlich sagen, dass man nie genug von Bergen und faszinierenden Landschaften bekommen kann. Dem kann man auch gerne zustimmen. Doch manchmal muss man freiwillig etwas Distanz zu einem geliebten Gegenstand nehmen, um wieder wertschätzen zu können, wie wertvoll das geliebte Etwas ist.

2.4.3 GELENKE, SEHNEN UND KNOCHEN BRAUCHEN RUHE UND ABWECHSLUNG

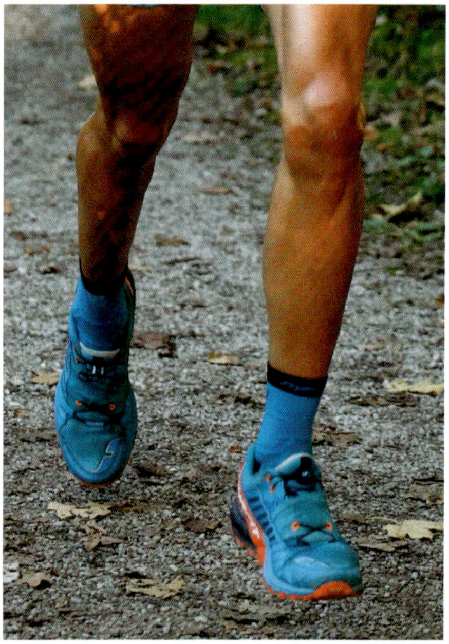

Man sagt, dass dies die schönsten Waden und Fußgelenke in der deutschen Traillaufcommunity sind. Wem gehören sie wohl?

Kommen wir nun zu einem weit weniger romantischen Aspekt, warum das Laufen auf der Straße manchmal dem Trailrunning vorgezogen werden sollte. Dieser hat mit dem menschlichen Körper zu tun und dessen Reaktion auf äußere Reize.

Der menschliche Organismus ist wie so vieles Natürliche ein Wunderwerk. Billionen von Körperzellen arbeiten gemeinsam, um das System Mensch wortwörtlich zum Laufen zu bringen. Dabei führt jeder Reiz, der von außen auf das System wirkt, zu einer Reaktion. Jeder Laufschritt führt zu einer kleinen Erschütterung der Gelenke, der Muskulatur und der Sehnen. Ein gesunder menschlicher Körper reagiert nun mit einer Verstärkung dieser Körperstrukturen, indem er zum Beispiel mehr Kalzium in den Knochen einlagert, um diese härter und widerstandsfähiger zu machen. Der Körper ist also ständig in einer Renovierungs- oder Umbauphase.

Vor allem nach langen Läufen wird in unserem Inneren eine wahre Riesenbaustelle eröffnet, die in den kommenden Stunden und Tagen versucht, die entstandenen Schäden zu reparieren und die Körperstrukturen für zukünftige Stresssituationen stabiler zu machen. Dies funktioniert aber nur, wenn man dem Körper ausreichend Regenerationszeit – also Reparaturzeit – lässt.

Wenn man die nächste Belastung zu früh setzt, kann es sein, dass man aufgrund fehlender Reparaturarbeiten erneut die Strukturen in Mitleidenschaft zieht.

Gott sei Dank ist unser Körper sehr robust, sodass selbst nach zu kurzen Regenerationsphasen noch keine größeren Schäden zu erwarten sein dürften.

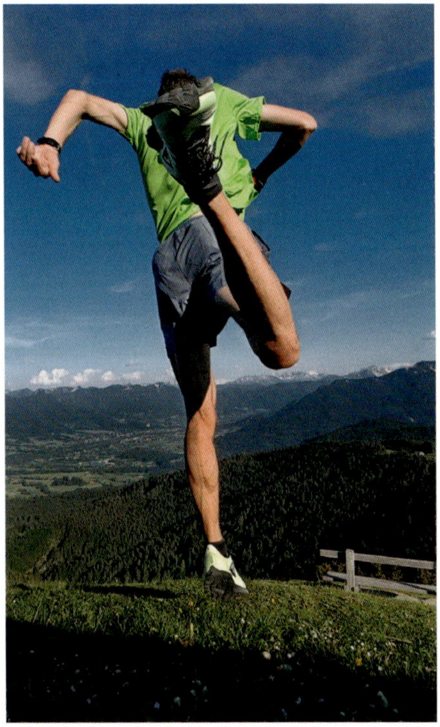

Downhill ins Isartal vom Zwieselgipfel: Hier wird der ganze Körper gefordert.

Setzt man seinen Körper wiederholt harten Belastungen, in Kombination mit zu kurzen Regenerationsphasen, aus, können Verletzungen entstehen. Dass das Traillaufen an sich ein etwas höheres Verletzungsrisiko mit sich bringt als das Laufen auf Asphalt, soll hier nicht unerwähnt bleiben. Schließlich ist die Gefahr des Umknickens oder die Wahrscheinlichkeit eines Sturzes ungleich höher als im ebenen Gelände.

Doch ganz abgesehen davon, stellt das Laufen auf Trails meist eine größere Belastung dar. Beim Bergablaufen wirken in der Regel größere Aufprallkräfte auf den Körper als im Flachen. Die Fußgelenke müssen ständig Unebenheiten ausgleichen. Selbst die Rumpfmuskulatur ist aufgrund der oftmals ständig wechselnden Untergründe mehr gefordert. Wer also tagtäglich Bergpfade der Straße vorzieht, wird unweigerlich die Körperstrukturen mehr fordern, als jemand, der zumindest hin und wieder zwischenzeitlich im Flachen oder auf ebenen Untergründen läuft.

Um dies noch einmal klarzustellen: Jemand, der jeden Tag nur auf Asphalt in der Ebene läuft, setzt seinen Körper ebenfalls der Gefahr der Überlastung aus, da immer ausschließlich dieselben Muskelgruppen und Körperregionen beansprucht werden. Abwechslung ist hier Trumpf. Laufen Sie immer abwechselnd im Gelände oder auf der Straße. Je nach Saisonzeitpunkt und Ihren individuellen Möglichkeiten überwiegt einmal das Traillaufen oder eben der Straßenlauf in Ihrem Trainingsplan. Schließen Sie aber beides nie ganz aus. Ihr Körper wird es Ihnen danken.

2.4.4 DIE STRASSE LIEFERT PLANBARKEIT

Für das Training hat die Straße aber einen weiteren Vorteil, der für eine erfolgreiche und zielgerichtete Vorbereitung auf Trailwettkämpfe von großem Nutzen ist. Nur in der Ebene kann man das Trainingstempo so genau steuern, dass man sich weder über- noch unterfordert. Denn um im Training genau die Anpassungen zu erreichen, die man sich vorgenommen hat, ist eine möglichst exakte Belastungssteuerung von höchster Wichtigkeit.

Auf Trails wechselt die Belastungsintensität teilweise im Sekunden- oder Minutentakt. Vor allem bergab ist es quasi unmöglich, die Belastungsintensität oben zu halten. Und in Bergaufpassagen verlässt man oft schneller als erwünscht den optimalen Belastungskorridor nach oben und muss eventuell ein geplantes Intervalltraining vorzeitig abbrechen.

Ein Training in der Ebene vereinfacht die Belastungssteuerung. Genau diese exakte Belastungssteuerung ist der Grund, warum Trailläufer die Straße regelmäßig im Training nutzen müssen. Dies gilt vor allem für die schnellen und intensiven Trainingseinheiten.

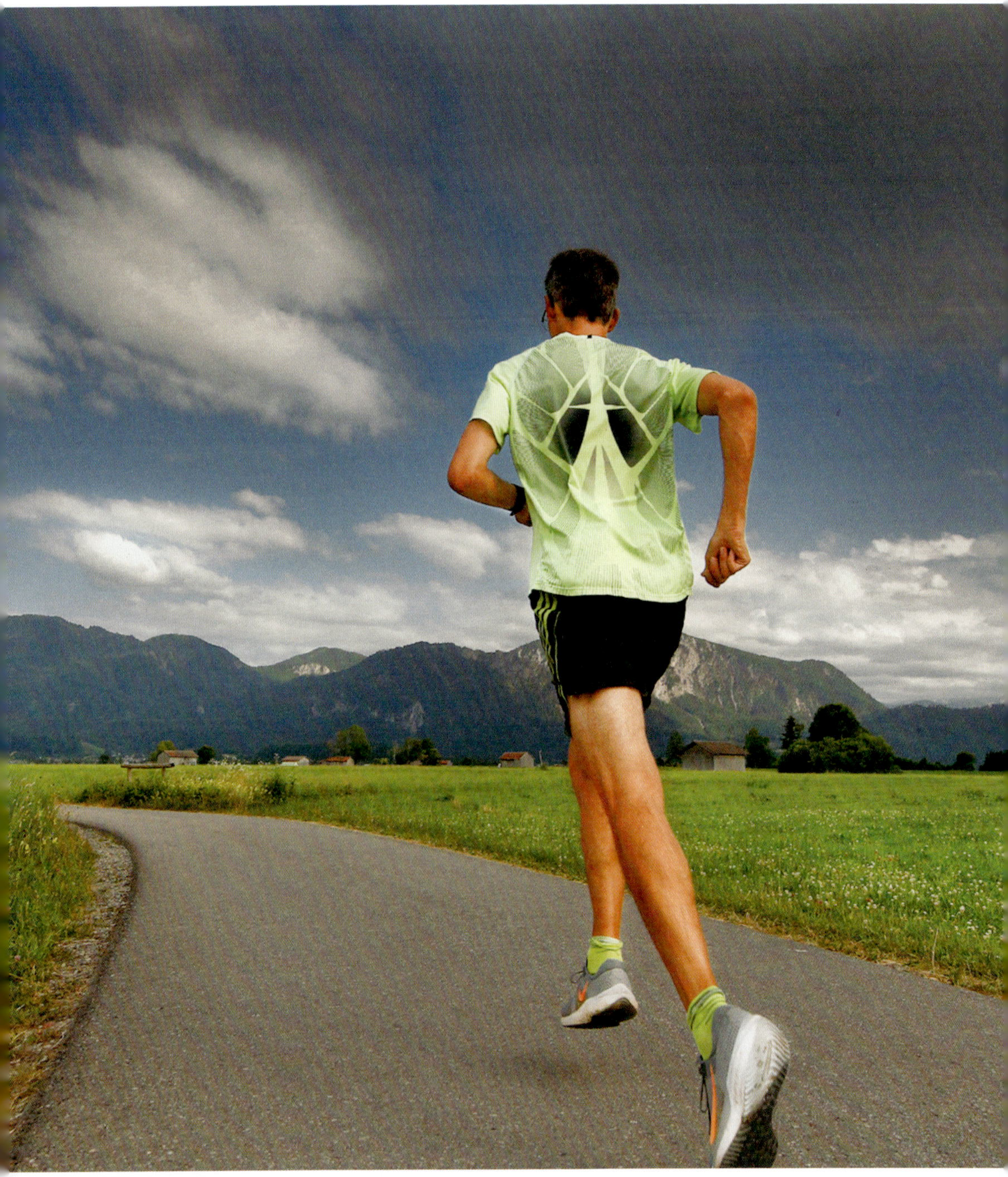

Straße und Berge – die Abwechslung ist entscheidend.

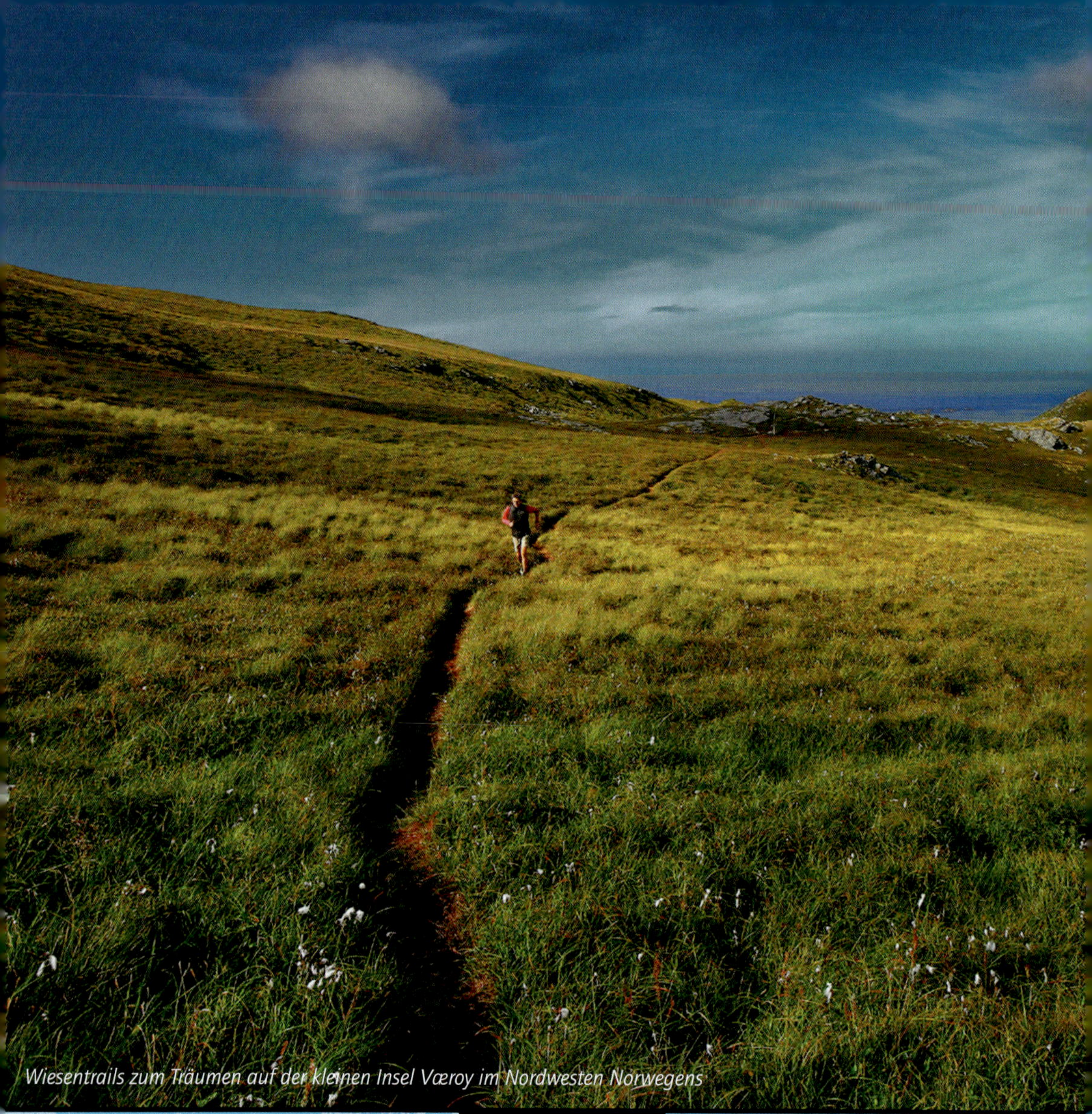

Wiesentrails zum Träumen auf der kleinen Insel Værøy im Nordwesten Norwegens

3

DIE VERSCHIEDENEN TRAILLAUFTYPEN

3.1 STÄRKEN- UND SCHWÄCHENANALYSE

„Auf den Bergen ist Freiheit! Der Hauch der Grüfte
Steigt nicht hinauf in die reinen Lüfte;
Die Welt ist vollkommen überall,
Wo der Mensch nicht hinkommt mit seiner Qual."

(Alexander von Humboldt aus „Ansichten der Natur")

Dieser Ausspruch Alexander von Humboldts stammt aus einer Zeit, als fast niemand ernsthaft daran dachte, in seiner Freizeit einen Berg zu erklimmen oder stundenlang durch die Natur zu wandern. Damals waren die meisten Menschen viel zu sehr mit Arbeit und den vielen anderen Problemen des Alltags beschäftigt. Zudem war es unvorstellbar, sich den körperlichen Strapazen einer mehrstündigen oder sogar mehrtägigen Wanderung auszusetzen. Ganz zu schweigen natürlich davon, dass es damals noch keinerlei ausgebautes Wege- und Wandernetz gab.

Was vor 200 Jahren vom Menschen nahezu unberührte Gebiete waren, sind heutzutage Treffpunkte vieler Naturbegeisterter, darunter auch immer mehr Trailläufer. Damals waren es Menschen wie Alexander von Humboldt, die sich mit ihrem Entdeckerdrang den Weg in die abgelegenen Regionen bahnten, was mit einem ungeheuren organisatorischen Aufwand verbunden war. Was damals monatelange Vorbereitung verlangte, ist heutzutage nicht viel mehr als ein paar Klicks im Internet entfernt.

Man steigt in das Auto, fährt in die Berge und los geht das Abenteuer. Und in dieser einfachen Verfügbarkeit liegt nun auch das Problem. Denn nur, weil man sich auf sein Handy einen GPS-Track heruntergeladen hat, die Wege auf Google Maps recherchiert und sich für hunderte Euro Traillaufkleidung besorgt hat, ist man nicht zwangsläufig perfekt für das Laufen im Gelände vorbereitet. Dazu gehört wesentlich mehr.

Wer über eine ausreichende Fitness verfügt, hat schon einmal ein wichtiges Kriterium erfüllt, auf den Trails dieser Welt Spaß zu haben. Das Wort „ausreichend" ist natürlich ein sehr dehnbarer Begriff. Genauso ist das Wort „Fitness" etwas schwammig, denn hierzu gehören nicht nur die Ausdauer, sondern auch andere konditionelle Fähigkeiten. Wer gut vorbereitet in die Berge oder auf Wurzelpfade möchte, braucht ein wenig mehr als nur gute Ausdauer.

Kraft, Koordination, Kraftausdauer, Beweglichkeit, diese konditionellen Fähigkeiten werden im Gelände deutlich mehr gefordert als auf der Straße oder im Stadtpark. Jede einzelne dieser konditionellen Fähigkeiten ist dabei wichtig, wenngleich die Ausdauer offensichtlich die wichtigste ist. Was allerdings viele angehende Trailläufer übersehen, ist die Bedeutung der anderen konditionellen Fähigkeiten. Und je schneller man auf den Trails unterwegs sein möchte, desto wichtiger werden Kraft, Koordination, Kraftausdauer und Beweglichkeit.

Denn Ausdauer alleine hilft hier nicht weiter. Zudem ist der Begriff „Ausdauer" vielschichtiger, als viele Läufer glauben.

Jeder (Trail-)Läufer hat seine Eigenheiten und bringt andere Voraussetzungen mit. Deshalb gibt es nicht *den* einen Trainingsplan, der einen Athleten schneller macht. Wenn man sich die verschiedenen Biografien von Trailläufern aller Leistungsklassen ansieht, fällt einem sofort ins Auge, dass es nicht den *einen* Weg gibt. Jeder hat seine Schwächen, ein jeder hat seine Stärken.

Manch einer ist bei Steigungen bis 10 Prozent unschlagbar, ein anderer hängt die Konkurrenz erst dann ab, wenn man bei 25 Prozent Steigung in einen schnellen Gehschritt fällt. Andere wiederum fliegen die Downhills in atemberaubendem Tempo hinunter. Einige sind sowohl bergauf, in der Ebene und bergab zwar nicht absolute Spitze, aber in der Kombination am Ende ganz vorne.

Sie selbst (eventuell in Verbindung mit Ihrem Trainer) müssen also zunächst herausfinden, was Ihre Stärken und Schwächen sind. Dazu gibt es eine Reihe von Tests, die Sie selbst durchführen können. Wiederholen Sie diese Tests im Laufe der Vorbereitung, um zu erkennen, ob das Training den gewünschten Erfolg bringt oder nicht. Nur so können Sie langfristig feststellen, ob Sie auf dem richtigen Weg sind.

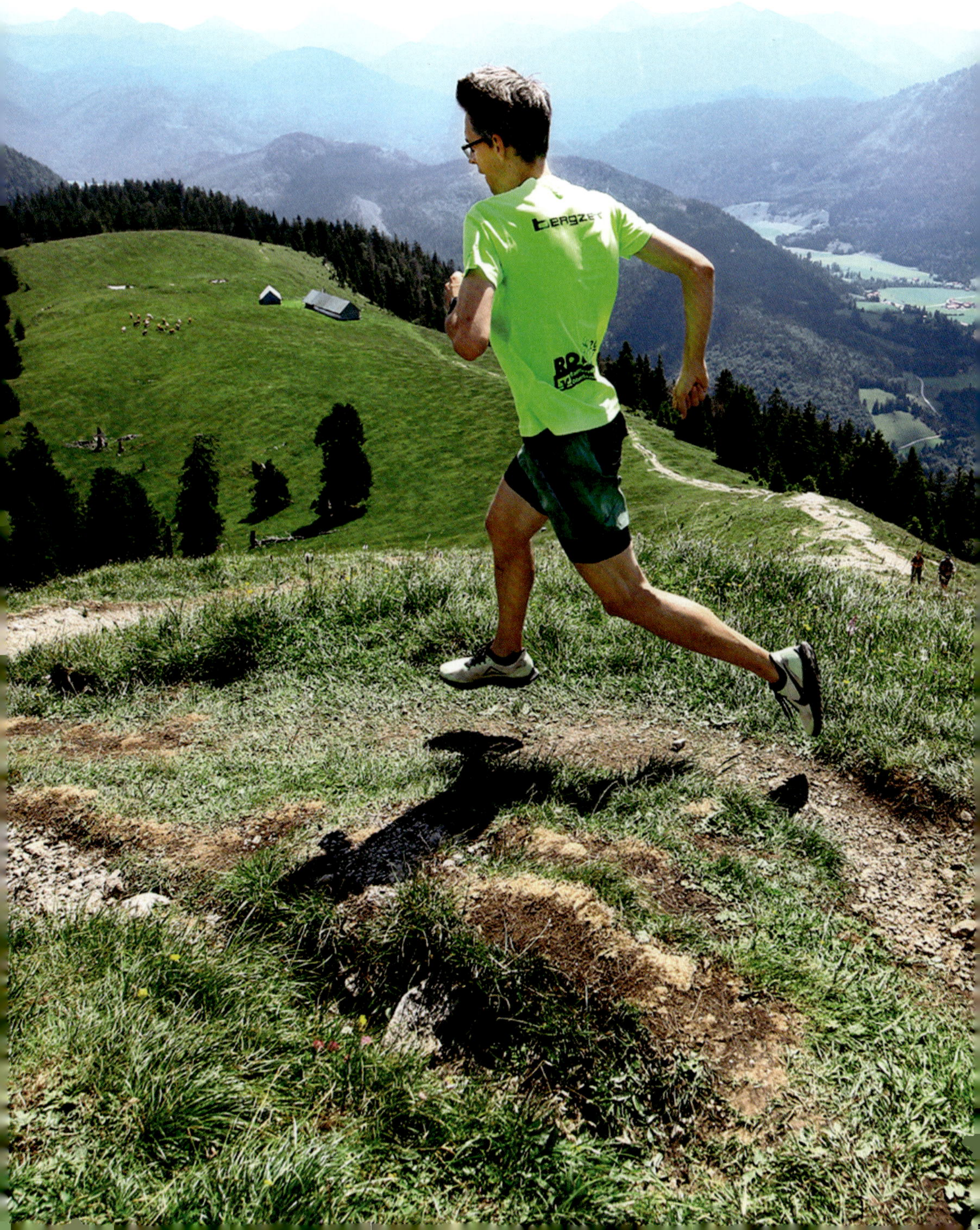

3.2 VO_2MAX UND ANAEROBE SCHWELLE

„Der Läufer, der sich selbst weiter antreiben kann, wenn die Strapazen schmerzhaft zu werden beginnen, ist der, der oben auf dem Podium steht."

(Roger Bannister, er lief als Erster die Meile unter vier Minuten)

Die VO_2max unterscheidet den mittelmäßigen Trailläufer vom Spitzenläufer. So wird einem Kilian Jornet z. B. eine VO_2max von 90 ml/kg/min zugeschrieben. Der spanische Ausnahmeathlet gilt als einer der Athleten auf diesem Planeten mit der höchsten maximalen Sauerstoffaufnahme. Der Wert „90" gibt an, dass er pro Kilogramm Körpergewicht 90 Milliliter Sauerstoff pro Minute verstoffwechseln kann. Diese 90 Milliliter Sauerstoff werden während der Belastung aufgenommen, über die Lunge und den Blutkreislauf zu den Muskelzellen transportiert und dort schließlich in Energie umgewandelt.

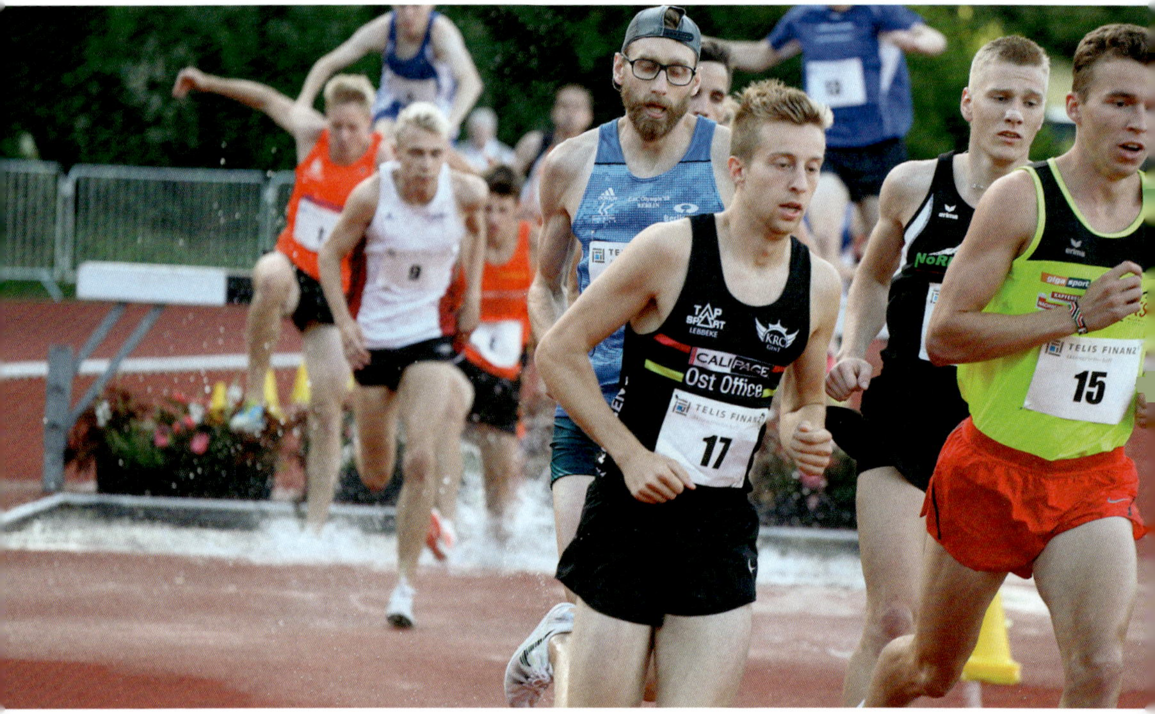

Hindernisläufer verfügen über extrem gute VO_2max-Werte.

Je höher die VO_2max ist, desto besser ist in der Regel die Ausdauerleistung. Dies liegt daran, dass die VO_2max die Basis für Ausdauerbelastungen darstellt.

Die maximale Sauerstoffaufnahme ist also das Bruttokriterium, wenn es um die Ausdauerleistungsfähigkeit geht. Und um eben diese VO_2max zu trainieren, muss man deutlich schneller laufen als bei einem Trailrun.

Diese Aussage ist zwar nicht ganz korrekt, denn vor allem zu Beginn einer Laufkarriere wird die VO_2max alleine schon dadurch besser, dass man mehr und mehr läuft. Doch irgendwann reicht eine Steigerung des Umfangs alleine nicht mehr aus, um spürbare Verbesserungen bei der maximalen Sauerstoffaufnahme zu erzielen. Jetzt muss die Intensität nach oben geschraubt werden. Um hier das richtige Tempo zu finden, sollte man seine Laufgeschwindigkeit an der VO_2max herausfinden. Am besten eignet sich hierfür ein Testlauf über sieben Minuten.

3.2.1 TEST ZUR BESTIMMUNG DER VO_2MAX

Laufen Sie also sieben Minuten so schnell Sie können und berechnen Sie die Zeit pro Kilometer (V_{VO_2max} = Geschwindigkeit beim Sieben-Minuten-Test). Haben Sie z. B. exakt 1.700 Meter in diesen sieben Minuten geschafft, dann ist ihr Kilometerschnitt an der VO_2max 4:07 Minuten pro Kilometer.

Dieser Wert sollte im Verlaufe der Trainingsjahre besser werden. Dies gelingt allerdings nur, wenn man regelmäßig mehrwöchige Blöcke mit der schwerpunktmäßigen Entwicklung der VO_2max in sein Training einbaut.

Der erzielte Kilometerschnitt alleine ist für eine erfolgreiche Traillaufsaison allerdings nicht allzu aufschlussreich. Besonders nicht in Bezug auf die teilweise sehr lange Belastungsdauer bei Trailläufen. Interessant wird der Kilometerschnitt in Bezug zur Laufgeschwindigkeit an der anaeroben Schwelle. Dieses Lauftempo *($V_{anaerobe\ Schwelle}$ = Geschwindigkeit an der anaeroben Schwelle)* ist in etwa identisch mit der Geschwindigkeit, die man eine Stunde am Stück maximal durchhalten kann.

3.2.2 TEST ZUR BESTIMMUNG DER ANAEROBEN SCHWELLE

Um die Geschwindigkeit an der anaeroben Schwelle zu bestimmen, laufen Sie einfach 45-60 Minuten so schnell Sie können. Je erfahrener und/oder leistungsstärker Sie sind, desto mehr sollte sich die Testdauer in Richtung 60 Minuten bewegen.

Starten Sie nicht zu offensiv in diesen Test, der sowohl körperlich als auch mental herausfordernd ist. Suchen Sie sich am besten eine 400-Meter-Rundbahn oder irgendeinen anderen flachen Kurs.

Am Ende des Tests steht wieder ein Kilometerschnitt fest. Auch dieser Wert sollte sich über die Jahre verbessern. Mit den beiden Werten aus diesen Tests können Sie jetzt wertvolle Hinweise für Ihr Training gewinnen.

3.2.3 BESTIMMUNG DES AEROBEN QUOTIENTEN

Nun berechnet man den aeroben Quotienten. Dazu teilt man die Geschwindigkeit an der anaeroben Schwelle durch die Geschwindigkeit an der VO_2max. Nehmen wir an, dass unser Beispielläufer in 50 Minuten exakt 12,95 Kilometer geschafft hat. Das entspricht einem Kilometerschnitt von 4:37 Minuten bzw. 277 Sekunden. Nun trägt man die Ergebnisse beider Tests in die folgende Formel ein:

$$V_{VO_2max} / V_{\text{anaerobe Schwelle}} = \text{aerober Quotient}$$

$$247 \text{ Sekunden} / 277 \text{ Sekunden} = 89{,}1\ \%$$

Die folgende Tabelle gibt Ihnen einen groben Anhaltspunkt, wo im Moment Ihre Stärken und Schwächen liegen und was im Training demnächst in den Fokus rücken sollte.

Tab. 2: Aerober Quotient: Der Begriff „aerober Quotient" wurde deswegen gewählt, da diese Zahl im Endeffekt den Grad der Ausdauerleistungsfähigkeit bestimmt. Je besser die Fähigkeit ist, Energie auf aerobem Stoffwechselweg – also mit der Anwesenheit von Sauerstoff – zu produzieren, desto länger kann man schnell laufen.

Aerober Quotient	Bewertung	Konsequenz für das Training
> 89,5 %	Sehr gute Schwellengeschwindigkeit	Fokus auf VO_2max
86-89,5 %	Gute Schwellengeschwindigkeit	Fokus auf anaerobe Schwelle/ geringe VO_2max-Anteile
< 86 %	Schwache Schwellengeschwindigkeit	Fokus auf anaerobe Schwelle

Wenn der Quotient über 89,5 Prozent liegt, dann ist Ihre Ausdauer ausgezeichnet. Weltklasse-Marathonläufer haben einen Wert von über 90 Prozent. Nimmt man z. B. die Weltrekordzeit der Männer über 3.000 Meter (7:20 Minuten) und den Halbmarathonweltrekord (57:31 Minuten), so erhält man einen Quotienten von 90,2 Prozent.

Deutschlands wohl immer noch bekannteste Läuferin, Sabrina Mockenhaupt, hatte einen Quotienten von 89,7 Prozent – wenn man ihre Bestzeiten zur Berechnung verwendet.

Der Autor hat übrigens einen Quotienten von 91,1 Prozent. Bei solchen Werten sollten Sie sich darauf fokussieren, Ihre VO_2max zu verbessern, allerdings nur dann, wenn die Saisonhöhepunkte noch einige Monate entfernt sind. Sollten die wichtigsten Wettkämpfe in wenigen Tagen stattfinden, dann sind Sie perfekt vorbereitet.

3.2.4 KONSEQUENZEN FÜR DAS TRAINING

Ziel eines jeden Trailläufers sollte es sein, die Differenz zwischen beiden Werten möglichst gering zu halten, natürlich bei einer maximal hohen Ausprägung der VO_2max. Allerdings sollte die geringe Differenz erst dann zum Ziel werden, wenn die Wettkampfsaison näherrückt. Aus diesem Grund sollte man jedes Jahr eine Trainingsphase miteinbauen, in der der Schwerpunkt eben auf der Ausbildung der VO_2max liegt. Danach soll dann der Schwerpunkt auf das Training der anaeroben Schwelle (siehe Baustein 5, Kap. 4.5) gelegt werden.

Liegt der aerobe Quotient zwischen 86 und 89,5 Prozent, sollten Sie verstärkt an der anaeroben Schwelle arbeiten. Hin und wieder (ungefähr alle 10-14 Tage) sollten Sie aber auch eine VO_2max-Einheit in das Training integrieren.

Hier eignen sich auch Kombieinheiten, bei denen Sie Reize zur Verbesserung der VO_2max und der anaeroben Schwelle setzen. So eine Einheit wären z. B. zwei Serien à 500 Meter, 1.000 Meter, 2.000 Meter. Die 500 Meter werden richtig schnell gelaufen, die 1.000 Meter im 5-10-Kilometer-Renntempo und die 2.000 Meter im 10-Kilometer-Tempo bzw. etwas langsamer.

Sollte der aerobe Quotient unter 86 Prozent liegen, müssen Sie verstärkt an Ihrer Ausdauer arbeiten. Dies kann durch eine Erhöhung des Gesamtkilometerumfangs geschehen oder durch viele Tempoläufe im Bereich der anaeroben Schwelle.

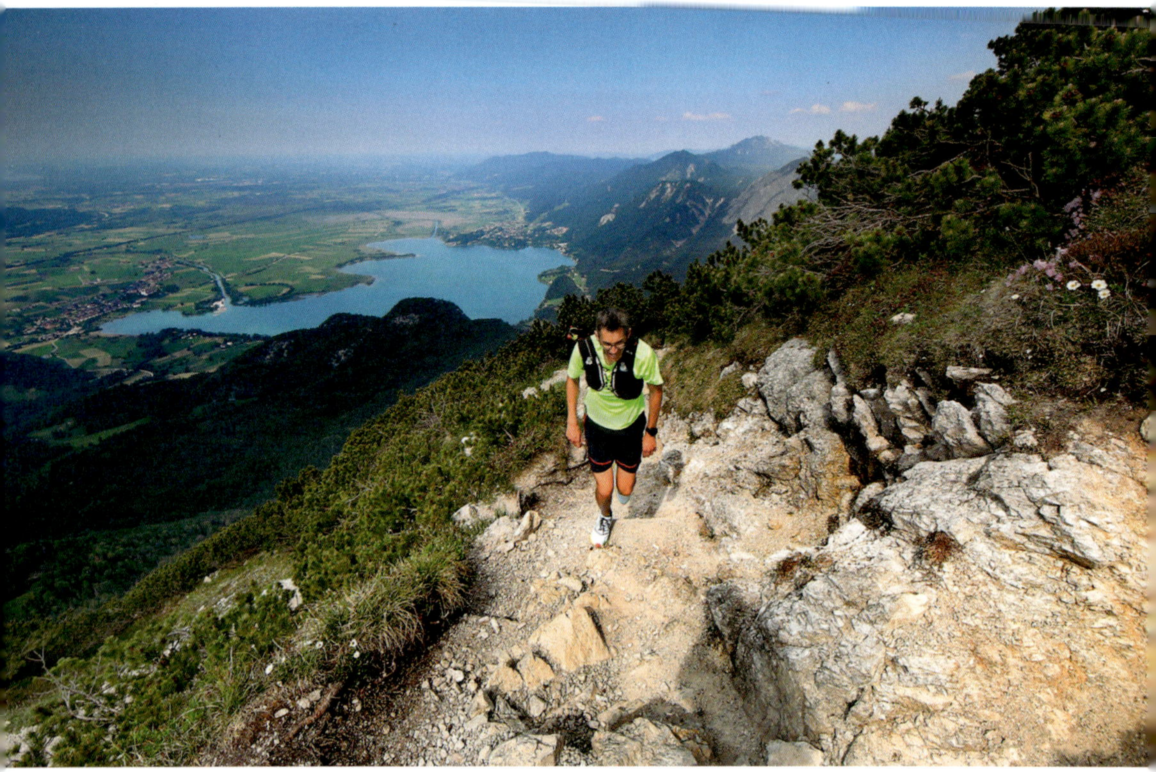

Schnelles Wandern in den Bergen – eine Möglichkeit, um den Gesamttrainingsumfang zu steigern.

Um Tab. 2 richtig interpretieren zu können, muss man natürlich Faktoren wie das Alter oder die Lauferfahrung des Athleten berücksichtigen. Je älter man ist, desto geringer ist in der Regel der Unterschied zwischen beiden Geschwindigkeiten, der Quotient ist also höher. Das hängt damit zusammen, dass im Alter die Kraft und somit auch die Fähigkeit des schnellen Laufens nachlässt. Die Ausdauerfähigkeit nimmt hingegen im geringeren Maße ab.

Nichtsdestotrotz profitieren auch Läufer jenseits der 40 von intensiven Intervallen und einer optimal ausgebildeten VO_2max. Bei Laufanfängern (vor allem bei den unter 40-Jährigen) ist der Quotient meist deutlich unter 86 Prozent, vor allem, wenn sie sportliche Erfahrungen aus Nichtausdauersportarten mitbringen. Um hier die richtige Balance aus intensiven Einheiten und Dauerläufen zu finden, kann ein Trainer sehr hilfreich sein.

Am Ende wird derjenige erfolgreich sein, der über mehrere Stunden möglichst nahe an seiner anaeroben Schwelle laufen kann. Meist gelingt das den Athleten, deren anaerobe Schwelle möglichst nahe an der Leistungsfähigkeit der VO_2max liegt und die über eine herausragende aerobe Schwelle (siehe nächstes Kapitel) verfügen. Die Grafiken 1 und 2 sollen diesen Zusammenhang genauer erläutern:

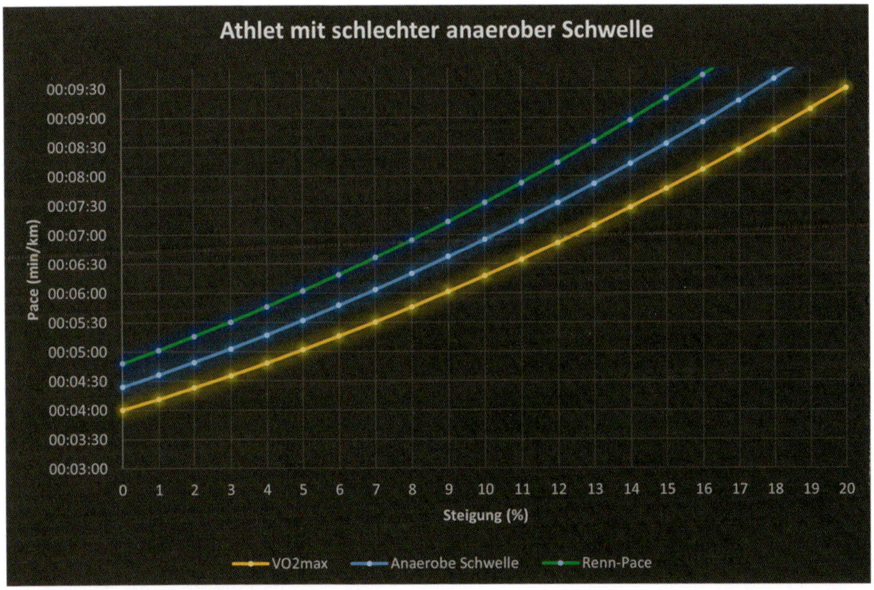

Grafik 1: Läufer mit schlechter anaerober Schwelle

Die gelbe Kurve zeigt das Lauftempo an der VO_2max. In diesem Beispiel liegt es bei 4:00 Minuten pro Kilometer in der Ebene, also bei null Prozent Steigung. Die blaue Linie gibt die Laufgeschwindigkeit an der anaeroben Schwelle an (circa 4:27 Minuten pro Kilometer). Die grüne Linie zeigt die Renn-Pace an, also das bei einem Wettkampf mögliche Tempo. Für diese Grafik wurde die Marathondistanz gewählt. Mit zunehmender Steigung nehmen natürlich alle drei Tempi ab, wodurch der Kilometerschnitt ansteigt.

Das Ziel eines jeden Läufers sollte es nun sein, dass die untere Kurve noch weiter nach unten rutscht. Dies erreicht man durch kürzere, schnellere Läufe (siehe Kap. 4.4, Baustein 4). Im nächsten Schritt müssen die beiden oberen Linien näher heranrutschen. Je geringer der Abstand zwischen den Linien ist, desto besser ist die anaerobe Schwelle und desto höher ist das Renntempo. Zur Verbesserung der anaeroben Schwelle (blaue Linie) benötigt man grenzwertig harte und längere Tempoläufe (siehe Kap. 4.5, Baustein 5).

Beide Grafiken zeigen jeweils einen Läufer, der im Sieben-Minuten-Test einen Kilometerschnitt von 4:00 Minuten pro Kilometer realisieren konnte. Die VO_2max liegt also bei 4:00 Minuten pro Kilometer. Der Läufer in Grafik 1 wird bei einem Trailwettkampf deutlich hinter dem Läufer in Grafik 2 landen. Je länger der Wettkampf ist, desto größer (relativ und absolut) wird der Rückstand sein.

Der Läufer in Grafik 2 hat sich seine Tempohärte höchstwahrscheinlich durch höhere Trainingsumfänge erarbeitet. Zudem hat er viel Zeit in die Verbesserung seiner anaeroben Schwelle (Kap. 4.5, Baustein 5) investiert. Der höhere Trainingsumfang hat zudem zu einer besseren aeroben Schwelle geführt.

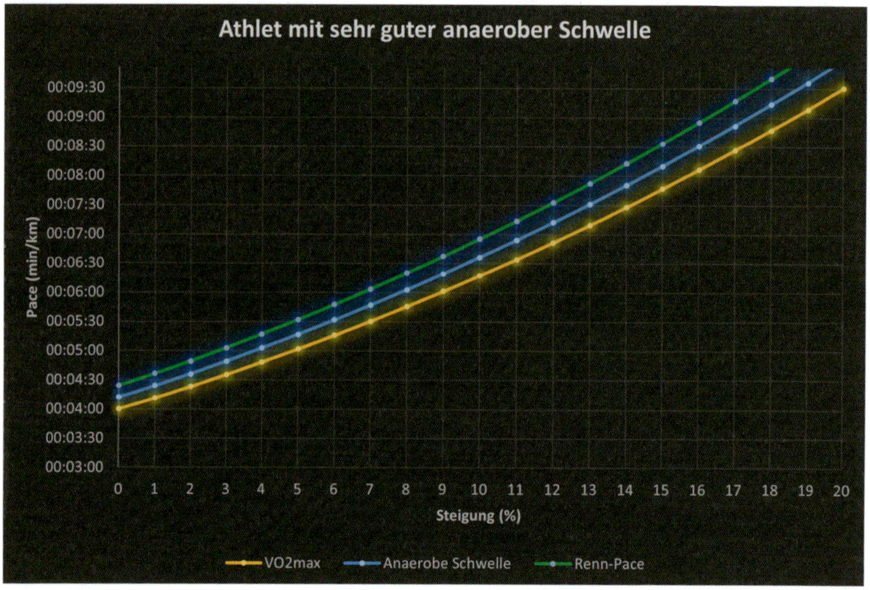

Grafik 2: Läufer mit sehr guter anaerober Schwelle

3.3 GRUNDLAGENAUSDAUER: DIE AEROBE SCHWELLE

„Große Werke vollbringt man nicht mit Kraft, sondern mit Ausdauer."

(Samuel Johnson, englischer Gelehrter aus dem 18. Jahrhundert)

Extrem wichtig für einen Trailläufer ist die Ausdauer, genauer gesagt, die aerobe Grundlagenausdauer (aerobe Schwelle = AS). Je besser diese ausgeprägt ist, desto länger und schneller kann man laufen. Eine gut entwickelte aerobe Grundlagenausdauer ist die Basis dafür, über einen Zeitraum länger als 90 Minuten ein hohes Tempo realisieren zu können. Hier zeigt sich, wer im Training fleißig war und wer nicht. Denn diese Fähigkeit wird maßgeblich von den Kilometerumfängen beeinflusst. Wer mehr läuft, hat eine bessere aerobe Grundlagenausdauer.

Für einen Trailläufer gibt es in den letzten Wochen vor einem wichtigen Trailwettkampf fast nichts Wichtigeres, als seine aerobe Schwelle bis ins Letzte auszureizen. Dies gilt umso mehr, je länger der Wettkampf ist. Folgende Grafiken sollen diesen Zusammenhang erläutern.

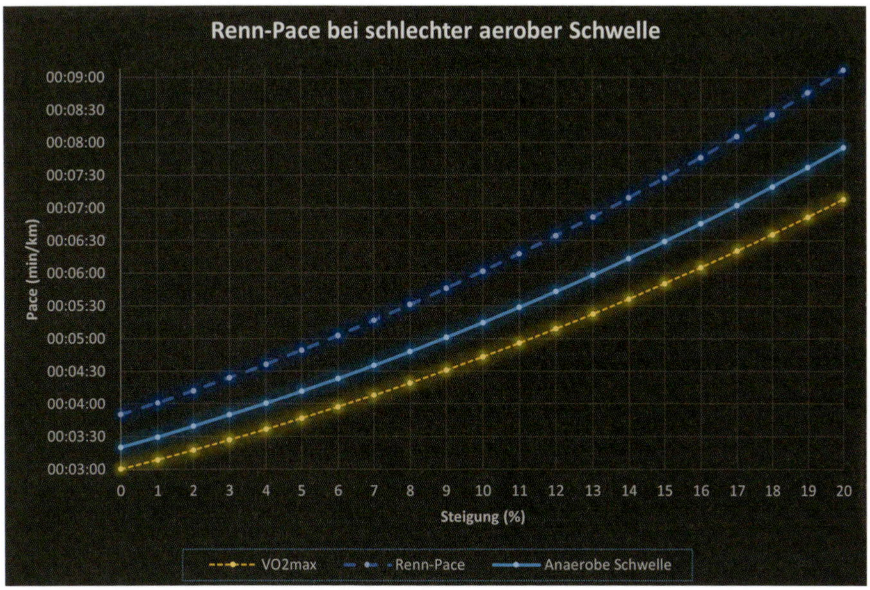

Grafik 3: Renn-Pace bei schlechter aerober Schwelle

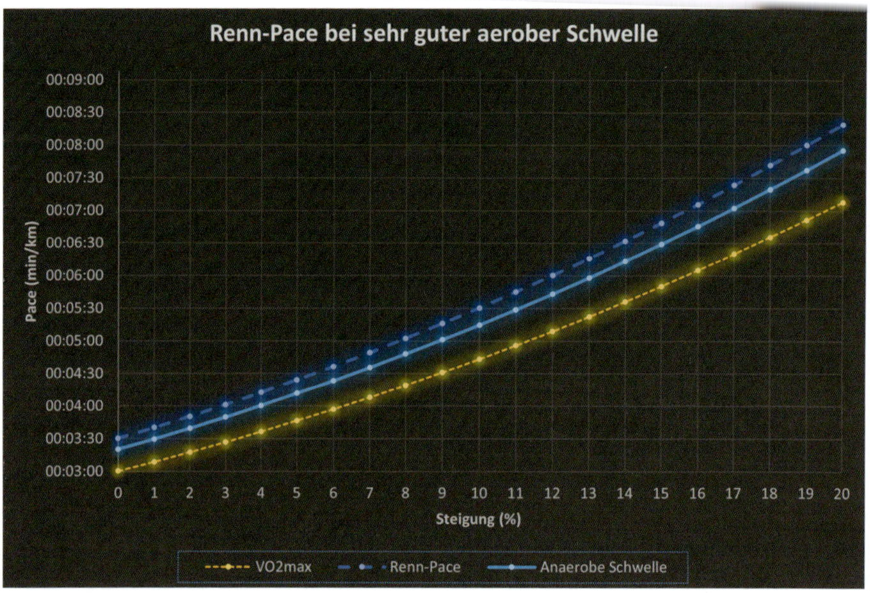

Grafik 4: Renn-Pace bei sehr guter aerober Schwelle

Die beiden Abbildungen zeigen zwei Läufer, die über dieselbe VO_2max und dieselbe anaerobe Schwelle verfügen. Die beiden Athleten würden bei Wettkämpfen zwischen 3.000 Meter bis Halbmarathon jeweils nahezu zeitgleich das Ziel erreichen. Doch mit zunehmender Wettkampfdauer würde der Läufer in Grafik 4 die Oberhand gewinnen und deutlich vor seinem Kontrahenten das Ziel erreichen. Er verfügt über eine bessere aerobe Schwelle, über die bessere Grundlagenausdauer.

Diese Grundlagenausdauer ist maßgeblich vom Trainingsalter und vom Trainingsfleiß abhängig. Wer in seinem Leben mehr Kilometer zurückgelegt und mehr Zeit in das Training investiert hat als andere, wird sehr wahrscheinlich eine bessere aerobe Schwelle haben.

Um nun herauszufinden, wie es um die eigene aerobe Schwelle steht, hat man mehrere Möglichkeiten. Man kann seine Marathonbestzeit mit seiner Halbmarathonbestzeit vergleichen. Teilt man seine Halbmarathonbestzeit durch seine Marathonbestzeit, sollte der Wert nicht unter 0,45 liegen. Dieser Wert ist natürlich nur ein Anhaltspunkt. Aber wer bei 0,45 angekommen ist, hat schon eine sehr gute Basis für lange Trailwettkämpfe geschaffen.

Man kann auch seine Geschwindigkeit an der VO_2max durch sein Marathonrenntempo teilen. Wer in der Lage ist, 82 Prozent der VO_2max-Geschwindigkeit bei einem flachen Straßenmarathon zu erreichen, ist auf einem sehr guten Weg (siehe Pöhlitz & Valentin, 2015). Werte von 85-87 Prozent wären optimal.

Tab. 3: Wie gut ist meine aerobe Schwelle? Möglichkeiten zur Berechnung der eigenen Grundlagenausdauerfähigkeit

Aerobe Schwelle: Wie gut ist meine Grundlagenausdauer?		
Berechnungsmethode	**Quotient**	**Bewertung der aeroben Schwelle**
Halbmarathonzeit/Marathonzeit	> 48 %	Sehr gut
	45-48 %	Gut
	< 45 %	Verbesserungsfähig
VO_2max-Tempo/Marathontempo	> 85 %	Sehr gut
	82-85 %	Gut
	< 82 %	Verbesserungsfähig

Wer keine Marathonbestzeit zur Hand hat, kann natürlich auch Wettkampfergebnisse vergleichen. Meistens ist es so, dass Läufer mit sehr gut ausgeprägter aerober Schwelle bei längeren Wettkämpfen besser abschneiden als bei kürzeren. Wer natürlich umgekehrt bei kürzeren Wettkämpfen stets im Vorderfeld landet, aber sich bei längeren Distanzen eher im Mittelfeld befindet, der muss etwas für seine aerobe Grundlagenausdauer tun.

Hier hat der Athlet nun mehrere Möglichkeiten:

- Erhöhung des Trainingsvolumens;
- regelmäßige Dauerläufe über 90 Minuten (siehe Baustein 12, Kap. 8);
- Erhöhung des Dauerlauftempos (siehe Baustein 12, Kap. 8).

Die aerobe Grundlagenausdauer ist zudem maßgeblich vom Trainingsalter abhängig. Wer mehr Kilometer in seinem Leben gelaufen ist als seine Konkurrenten, hat höchstwahrscheinlich eine bessere aerobe Basis. Vor allem Laufeinsteiger müssen hier geduldig sein, denn für eine sehr gut entwickelte Grundlagenausdauer braucht man viele Jahre regelmäßigen Trainings.

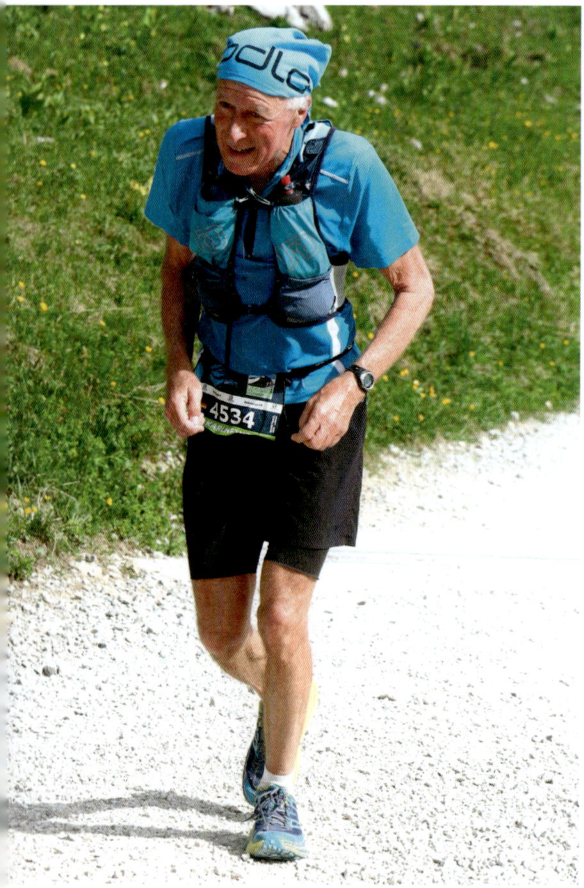

Vor allem auf langen Traildistanzen können ältere Läufer aufgrund ihrer herausragenden Grundlagenausdauer erstaunlich weit vorne landen.

Wo auch immer Ihre aerobe Schwelle im Moment liegt: Je näher die Wettkämpfe kommen, desto besser muss diese werden. Denn nur so können Sie bei einem mehrstündigen Trailwettkampf Ihr persönliches Leistungslimit ausschöpfen. Außerdem erholen sich Athleten mit einer besseren aeroben Schwelle schneller von intensiven Trainingseinheiten und können so mehr trainieren. Auch bei Mehrtagesrennen wie dem Transalpine Run profitiert man von einer besseren Erholungsfähigkeit.

Um die aerobe Schwelle zu bestimmen, kann man natürlich auch einen Laktatstufentest durchführen. In der Literatur wird dafür oft die Geschwindigkeit bei zwei Millimol pro Liter Laktat verwendet. Dieser Test macht allerdings nur bei erfahrenen Läufern Sinn, die bereits mehrere Jahre das Laufen leistungsmäßig betreiben. Denn bei Laufeinsteigern liefern die Werte bei zwei Millimol pro Liter Laktat meist außergewöhnlich langsame Geschwindigkeiten, die im Trainingsalltag dazu führen würden, dass diese Athleten bei normalen Dauerläufen nur gehen dürften. Um bei diesen Athleten die aerobe Schwelle zu bestimmen, benötigt man einen Trainingsexperten, der die Werte aus einer Laktatdiagnostik richtig interpretiert.

3.4 DER BERGAUFTEST

„Übrigens: Das Bergsteigen wird durch die Existenz von Bergen sehr erschwert."

(Jan Rys, österreichischer Schriftsteller)

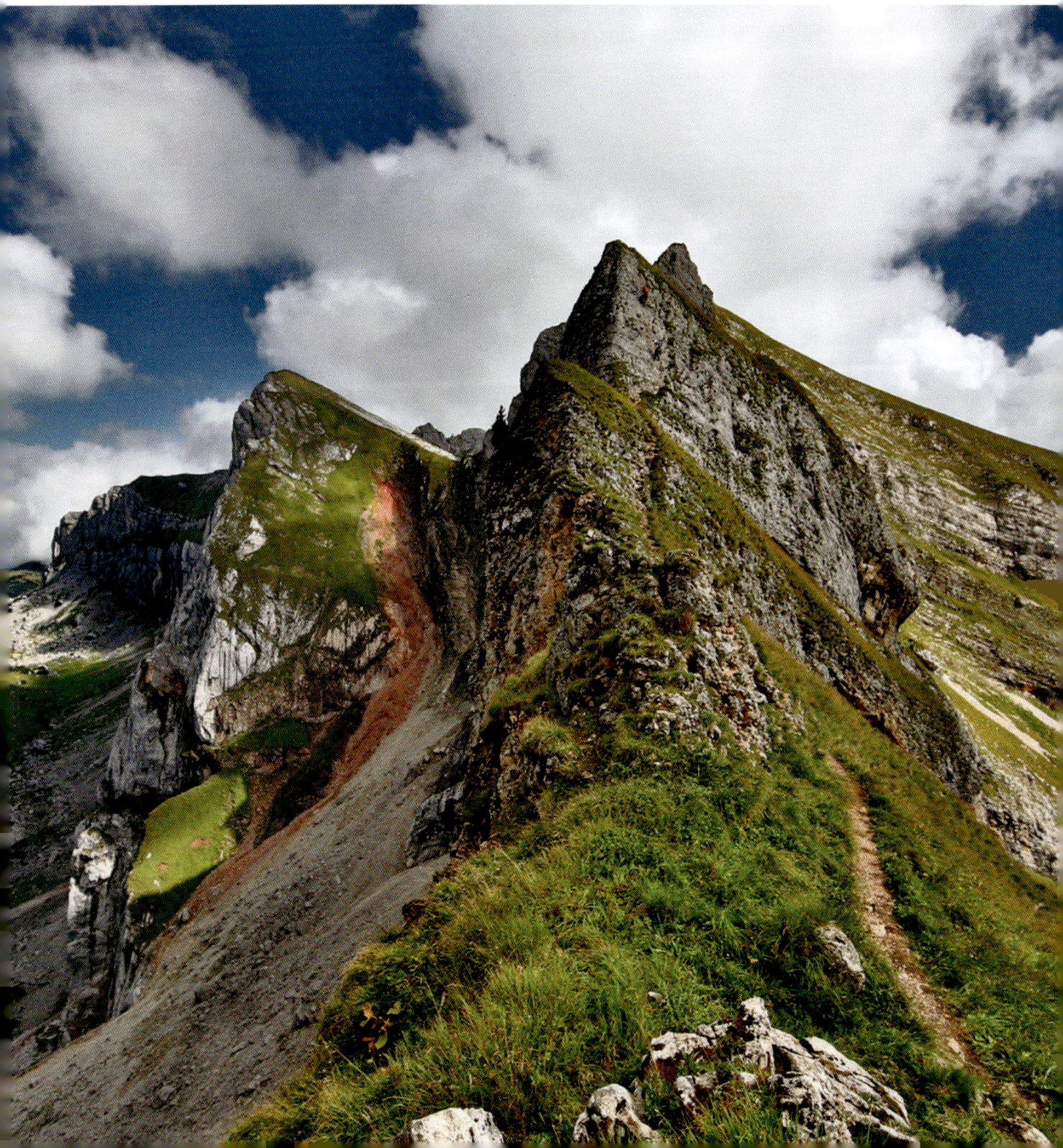

Jetzt müssen wir noch feststellen, wie gut Sie Ihre Laufgeschwindigkeit im bergigen Gelände nutzen können. Dies ist nämlich der für einen Trailläufer wichtigste Aspekt in Bezug auf die Schnelligkeitsentwicklung.

Hier kann man zwei Extreme unterscheiden. Da gibt es die Bergziegen, die trotz eines Anstiegs kaum ihr Tempo drosseln müssen. Auf der anderen Seite gibt es diejenigen, die am Berg gleich mehrere Gänge nach unten schalten müssen und sich bergauf deutlich langsamer fortbewegen als im Flachen.

Es gibt zwei Möglichkeiten, um festzustellen, ob man eher zu den Bergziegen oder doch eher zu den Flachlandspezialisten zählt. Die erste Variante ist relativ unkompliziert. Man muss einfach die Ergebnislisten wälzen und vergleichen. Meist kennt man ja die Läufer, die in etwa dasselbe Leistungsvermögen haben. Jetzt muss man deren Ergebnisse bei Läufen am Berg oder im Flachen mit seinen eigenen vergleichen.

Sehr gut zur Analyse eignen sich hier übrigens auch Apps wie Strava. Hier kann man innerhalb der Laufstrecken Segmente definieren. Wer wissen möchte, wie er im Vergleich zu den anderen ist, muss einfach nur verschiedene Segmente (bergauf, in der Ebene, bergab) anlegen und analysieren. Natürlich fließen auch die eigenen Beobachtungen mit ein, die man im Training mit anderen oder bei Wettkämpfen gesammelt hat.

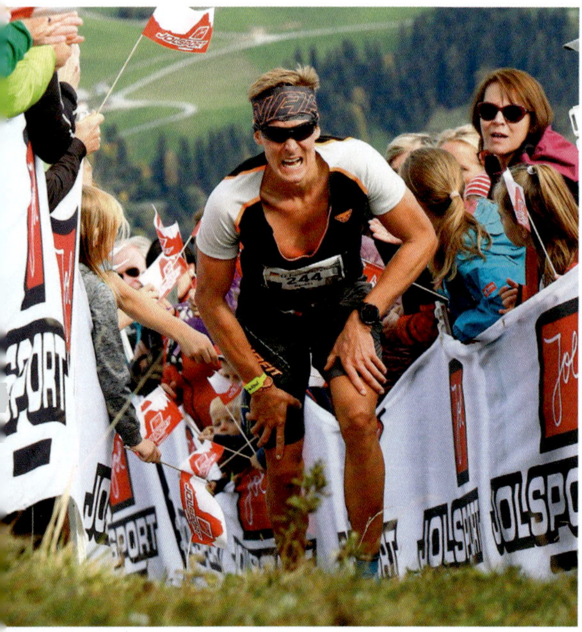

Wer bergauf meist überholt wird, im Flachen oder bergab dagegen stets Plätze gutmacht, muss wohl ohne Zweifel an seinen Bergauffähigkeiten arbeiten.

Wer am Berg auf Konkurrenten mehr Zeit verliert als im Flachen, muss an seiner Schnelligkeit bergauf arbeiten.

Bergauf ein Ausnahmekönner: Hannes Namberger wenige Meter vor dem Ziel des Kaisermarathons

Wer im Flachen mehr Zeit auf seine Konkurrenten als am Berg verliert oder am Berg sogar vor diesen das Ziel erreicht, sollte sich auf die Geschwindigkeitsentwicklung im flachen Gelände fokussieren bzw. weiterhin seine Stärke am Berg ausbauen und an seiner Schwäche arbeiten. Wem das zu wenig wissenschaftlich ist oder keine Vergleichsmöglichkeiten hat, der kann aber auch gerne folgenden Test auf einem Laufband durchführen.

Laufen Sie mit 11 Prozent Steigung mit höchstmöglicher Geschwindigkeit. Und zwar exakt so lange, wie Ihre aktuelle Bestzeit auf einem flachen 10-Kilometer-Kurs ist. Eine gleichmäßig ansteigende Forststraße wäre ebenfalls für diesen Test geeignet, da hier keine technisch anspruchsvollen Passagen das Ergebnis verfälschen.

Natürlich hat fast niemand eine so lange Forststraße mit exakt 10 Prozent Steigung vor der Haustür. Deshalb wäre ein Laufband die bessere Lösung. Hier sollte man dann aber 11 Prozent als Steigung einstellen. Da auf einem Laufband kein Fahrtwind entsteht, muss man diesen durch die 1,0 Prozent an Extrasteigung simulieren.

Wer also eine 10-Kilometer-Bestzeit auf einem flachen Straßenkurs von 45 Minuten hat, muss 45 Minuten lang auf dem Laufband oder eben auf der Forststraße verbringen. Nehmen wir an, Sie schaffen auf dem Laufband oder auf der Forststraße in 45 Minuten 6,8 Kilometer.

Das entspricht einer Differenz von 3,2 Kilometern (Differenz = 10 km – 6,8 km).

Laut Tab. 4 sind Sie damit im Durchschnittsbereich, wenngleich im unteren, was die Berglauffähigkeiten angeht.

Die gelaufene Differenz in Kilometern gibt also Aufschluss darüber, wie gut es um Ihre Bergaufqualitäten bestellt ist. Das ist natürlich auf dem Laufband ein sehr anstrengender und vielleicht monotoner Test. Aber, wie gesagt, Sie können diesen gerne auch im Gelände auf dem Weg zu Ihrem Lieblingsgipfel absolvieren.

Aber zurück zum Laufbandtest und zur Auswertung der Ergebnisse. In Tab. 4 sehen Sie die Auswertung, die ausschließlich die 10-Kilometer-Bestzeit und die zurückgelegte Strecke auf dem Laufband berücksichtigt. Geschlecht und Alter werden hier nicht berücksichtigt, genauso wie einige 10-Kilometer-Bestzeiten. Das sind natürlich nur grobe Anhaltspunkte, die mithilfe der Ergebnisse vieler Läufer vom Autor ermittelt wurden.

Tab. 4: Auswertung des Bergauftests und die Konsequenzen für das Training

10-km-Bestzeit	Ergebnis (10-km-Testdistanz)	Konsequenz für das Training
30-35 Minuten	< 3,6 km	Gute Bergaufqualität → schneller werden im Flachen
	3,6-3,9 km	Durchschnittliche Bergaufqualität → schneller werden im Flachen und bergauf
	> 3,9 km	Schlechte Bergaufqualität → schneller werden am Berg
35-40 Minuten	< 3,2 km	Gute Bergaufqualität → schneller werden im Flachen
	3,2-3,6 km	Durchschnittliche Bergaufqualität→ schneller werden im Flachen und bergauf
	> 3,6 km	Schlechte Bergaufqualität → schneller werden am Berg
40-45 Minuten	< 3,0 km	Gute Bergaufqualität → schneller werden im Flachen
	3,0-3,4 km	Durchschnittliche Bergaufqualität → schneller werden im Flachen und bergauf
	> 3,4 km	Schlechte Bergaufqualität → schneller werden am Berg
45-50 Minuten	< 2,7 km	Gute Bergaufqualität → schneller werden im Flachen
	2,7-3,25 km	Durchschnittliche Bergaufqualität→ schneller werden im Flachen und bergauf
	> 3,25 km	Schlechte Bergaufqualität → schneller werden am Berg
50-55 Minuten	< 2,5 km	Gute Bergaufqualität → schneller werden im Flachen
	2,5-3,0 km	Durchschnittliche Bergaufqualität → schneller werden im Flachen und bergauf
	> 3,0 km	Schlechte Bergaufqualität → schneller werden am Berg
55-60 Minuten	< 2,3 km	Gute Bergaufqualität → schneller werden im Flachen
	2,3-2,8 km	Durchschnittliche Bergaufqualität → schneller werden im Flachen und bergauf
	> 2,9 km	Schlechte Bergaufqualität → schneller werden am Berg

Es muss hier noch einmal betont werden, dass dieser Test streng genommen nur die Leistungsfähigkeit bei 10 Prozent Steigung angibt. Auf deutlich steilere Anstiege sind die Ergebnisse nicht ohne Weiteres übertragbar.

Nach der Durchführung der Tests soll nun darauf eingegangen werden, welche Trainingsmittel in welchem Umfang und in welcher Intensität eingesetzt werden sollen. Zudem wird beleuchtet, ob man sich als Trailläufer vermehrt dem Training am Berg oder im Flachen widmen sollte. Diese Frage mag vielleicht vielen seltsam erscheinen, schließlich geht es bei den meisten Trailläufen nur selten eben bzw. flach dahin. Doch wer sein volles Potenzial entfalten möchte, darf nicht nur am Berg trainieren.

Auf einen Downhilltest wird hier im Übrigen verzichtet. Nutzen Sie dazu die Analysetools der verschiedenen Lauf-Apps oder einfach Ihren gesunden Menschenverstand. Sie werden sicherlich bei sich selbst schon festgestellt haben, ob Sie bergab eher zu den Schnelleren oder Langsameren gehören. Tipps dazu, wie Sie Ihre Downhillfähigkeiten verbessern, erhalten Sie aber trotzdem (siehe Kap. 7). Denn nicht selten verlieren Trailläufer bergab mehr Zeit als bergauf auf ihre direkten Konkurrenten.

Die folgende Einteilung ist natürlich nicht vollständig. Sie soll nur einen groben Überblick darstellen und Ihnen die Möglichkeit geben, sich zu orientieren.

3.5 WELCHER TRAILLAUFTYP BIN ICH?

„Wie komm ich am besten den Berg hinan?
Steig nur hinauf und denk nicht dran!"

(Friedrich Nietzsche, deutscher Philosoph aus dem 19. Jahrhundert)

Die folgende Darstellung der verschiedenen Traillauftypen berücksichtigt teilweise die Ergebnisse aus den oben dargestellten Tests. Natürlich können Sie auch ohne Tests versuchen, sich selbst einem der Traillauftypen zuzuordnen. In den Diagrammen werden fünf Fähigkeiten bzw. konditionelle Fähigkeiten berücksichtigt:

VO_2max – anaerobe Schwelle – aerobe Schwelle – Bergauffähigkeit – Downhill

Jeder dieser fünf Kategorien wird ein Punktwert zugeordnet:

Tab. 5: Punktewertung zur Einordnung der eigenen Fähigkeiten

Punktewertung	Bedeutung	Bezug zum Durchschnitt
1	Schlecht	Weit unterdurchschnittlich
2	Ausreichend	Leicht unterdurchschnittlich
3	In Ordnung	Durchschnittlich
4	Gut	Überdurchschnittlich
5	Überragend	Weit überdurchschnittlich

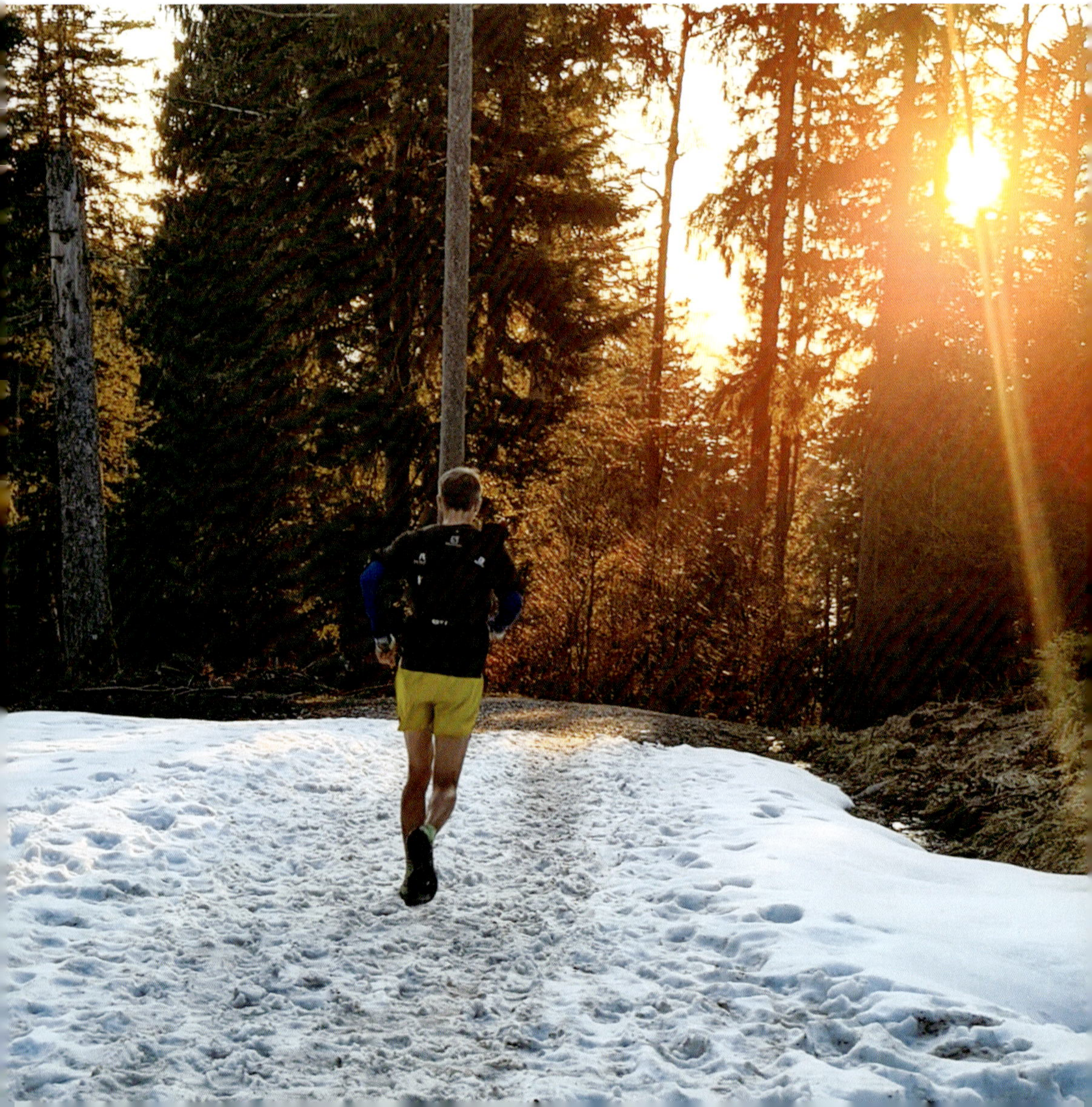

3.5.1 DER BERGAUFSPEZIALIST

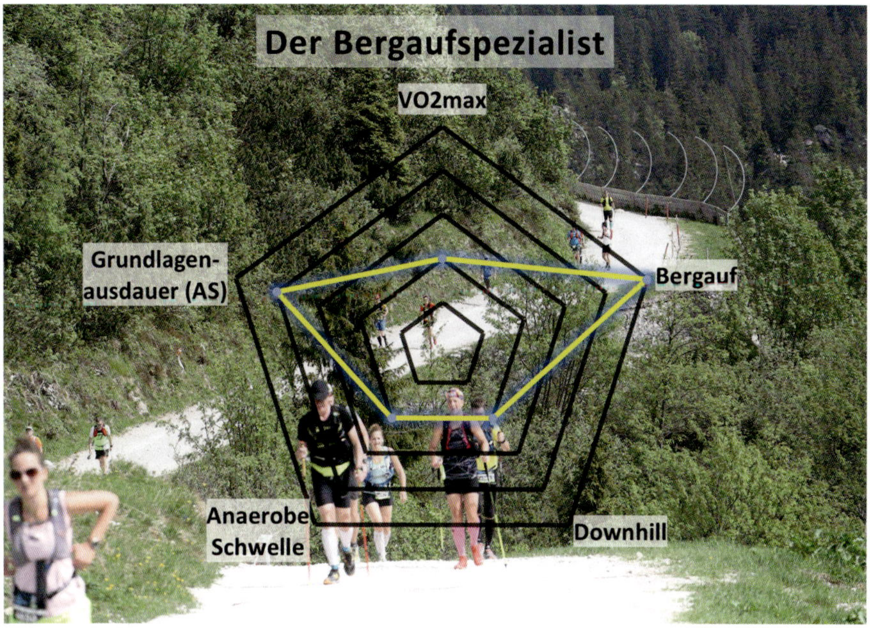

Der Bergaufspezialist

Dieser Läufertypus zeichnet sich dadurch aus, dass er am Berg (lange und kurze Anstiege) überdurchschnittlich schnell ist, aber im Bereich der VO_2max noch Verbesserungsbedarf hat. Zudem gehört er in der Ebene eher dem Durchschnitt an. Bei Downhills verliert er grundsätzlich an Boden. Außerdem verfügt er meist über eine sehr gute Ausdauer.

Um hier bei Trailwettkämpfen in Zukunft besser abzuschneiden, empfiehlt es sich, vor allem an der Schnelligkeitsfähigkeit im flachen Gelände zu arbeiten. Außerdem muss das Downhilltraining in den Fokus gerückt werden, ohne dabei das Bergauflaufen zu sehr zu vernachlässigen. Wichtig ist hierbei, zu wissen, dass sich eine bessere Leistungsfähigkeit im Flachen auch positiv auf die Downhillleistung auswirkt, zumindest auf die Geschwindigkeit bei technisch einfachen Downhills.

3.5.2 DER BERGAUF- UND BERGABSPEZIALIST

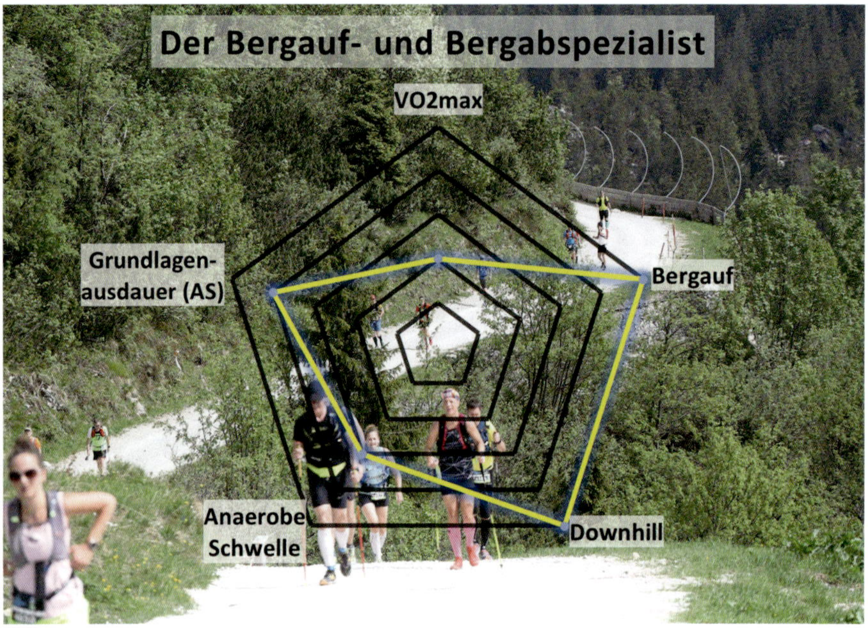

Der Bergauf- und Bergabspezialist

Die Testergebnisse an der anaeroben Schwelle und des VO_2max-Tests sind durchschnittlich. Die Grundlagenausdauer ist sehr gut ausgeprägt, genauso seine Downhill- und Bergauffähigkeiten. Der Bergauf- und Bergabspezialist befindet sich relativ weit vorne in den Ergebnislisten, aber der Sprung nach ganz vorne lässt noch auf sich warten.

Es fehlt vor allem die läuferische Expertise im Flachen. Oftmals kommen diese Athleten vom Bergsteigen bzw. aus dem Bergsport. Für diese gilt, dass sie vor allem an der VO_2max arbeiten müssen sowie an der anaeroben Schwelle, was natürlich einen größeren Zeitaufwand benötigt, sowie eine gewisse Bergabstinenz.

Diese Bergabstinenz ist oftmals nicht ganz so einfach, da diese Athleten die Berge lieben. Doch um bei den Trailwettkämpfen in den Bergen besser zu werden, müssen diese Läufer hin und wieder auf die Straße oder auf die Rundbahn, die gerne mal als „Oval Office" bezeichnet wird. Denn schließlich findet hier die von vielen Trailläufern eher ungeliebte „Tempoarbeit" statt.

3.5.3 DER TRAILLAUF-NOVIZE MIT LAUFERFAHRUNG

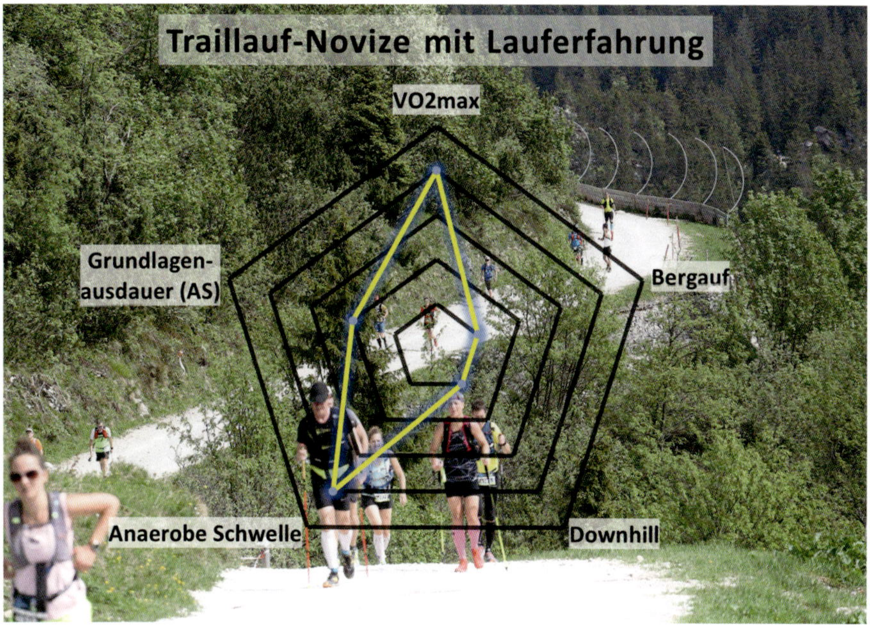

Der Traillauf-Novize mit Lauferfahrung

Diese Läufer haben oftmals keine guten Bergaufqualitäten. Völlig unabhängig von den anderen Ergebnissen gilt für diese vor allem eines: Kraftaufbau für die Oberschenkelvorderseite und Training am Berg. Dazu kommt natürlich das Downhilltraining und viele Läufe in unterschiedlichem Gelände. Der Traillaufnovize muss sämtliche Spielarten der Steigungen kennenlernen: von flach ansteigend bis sehr steil, von Treppenstufen und Wurzelpfaden bis hin zu lang gezogenen Anstiegen und Forstwegen.

Natürlich muss auch dieser Läufertypus an der Schnelligkeit im Flachen arbeiten. Allerdings spielt dieses Training in der Vorbereitung auf einen Traillauf eine eher untergeordnete Rolle. Der Umfang der einzelnen Inhalte ist natürlich auch vom Streckenprofil des Wettkampfs abhängig.

Meist haben diese Athleten eine recht gut ausgebildete VO_2max sowie eine gut ausgeprägte anaerobe Schwelle. Allerdings ist bei ihnen oftmals die aerobe Schwelle nicht ganz so gut, da sie bislang nur Straßenwettkämpfe gelaufen sind, bei denen die Wettkampfdauer meist deutlich kürzer als bei den Trailwettkämpfen ist.

3.5.4 DER TRAILLAUF-NOVIZE MIT WENIG LAUFERFAHRUNG

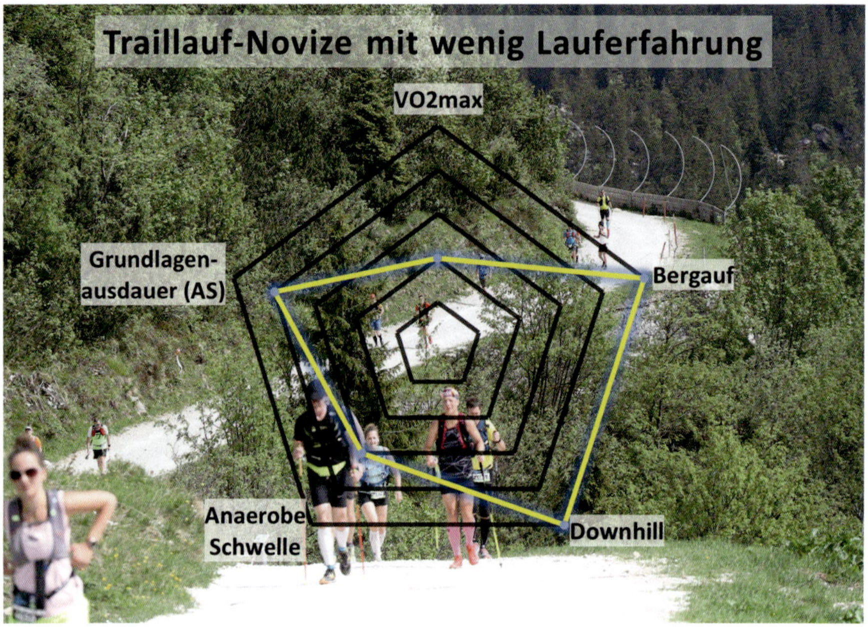

Der Traillauf-Novize mit wenig Lauferfahrung

Für diejenigen, die den Laufsport gerade für sich entdeckt haben und sofort auf die Trails dieser Welt wollen, ist natürlich erst einmal eines wichtig: Ausdauer aufbauen. Das Laufen ist das wichtigste Trainingsmittel, das Krafttraining kann genauso wie die Steigerungsläufe, das Lauf-ABC oder die Sprünge erst einmal nach hinten rücken. Zudem müssen die grundlegenden läuferischen Fähigkeiten zunächst im Flachen entwickelt werden, wobei natürlich Reize am Berg jederzeit gesetzt werden dürfen. Diese Reize sollten sich aber zunächst auf Wanderungen oder kurze Bergaufläufe beschränken.

Um schnellstmöglich die Zeitlimits bei den Trailwettkämpfen zu unterbieten, muss die aerobe und anaerobe Schwelle verbessert werden. Außerdem muss der Körper in die Lage versetzt werden, die angestrebte Wettkampfdauer überhaupt durchzustehen. Hier ist die richtige Auswahl der Wettkämpfe von großer Bedeutung. Man sollte mit kürzeren Distanzen beginnen sowie die technisch anspruchsvolleren Kurse zunächst meiden.

3.5.5 DER BERGABSPEZIALIST

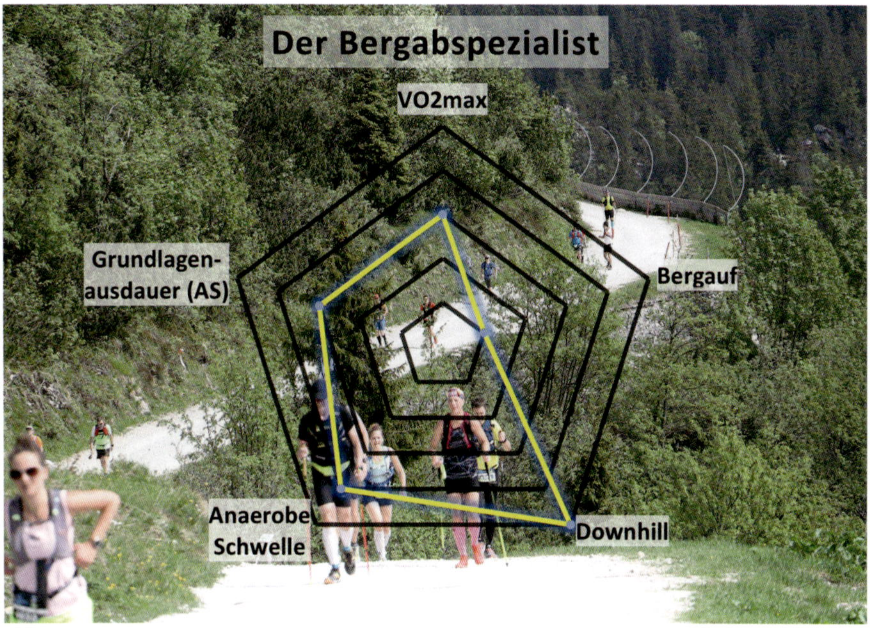

Der Bergabspezialist

Bergab überholen sie einen Läufer nach dem anderen, aber bergauf verlieren die Bergabspezialisten stets an Boden. Ihre Bergaufqualitäten sind unterdurchschnittlich, ihre VO_2max durchschnittlich ausgeprägt. Die anaerobe Schwelle ist meist gut, die aerobe Schwelle (die Ausdauer für die langen Distanzen) noch verbesserungsfähig.

Für diesen Traillauftypus empfehlen sich vor allem folgende Trainingsinhalte, wobei die Inhalte vom wichtigsten zum unwichtigsten gegliedert sind: Krafttraining, Läufe am Berg, lange Dauerläufe und Sprünge. Die läuferischen Inhalte sollten dabei so oft wie möglich an moderaten bis steilen Anstiegen durchgeführt werden, ohne dabei das flache Gelände zu vernachlässigen. Dasselbe gilt für die Sprünge.

3.5.6 DER BERGSPRINTER

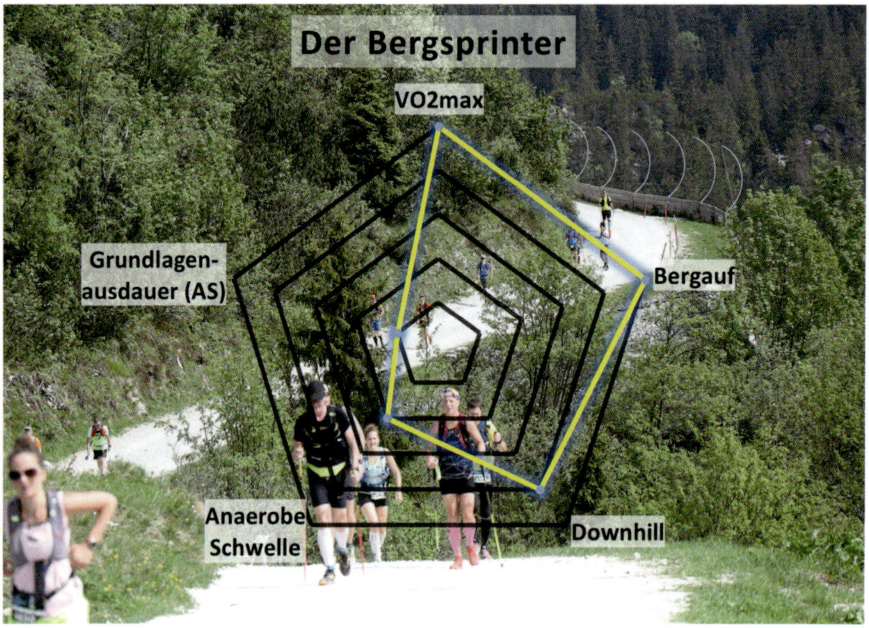

Der Bergsprinter

Wie schon der Name erahnen lässt, können diese Athleten bei kurzen Anstiegen ohne Probleme mit der Konkurrenz mithalten. Ist der Anstieg hingegen länger oder befindet sich dieser erst im zweiten Teil der Strecke, fällt es ihnen schwer, der Konkurrenz zu folgen.

Dieser Läufertypus besticht meist durch überdurchschnittliche Fähigkeiten bei der VO_2max. In den Downhills sind diese Läufer auch meist konkurrenzfähig, da sie relativ oft in den Bergen, aber eben meist nur kurz, unterwegs sind. Dieser Läufertypus muss seinen Gesamtkilometerumfang steigern und längere Tempoläufe bzw. Tempodauerläufe in das Training integrieren, um die Geschwindigkeit an der anaeroben Schwelle zu verbessern. Außerdem muss insgesamt an der Grundlagenausdauer gearbeitet werden, um die aerobe Schwelle zu verbessern.

3.5.7 DER ALLROUNDER

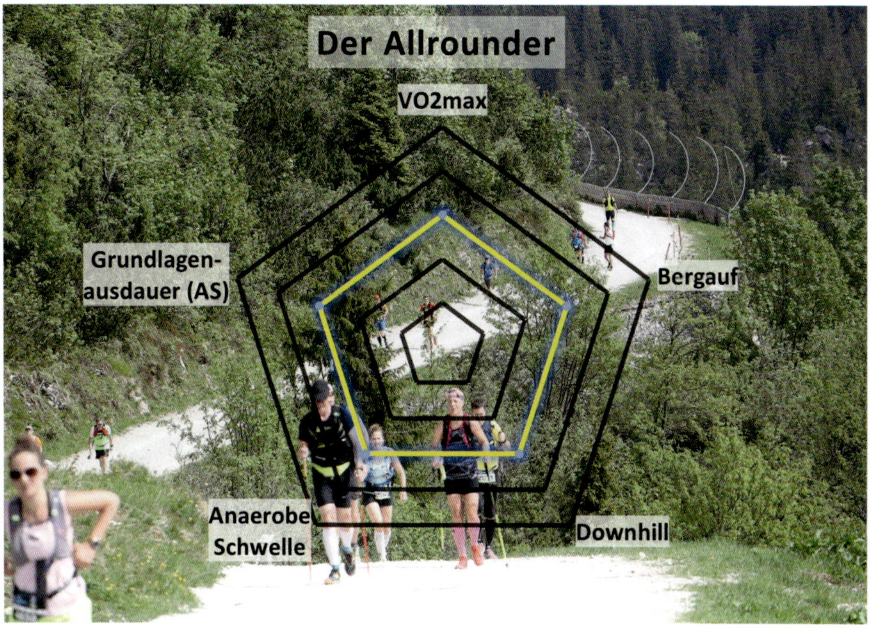

Der Allrounder

Ihre Testergebnisse sind allesamt durchschnittlich. Sie sind sowohl bergauf als auch bergab einigermaßen konkurrenzfähig, wollen sich aber bis zur nächsten Traillaufsaison verbessern. Meistens sind die Allrounder sehr fleißig und laufen gerne und viel. Allerdings vergessen diese Läufer oftmals, in ihrem Training Akzente und Schwerpunkte zu setzen.

Für diese Athleten kommt es vor allem darauf an, innerhalb der Saisonvorbereitung spezielle Phasen einzubauen, um alle Komponenten eines erfolgreichen Trailläufers trainieren zu können. Die Allrounder sind oftmals auf den Trails unterwegs, weshalb sie ja in allen Kategorien weder schlecht noch sehr gut sind. Allerdings fehlt häufig die notwendige Intensität, um sich wirklich steigern zu können.

3.5.8 DER AUSDAUERNDE

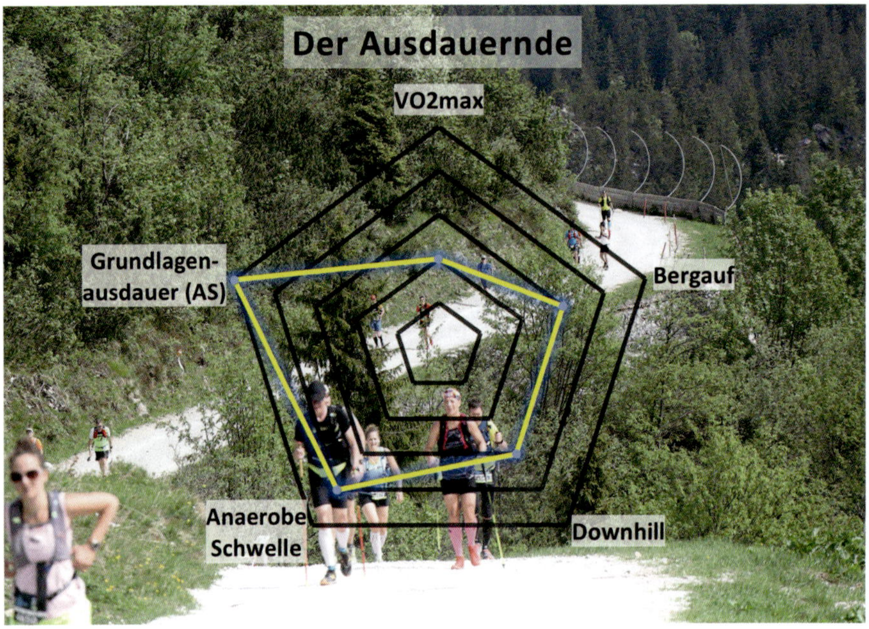

Der Ausdauernde

Dieser Traillauftypus läuft quasi vom Start weg an seinem persönlichen Limit. Am Anfang sortiert er sich eher im Mittelfeld ein, überholt aber mit fortschreitender Dauer des Rennens einen Läufer nach dem anderen. Der Grund dafür ist, dass er sein Tempo fast das ganze Rennen über halten kann und auch am Ende kaum langsamer wird. Seine aerobe Schwelle (seine Grundlagenausdauer) ist überragend. Zudem ist er bergauf und bergab konkurrenzfähig. Ihm mangelt es aber an einer gut ausgebildeten VO_2max.

Dieser Athlet sollte öfter kurze Intervalle, sowohl in der Ebene als auch am Berg, in sein Training einbauen. Für ihn zählt in Zukunft mehr Qualität als Quantität im Training. Denn sehr wahrscheinlich ist er ein sehr fleißiger Läufer, der im Training deutlich mehr Kilometer läuft als seine Konkurrenten. Auch bei den Dauerläufen sollte hier mehr Abwechslung zum Tragen kommen, was sowohl die Dauer als auch das Tempo anbelangt.

Natürlich gibt es noch jede Menge weitere Ausprägungen der einzelnen Athletentypen. Falls Sie sich in keinem der Athletentypen wiederfinden, machen Sie eine schonungslose Stärken- und Schwächenanalyse. Dabei werden Sie sicherlich die eine oder andere Schwachstelle bei sich finden. Es lohnt sich auch immer, einen befreundeten Trailläufer zu fragen oder Rat bei einem erfahrenen Trainer zu suchen.

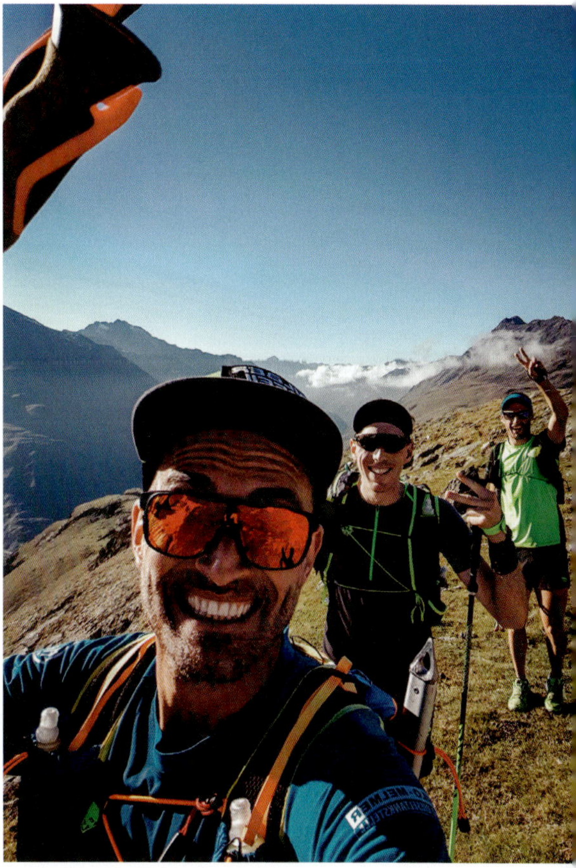

Spaß am Traillaufen ist das Wichtigste, es spielt keine Rolle, welcher Traillauftyp Sie sind.

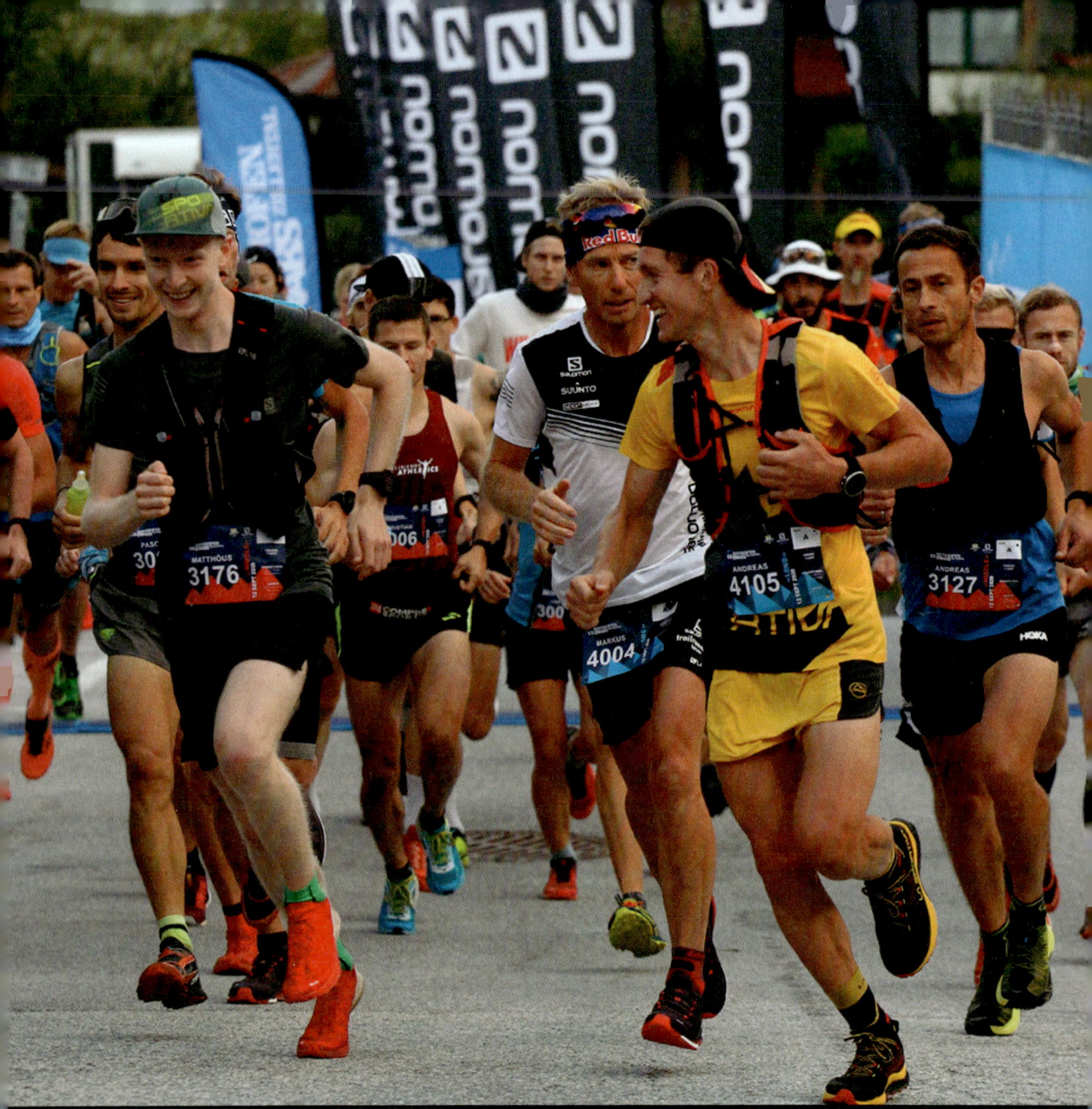

4

DIE TRAININGSBAUSTEINE 1-8

Tab. 6: Die Trainingsbausteine 1-12

1. Steigerungsläufe
2. Sprünge
3. Lauf-ABC
4. Schnelligkeitsausdauer/VO_2max
5. Anaerobe und aerobe Schwelle
6. Gleichgewicht
7. Beweglichkeit
8. Mentale Stärke
9. Kraft für die Berge
10. Bergauf schneller werden
11. Im Downhill schneller werden
12. Das richtige Dauerlauftempo

Diese 12 Trainingsmittel bzw. Trainingsprinzipien sind natürlich weder erschöpfend noch geben sie alle Möglichkeiten des modernen Trainings wieder. Es gibt einfach zu viele Trainingsansätze und Trainingsphilosophien, um diese hier in aller Ausführlichkeit darzustellen. Doch mit dieser getroffenen Auswahl haben Sie einen guten Überblick über die wichtigsten Trainingsinhalte, die in keinem Trailrunning-Trainingsplan fehlen sollten.

Auf den folgenden Seiten werden nun die einzelnen Trainingsinhalte genauer erklärt. Zudem wird darauf eingegangen, zu welchen Saisonzeitpunkten und in welchem Umfang diese berücksichtigt werden sollten. Die Bausteine 1-8 sind für jeden Läufer wichtig und werden in Kap. 4 besprochen. Die Bausteine 9-12 erhalten jeweils ein eigenes Kapitel, da hier die trailspezifischen Aspekte ausführlich dargestellt werden.

Diese Trainingsinhalte machen Sie sowohl in der Ebene, bergauf als auch bergab schneller.

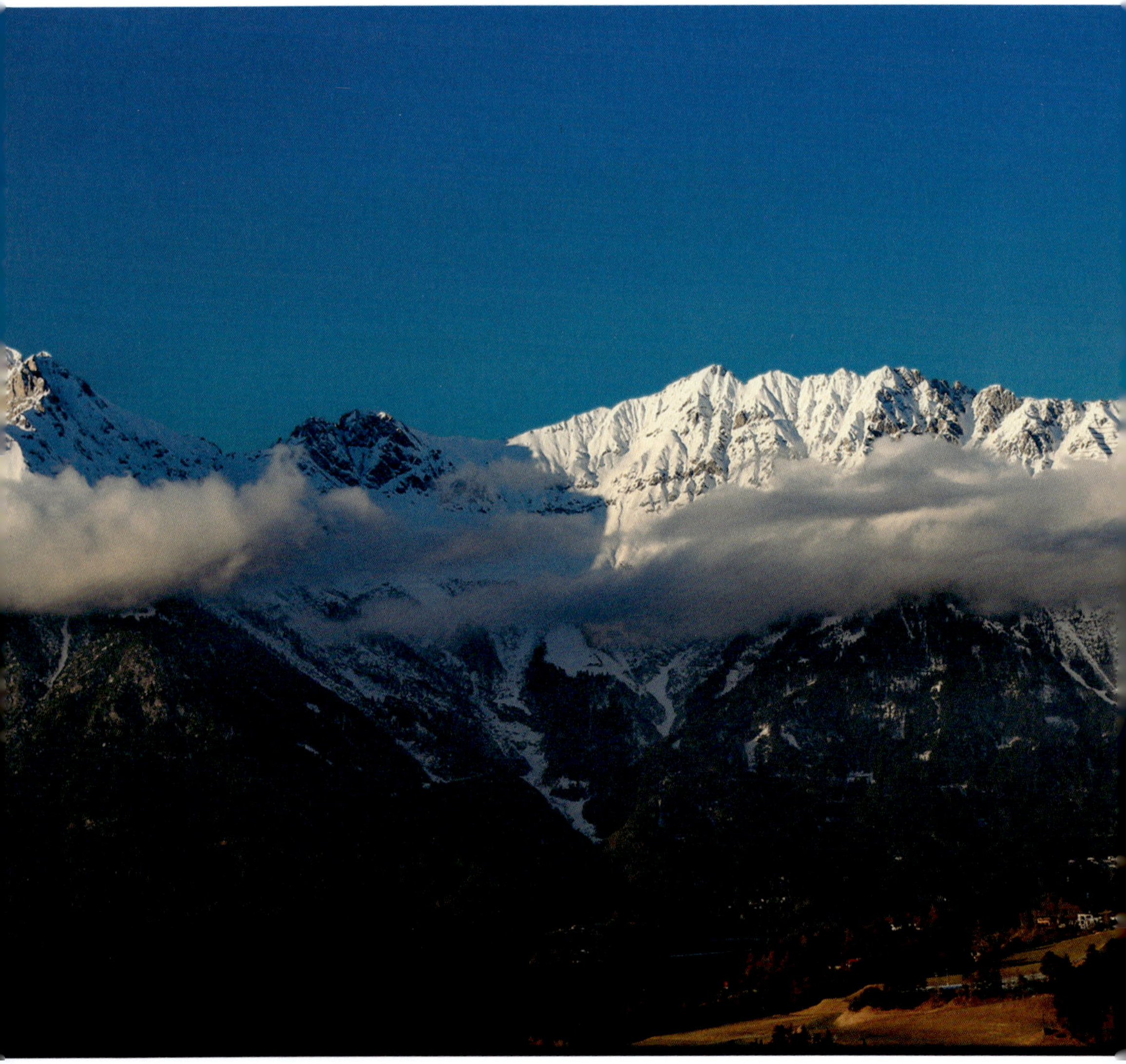

4.1 BAUSTEIN 1: STEIGERUNGSLÄUFE

„Das Wichtigste ist, einfach eine Leidenschaft fürs Laufen zu entwickeln. Den Morgen zu lieben, den Trail zu lieben, den Speed auf der Bahn zu lieben."

(Pat Tyson, US-amerikanischer Laufcaoch)

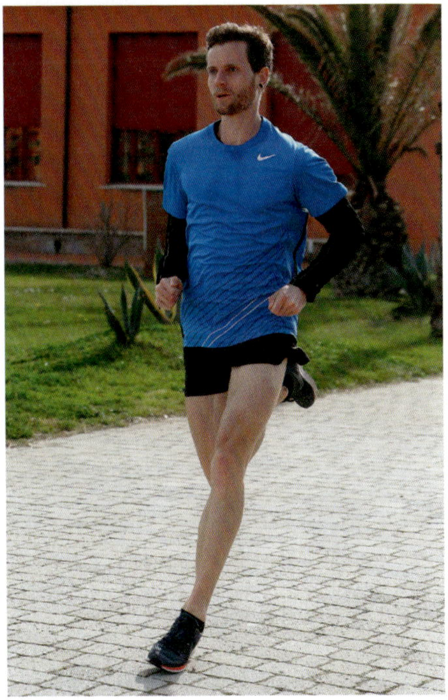

Steigerungsläufe sollten regelmäßig, auch von Trailläufern, durchgeführt werden.

Um die Grundschnelligkeit I zu entwickeln, muss man regelmäßig Läufe im maximalen und submaximalen Tempo ins Training einbauen. Dies geschieht am einfachsten, wenn man nach Dauerläufen 3-5 Steigerungsläufe über 60-100 Meter absolviert. Dabei steigert man das Tempo vom langsamen Joggingtempo bis zum Sprinttempo. In der Pause gehen Sie langsam wieder zurück.

ACHTUNG:
Nach den ganz langen Dauerläufen, vor allem im Gelände, sollte man lieber auf die schnellen Läufe verzichten. Denn die in Mitleidenschaft gezogene Muskulatur könnte auf das annähernde Sprinttempo mit Zerrungen oder im schlimmsten Fall Muskelfaserrissen reagieren.

TIPP:
Um die Muskulatur zu schonen, können Sie die Steigerungsläufe an einer leichten Steigung bergauf absolvieren, am besten an einem asphaltierten 2-3%igen Anstieg. Durch die etwas verkürzten Schritte und geringeren Aufprallkräfte vermindern Sie das Verletzungsrisiko.

Mithilfe der Steigerungsläufe kann man bis ins hohe Läuferalter den Verlust der Grundschnelligkeit I auf ein Minimum reduzieren. Vor allem für Trailläufer sind Steigerungsläufe extrem wichtig, da sie aufgrund des Streckenprofils und der Untergründe oftmals deutlich langsamer laufen als reine Straßenläufer. Die Muskulatur und das Nervensystem werden an das langsame Laufen gewöhnt, die schnelle Muskulatur verkümmert, die Nervenleitgeschwindigkeit sinkt. Durch das „Ballern" werden die schnell zuckenden Muskelfasern aktiviert und die Nerven zum schnellen Abfeuern der Nervenleitimpulse gezwungen.

Die positiven Aspekte der Steigerungsläufe sind unumstritten. Allerdings darf man nicht erwarten, durch dieses Trainingsmittel zum neuen Usain Bolt zu werden. Wer noch nie an seiner Grundschnelligkeit aktiv gearbeitet hat, wird dadurch Geschwindigkeitszuwächse erzielen können. Wer allerdings in seiner Jugend Fußball, Handball, Tennis, Basketball oder irgendeine andere Sportart ausgeübt hat, bei der man regelmäßig sprinten musste, wird durch Steigerungsläufe nur eine minimale Verbesserung seiner Grundschnelligkeit I erleben.

Um hier größere Steigerungen zu erzielen, müsste man Extra-Sprinttrainingseinheiten integrieren. Der Zeitaufwand dazu würde aber in keiner Relation zu den minimalen Leistungszuwächsen stehen. Zudem stört ein regelmäßiges Sprinttraining eine sinnvolle Vorbereitung auf einen Trailwettkampf. Denn ein Sprinttraining macht nur Sinn, wenn man absolut erholt in dieses startet, was 1-2 Ruhetage oder einen reduzierten Trainingsumfang erfordern würde.

Doch ein Trailläufer will schließlich kein Weltklasse-Sprinter werden. Ein Trailläufer will schnell auf den Trails sein. Und um schnell auf den Trails zu werden, sollte man alle Geschwindigkeitsbereiche, vom langsamen Dauerlauftempo bis zum maximalen Sprint im Training berücksichtigen. Ein besonderes Augenmerk sollte dabei auf den Geschwindigkeitsbereich der VO_2max gelegt werden.

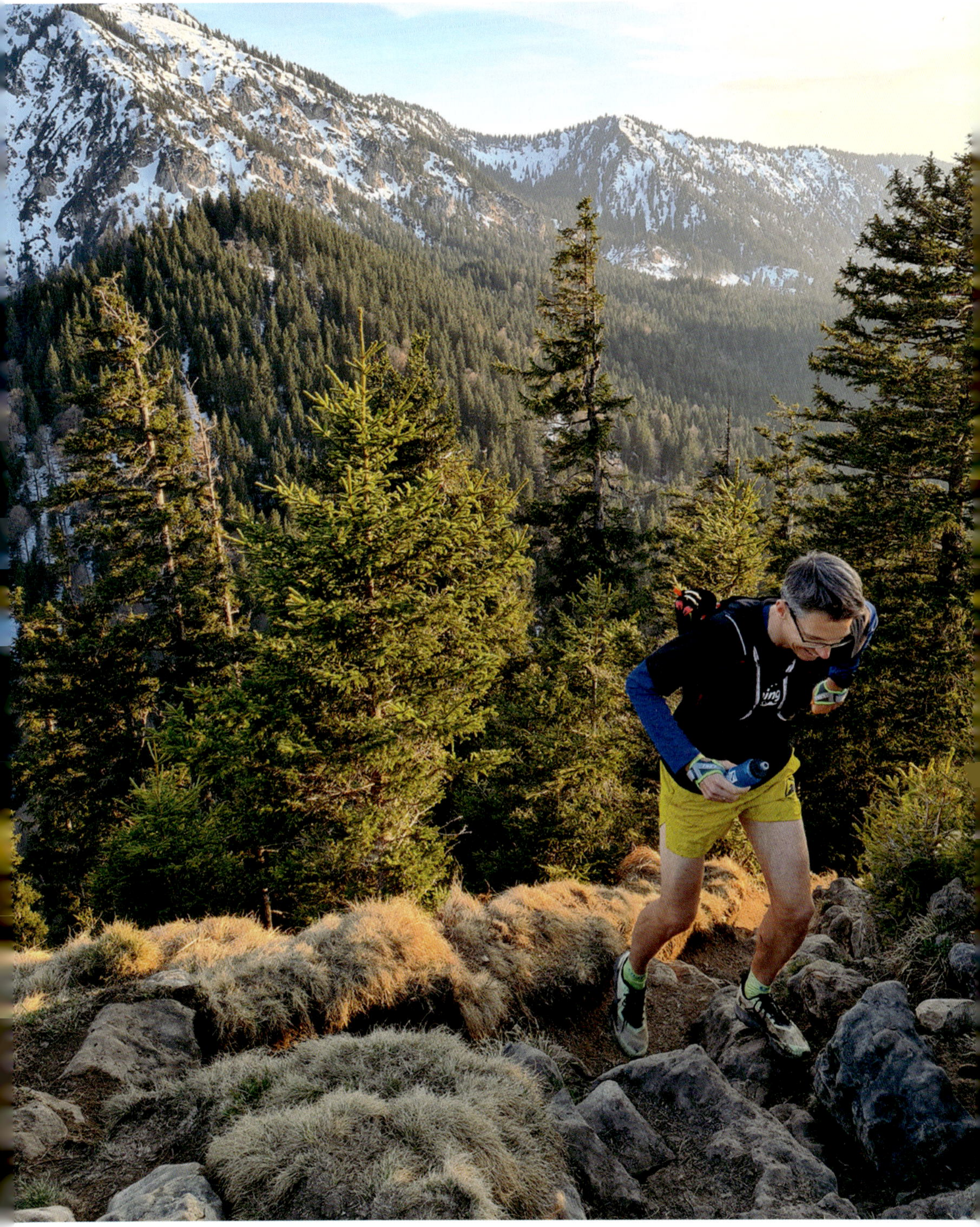

4.2 BAUSTEIN 2: SPRÜNGE

„Kleine Schritte sind oft bedeutsamer als große Sprünge."

(Hermann Lahm, deutscher Schriftsteller)

Im Leben mag es oftmals ratsam sein, mit kleinen Schritten voranzugehen. Das gilt auch meist für das Laufen. Doch wer schneller werden will, kommt an kleinen und großen Sprüngen im Training nicht vorbei.

Wer bei Instagram das deutsche Skibergsteiger-Nationalteam abonniert hat, wurde vielleicht schon Zeuge einer ganz besonderen Übung. Sämtliche Mitglieder des Nationalteams springen wie Gazellen den Berg nach oben, in beiden Händen Stöcke haltend. Sie hüpfen von einem Bein auf das andere und legen dabei pro Sprung ungefähr zwei Meter zurück. Bei jedem Abdruck wird das hintere Bein gestreckt, während das vordere Bein im 90-Grad-Winkel in der Hüfte und im Knie gebeugt wird.

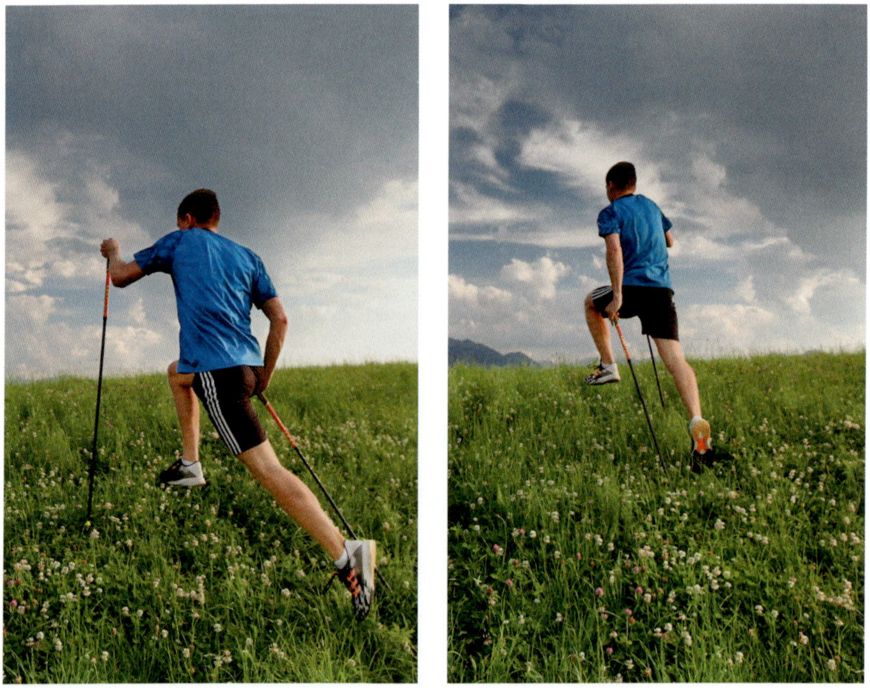

Laufsprünge bergauf sind hocheffektiv.

Diese „Laufsprünge" genannte Übung wird allerdings nicht nur von Skibergsteigern, sondern auch von Skilangläufern oder Sprintern regelmäßig in das Training integriert. Doch nicht nur diese Art von Sprüngen ist fester Trainingsbestandteil vieler Läufer. Es gibt unzählige Sprungvariationen, mit denen man die Schnelligkeit und die Laufökonomie verbessern kann.

Sprünge sollten elementarer Bestandteil im Training eines jeden (Trail-)Läufers sein, denn hier treffen Schnell- und Reaktivkrafttraining auf die spezifischen Anforderungen des Laufschritts. Zudem kann man mithilfe der Übungsausführung und Übungsdauer verschiedene konditionelle Aspekte wie Ausdauer und/oder Schnelligkeit ansprechen.

In der Trainingslehre unterscheidet man zunächst einmal die „kleinen" von den „großen" Sprüngen. Die „kleinen" Sprünge sind weniger anspruchsvoll und rekrutieren eine kleinere Anzahl an Muskelfasern, sind also auch weniger belastend. Aus diesem Grund sollten in einem vernünftigen Trainingsplan die „kleinen" vor den „großen" Sprüngen folgen.

Bevor wir uns aber die verschiedenen Sprünge anschauen und uns überlegen, wie wir diese in das Lauftraining sinnvoll integrieren, müssen wir uns zunächst klarmachen, warum Sprünge für Läufer so wichtig sind.

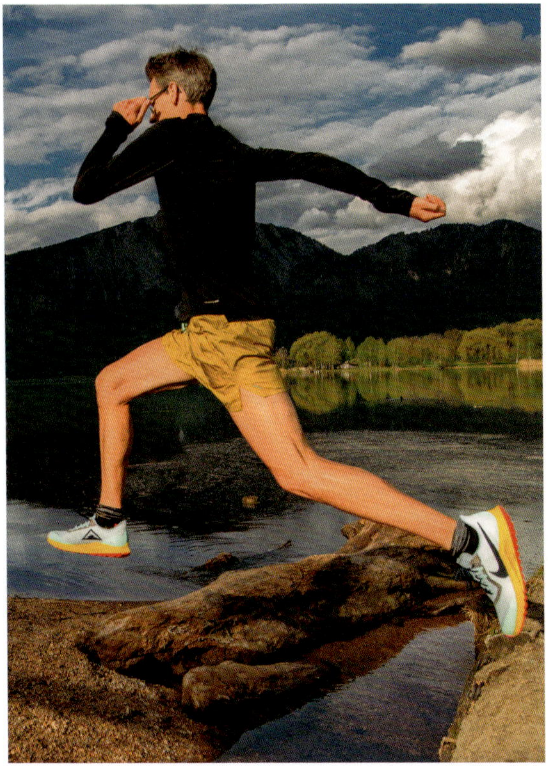

Sprünge über Bäche oder Äste gehören bei Trailläufen mit dazu.

4.2.1 SPRÜNGE – DER TURBO FÜR DIE BEINE

Ob Seilsprünge, Hocksprünge, Ausfallschrittsprünge, Hürdensprünge, Einbeinsprünge oder Laufsprünge, hier werden die am Laufen beteiligten Muskeln auf unterschiedliche Art und Weise gefordert. Während bei Seilsprüngen vor allem die Wadenmuskulatur angesprochen wird, sind es bei Laufsprüngen der Po und die Oberschenkel. Allen Sprüngen gemeinsam ist dabei eine explosive und schnellkräftige Ausführung. Durch die schnelle Kontraktion der Muskeln werden Prozesse im Körper in Gang gesetzt, von denen sowohl Sprinter als auch Trailläufer profitieren. Anhand der wohl allen bekannten Seilsprünge soll das veranschaulicht werden.

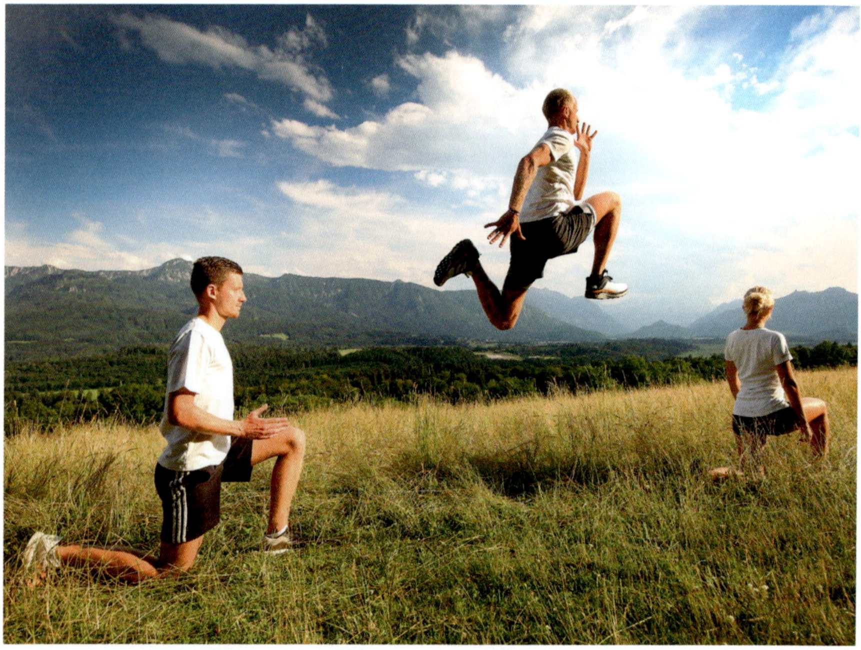

Ausfallschrittsprünge: Springen Sie aus einem Ausfallschritt nach oben. Wechseln Sie in der Luft die Beine. Nach der Landung springen Sie sofort wieder nach oben.

Bei Seilsprüngen springt man nur auf dem Vorder- bzw. Mittelfuß, die Fersen sollen nicht den Boden berühren. Aus diesem Grund sind vor allem die Wadenmuskeln (M. soleus und M. gastrocnemius) betroffen. Die Aufgabe ist denkbar einfach.

Bevor das schwingende Seil die Füße bzw. die Schienbeine berührt, muss man sich vom Boden gelöst haben. Je schneller man das Seil schwingt, desto kürzer muss der Bodenkontakt sein. Dieser kurze Bodenkontakt kann nur realisiert werden, indem sich die für den Absprung beteiligten Muskeln schnell anspannen und auch wieder entspannen können.

Um auch ganz kurze Bodenkontaktzeiten (unter 200 Millisekunden) schaffen zu können, müssen die einzelnen Muskelfasern innerhalb der Muskelstränge perfekt zusammenarbeiten. Optimalerweise wird jede einzelne Muskelfaser in der arbeitenden Muskulatur gleichzeitig mit jeder anderen Muskelfaser angespannt. Dazu müssen die Nerven völlig synchron arbeiten, die Stromimpulse gleichzeitig in die Muskelfasern geleitet werden. Zudem sollen alle Muskelfasern im gleichen Maße an der Bewegung beteiligt werden, sodass keine Ungleichgewichte entstehen. Außerdem müssen im Moment der Anspannung der Wadenmuskulatur die Gegenspieler dieser Muskeln entspannt werden.

Innerhalb kürzester Zeit findet also immer der Wechsel zwischen Anspannung und Entspannung statt. Bei Seilsprüngen sind die Zeitintervalle zwischen Anspannung und Entspannung deutlich kürzer als bei der Laufbewegung. Die Nerven und die Muskeln werden also mehr gefordert. Sobald die schnellen Seilsprünge sowohl muskulär als auch koordinativ problemlos bewältigt werden können, hat man sich für das Laufen einen Vorteil erarbeitet. Schließlich haben die Muskeln und die Nerven gelernt, noch schneller und effektiver zusammenarbeiten.

> Untrainierte Menschen können in einem Muskel nur 75 Prozent der Muselfasern gleichzeitig aktivieren. Durch Sprünge kann dieser Wert auf bis zu 95 Prozent erhöht werden. In der Trainingslehre spricht man von der intramuskulären Koordination.

Aber Achtung! Führt man Sprünge mit zu geringer Intensität aus, fordert man Muskeln und Nerven eventuell sogar weniger als beim Laufen. Die Muskulatur bekommt ein langsameres Bewegungsprogramm beigebracht, da ein geringerer Anteil der Muskelfasern innerhalb eines Muskelstrangs aktiviert wird. Im Gehirn wird dieses langsame Programm gespeichert. Natürlich kann dieses unerwünschte Programm wieder überschrieben werden. Doch je öfter Sprünge mit zu langsamer Bewegungsausführung wiederholt werden, desto mehr dominiert im Gehirn das langsame Bewegungsmuster. Um also schnell zu werden, müssen Sprünge immer mit höchstmöglicher Bewegungsgeschwindigkeit (bzw. Kontraktionsgeschwindigkeit) ausgeführt werden.

Dies führt natürlich auch zu der Konsequenz, dass die Anzahl der Sprünge nicht zu hoch sein darf. Sobald nämlich die Ermüdung eintritt und z. B. die Bodenkontaktzeit bei Seilsprüngen zunimmt, sollte die Übung beendet werden. Aus diesem Grund sollte man pro Bein nicht mehr als 6-8 Kontraktionen machen. Der begrenzende Faktor ist dabei nicht die Muskulatur, sondern das nervöse System. Die Nerven benötigen deutlich mehr Zeit, um sich von dem sprichwörtlichen „Feuerwerk", das sie zünden müssen, zu erholen. Die Muskulatur wäre innerhalb weniger Sekunden wieder bereit, bei den Nerven kann es bis zu fünf Minuten dauern.

Aus diesem Grund sollten zwischen den Sprüngen ausreichend Pausen einkalkuliert werden. Natürlich hängt die Pausenlänge auch von der Art der Sprünge ab, schließlich werden mal mehr, mal weniger Muskelfasern aktiviert.

4.2.2 VON DEN „KLEINEN" ZU DEN „GROSSEN" SPRÜNGEN

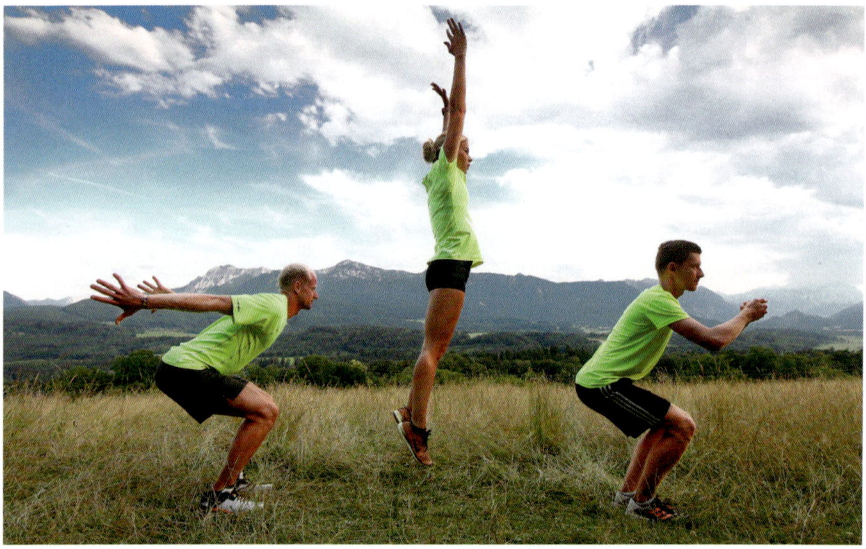

Vertikale Hocksprünge sollten aus einer halben Hocke starten. Dann springen Sie mit aller Kraft noch oben und strecken Hüfte und Knie. Bei der Landung fangen Sie den Körper ab und springen gleich wieder nach oben.

Zu Beginn des Trainings, vor allem, wenn Sprünge bislang kein fester Bestandteil des Trainingsprogramms waren, sollten Sprünge ausgewählt werden, die weniger belastend sind als der normale Laufschritt. Diese werden in der Trainingslehre oft als „kleine" Sprünge bezeichnet. Dafür eignen sich alle Arten von beidbeinigen

Sprüngen, wie Seilsprünge oder vertikale Hocksprünge (siehe Foto). Aber auch kurze, einbeinige Sprünge sind geeignet.

Mit fortschreitender Trainingserfahrung folgen dann die „großen" Sprünge. Diese sollten allerdings nicht in der Wettkampfsaison in den Trainingsplan integriert werden, sondern einige Wochen bzw. Monate zuvor. Dieses hochintensive Trainingsmittel darf nur im völlig ausgeruhten Zustand eingesetzt werden, zudem ist die muskuläre Belastung sehr hoch und der Nutzen für Langstrecken- bzw. Trailläufer eher gering.

Die einzige Ausnahme stellen die zu Beginn des Kapitels erwähnten Laufsprünge dar. Hier werden sämtliche an der Laufbewegung beteiligten Muskelgruppen zu nahezu 100 Prozent aktiviert. Um das Verletzungsrisiko zu minimieren, können diese Sprünge zunächst leicht bergauf absolviert werden. Natürlich muss dabei immer auf die korrekte Technikausführung geachtet werden, um den gewünschten Nutzen zu erzielen. Im späteren Verlauf können Trailläufer diese Sprünge im steileren Gelände ausführen, eventuell sogar mit Stöcken.

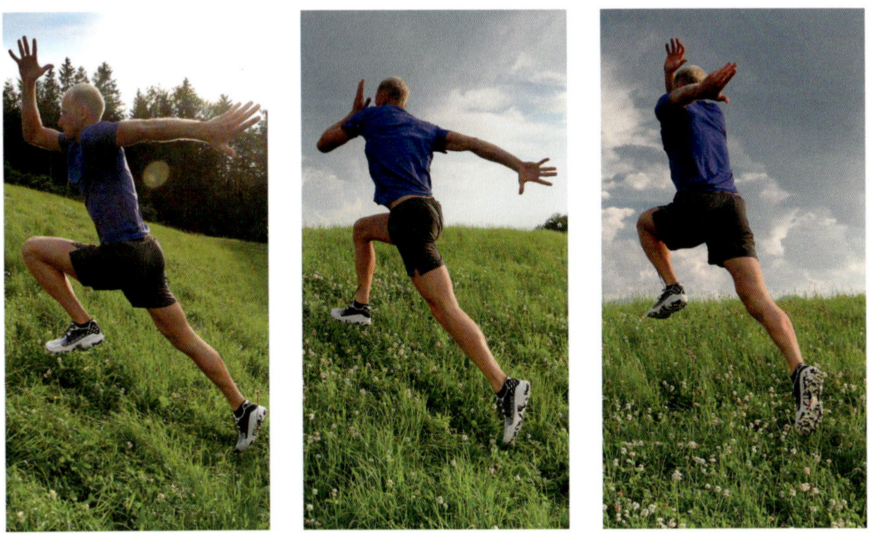

Achten Sie bei Laufsprüngen auf die komplette Streckung des Absprungbeins.

4.2.3 DIE KRAFTAUSDAUER MIT SPRÜNGEN TRAINIEREN

Für Trailläufer spielt die Kraftausdauer eine sehr wichtige Rolle. Wer in der Lage ist, über einen langen Zeitraum einen großen Kraftimpuls aufrechtzuerhalten, ist ganz klar im Vorteil. Denn bergauf ist der Kraftaufwand für einige Muskelgruppen deutlich höher als in der Ebene. Dies gilt vor allem für die Oberschenkelmuskulatur. Diese muss bei Trailläufen für hunderte oder tausende Höhenmeter den menschlichen Körper gegen Hangabtriebskraft und Schwerkraft nach oben befördern.

Wer nun nur über höhere Kraftwerte verfügt, aber nicht über die notwendige Kraftausdauer, der ist bei sehr kurzen Anstiegen konkurrenzfähig. Doch spätestens, wenn die Anzahl der Höhenmeter dreistellig wird, kommt die Ausdauerkomponente ins Spiel. Die Kraftausdauer wird natürlich vor allem durch das lange Bergauflaufen trainiert, aber auch Sprünge leisten einen wertvollen Beitrag. Mit ihnen kann man die Muskulatur wunderbar ermüden und ausdauernder machen.

Durch die isolierte Belastung bestimmter Muskelgruppen ist die Belastung für das Herz-Kreislauf-System meist geringer als beim Bergauflaufen. Dies gilt natürlich nicht für die Laufsprünge, bei denen die komplette Beinmuskulatur aktiviert wird. Aber für die Aufsteigesprünge gilt dies sehr wohl.

Hier kann man die Oberschenkelmuskulatur an ihr Limit bringen. Spätestens nach 10-15 Wiederholungen beginnen die Oberschenkel zu brennen, das Laktat schießt in die Muskulatur. Theoretisch könnte man diese Übung für mehrere Minuten durchhalten, wenn die Sprunghöhe und die Intensität dementsprechend gewählt werden. Dasselbe gilt auch für die Laufsprünge, wenn die Sprünge nicht mit zu hohem Einsatz durchgeführt werden.

Sprünge zur Verbesserung der Kraftausdauer sollten relativ knapp vor der Wettkampfsaison gemacht werden. Zuerst muss die Maximalkraft auf ein neues Niveau gebracht werden, danach erfolgt die Verbesserung der Kraftausdauer. Diese kann zeitgleich mit der Entwicklung der anaeroben Schwelle erfolgen.

Diese Sprünge können vor allem für die Läufer interessant sein, die keinen Zugang zu langen Anstiegen oder einem Laufband haben. Dasselbe gilt für alle, die sich für einen Wettkampf mit vielen Geländestufen oder Treppen vorbereiten. Nicht jeder hat die Möglichkeit, hunderte Treppenstufen am Stück zu laufen. Hier sind die oben genannten Aufsteiger ein passender Ersatz.

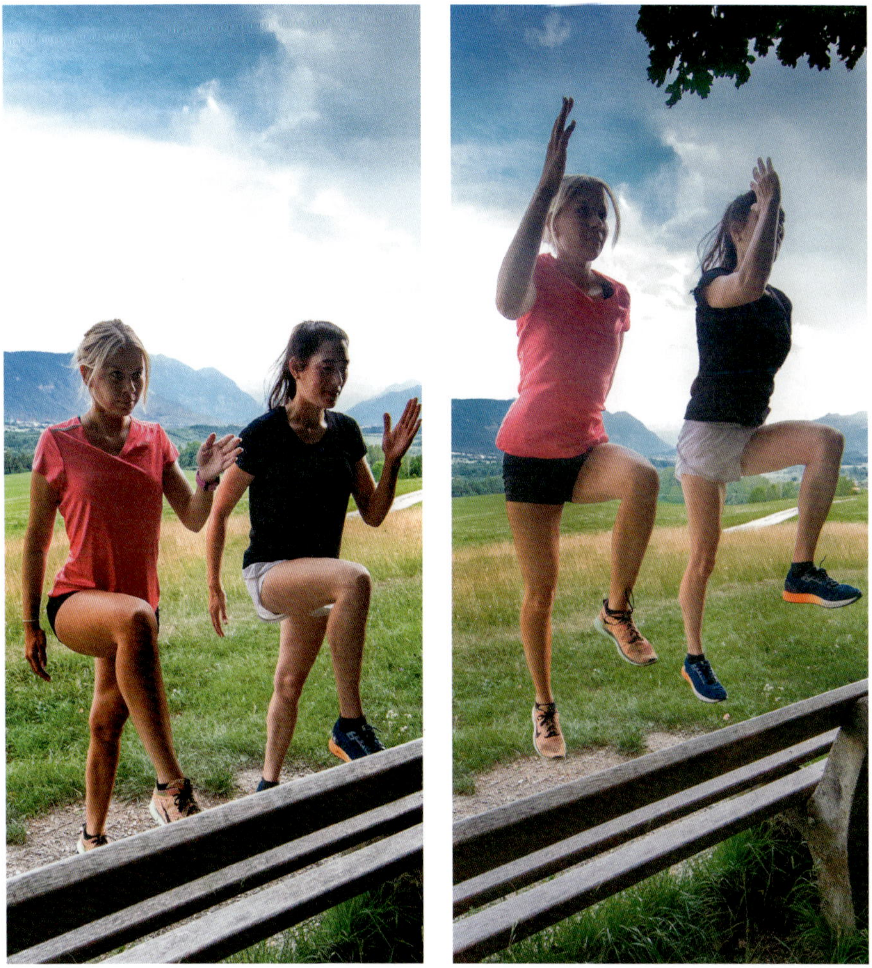

Bei Aufsteigesprüngen müssen Sie sich explosiv nach oben abdrücken.

4.3 BAUSTEIN 3: DAS LAUF-ABC

„Wer immer tut, was er schon kann, bleibt immer das, was er schon ist."

(Henry Ford, US-amerikanischer Industrieller)

Jeder Läufer hat sicherlich den Begriff *Lauf-ABC* schon einmal gehört. Diese verschiedenen Übungen zur Verbesserung der Lauftechnik sind fester Bestandteil eines jeden durchdachten Trainingsplans. Wer das Glück hatte, in seiner Kindheit oder Jugend Mitglied in einem Leichtathletikverein gewesen zu sein, kann diese Übungen in- und auswendig.

Manch einer empfindet das Lauf-ABC als lästige Pflichtübung. Wenn man sich aber regelmäßig den Nutzen vor Augen hält, und ein wenig Abwechslung und Variation zulässt, kann man nicht nur sein ganzes Läuferleben davon profitieren, sondern hat sogar Spaß dabei.

Eine gute Lauftechnik hat gleich mehrere Vorteile. Man benötigt weniger Energie für jeden Laufschritt, kommt so schneller vorwärts, beugt Verletzungen vor, und man wird eventuell sogar noch zum Laufästheten. Um das alles zu erreichen, ist die technisch korrekte Ausführung der Übungen extrem wichtig. Hinzu kommt, dass man die Übungen mit hoher bis höchstmöglicher Frequenz durchführen soll. Dadurch werden wieder möglichst viele Muskelfasern rekrutiert, was die Schnelligkeit positiv beeinflusst. Allerdings sollte dabei die Technik nicht darunter leiden.

Die Übungen des Lauf-ABCs zerlegen die Laufbewegung in ihre einzelnen Elemente oder betonen einzelne Bewegungsabschnitte. Hierdurch werden bestimmte Muskelstränge bzw. Muskelschlingen teilweise mehr belastet als beim normalen Laufen. So wird z. B. beim Kniehebelauf der Hüftbeugemuskel (M. iliopsoas) mehr aktiviert, wohingegen beim Anfersen die rückwärtige Oberschenkelmuskulatur (M. biceps femoris) mehr arbeiten muss. Bei Skippings ist die Schrittfrequenz im Vergleich zum normalen Laufen deutlich erhöht, was sich positiv auf die Laufleistung auswirkt.

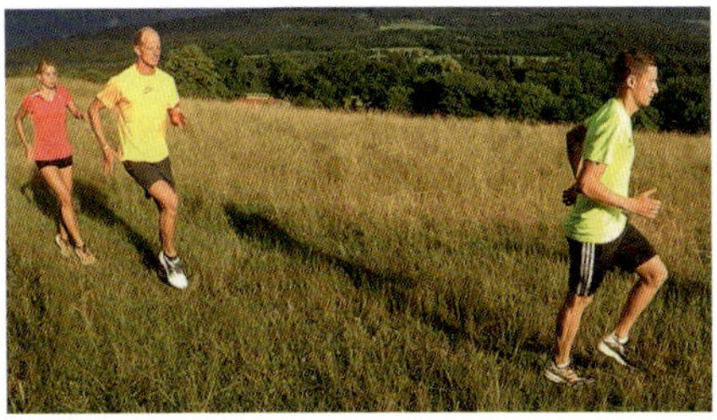
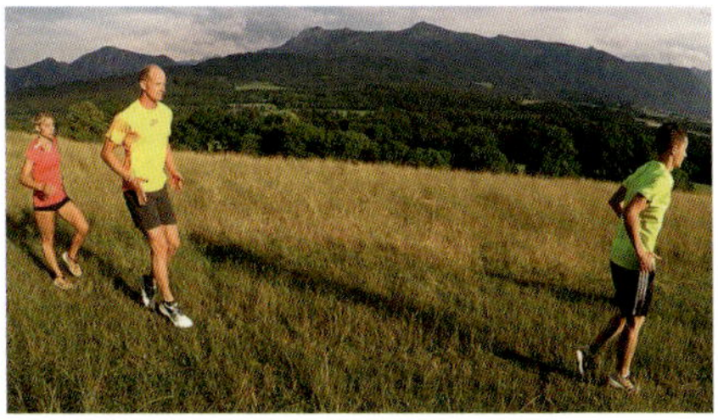

Fußgelenkdribblings: Lassen Sie die Hüfte aufrecht, arbeiten Sie aktiv aus dem Fußgelenk.

Hier geht es zum Video

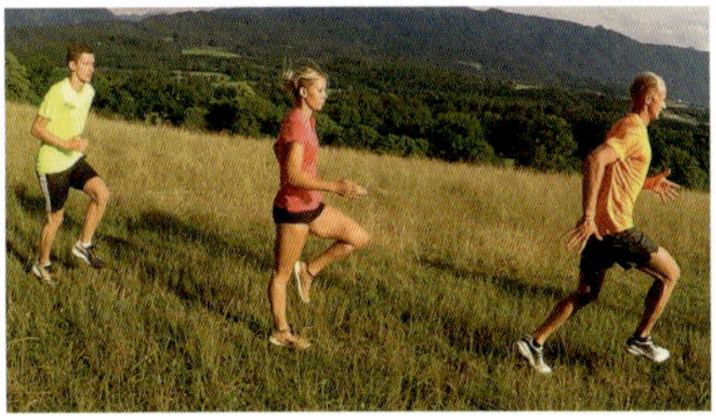
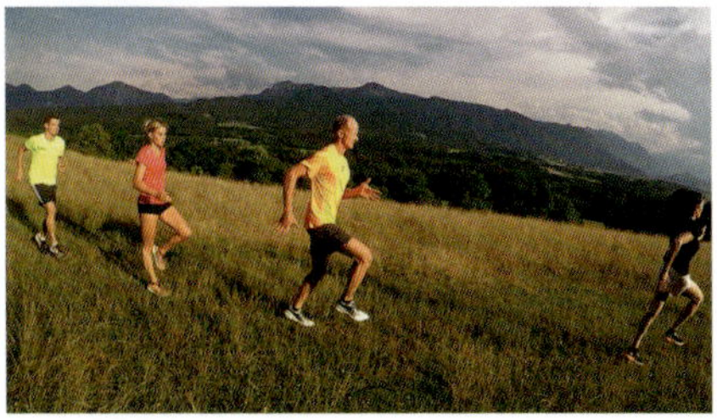

Skippings: Landen Sie auf dem Vor- oder Mittelfuß, die Frequenz soll sehr hoch sein.

Hier geht es zum Video

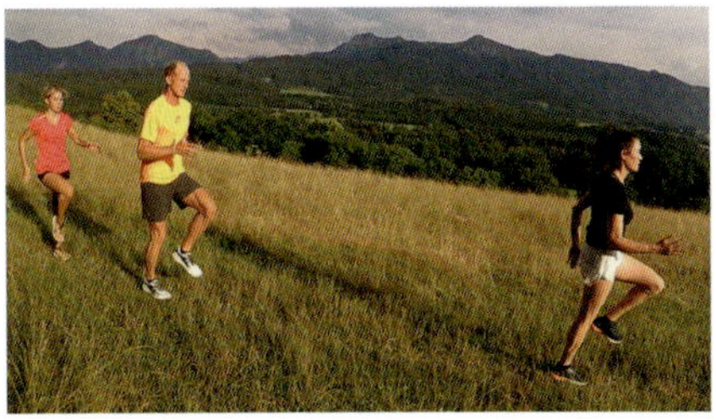
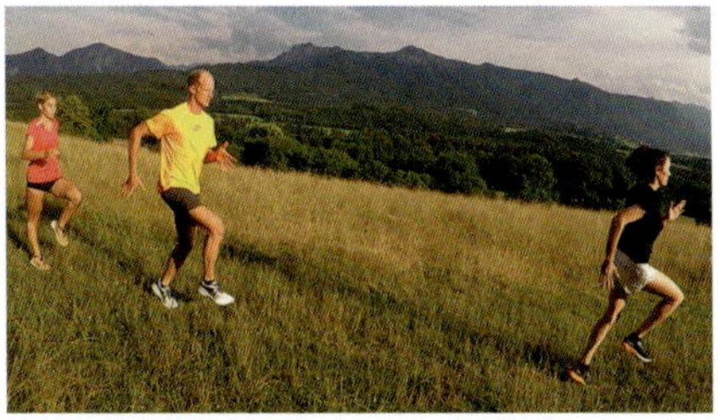

Kniehebelauf: Landen Sie auf dem Vor- oder Mittelfuß, bleiben Sie aufrecht.

Hier geht es zum Video

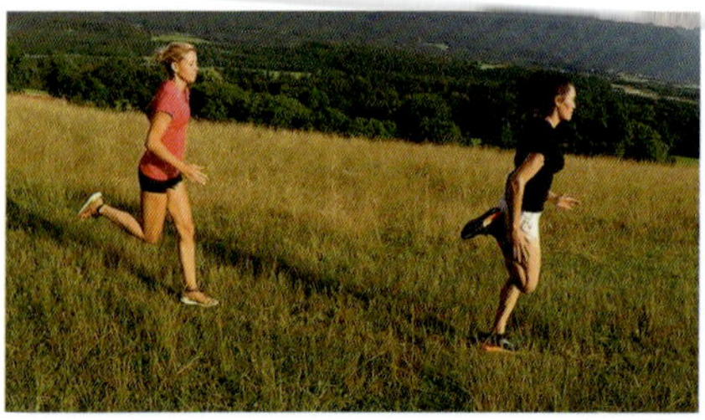
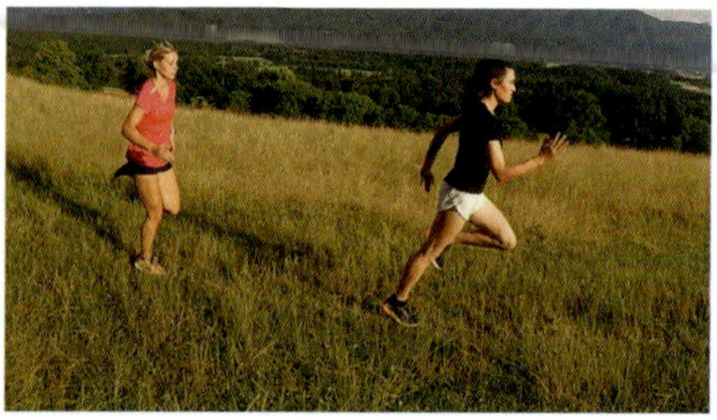

Anfersen: Neigen Sie den Oberkörper leicht nach vorne, die Frequenz soll hoch sein.

Hier geht es zum Video

Die wichtigste Maxime für ein sinnvolles Einbinden des Lauf-ABCs in den Trainingsprozess ist, dass man erholt sein sollte. Denn nur, wenn die Muskulatur frisch ist, können sämtliche Muskelfasern der einzelnen Muskeln in die Laufbewegung miteinbezogen werden. Das kann aber nur gelingen, wenn man sich vorher locker aufwärmt. Durch ein paar Minuten langsames Laufen werden die notwendigen Prozesse im Körper in Gang gesetzt, sodass die Muskeln und Nerven in einen ausreichenden Aktivitätszustand versetzt werden.

Entweder absolviert man deswegen das Lauf-ABC nach einem lockeren, maximal 30-minütigen Dauerlauf. Oder man baut zwischen dem Warmlaufen und einem geplanten Intervalltraining ein paar Lauf-ABC-Übungen ein. Die intensiven Übungen mit nahezu maximaler Bewegungsfrequenz bereiten optimal auf die Herausforderungen eines anstrengenden Intervalltrainings vor. So kann man gleich zwei positive Effekte aus dem Lauf-ABC für sein Training herausziehen.

Um ein wenig Abwechslung in die sich regelmäßig wiederholenden Übungen zu bringen, kann man diese wie folgt variieren:

- Strecken Sie die Arme zur Seite wie ein Flugzeug.
- Strecken Sie die Arme nach oben.
- Verschränken Sie die Arme auf der Brust oder hinter dem Rücken.
- Klatschen Sie bei jedem Schritt auf links in die Hände.
- Legen Sie beide Hände auf den Kopf.

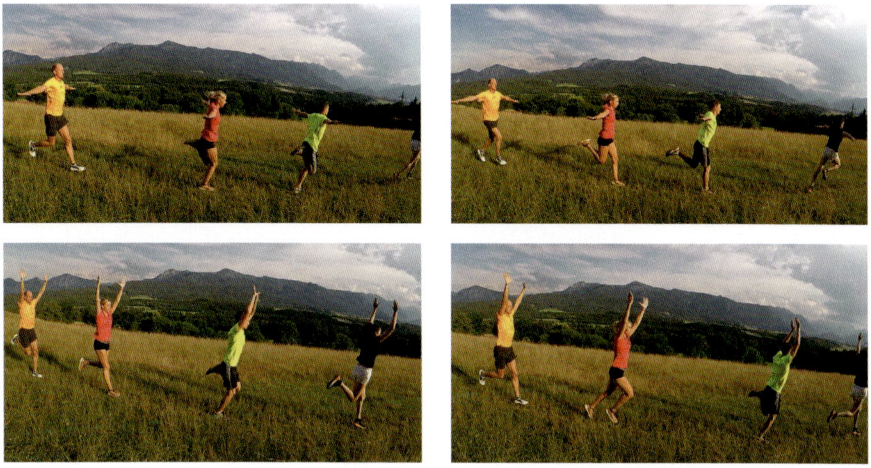

Die Variationen des Lauf-ABCs sind herausfordernd, machen aber auch Spaß.

Hier geht es zu den Videos
der Variationen 1 und 2

Es spielt keine Rolle, was Sie machen, achten Sie immer darauf, dass die Hüfte gestreckt bleibt und die Übungen technisch korrekt ausgeführt werden. Die Position der Arme und Hände erschwert die Übungen, sodass Sie Ihre Koordination mehr als sonst fordern. Sie können auch die Übungen rückwärts ausführen, eine weitere koordinative Herausforderung.

Wenn Sie natürlich schon jede Übung in technischer Perfektion beherrschen, müssen Sie nicht jede Woche das Lauf-ABC in Ihr Training einbauen. Wenn Sie allerdings gerade erst damit begonnen haben, sollte es zu einem regelmäßigen Bestandteil Ihres Trainings werden. Damit Sie aber auch dementsprechende Fortschritte erzielen, sollte immer jemand vor Ort sein, der Korrekturen gibt und Verbesserungsvorschläge macht. Ein erfahrener Trainer oder Lauffreund kann die Rolle des Beobachters übernehmen und Ihnen wertvolle Tipps geben. Denn man selbst merkt nur selten, ob man die Übung korrekt macht oder ob sich Fehler eingeschlichen haben.

Heutzutage kann man sich natürlich auch filmen und das Video an einen Lauftrainer schicken, der dann dementsprechende Tipps gibt.

4.4 BAUSTEIN 4: SCHNELLIGKEITSAUSDAUER/VO_2MAX

*„Warum soll ich im Training langsam laufen?
Ich weiß, wie man langsam läuft. Ich will lernen, schnell zu laufen."*

(Emil Zatopek, vierfacher Olympiasieger)

4.4.1 SCHNELLIGKEITSAUSDAUER

Die bisherigen drei genannten Punkte zielen vor allem auf die Verbesserung der Laufökonomie und Schnelligkeit ab. Im nächsten Schritt muss nun der erworbene Schnelligkeitszuwachs auf die nächste läuferische Ebene transportiert werden. Man muss also an der Schnelligkeitsausdauer und an der Verbesserung der VO_2max arbeiten.

Schnelligkeitsausdauer beginnt bei Streckenlängen, die länger als 50 Meter bzw. 7-8 Sekunden sind. Bereits bei dieser extrem kurzen Laufstrecke stellt die Muskulatur ihren Energiestoffwechsel um, Laktat fällt an und der aerobe Stoffwechsel beginnt zu arbeiten. (Eigentlich arbeitet der aerobe sowie der anaerobe Stoffwechsel immer zeitgleich. Allerdings variieren die Anteile an der Energiegewinnung je nach Belastungsintensität deutlich.)

Mit zunehmender Laufdistanz spielt nun der aerobe Stoffwechsel eine immer wichtigere Rolle, sodass bereits bei einer Distanz von circa 500-600 Metern der aerobe Stoffwechsel der dominierende Prozess bei der Gewinnung von Energie ist. Der anaerobe Stoffwechsel (also ohne Sauerstoff) nimmt mit der Streckenlänge weiter ab.

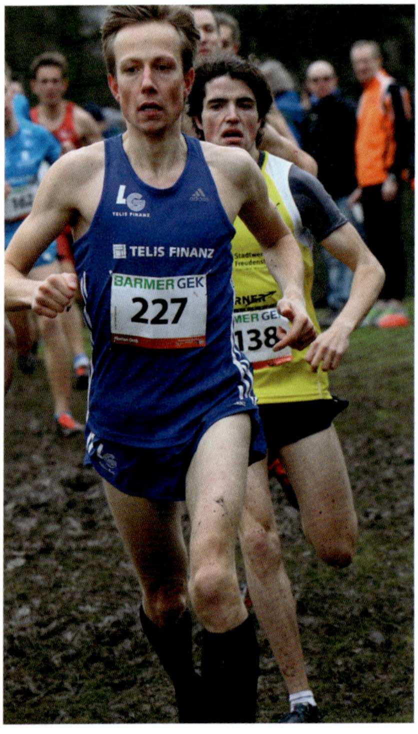

Crosslauf: Trailrunning in seiner kürzesten und schnellsten Variante

Die VO_2max (maximale Sauerstoffaufnahme) stellt das Lauftempo dar, das man maximal 6-7 Minuten halten kann. Um also Schnelligkeitsausdauer und VO_2max zu trainieren, sind Läufe zwischen 10 Sekunden und fünf Minuten Dauer optimal.

Für Trailläufer und Langstreckenläufer spielt zwar die Schnelligkeitsausdauer nur eine sehr untergeordnete Rolle, allerdings sollte man trotzdem diesen Trainingsreiz hin und wieder in sein Training integrieren. Dies gilt vor allem für die Herbst- und Winterzeit, wenn der Trailläufer seine Grundlagen für die Wettkampfsaison im Frühjahr und Sommer legt. Dazu reicht es vollkommen aus, wenn man 6-10 Läufe mit einer Dauer von 10-35 Sekunden absolviert.

Das Tempo dabei sollte schnell, aber nicht maximal sein. Jeweils die letzten 5-10 Sekunden eines Laufs sollten als etwas unangenehm empfunden werden, ein leichtes Brennen in den Oberschenkeln ist ein erwünschtes Zeichen. Zudem sollte das Tempo so gewählt werden, dass man beim letzten Lauf im Notfall noch einmal ein paar Prozent zulegen könnte. Die Pausen zwischen den Läufen sollten zwei Minuten nicht überschreiten.

Wichtig ist natürlich auch, sich vor solchen Läufen ausreichend aufzuwärmen, wobei das Auslaufen danach eine ebenso wichtige Rolle einnimmt. Denn bei diesen schnellen Läufen sammelt sich eine beträchtliche Menge an Laktat (Milchsäure) an. Das Laktat wird normalerweise während der Belastung von den Mitochondrien (den Kraftwerken der Zellen) in Energie umgewandelt.

Ist die Intensität der Belastung sehr hoch, fällt mehr Laktat an, als vom Körper abgebaut werden kann. Dieser Laktatüberschuss wird durch leichte aerobe Belastungen, also durch langsames Auslaufen, schneller abgebaut.

Durch die schnellen Läufe werden also einerseits die Laufökonomie und die Schnelligkeit verbessert, zudem wird aber auch der Stoffwechsel auf etwaige Laktatspitzen vorbereitet. Die Mitochondrien lernen also, effektiver mit dem Energielieferanten Laktat umzugehen. Denn wer kennt sie nicht? Die kurzen und steilen Anstiege, die sich einem bei diversen Trailläufen in den Weg stellen. Oben angekommen, brennen die Oberschenkel und man schnappt nach Luft. Wer öfter im Training schnelle, kurze Läufe, vielleicht sogar bergauf, absolviert, ist auf solche Situationen bestens vorbereitet.

Neuerdings ist das Schnelligkeitsausdauertraining als **High Intensity Training (HIT)** in aller Munde. Da wird in allen Medien proklamiert, dass man einfach achtmal 20 Sekunden oder vielleicht sogar zehnmal 30 Sekunden so schnell laufen sollte, wie man kann, am besten noch mit ultrakurzen Pausen von 10-30 Sekunden.

Dieses Training hat in einem sinnvollen Trainingsplan eines Trailläufers nichts verloren. Denn spätestens nach dem zweiten Lauf kann man das Tempo nicht mehr halten. Darunter leidet einerseits die Lauftechnik, andererseits ist es mental extrem herausfordernd. Besser wären längere Pausen von 90-120 Sekunden.

4.4.2 VO_2MAX → POLARISIERTES TRAINING

„Es wechselt Pein und Lust. Genieße, wenn du kannst, und leide, wenn du musst."

(Johann Wolfgang Goethe)

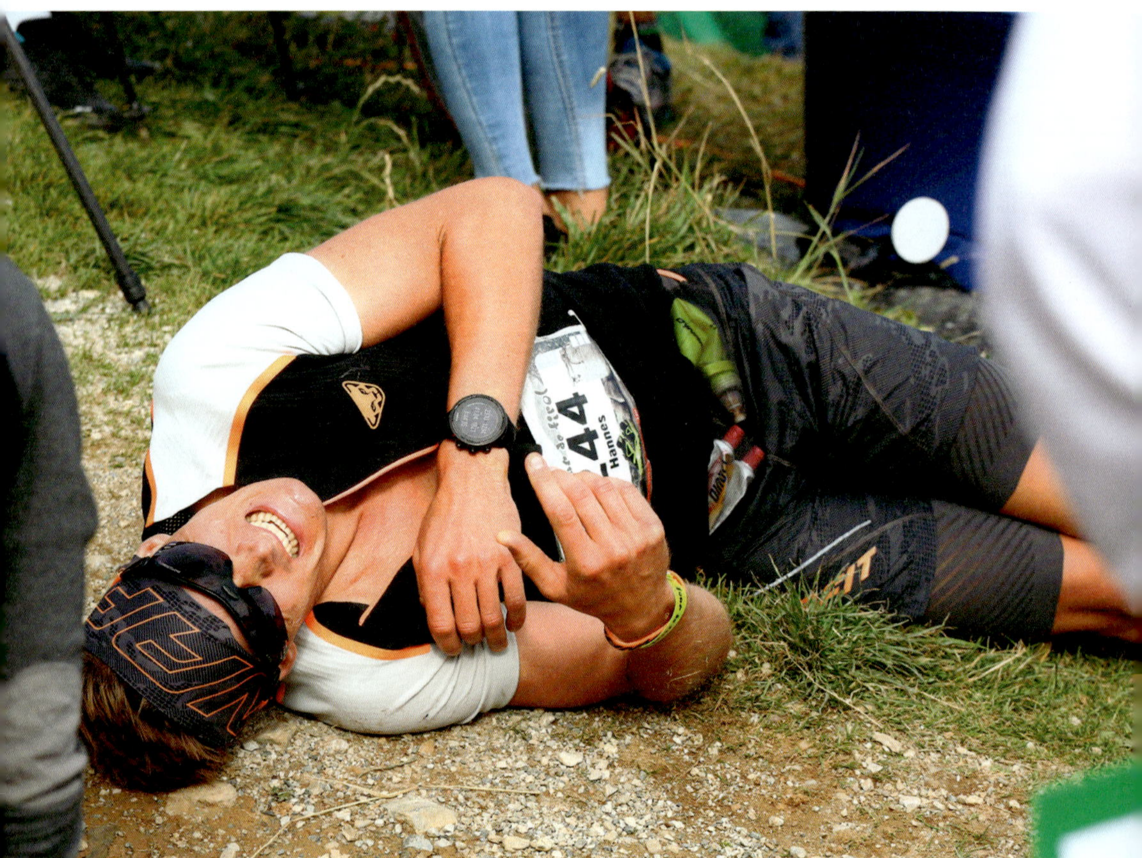

Die Sprintausdauer ist also für Trailläufer ein durchaus lohnenswertes Trainingsmittel, wenn man es planmäßig in bestimmten Phasen der Saison einsetzt. Wesentlich profitabler ist aber das Training der VO_2max. Denn Verbesserungen in diesen Geschwindigkeitsregionen übertragen sich fast eins zu eins auf die Leistungen bei Trail- und sogar Ultratrailläufen.

Mitunter wird das Training der maximalen Sauerstoffaufnahme gerne als *polarisiertes Training* bezeichnet. Polarisiert deswegen, weil dabei der Unterschied zwischen dem normalen Dauerlauftempo und der Geschwindigkeit bei den Intervallläufen sehr groß ist. Es stehen sich also der *schnelle Pol* und der *langsame Pol* gegenüber. Dieser Trainingsansatz ist durchaus sinnvoll.

Da das Training der VO_2max sehr belastend ist, sollten die Dauerläufe ruhig gelaufen werden, um sich von der intensiven Trainingsbelastung ausreichend erholen zu können. Das könnte also bedeuten, dass man die Dauerläufe mit einem Kilometerschnitt von 5:30 Minuten absolviert, wohingegen die Ein-Kilometer-Intervalle zur Entwicklung der VO_2max in 3:40 Minuten gelaufen werden. Allerdings sollten nicht alle Dauerläufe in einem sehr ruhigen Tempo gelaufen werden (siehe Kap. 8).

a) Typische VO_2max-Einheiten

Das Training der VO_2max ist also sehr herausfordernd, weshalb manche Läufer lieber darauf verzichten. Um Fortschritte zu erzielen, muss man nämlich zwischen 60 Sekunden und fünf Minuten in einem sehr intensiven Tempobereich laufen, der deutlich schneller als das 10-Kilometer-Tempo ist. Die Pausen zwischen den Läufen sind dabei nicht länger als mit 2-3 Minuten anzusetzen.

Zu Beginn eines VO_2max-Trainingsblocks sollte man zunächst die Tempoläufe etwas schneller als das eigene 10-Kilometer-Renntempo laufen. Im Verlauf der nächsten Wochen sollte sich das Tempo in Richtung des Fünf-Kilometer- und Drei-Kilometer-Wettkampftempos entwickeln und letztendlich die Geschwindigkeit aus dem VO_2max-Test berücksichtigen. Wer über keine aktuellen Bestzeiten über die genannten Strecken verfügt, kann natürlich die Steuerung des Tempos anhand der beim VO_2max-Test ermittelten Geschwindigkeit vornehmen.

Die Streckenlängen sollten dabei stets variiert werden, um dem Körper möglichst viele verschiedene Reize zu bieten. Um den gewünschten Trainingsreiz zu erzielen, muss der Gesamtumfang pro Trainingseinheit bei circa 15-30 Minuten in dem angestrebten Tempo betragen. Für Laufanfänger und Athleten, die bislang noch wenig Erfahrung mit diesen intensiven Trainingseinheiten hatten, genügen 15 Minuten, also z. B. 10-mal 1:30 Minuten. Für „alte Hasen" unter den Läufern dürfen es auch gerne einmal 30 Belastungsminuten sein, was natürlich körperlich und mental sehr herausfordernd ist.

Tab. 7: Acht-Wochen-Block zur schwerpunktmäßigen Entwicklung der VO_2max

Möglicher Acht-Wochen-Block zur Verbesserung der VO_2max	
Woche 1	4–6 x 1 km (90 % VO_2max) mit zwei Minuten Pause
Woche 2	5 x 500 m (96 % VO_2max) und 3 x 1 km (92 % VO_2max) mit zwei Minuten Pause
Woche 3	10 x 2 Minuten (94 % VO_2max)
Woche 4	Fahrtspiel: 1–2–3–1–2–3–1–2–3 Minuten grenzwertig schnell (92-96 % VO_2max) mit je zwei Minuten Pause
Woche 5	20 x 1 Minute (98 % VO_2max) mit einer Minute Pause
Woche 6	17 x 400 m (99-100 % VO_2max) mit 90 Sekunden Pause
Woche 7	14 x 500 m (99-100 % VO_2max) mit 90 Sekunden Pause
Woche 8	4 x 1 km (96 % VO_2max), 4 x 500 m (100 % VO_2max) mit je 2-3 Minuten Pause

Um die bestmöglichen Anpassungen im Körper zu ermöglichen, sollte man am besten zwei Trainingseinheiten pro Woche absolvieren, die diese Tempobereiche enthalten. Als sehr gewinnbringend erweisen sich dabei kombinierte Tempoläufe, bei denen sowohl die VO_2max als auch die anaerobe Schwelle angesprochen werden. So kann man z. B. eine reine VO_2max-Einheit pro Woche absolvieren und eine dieser Kombieinheiten. Eine Kombieinheit könnte z. B. so aussehen:

3 x 2.000 Meter im Tempo der ANS + 3 x 1 Minute im VO_2max-Tempo

Da bei einer VO_2max-Trainingseinheit ein deutlicher Laktatanstieg erfolgt, sollte man sich 10-15 Minuten auslaufen. Genauso sollte man sich vor diesem intensiven Training ausreichend aufwärmen. 10-15 Minuten lockeres Einlaufen und drei Steigerungsläufe über 100 Meter sollten Ihren Körper ausreichend in Schwung bringen.

b) VO_2max-Training im Saisonverlauf

Im Herbst oder Winter sollten diese Läufe ein- bis zweimal die Woche fester Bestandteil des Trainings sein. Um seine maximale Sauerstoffaufnahme auf ein neues Niveau zu heben, sollte man sich mindestens acht Wochen lang Zeit nehmen. Erst dann machen sich die positiven Effekte des intensiven Trainings bemerkbar und einer neuen Fünf-Kilometer- und 10-Kilometer-Bestzeit bzw. einem neuen Leistungsniveau sollte nichts mehr im Wege stehen.

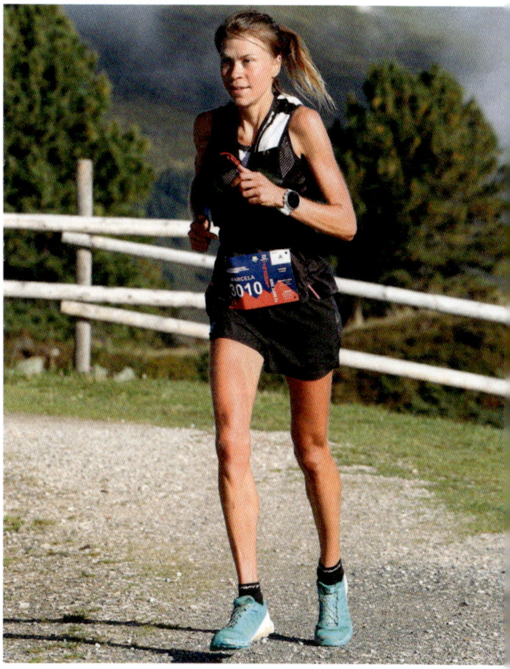

Um so erfolgreich wie Marcela Vasinova zu sein, muss die VO_2max fast ganzjährig im Trainingsplan berücksichtigt werden.

10-12 Wochen wären sogar noch besser. Länger als 12 Wochen sollte man sich aber nicht auf die Entwicklung der VO_2max fokussieren. Denn nach dieser Zeitspanne wird die VO_2max trotz weiterer Tempoläufe erst einmal stagnieren.

Jetzt muss man es schaffen, das neu gewonnene Tempo auf die langen Distanzen der Trailläufe mitzunehmen. Die anaerobe Schwelle muss verbessert werden. Doch trotzdem darf das VO_2max-Training nicht komplett aus dem Trainingsplan verschwinden. Selbst in den letzten Wochen vor einem wichtigen Trailrun, in denen ja vor allem die langen Dauerläufe und die Entwicklung der anaeroben Schwelle im Fokus liegen, sollte alle 14 Tage ein VO_2max-Trainingsreiz erfolgen.

Falls man mehrere Wochen keine intensiven VO_2max-Reize setzt, vergisst der Körper sozusagen die positiven Effekte des harten Trainings und man ist am Wettkampftag nicht in Topform. Allerdings unterscheiden sich diese intensiven Trainingseinheiten im Frühjahr entscheidend von denen im Herbst/Winter.

c) Bergauf, bergab oder in der Ebene

Im Herbst oder Winter sollten die VO_2max-Einheiten in der Ebene oder an leichten Anstiegen stattfinden. Denn in dieser Phase der Saison, wenn die Wettkämpfe im Frühjahr und Sommer noch weit entfernt sind, sollte der Fokus vor allem auf die Verbesserung der VO_2max in der Ebene gelegt werden.

Durch die grenzwertig schnellen Belastungen, die deutlich schneller als die Wettkampfgeschwindigkeit bei einem mehrstündigen Traillauf sind, wird zum einen die Laufökonomie verbessert. Außerdem soll die Leistungsfähigkeit in der Ebene verbessert werden. Trotzdem dürfen auch in dieser Phase der Saison die schnellen VO_2max-Einheiten teilweise an leicht bergauf führenden Anstiegen erfolgen. Die Steigung sollte allerdings nicht steiler als 3-5 Prozent sein, da sonst die Laufgeschwindigkeit zu weit entfernt von der Geschwindigkeit in der Ebene wäre.

Im Verlaufe der Saison sollten sich dann die VO_2max-Einheiten immer mehr von der Ebene zu den Anstiegen hin entwickeln. So können im Frühjahr die kurzen Intervalle an 10-15%igen Anstiegen absolviert werden. Dies gibt Kraft und Kraftausdauer und bereitet den Läufer auf das viele Auf und Ab bei diversen Trailwettkämpfen vor.

Dadurch, dass die Pausen bergab getrabt werden, bereiten Sie Ihre Muskulatur auch auf die Downhillpassagen vor. Wenn Sie solche Trainingseinheiten auf die Spitze treiben wollen, können Sie auch z. B. bei einer Trainingseinheit wie 10-mal zwei Minuten bergauf jede dritte Laufpause bergab schnell laufen. Dies macht die Trainingseinheit einerseits noch intensiver, andererseits wird die Muskulatur auf den dauernden Wechsel zwischen bergauf und bergab vorbereitet.

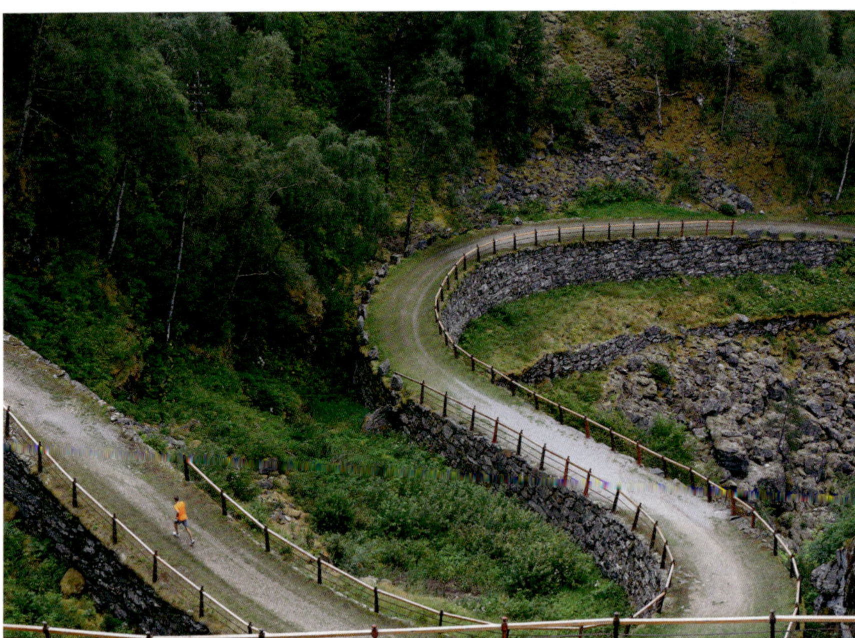

VO_2max-Training in Norwegen: 11-mal 90 Sekunden bergauf mit zwei Minuten Trabpause bergab

4.5 BAUSTEIN 5: ANAEROBE UND AEROBE SCHWELLE

„Wir sind, was wir wiederholt tun. Hervorragende Leistungen sind folglich keine Handlung, sondern eine Gewohnheit."

(Aristoteles, griechischer Philosoph)

Nachdem man nun sowohl im Flachen als auch im Gelände imstande ist, auf kurzen Strecken schneller zu laufen, muss man sein Training so umstellen, um davon auch auf längeren Distanzen zu profitieren. Das gelingt ganz einfach:

Man muss einfach die Strecken, die man richtig schnell läuft, verlängern!

Allerdings muss die Verlängerung behutsam und planvoll angegangen werden. Wer über die ganz kurzen Distanzen schneller geworden ist und auch über 2.000 oder 3.000 Meter neue Bestzeiten aufstellen konnte, läuft deswegen seinen Lieblingstrail im Sommer nicht unbedingt schneller als im Vorjahr. Ohne sinnvolle Vorbereitung könnte sogar eher das Gegenteil passieren. Trotz schnellerer Zeiten auf den ganz kurzen und kürzeren Distanzen ist man bei Langdistanzen auf einmal langsamer.

Was zunächst paradox erscheint, ist eine Konsequenz der vielen schnellen, kurzen Läufe. Der Stoffwechsel und der Körper werden auf diese Distanzen getrimmt. Vor allem der Kohlenhydratstoffwechsel, sowohl anaerob als auch aerob, wird durch kürzere Tempoläufe trainiert. Die Mitochondrien (die Kraftwerke der Zelle) lernen, das anfallende Laktat effektiv als Energieträger zu nutzen.

Für die längeren Distanzen kommt es aber vor allem darauf an, dass die Mitochondrien Fette und Kohlenhydrate effektiv verstoffwechseln (natürlich bei gleichzeitiger Nutzung des Laktats). Außerdem muss die Zahl der Mitochondrien in der Muskelzelle erhöht werden. Dies geschieht einerseits durch moderat intensives Ausdauertraining.

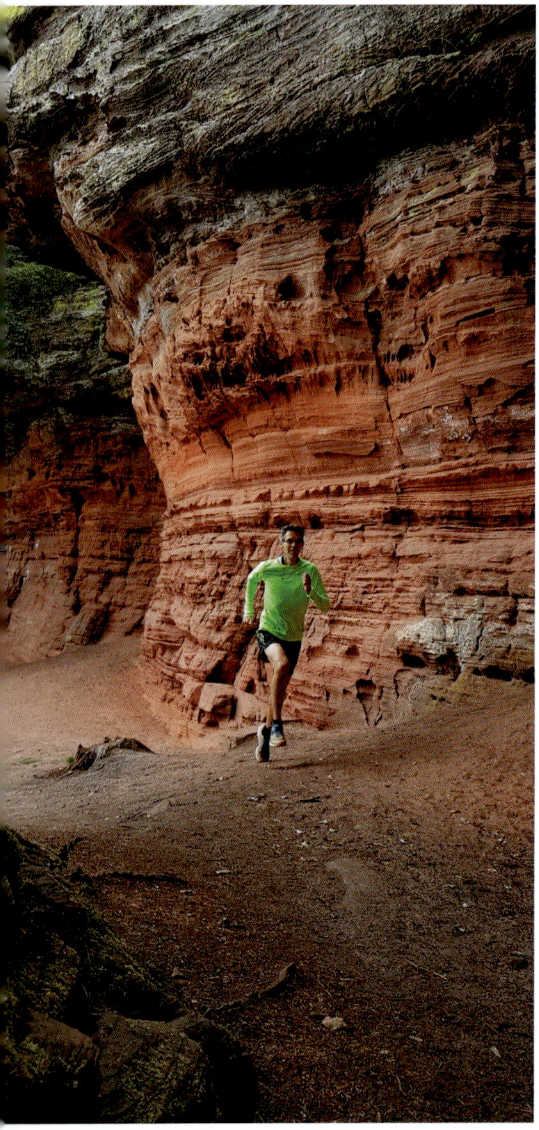

Andererseits führt ein gewisser Laktatspiegel zu einem Mitochondrienwachstum. Natürlich gibt es eine Reihe weiterer physiologischer Prozesse in der Muskelzelle, die das Mitochondrienwachstum anregen. Auslöser für das Wachstum ist aber auf jeden Fall intensives Training, bei dem unter anderem Laktat als Stoffwechselprodukt entsteht. Sobald nämlich der Körper bzw. die Muskelzellen merken, dass die vorhandenen Kapazitäten nicht ausreichen, um den Anforderungen des Trainings gerecht zu werden, reagiert unser System mit Anpassungen.

Man muss nun also die richtige Intensität finden, bei der der Anstieg des Laktatwerts zu den gewünschten Anpassungen (Zunahme der Mitochondrien) führt. Diese Intensität entspricht in etwa der Laufgeschwindigkeit an der anaeroben Schwelle. Das ist die Geschwindigkeit, bei der sich Laktatproduktion und Laktatabbau ungefähr die Waage halten. Dies entspricht in etwa dem Tempo, welches man über 45-60 Minuten halten kann. Mit zunehmender Trainingserfahrung ist die Geschwindigkeit eher bei 60 Minuten, bei Anfängern bei 30-40 Minuten zu finden.

Nach den schnellen und kurzen Läufen müssen nun also Intervalle folgen, die im Geschwindigkeitsbereich der anaeroben Schwelle stattfinden. Das können einerseits Intervalle über 1.000 Meter oder 2.000 Meter sein, die man 5-10 Sekunden pro Kilometer schneller läuft als das Schwellentempo. Das können Intervalle über 2.000-5.000 Meter sein, die man exakt im Schwellentempo läuft. Es können aber auch Tempodauerläufe über 20-40 Minuten sein, die man 5-10 Sekunden pro Kilometer langsamer läuft. Der Gesamtumfang sollte zwischen 30-50 Minuten im

Schwellentempo liegen. Für Spitzenläufer oder sehr erfahrene Athleten dürfen es auch einmal 60 Minuten werden, allerdings ist das dann eine extrem belastende Trainingseinheit.

Diese Einheiten kann man sowohl in der Ebene als auch am Berg absolvieren. Natürlich ist auch welliges Gelände geeignet, vor allem in der Vorbereitung für einen Trailwettkampf (siehe Kap. 9.1).

Wichtig ist, dass man die sogenannten *Schwelleneinheiten* immer mit vollem Kohlenhydratspeicher beginnt. Denn bei den relativ hohen Intensitäten greift der Körper überwiegend auf Kohlenhydrate bei der Energiegewinnung zurück. Und genau diesen Kohlenhydratspeicher will man durch diese Trainingseinheiten trainieren und verbessern.

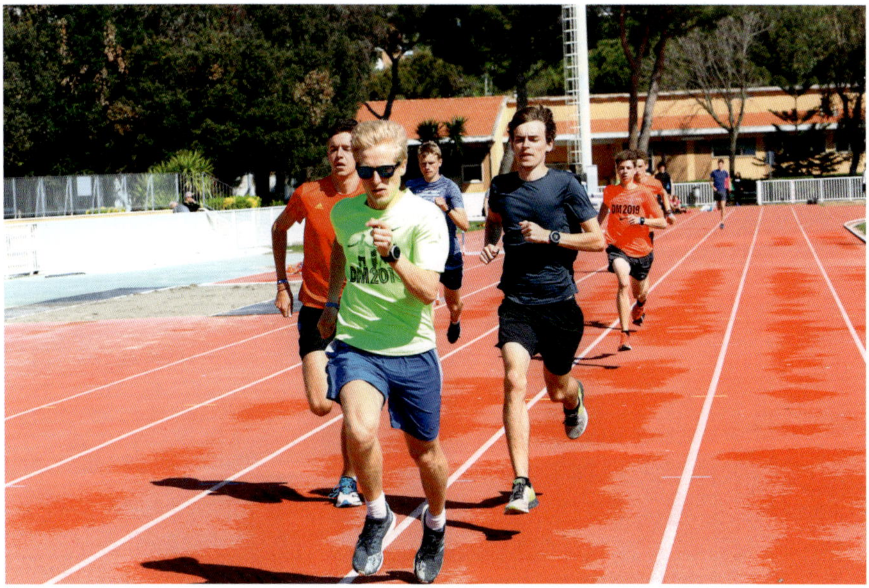

Die Bahn bietet eine gute Möglichkeit, um die anaerobe Schwelle zu trainieren.

4.5.1 TYPISCHE EINHEITEN ZUR VERBESSERUNG DER ANAEROBEN SCHWELLE

Genauso wie bei der Entwicklung der VO_2max sollte man sich mindestens acht Wochen Zeit nehmen, um Fortschritte an der anaeroben Schwelle zu erzielen. Zwei Trainingseinheiten pro Woche wären optimal. Eine Einheit zur Entwicklung der Schwelle und eine Einheit zur Entwicklung der VO_2max wären auch möglich.

Für Athleten, die bislang noch keine Tempoläufe in ihrem Trainingsplan integriert hatten, reicht auch eine intensive Trainingseinheit pro Woche. Dasselbe gilt für Läufer, die nicht öfter als 3-4-mal pro Woche trainieren. Denn die intensiven Tempoläufe sollten nicht mehr als 20-25 Prozent des gesamten Trainingsumfangs ausmachen. Bei Athleten, die mehr als circa 80-100 Kilometer pro Woche laufen, sollte dieser Wert eher bei 15-25 Prozent liegen.

Für einen Acht-Wochen-Block mit Fokus auf die Entwicklung der anaeroben Schwelle würde sich folgender Aufbau der einzelnen Trainingseinheiten anbieten:

Tab. 8: Acht-Wochen-Block zur schwerpunktmäßigen Entwicklung der anaeroben Schwelle

Möglicher Acht-Wochen-Block zur Verbesserung der anaeroben Schwelle	
Woche 1	8 x 1.000 m (97 % V_{ANS}) mit je 500 m Trabpause
Woche 2	2 x 2.000 m (97 % V_{ANS}) und 4 x 1.000 m (99 % V_{ANS}) mit je 500 m Trabpause
Woche 3	5 x 2.000 m (98-100 % V_{ANS}) mit je 500 m Trabpause
Woche 4	10 x 1.000 m (100 % V_{ANS}/85 % V_{ANS}) im Wechsel – bei dieser Einheit läuft man 10 km ohne Pause. Dabei läuft man zunächst 1.000 m mit 100 % V_{ANS} und dann sofort 1.000 m mit 85 % V_{ANS} usw.
Woche 5	11 x 1.000 m (100 % V_{ANS}/85 % V_{ANS}) im Wechsel – bei dieser Einheit läuft man 11 km ohne Pause. Dabei läuft man zunächst 1.000 m mit 100 % V_{ANS} und dann sofort 1.000 m mit 85 % V_{ANS} usw.
Woche 6	11 x 1.000 m (101 % V_{ANS}/86 % V_{ANS}) im Wechsel – bei dieser Einheit läuft man 11 km ohne Pause. Dabei läuft man zunächst 1.000 m mit 101 % V_{ANS} und dann sofort 1.000 m mit 86 % V_{ANS} usw.
Woche 7	25 Minuten (97 % V_{ANS}), 5 Minuten (75 % V_{ANS}), 20 Minuten (96 % V_{ANS})
Woche 8	8 x 1.000 m (101 % V_{ANS})/500 m (86 % V_{ANS}) im Wechsel – bei dieser Einheit läuft man 12 km ohne Pause. Dabei läuft man zunächst 1.000 m mit 101 % V_{ANS} und dann sofort 500 m mit 86 % V_{ANS} usw.

Die Tempogestaltung orientiert sich am Tempo aus dem Test zur Bestimmung der Geschwindigkeit an der anaeroben Schwelle (V_{ANS}).

In einem optimalen Acht-Wochen-Block können Sie mit einer Verbesserung von maximal 10 Sekunden pro Kilometer rechnen. Rechnen Sie aber lieber mit 5-10 Sekunden pro Kilometer. Wer natürlich schon jahrelang an einer Verbesserung der anaeroben Schwelle arbeitet, wird diese Verbesserungen natürlich nicht erreichen. Hier könnte vielleicht ein 12- oder sogar 16-Wochen-Block helfen.

Länger lohnt es sich auf keinen Fall, an der anaeroben Schwelle zu arbeiten. Denn nach spätestens 16 Wochen ist ein Leistungsplateau erreicht. Jetzt müssen wieder andere Trainingsreize (VO_2max) gesetzt werden oder eine kurze Phase der Umfangs- und/oder Intensitätsreduzierung.

4.5.2 ANAEROBES SCHWELLENTRAINING IM SAISONVERLAUF

Im besten Fall folgt nach dem zweiten Schwellentrainingsblock die Wettkampfphase. Sobald die ANS optimal ausgebildet ist, ist man bereit für die Wettkämpfe. Natürlich kann es nur eine *zweite* Trainingsphase geben, wenn es eine erste gab. Wenn man den Fokus auf die Wettkämpfe im Sommer (Mai-August) legt, kann man z. B. im November/Dezember einen ersten Trainingsblock zur Verbesserung der anaeroben Schwelle einplanen.

Im Januar/Februar wird ein kürzerer VO_2max-Block eingestreut oder ein paar kürzere Wettkämpfe. Danach folgt im März/April wieder ein Schwellenblock. Dabei sollte im zweiten Block sowohl die Intensität als auch die Dauer im Vergleich zum ersten Block gesteigert werden.

Tab. 9: Das Training der anaeroben Schwelle und der VO_2max für einen Trailläufer, der im Juli und August seine wichtigsten Wettkämpfe bestreiten möchte.

Das Training der anaeroben Schwelle und der VO_2max im Jahresverlauf	
November/Dezember	Anaerobe Schwelle (erster Trainingsblock)/VO_2max (in der Ebene)
Januar/Februar	VO_2max-Training (eventuell kürzere Wettkämpfe) in der Ebene und an den Anstiegen
März/April/Mai	Anaerobe Schwelle (zweiter Trainingsblock), vermehrt an Anstiegen plus 14-tägig VO_2max-Einheiten am Berg
Juni/Juli/August	Wettkampfsaison (inklusive VO_2max-Auffrischungen im 14-Tage-Rhythmus)
September/Oktober	Kurze Auffrischung der anaeroben Schwelle plus Wettkämpfe und/oder Saisonpause

4.5.3 BERGAUF, BERGAB UND IN DER EBENE

Im zweiten Block sollte auch das Gelände für die intensiven Schwelleneinheiten geändert werden. Im ersten Block in der Wintersaison sollte nicht zuletzt aufgrund der klimatischen Bedingungen der Schwerpunkt auf die Ausbildung der ANS in der Ebene gelegt werden.

Entweder sucht man sich eine 400-Meter-Rundbahn, einen flachen und schnellen Rundkurs im Gelände oder nimmt das Laufband. Vor allem, wenn es draußen kalt und ungemütlich ist, bietet sich das Laufband an (siehe Kap. 5.11). Natürlich kann man im ersten Schwellentrainingsblock auch hin und wieder sanfte An- und Abstiege miteinbauen. Doch hauptsächlich sollte man in der Ebene trainieren.

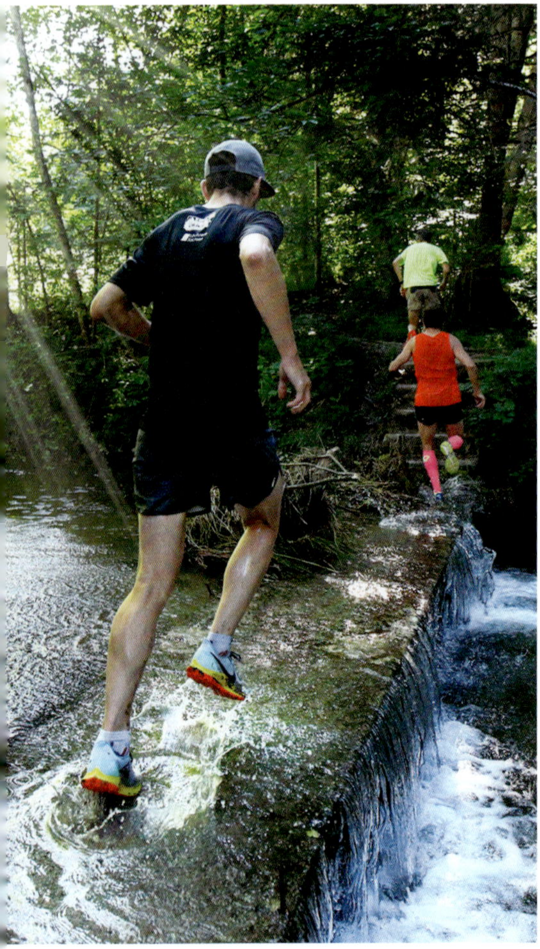

Im zweiten Schwellenblock im Frühjahr sollte das Training spezifischer, also den Wettkampfanforderungen gemäß, angepasst werden. Hierzu kann man lange Anstiege im grenzwertig hohen Tempo nach oben laufen. Wer keine langen Anstiege zur Verfügung hat, kann z. B. die Tempowechselläufe (siehe Tab. 8, Woche 4, 5, 6 und 8) an einem kürzeren Anstieg durchführen.

Die Läufe bergauf werden dabei ungefähr im Schwellentempo gelaufen. Die Läufe bergab sollen dann ebenfalls mit hoher Geschwindigkeit gelaufen werden. So hält man die Intensität hoch und trainiert zugleich seine Downhillfähigkeiten. Wer nur sehr kurze Anstiege vor der Haustüre hat, kann natürlich wieder das Laufband verwenden.

Die anaerobe Schwelle kann man fast überall gut trainieren.

Man sollte aber im zweiten Schwellenblock nicht die VO_2max vergessen. Alle 14 Tage muss der Körper wieder daran erinnert werden. Hierzu genügt es, wenn Sie am Ende einer Schwelleneinheit zwei- oder dreimal für eine Minute noch einmal richtig schnell laufen.

4.5.4 DIE AEROBE SCHWELLE

Die aerobe Schwelle ist für ganz lange Traildistanzen der maßgebliche Schlüssel zum Erfolg. Je besser der menschliche Organismus aus Fetten und Sauerstoff Energie gewinnen und nutzen kann, desto länger kann man ein hohes Tempo laufen.

Während die Verbesserung der VO_2max und der anaeroben Schwelle maßgeblich von der richtigen Intensität abhängig ist, zählt bei der Verbesserung der aeroben Schwelle vor allem eins: der Umfang.

Die Erhöhung des Trainingsvolumens ist sicherlich die wirkungsvollste Möglichkeit, um die aerobe Schwelle positiv zu beeinflussen. Hier ist aber das richtige Maß geboten. Eine Erhöhung des wöchentlichen Kilometerumfangs muss behutsam erfolgen. Je jünger der Athlet ist, desto eher verträgt dieser höhere Steigerungen. Aber mehr als 15-20 Prozent Erhöhung im Vergleich zum Wochendurchschnitt der vergangenen acht Wochen sollte es aber trotzdem nicht sein.

Die Erhöhung des Kilometerumfangs führt nicht nur zu einem verbesserten Stoffwechsel, sondern meist auch zu einer Ökonomisierung der Laufbewegung. Durch die unzähligen Schritte wird der Laufschritt energieeffizienter. Diese Ökonomisierung führt zu einem geringeren Energieverbrauch.

Eine weitere Möglichkeit, um die aerobe Schwelle zu verbessern, ist die Verlängerung der Dauerläufe. Regelmäßige Läufe über 90 Minuten Dauer sind hier von entscheidender Bedeutung. Mehr Informationen zu den Dauerläufen finden Sie in Kap. 8.

Neben der Verlängerung der Dauerläufe kann auch ganz behutsam das Tempo bei den längeren Dauerläufen angehoben werden. Diese Temposteigerung muss allerdings im Zusammenhang mit der anaeroben Schwelle und VO_2max erfolgen. Wer sich auf den kürzeren Distanzen gesteigert hat, kann natürlich auch dementsprechend das Dauerlauftempo erhöhen und so die aerobe Schwelle verbessern.

In der Vorbereitung für einen Trailwettkampf von über 90 Minuten Dauer gilt deshalb folgende Reihenfolge beim Einsatz der Trainingsmittel:

VO_2max → anaerobe Schwelle → aerobe Schwelle

Natürlich ist die Verbesserung der drei leistungsentscheidenden Komponenten nie strikt voneinander trainierbar. Sämtliche Trainingsinhalte beeinflussen den Körper und dessen Leistungsfähigkeit. Doch eines muss jedem Trailläufer bewusst sein. Nur wer in Intensität und Umfang im Jahresverlauf abwechselt, kann das Optimale aus seinem Körper herausholen.

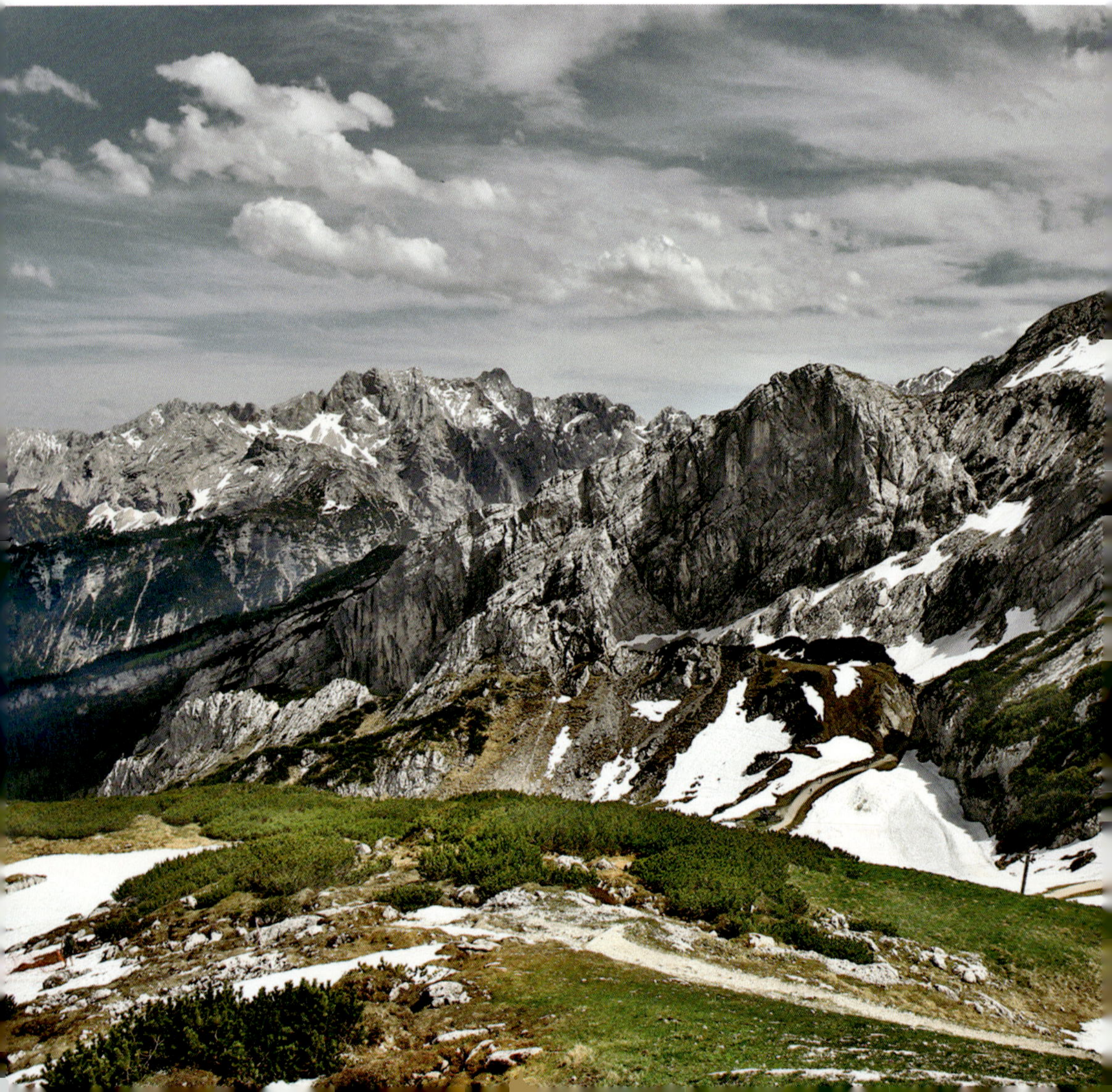

4.6 BAUSTEIN 6: GLEICHGEWICHT – STARKE FUSSGELENKE

„Suche nach Ruhe, aber durch das Gleichgewicht, nicht durch den Stillstand deiner Tätigkeit."

(Friedrich Schiller)

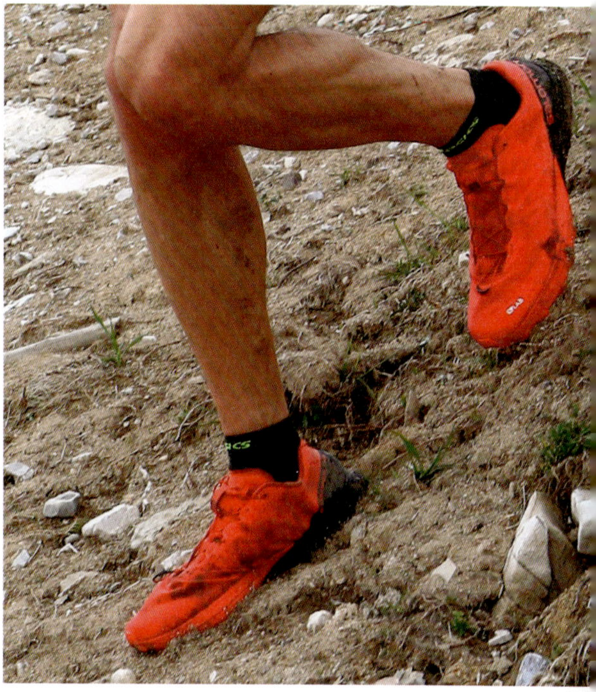

Zunächst einmal mag es seltsam klingen. Aber tatsächlich profitieren vor allem Trailläufer von einem besseren Gleichgewichtssinn. Durch den unebenen Untergrund ist das Fußgelenk deutlich mehr gefordert als auf ebenem Asphalt oder auf einer Tartanbahn. Doch nicht nur das Fußgelenk muss ständig die Unebenheiten ausgleichen. Das gesamte Bein, ja der gesamte Körper, ist ständig darum bemüht, nicht aus dem Gleichgewicht zu geraten. Hier müssen nicht nur die großen Muskeln zusammenarbeiten, sondern auch die kleinen, die oftmals im Flachen auf ebenen Untergründen wenig bis gar nicht gefordert sind. Vor allem, wenn die Ermüdung der großen Muskelgruppen immer größer wird, müssen die anderen Muskeln einspringen und teilweise die Arbeit der erschöpften „Mitstreiter" übernehmen.

Dabei spielt das Fußgelenk eine entscheidende Rolle. Einerseits muss es sehr beweglich sein, andererseits muss es über starke Bänder und Muskeln verfügen, die zudem innerhalb weniger Millisekunden auf Steine, Wurzeln oder andere Hindernisse reagieren müssen. Da die Zeitspanne viel zu kurz ist, um bewusst auf Unebenheiten zu reagieren, muss eine automatische Reaktion der Muskulatur erfolgen. Und bei dieser automatischen Reaktion übernimmt der Gleichgewichtssinn eine wichtige Funktion.

Feinste Lageveränderungen im Körper, also Schräglage, ein leichtes Wegrutschen oder ein ungeplantes Auftreten des Fußes auf irgendeinem Hindernis müssen beim Traillaufen schnellstmöglich wahrgenommen und vom Gehirn verarbeitet werden. Die Gleichgewichtsorgane im Ohr und Sensoren in der Muskulatur geben dabei dem Gehirn Auskunft darüber, wo sich der Körper und die einzelnen Körperteile gerade im Raum befinden. Diese Lagebestimmung ist extrem wichtig, schließlich kann man nicht bei jedem Fußaufsatz nach unten blicken und jeden Schritt zu 100 Prozent vorhersehen.

Je sensibler die Gleichgewichtsorgane reagieren, desto genauer kann das Gehirn Befehle an die beteiligten Muskeln geben, die so angemessen reagieren können. Daraus resultiert die sogenannte *Trittsicherheit*, die man vor allem im technisch anspruchsvollen Gelände benötigt, um sicher und gesund ins Ziel zu kommen. Man könnte also vereinfacht sagen, dass ein besseres Gleichgewicht zu mehr Trittsicherheit führt.

Einerseits müssen also die Gleichgewichtsorgane trainiert werden, andererseits aber auch die Muskeln rund um das Fußgelenk. Erst mit der Rückmeldung der einzelnen Muskeln des Fußgelenks in Verbindung mit dem Gleichgewichtsorgan kann das Gehirn angemessen und schnell reagieren. Um sowohl Gleichgewichtsorgane als auch die Muskeln im Fußgelenk zu trainieren, eignen sich natürlich am besten Läufe auf unebenen Untergründen. Doch vor allem für blutige Trailanfänger gibt es jede Menge Möglichkeiten, sich bereits zu Hause auf die anspruchsvollen Untergründe vorzubereiten.

Zu dieser Vorbereitung gehört jede Art von Balanceübung. Dabei reicht es zunächst, wenn man auf einem Bein steht. Wer das sicher beherrscht, schließt die Augen oder legt den Kopf in den Nacken. Später stellt man sich auf weiche oder wacklige Untergründe, wodurch der Stand noch instabiler wird, die Muskeln noch genauer arbeiten müssen. Natürlich kann man auch auf einer Slackline balancieren oder sich auf einen Gymnastikball stellen. Auch ein Minitrampolin ist ein geeignetes Trainingsmittel.

Um das Fußgelenk zu kräftigen, gibt es vielfältige Übungen. Stehen Sie wieder auf einem Bein. Währenddessen beschreiben Sie mit dem frei schwebenden Fuß einen Kreis oder andere geometrische Figuren. Nutzen Sie das gesamte Bewegungsspektrum des Fußgelenks, indem Sie dieses von rechts nach links kippen oder die Zehenspitzen strecken oder an das Schienbein heranziehen.

Legen Sie ein Gummiband um den Fuß und bewegen Sie den Fuß gegen den Widerstand des Bandes. Dies erhöht einerseits die Beweglichkeit, andererseits kräftigt es die Muskeln rund um das Fußgelenk. Seilsprünge oder jede andere Art von Sprüngen auf dem Vorfuß trainieren ebenso die Muskeln, Sehnen und Bänder.

Ein gut ausgebildetes Fußgelenk verzeiht sogar das eine oder andere Umknicktrauma. Zudem kann man bei entsprechender muskulärer und nervöser Ausbildung selbst bei Umknickereignissen noch entgegenwirken und schnellstmöglich Gewicht von dem belasteten Fuß nehmen. Sie schützen sich also vor Verletzungen, profitieren aber auch von einem starken und stabilen Fußgelenk bezüglich der Laufgeschwindigkeit. Schließlich überträgt das Fußgelenk die Kraft der Muskeln auf den Boden. Zudem wirkt die Achillessehne bei jedem Schritt wie eine Sprungfeder, die Energie beim Fußaufsatz speichert und beim Lösen des Fußes vom Boden wieder abgibt.

Diese Fähigkeit unserer Sehnen, die als „Stiffness" bezeichnet wird, ist ein wesentliches Element, das die Laufökonomie beeinflusst. Durch regelmäßige Sprung-, aber auch Gleichgewichtsübungen kann die Stiffness der Sehnen erhöht werden, was sich dann in kürzeren Bodenkontaktzeiten und damit schnelleren Laufzeiten niederschlägt. Außerdem profitieren auch die Faszien durch das Sprungtraining. Das Bindegewebe, das unsere Muskeln und Sehnen umgibt, lernt so, die elastische Energie bei jedem Laufschritt effektiver zu speichern und wieder abzugeben.

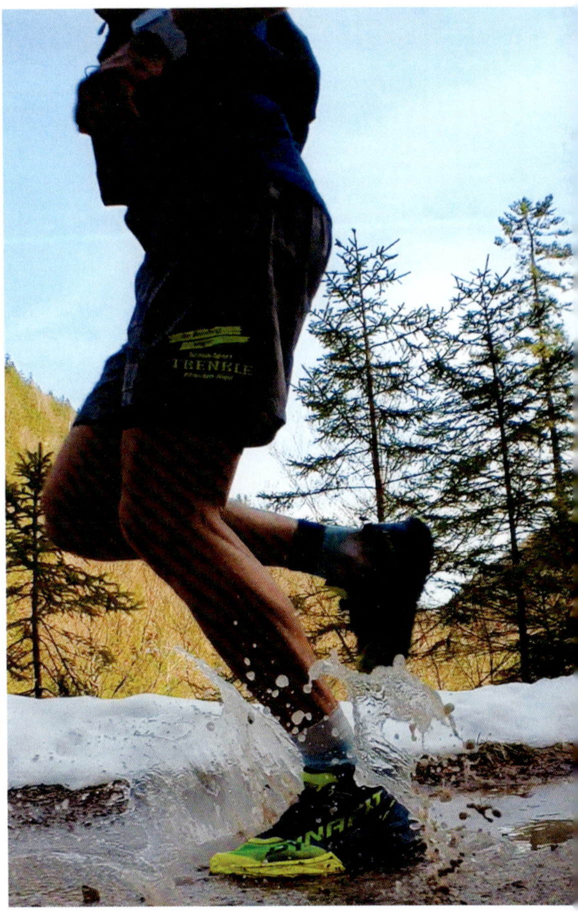

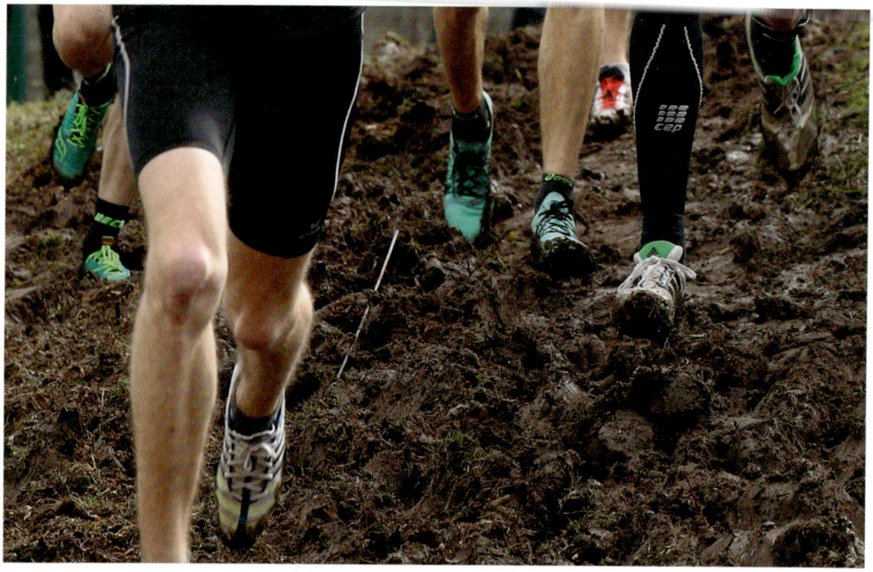

Je instabiler der Untergrund ist, desto mehr profitiert man von starken Fußgelenken und einem guten Gleichgewicht.

Ganz abgesehen von schnelleren Zeiten und der Verletzungsprophylaxe gibt es aber noch einen entscheidenden Vorteil. Es macht einfach mehr Spaß, wenn man unbeschwert die Downhills in den Bergen oder im Wald hinunterlaufen kann. Wer bei jedem Schritt Angst hat, umzuknicken oder zu stürzen, weil die Fußgelenke zu schwach sind, wird auf Dauer sicherlich keinen Gefallen am Traillaufen finden.

Starke Fußgelenke sind eine Art Lebensversicherung. Denn vor allem, wenn man müde wird oder die Sicht durch Nebel, Regen oder Laub auf dem Boden erschwert wird, muss das Fußgelenk quasi automatisch auf die Unebenheiten reagieren. Jede Minute, die Sie in die Ausbildung Ihrer Fußgelenke investieren, wird sich auf den Trails dieser Welt also gleich mehrfach auszahlen.

4.6.1 GLEICHGEWICHT: DIE RICHTIGE BALANCE FÜR DEN TRAIL

Das Umknicktrauma ist mitunter die häufigste Verletzung bei Läufern. Dabei wird nicht unterschieden, ob es nun Trailläufer, Straßenläufer oder Bahnläufer trifft. Es gibt übrigens keine gesicherten Ergebnisse, ob Trailläufer häufiger verletzt sind als Straßenläufer. Natürlich ist das Verletzungsrisiko durch Stürze größer. Außerdem ist die Wahrscheinlichkeit, auf einem Trail umzuknicken, zweifelsohne höher als auf einer ebenen Asphaltstraße. Doch letztendlich ist es wichtig, seinen Körper und natürlich vor allem die Fußgelenke auf die Belastung des Laufens, unabhängig vom Untergrund, vorzubereiten.

Eine nicht zu unterschätzende Rolle spielt dabei der Gleichgewichtssinn. Je besser man die Muskulatur rund um das Fußgelenk ansteuern kann, desto geringer ist das Risiko des Umknickens. Natürlich spielt für das Gleichgewicht nicht nur das Fußgelenk eine wichtige Rolle, auch sämtliche anderen Muskeln (Rumpf, Hüfte, Oberschenkel, Unterschenkel) sind an der Aufrechterhaltung des Gleichgewichts beteiligt.

Beim Laufen befindet man sich ja in einem andauernden instabilen Zustand. Man springt von einem Bein auf das andere und versucht, dabei nicht umzufallen. Das ist sicherlich ein wenig übertrieben. Doch vor allem auf technisch anspruchsvollen Wegen und bei manchem Downhill kämpft man darum, nicht aus dem Gleichgewicht zu geraten. Hier muss das Zusammenspiel unseres Gleichgewichtsorgans – das sich im Ohr befindet – mit den vielen Nervenfasern und Muskeln in den unteren Extremitäten perfekt funktionieren.

Wie gut es um Ihren Gleichgewichtssinn bestellt ist, können Sie mit einem einfachen Test herausfinden. Stellen Sie sich auf ein Bein. Wenn Ihnen das keine Probleme bereitet, schließen Sie dabei die Augen. Sollten Sie immer noch problemlos das Gleichgewicht halten können, stellen Sie sich auf einen wackligen Untergrund (Schaumstoffmatte, Matratze, weicher Rasen, . . .), schließen Sie die Augen und legen Sie den Kopf in den Nacken.

Diese Übung ist schon für Fortgeschrittene, sollte aber das Ziel Ihrer Bemühungen sein. Doch wer mit geschlossenen

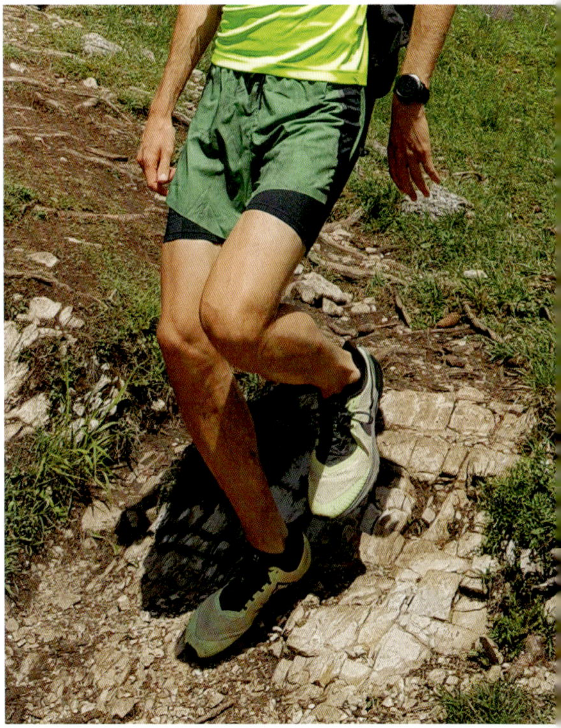

Vor allem bergab wirken hohe Kräfte ein.

Augen auf einem Bein (auf festem Untergrund) länger als 30 Sekunden stehen kann, ist auch schon ganz gut auf die Trails vorbereitet.

Wer dies nicht kann, aber auch alle, die noch nicht die Übung für Fortgeschrittene 10-15 Sekunden lang halten können, sollten an ihrer Balance arbeiten. Das Trainieren des Gleichgewichts lässt sich dabei sehr gut in den Alltag integrieren und erfordert mitunter nur minimalen Aufwand. Seien Sie kreativ und stellen Sie sich im Verlaufe des Tages verschiedenen kleinen Herausforderungen.

Putzen Sie z. B. im Einbeinstand Ihre Zähne, zunächst mit offenen, dann mit geschlossenen Augen. Gehen Sie auf Zehenspitzen durch Ihre Wohnung, gehen Sie auf der Ferse, auf der Fußaußenkante oder der Fußinnenkante. Hüpfen Sie auf einem Bein zur Kaffeemaschine im Büro. Lassen Sie Ihren Fuß kreisen, wenn Sie vor dem PC sitzen oder Sie es sich auf der Couch bequem gemacht haben. Wenn Sie in der Warteschlange vor der Kasse im Supermarkt stehen, warten Sie doch einfach einbeinig. Natürlich können Sie auch über Baumstämme, Seile oder Slacklines balancieren. Doch das brauchen Sie gar nicht. Es sei denn natürlich, es macht Ihnen Spaß.

4.6.2 MIT STARKEN FÜSSEN MEHR SPASS AUF DEN TRAILS

Viele Trailläufer sind sehr fleißig. Sie laufen Kilometer um Kilometer, Höhenmeter um Höhenmeter. Sie studieren Streckenprofile, investieren Zeit und Geld in die perfekte Ausrüstung, nehmen mitunter lange Anreisen zu ihren Trainings- oder Wettkampfstrecken in Kauf und verbringen viel zu viel Zeit in den sozialen Medien, um faszinierende Bilder und Videos von anderen Trailläufern zu sehen (der Autor gehört übrigens selbst zu dieser Art von Trailläufern). Ganz zu schweigen davon, dass oftmals noch viel Zeit und Energie investiert wird, um selbst solche medialen Eindrücke zu erstellen. Man denke nur an die vielen Berggipfel-Selfies.

Dabei könnte man die Zeit viel gewinnbringender einsetzen, wenn man sich um das absolut wichtigste Hab und Gut kümmern würde, nämlich um seinen Körper. Denn das Wichtigste – nicht nur für Trailläufer – ist schließlich, dass man gesund und frei von Verletzungen bleibt.

Trailrunning ist eine Sportart, die natürlich vor allem Füße, Knie- und Hüftgelenke extrem belastet. Wobei das Wort „extrem" hier nicht falsch verstanden werden darf. Ein gut vorbereiteter Trailläufer wird die Strapazen eines Traillaufs gut überstehen.

Selbst tägliches Trailrunning ist ohne Probleme möglich, wenn man es nicht übertreibt, sich die nötigen Regenerationszeiten gönnt, und eben seinen Körper pflegt.

Dass natürlich ein 100-Kilometer-Trailwettkampf viele Strukturen des Körpers teilweise über die Grenzen hinaus belastet, ist unumstritten. Doch bereits nach einigen Tagen hat sich der Körper im Normalfall wieder zum Großteil von diesen Strapazen erholt.

Ein essenzieller Faktor, um ein Leben lang Spaß und Freude am Trailrunning zu haben, sind starke, aber auch zeitgleich flexible Fußgelenke und natürlich die Füße selbst.

Beginnen wir mit den Fußgelenken. Das menschliche Fußgelenk ist eine ziemlich komplexe Angelegenheit, die hier aber nicht genauer beschrieben werden soll. Viel wichtiger ist es nämlich, Übungen und Verhaltensweisen zu kennen, wie man das Fußgelenk auf die Belastungen adäquat vorbereitet.

Vor allem beim Laufen im Gelände ist das Fußgelenk ständig gefordert. Unebenheiten müssen ausgeglichen werden, im Downhill wirkt das Vielfache des Körpergewichts, und auch bergauf ist das Fußgelenk etwas anders gefordert als in der Ebene.

Denn durch das Bergauflaufen ist der Winkel zwischen Fuß und Unterschenkel geringer als beim Laufen im Flachen. Dadurch herrscht ein größerer Zug auf Achillessehne und Wade. Zudem wird das Fußgelenk bei jedem Schritt etwas weniger gestreckt, da der Schritt kürzer ist. Die Entspannungsphase der Wadenmuskulatur und der Zehenmuskulatur ist dadurch kürzer als beim Laufen im Flachen, wo ja die Schrittlänge größer ist. Insgesamt ist also beim Bergauflaufen die Bewegungsweite des Fußgelenks geringer.

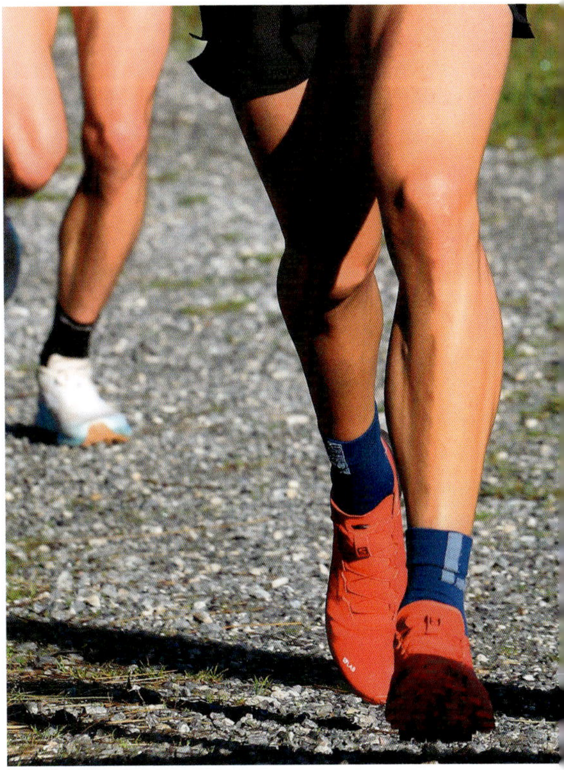

Bergauf wird die Muskulatur um das Fußgelenk herum anders belastet als in der Ebene.

Deshalb ist die Mobilisation des Fußgelenks sehr wichtig. Denn je größer der Bewegungsspielraum des Fußgelenks ist, desto effektiver wird der Laufschritt. Zudem werden die oben beschriebenen Strukturen wie Wade und Achillessehne entspannt. Außerdem werden die Gelenkkapsel und viele andere passive Strukturen angesprochen.

Bei der Mobilisation unterscheidet man zwischen der aktiven und passiven Mobilisation. Die aktive Mobilisation des Fußgelenks beinhaltet, wie vorher schon beschrieben, verschiedene Übungen, wie z. B. das Fußkreisen, das Fußkippen, das Gehen auf der Ferse, das Gehen auf der Innen- bzw. Außenkante des Fußes oder der Zehenspitzenstand.

Neben dem aktiven Mobilisieren ist auch das passive Mobilisieren von entscheidender Bedeutung. Dabei ergreift man den Fuß mit der Hand, wobei man hierzu eine möglichst entspannte Haltung einnehmen soll, sodass die Muskulatur um das Fußgelenk herum möglichst locker ist. Nun dreht man mit der Hand den Fuß in sämtliche Richtungen. Dabei darf man nicht zu zaghaft sein. Man sollte den gesamten Bewegungsspielraum des Fußgelenks und sämtliche Bewegungsrichtungen nutzen.

Dasselbe gilt für die Zehen. Nehmen Sie ruhig einzelne Zehen in die Hand und versuchen Sie, die maximale Bewegungsamplitude der Zehen auszureizen. Danach machen Sie noch am besten ein paar Greifübungen mit den Zehen. Denn vor allem die langen Zehenbeuger, die ja unterhalb des Mittelfußes an der Fußsohle entlanglaufen, können sich beim Bergauflaufen nicht so entspannen wie beim Laufen in der Ebene. Die langen Zehenbeuger strecken zudem das Fußgelenk, können sich also durch die kürzere Schrittlänge und den geringeren Winkel zwischen Fuß und Unterschenkel beim Bergauflaufen weniger ausruhen.

Um die innere Fußmuskulatur zu stärken, sollten Sie zudem noch folgende Übung machen: Stellen Sie sich hin und setzen Sie den Fuß in neutraler Position flach auf den Boden. Versuchen Sie dann, durch Kontraktion der inneren kleinen Muskeln die Fußsohle zu wölben und dabei die Zehen flach auf dem Boden zu lassen. Wenn es im Stehen zu schwierig ist, beginnen Sie einfach im Sitzen. Wenn es im Stehen kein Problem mehr ist, können Sie es auch einbeinig machen. Wichtig ist, aktiv zu versuchen, die Fußsohle zu wölben.

Bevor Sie diese Übung machen, nehmen Sie den Vorderfuß in die Hand und beugen den Fuß. Die Zehen werden also nach unten gedrückt. Dabei können Sie schon versuchen, diese Bewegung durch die Aktivierung der inneren Fußmuskeln zu unterstützen.

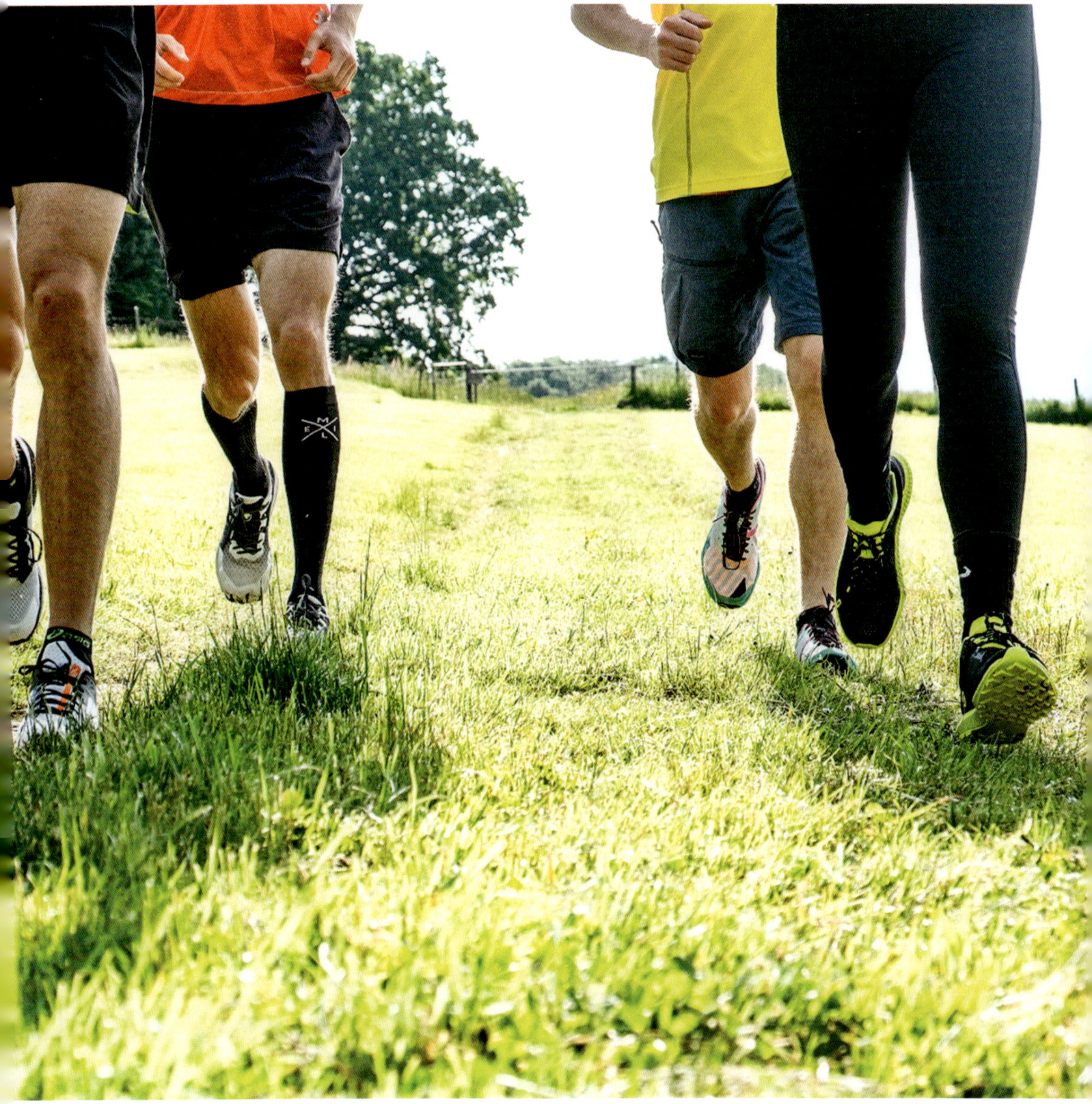

4.7 BAUSTEIN 7: BEWEGLICHKEITSTRAINING

„Das Leben ist wie ein Fahrrad. Man muss sich vorwärts bewegen, um das Gleichgewicht nicht zu verlieren."

(Albert Einstein, Physiker)

Zunächst einmal sei gleich Folgendes gesagt: Bis heute gibt es keine eindeutigen wissenschaftlichen Erkenntnisse darüber, ob eine gute Dehnfähigkeit eine Verletzungsprophylaxe darstellt. Das ist aber noch lange keine Entschuldigung dafür, das Beweglichkeitstraining aus unserem Trainingsplan zu streichen. Denn es gibt sehr wohl viele positive Effekte, die mit einer erhöhten aktiven und passiven Beweglichkeit einhergehen.

Wer sich davon nicht überzeugen lässt, sollte sich einfach das eine oder andere Dehnworkout von Eliud Kipchoge, dem besten Marathonläufer der Welt, ansehen. Der Kenianer ist trotz seines fortgeschrittenen Läuferalters und der Tatsache, dass er pro Tag mehr als 25 Kilometer zurücklegt, extrem geschmeidig und flexibel.

Inwiefern seine überdurchschnittliche Beweglichkeit seine läuferischen Fähigkeiten beeinflusst, kann man natürlich nicht in Zahlen oder gar Sekunden oder Minuten fassen. Aber eines kann man mit Sicherheit sagen: Würde sich das Beweglichkeitstraining negativ auf seine Leistung auswirken, würde er es mit Sicherheit aus seinem Trainingsplan streichen.

Ein wesentlicher Vorteil einer erhöhten Beweglichkeit sind die damit verbundenen geringeren inneren Kräfte. Bei jedem Laufschritt werden verschiedene Beinmuskeln gedehnt.

Wenn man zum Beispiel in der Abdruckphase das Bein nach hinten unter dem Körper durchschiebt, wird der Hüftbeugemuskel (M. iliopsoas) gedehnt. In der hinteren Schwungphase, wenn die Ferse in Richtung Gesäß pendelt, wird die Oberschenkelvorderseite (M. quadriceps femoris) in die Länge gezogen. In der vorderen Schwungphase wird die Oberschenkelrückseite (M. biceps femoris) gedehnt. Die aktiv an der Laufbewegung beteiligten Muskeln müssen also auch immer gegen ihren Gegenspieler arbeiten.

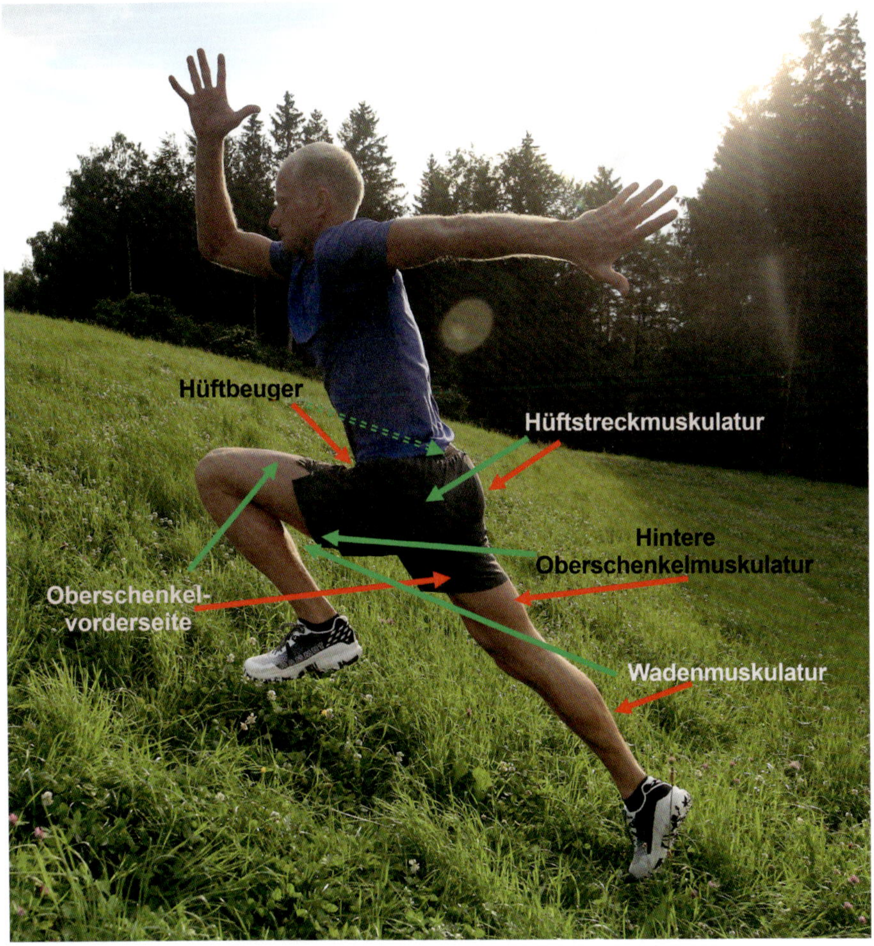

entspannte Muskulatur *angespannte Muskulatur*

Bei der Streckbewegung nach hinten spannt sich also die Hüftstreckmuskulatur (Gesäßmuskulatur und Oberschenkelrückseite) an, wohingegen sich die Hüftbeugemuskulatur im gleichen Augenblick entspannen soll. Je besser diese Entspannung gelingt, desto weniger Energie muss aufgewendet werden. Zudem kann die Schrittlänge entsprechend vergrößert werden, je besser die entspannte Muskulatur sich dehnen lässt. Eine größere Beweglichkeit geht also in Verbindung mit ausreichenden Kraftfähigkeiten mit einer größeren Schrittlänge einher.

Dies ist vor allem für Trailläufer von großer Wichtigkeit. Denn bei schnellen Downhills ist die Schrittlänge teilweise sehr groß, auch wenn die Schritte nicht zu lang sein sollten. Außerdem müssen bei Trailläufen oftmals hohe Geländestufen oder

Treppen erklommen werden. Hier macht sich natürlich vor allem eine flexiblere Oberschenkelrückseite bezahlt. Darüber hinaus profitieren Trailläufer von einer beweglicheren und entspannteren Muskulatur beim Bergauflaufen.

Durch die kürzere Schrittlänge bergauf werden auch die einzelnen Muskeln, Sehnen und Bänder weniger gedehnt als beim Laufen in der Ebene. Dies kann unter Umständen zu einer Verkürzung der beteiligten Strukturen führen. Um diesem Prozess entgegenzuwirken, ist regelmäßiges Dehnen unerlässlich.

Beim Dehnen sollten nicht nur die Muskeln gedehnt werden, sondern im gleichen Ausmaß auch die passiven Strukturen des Körpers, also die Sehnen, Bänder und Gelenke. Deshalb ist es wichtig, beim Beweglichkeitstraining die maximal erreichbaren Winkel der einzelnen Gelenke auszureizen.

Dies gelingt allerdings kaum, wenn man sich nur auf das oftmals praktizierte statische Dehnen (Stretching) beschränkt. Hier sind vielmehr die dynamischen Varianten des Beweglichkeitstrainings wie Schwunggymnastik gefragt. Auch kombinierte Übungsformen wie aus dem Pilates oder Yoga, bei denen Kraft und Beweglichkeit gleichzeitig gefragt sind, bringen uns Läufer nicht nur sprichwörtlich einen Schritt nach vorne.

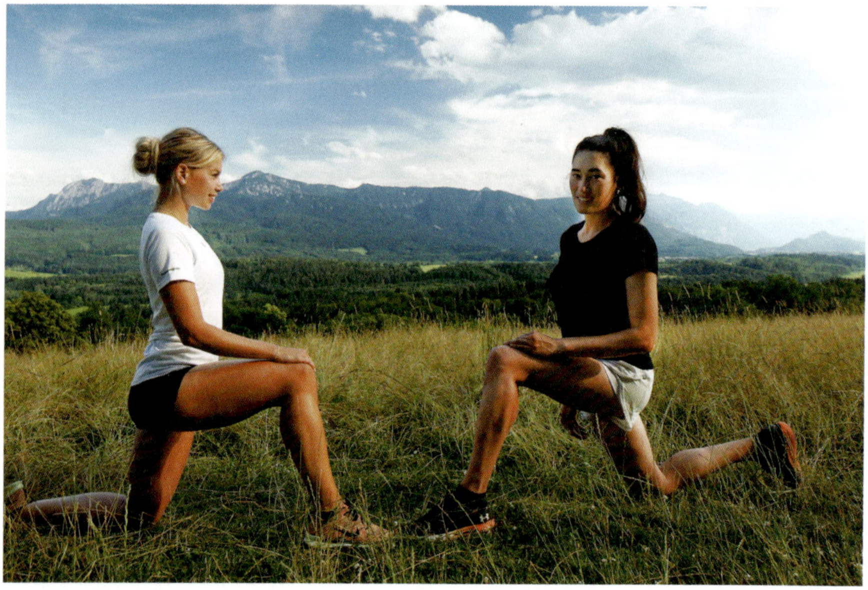

Statische Dehnung des Hüftbeugemuskels. Wenn Sie den Ausfallschritt vergrößern, nimmt auch die Dehnung im Hüftbeuger zu.

Um spürbare Verbesserungen zu erzielen, muss man sehr regelmäßig dehnen. Am besten wäre es natürlich, jeden Tag ein paar Minuten darin zu investieren. Diese wenigen Minuten reichen allerdings bestenfalls dazu, die aktuelle Beweglichkeit behalten zu können. Um sich signifikant zu verbessern, muss man allerdings schon ein wenig mehr Zeit aufbringen.

Das Mindestmaß, um die Beweglichkeit zu erhalten, sind 20 Sekunden pro Übung. Man geht behutsam in die Dehnung, bis man den Widerstand deutlich spürt und eine geringe Zugspannung wahrnimmt. Ab diesem Moment muss man mindestens 20 Sekunden in der Dehnung verweilen. Erst nach dieser Zeitspanne sendet das Gehirn Signale an den Muskel, sich zu entspannen. Zuvor ist der Muskel und das Nervensystem in Habachtstellung, die Spannung ist sogar erhöht.

Nach einer gewissen Zeit kann man dann noch weiter in die Dehnung hineingehen, allerdings sollte der Dehnschmerz nicht allzu groß werden, da sich der Muskel ansonsten dagegen wehrt und die Spannung erhöht. Dieses statische Dehnen wirkt vor allem auf die Muskelfasern und die Sehnen.

Um die Beweglichkeit der Bänder und Gelenke (aber auch der Sehnen) zu erhöhen, sollte man mit etwas mehr Schwung an die Sache herangehen. Durch Schwunggymnastik kann man vor allem die an der Laufbewegung beteiligten Hüftmuskeln und das Hüftgelenk hervorragend ansprechen. Durch die Schwunggymnastik bringt man das Hüftgelenk in Winkelstellungen, die man beim statischen Dehnen kaum oder gar nicht erreicht.

Stellen Sie sich auf das rechte Bein. Schwingen Sie nun das linke Bein gestreckt nach vorne und wieder mit Schwung nach hinten. Lassen Sie den Oberkörper so weit wie möglich aufrecht. Um das Gleichgewicht halten zu können, dürfen Sie sich natürlich mit einer Hand an einem Baum oder einem Geländer festhalten.

Beginnen Sie zunächst mit geringer Schwungamplitude und versuchen Sie, diese zunehmend zu vergrößern. 20-25 Wiederholungen reichen aus. Um auch die seitliche Beweglichkeit der Hüfte zu verbessern, können Sie auch das frei schwebende Bein von links nach rechts schwingen. Am besten stehen Sie dabei frontal zu einer Wand, sodass Sie beide Handflächen auf diese legen können.

Diese Übungen sollte man (genauso wie beim statischen Dehnen) im aufgewärmten Zustand absolvieren. Dazu eignet sich lockeres Laufen, Radfahren, Gehen oder jede andere Art von Ausdauersport.

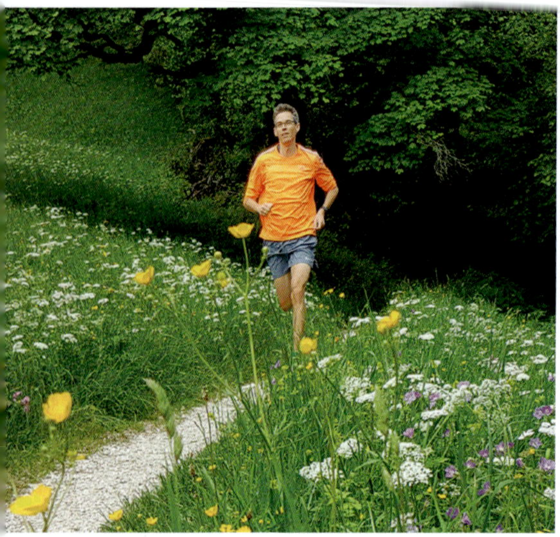

Wichtig ist nur, dass man das Dehnen nach sehr belastenden Laufeinheiten sehr behutsam oder gar nicht einsetzen sollte, da unter Umständen Muskelfasern oder andere Strukturen dadurch in Mitleidenschaft gezogen sind. Kleine Mikrorisse in der Muskulatur können durch das Dehnen vergrößert werden, was natürlich mehr schadet als nützt.

4.8 BAUSTEIN 8: DIE MENTALE STÄRKE

„Die größte Gabe eines Läufers, abgesehen von der unausweichlichen körperlichen Fitness, ist ein kühler, kalkulierender Kopf, der Selbstvertrauen und Mut zu seinen Verbündeten zählt."

(Franz Stampfl, österreichischer Lauftrainer)

„Das Rennen wird im Kopf entschieden." Wer hat diesen Satz noch nicht gehört? Doch was bedeutet er eigentlich? Bei allen Laufdisziplinen, ob 100-Meter-Sprint oder 100-Meilen-Ultra-Trail, spielt die mentale Stärke eine ganz entscheidende Rolle. Wer mental nicht zu 100 Prozent fit ist, wird am Tag X nicht seine beste Leistung abrufen können.

Dabei muss der Tag X nicht unbedingt ein Wettkampf sein. Denn auch im Training wird die Psyche eines Athleten oftmals extrem gefordert und an ihre Grenzen gebracht. Da sind Trailläufer keine Ausnahme. Bei Trailläufen wird die Psyche mitunter sogar deutlich stärker gefordert als bei Läufen auf der Straße oder auf der Bahn.

Neben der mentalen Stärke ist aber auch die Konzentration sehr wichtig. Man muss sich gedanklich immer im Hier und Jetzt befinden, sollte möglichst nie mit seinen

Gedanken abschweifen. Doch das ist gar nicht so einfach, schließlich gibt es gleich mehrere Gründe, warum Trailläufer in ihrer Konzentration oftmals mehr gefordert werden als Bahn- oder Straßenläufer.

4.8.1 KONZENTRATION AUF DAS WESENTLICHE

Am offensichtlichsten ist dies sicherlich beim ständig wechselnden Laufuntergrund, der höchste Aufmerksamkeit vom Läufer erfordert: ein Stein dort, eine Wurzel hier, eine Unebenheit in fünf Meter Entfernung, eine Pfütze oder ein kleiner Bach direkt vor einem. Unsere Sinne müssen fast durchgehend sehr wachsam sein, um alles um uns herum wahrzunehmen. Ein Straßenläufer kann teilweise gedanklich abschalten und einfach nur laufen. Ein Trailläufer kann sich diesen Luxus, wenn überhaupt, nur auf Forstwegen oder den wenigen Asphaltabschnitten leisten.

Diese erhöhte Aufmerksamkeit kostet viel Energie, was viele oftmals gar nicht wahrnehmen. Doch es ist tatsächlich so. Das menschliche Gehirn benötigt viel Energie, hauptsächlich in Form von Zucker bzw. Kohlenhydraten. Zu Beginn eines Laufs ist ausreichend davon vorhanden, Muskeln und Gehirn bekommen genug. Doch je länger man unterwegs ist, desto mehr werden die Kohlenhydratspeicher entleert. Beide Systeme streiten um die wertvollen Kohlenhydrate. Das merkt man an der immer müder werdenden Muskulatur, aber auch daran, dass die Konzentration langsam nachlässt.

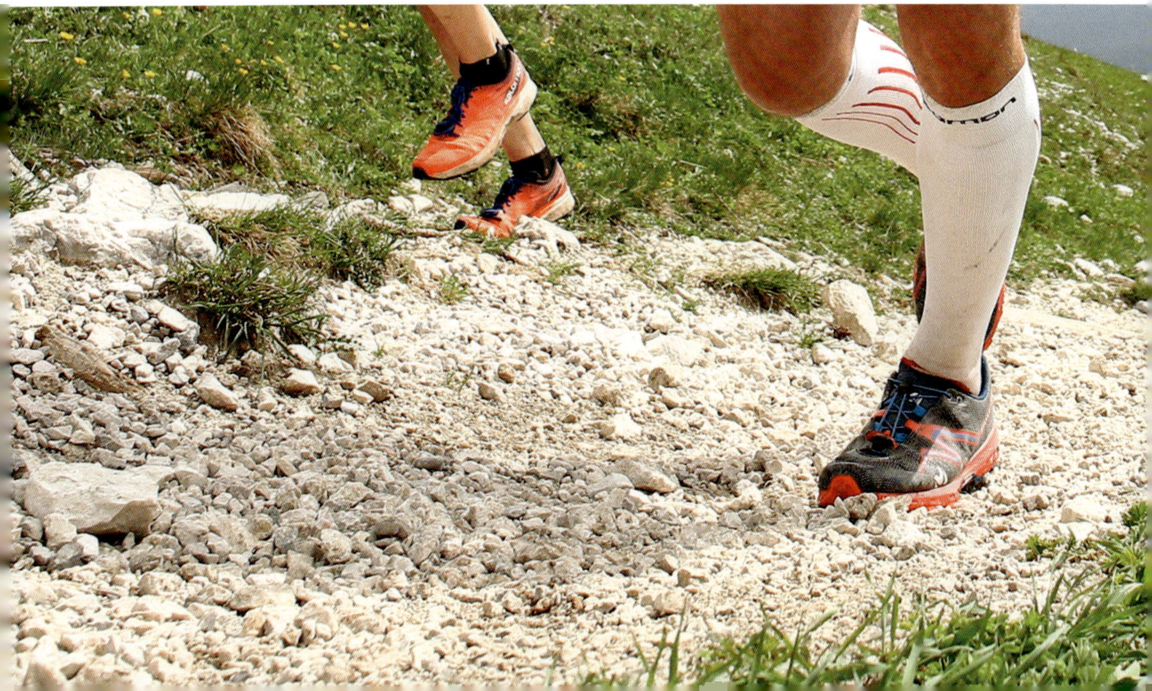

Die müden Muskeln nehmen alle Läufer wahr. Doch dass die Konzentration nachlässt, ist vielen Athleten gar nicht bewusst. Wenn man Glück hat, wird man durch einen kleinen Stolperer darauf aufmerksam gemacht. Wer Pech hat, der stürzt oder verläuft sich vielleicht. Genauso, wie man die Muskulatur dazu bringen kann, sparsam mit den Kohlenhydraten umzugehen, kann man auch das Gehirn dahin gehend trainieren.

Das effektivste Mittel dafür ist natürlich mal wieder das Laufen auf den Trails. Die Augen müssen ständig die Informationen wahrnehmen und an das Gehirn weiterleiten, welches die Informationen an die Muskulatur weitergibt. Wer dieses System ständig trainiert, wird Verbesserungen erzielen und vielleicht nach jahrelangem Training genauso schlafwandlerisch sicher wie ein Kilian Jornet über die schwierigsten Alpenpässe laufen.

Um sich stetig zu verbessern, muss man sich allerdings aus seiner Komfortzone herauswagen. Dazu muss man sich auf Wege begeben, die man eben nicht schon hunderte Male gelaufen ist und die man nicht in- und auswendig kennt. Neue Reize führen zu einer besseren Koordination, fordern und fördern die räumliche Wahrnehmung und machen mit hoher Wahrscheinlichkeit sogar noch mehr Spaß.

Das heißt aber nun nicht, dass man sich sofort den technisch anspruchsvollsten Trail in der Umgebung auswählen sollte. Erhöhen Sie den Schwierigkeitsgrad sukzessive, schließlich beginnen Laufanfänger auch nicht sofort mit einem 100-Meilen-Ultra.

4.8.2 MENTALE STÄRKE

Neben der Konzentration spielt die mentale Stärke bei Trailläufen eine nicht zu unterschätzende Rolle. Viele Athleten behaupten sogar, dass die Psyche wichtiger sei als die körperliche Stärke, vor allem, wenn es auf die ganz langen Strecken geht. Doch auch auf den kurzen Distanzen, ob im Training oder im Wettkampf, ist die mentale Komponente extrem wichtig.

Wer kennt diese Situation nicht? Man erkundet neue Trails. Nach einer Stunde ist man sich nicht mehr ganz sicher, ob man auf dem richtigen Weg ist. Eigentlich wollte man eine Runde laufen, die in etwa zwei Stunden hätte dauern sollen. Soll man jetzt lieber umkehren und denselben Weg zurücklaufen oder versuchen, die Runde zu Ende zu laufen? Mit der Gefahr natürlich, dass aus den geplanten zwei Stunden auf einmal zweieinhalb oder sogar drei Stunden werden. Jetzt ist neben dem gesunden Menschenverstand auch die mentale Stärke gefragt.

Zunächst einmal muss man seine Gedanken sortieren und genau abwägen, welches Vorgehen das Richtige für die jeweils gegebene Situation ist. Wer weiß, dass es für einen kein Problem darstellt, auch einmal drei Stunden oder länger laufend unterwegs zu sein, der kann es riskieren, weiterzulaufen. Allerdings natürlich nur, wenn es das Wetter, die Uhrzeit und der momentane körperliche Zustand zulassen. Hier heißt es, ehrlich zu sich selbst zu sein und alle äußeren Umstände realistisch zu würdigen. Die mentale Stärke in diesem Fall besteht darin, sämtliche Faktoren zu berücksichtigen und nicht einem zu viel oder zu wenig Beachtung zu schenken.

Mentale Stärke bedeutet hier nicht, sich irgendwelchen Gefahren auszusetzen. Nicht selten hört man von Wanderern oder Trailläufern, die trotz ungünstiger Wetterprognosen hochalpine Trails in Angriff genommen haben, in der Annahme, sie seien körperlich so fit, da könne ihnen das Wetter nichts anhaben. So etwas hat nichts mit mentaler Stärke zu tun, sondern mit Unvernunft und Verantwortungslosigkeit.

Man sollte aber im gegenteiligen Fall seine eigenen Fähigkeiten nicht unterschätzen und im schlimmsten Fall in Apathie verfallen. Nur weil man friert, man kaum noch Kraft hat, sich unsicher und schwach fühlt, sollte man nicht stehen bleiben und sich seinem Schicksal ergeben, vor allem, wenn es vielleicht nur noch eine halbe Stunde bis zum Auto ist.

Atmen Sie ein paar Mal tief durch, besinnen Sie sich Ihrer Situation und machen Sie sich selbst klar, dass Sie fit genug sind, um auch diese Situation zu meistern. Natürlich gibt es Extremsituationen, die nicht so einfach zu bewältigen sind, doch hoffentlich kommen Sie durch vorausschauendes Planen und Handeln erst gar nicht in so eine gefährliche Situation.

Im Wettkampf hingegen kommt man des Öfteren in Grenzbereiche, die zwar selten lebensbedrohlich sind, aber zu großen inneren Konflikten führen können.

- Soll man das Rennen aufgeben oder nicht?
- Soll man langsamer laufen oder mit aller Macht versuchen, das Tempo zu halten?
- Soll man an der nächsten Verpflegungsstation eine längere Pause einlegen oder sofort weiterlaufen?
- Macht dieser Wettkampf überhaupt Sinn?

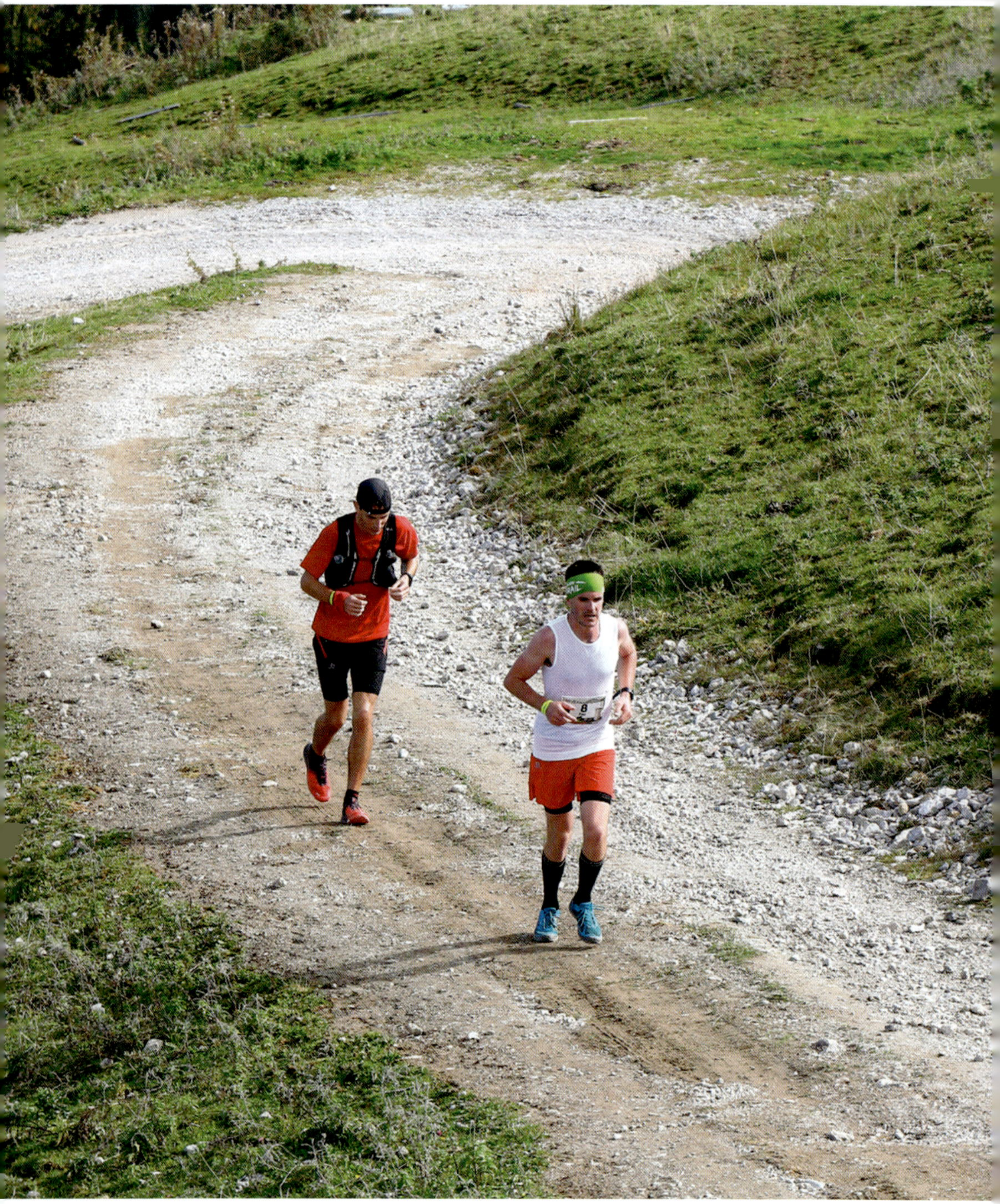

Fokussiert trotz höchster Anstrengung

Es ist völlig normal, während eines kräftezehrenden und anstrengenden Wettkampfs Selbstzweifel zu haben. Doch wer sich bereits im Vorfeld mit diesen möglichen Gedanken auseinandersetzt, hat im Wettkampf bessere Chancen, diese Krisen zu bewältigen.

Überlegen Sie sich bereits vorher, wie Sie auf negative Gedanken reagieren. Es muss Ihnen auch klar sein: Jeder Athlet durchläuft Höhen und Tiefen während eines Wettkampfs. Deshalb dürfen Sie nicht gleich bei den ersten kleinen Problemen den Kopf in den Sand stecken. Nur weil Sie vielleicht nach 45 Minuten die ersten Anzeichen von Schwäche spüren, müssen Sie nun nicht unbedingt langsamer werden. Vor allem dann nicht, wenn der Wettkampf nur 75 oder 90 Minuten dauert.

Denken Sie an die vielen Stunden und Tage, die Sie in die Vorbereitung investiert haben. Sie sind fit und schaffen das. Lassen Sie die negativen Gedanken für einen kurzen Moment zu, aber visualisieren Sie sofort wieder Ihr persönliches Ziel. Ihr Körper kann mehr, als Sie sich in diesem Moment zutrauen. Fragen Sie erfahrene Trail- oder Ultraläufer. Diese werden Ihnen bestätigen, dass der Körper viel mehr leisten kann, als sich die meisten Menschen vorstellen können.

Natürlich gibt es noch viele andere Möglichkeiten, sich mental auf einen Trailwettkampf vorzubereiten. Diese würden aber den Rahmen dieses kleinen Ratgebers sprengen. Es gibt viel gute Literatur dazu. Auch im Internet gibt es viele Podcasts oder Videos, die einem zeigen, wie man die Krisen während eines harten Wettkampfs meistern kann.

Neben dem Wettkampf gibt es aber auch eine andere Krise, die viele Athleten im Vorfeld eines Wettkampfs meistern müssen. Gemeint ist die konsequente Vorbereitung darauf. Denn nicht selten hält uns der innere Schweinehund davon ab, unseren Trainingsplan so wie geplant durchzuziehen. Hier hat jeder seine eigene Strategie. Ein strukturierter Tagesablauf und feste Trainingszeiten sind dabei schon die halbe Miete. Wer zudem noch ständig das Ziel vor Augen hat, der wird das Training meistern.

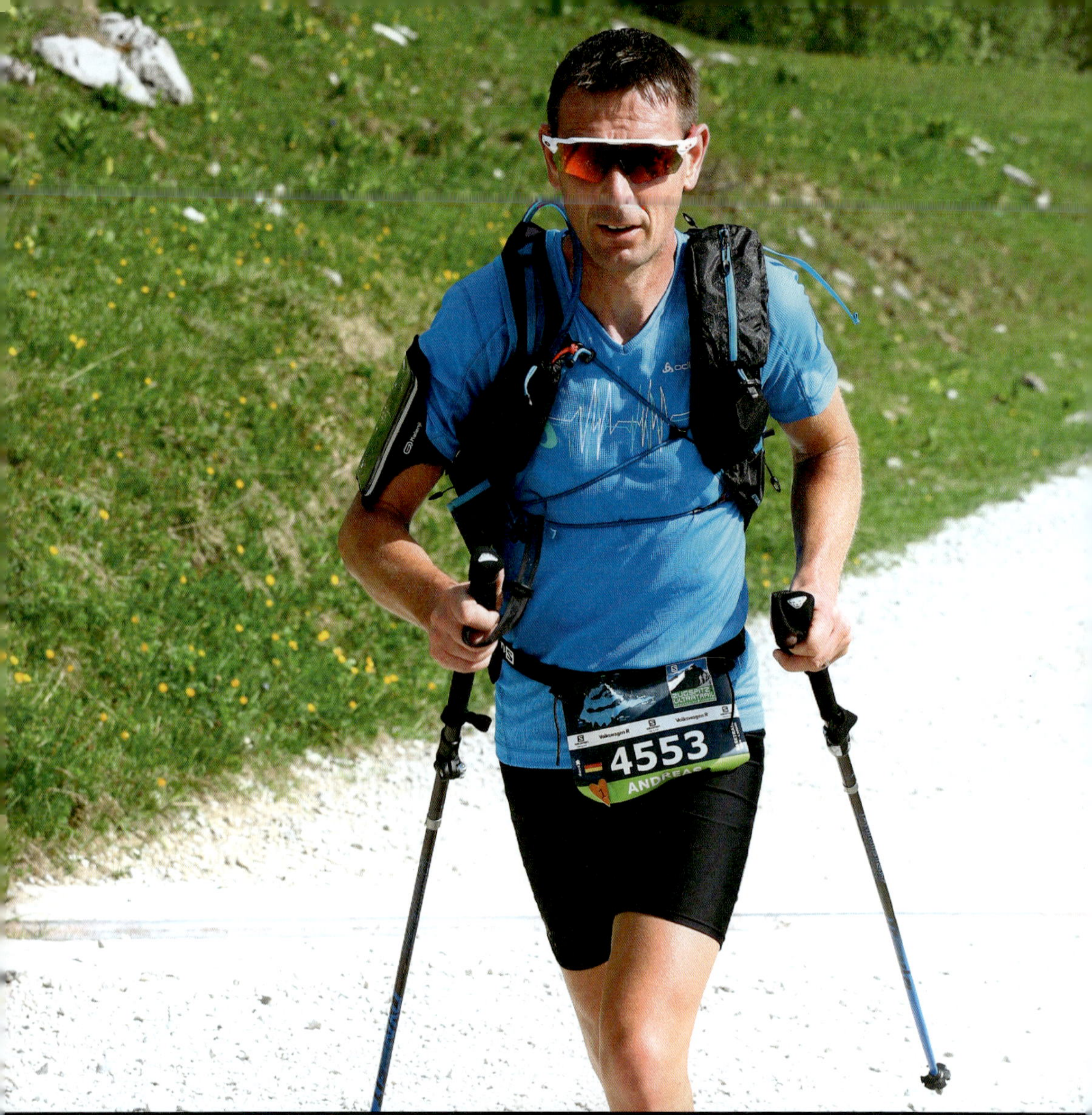

5

BAUSTEIN 9: KRAFT FÜR DIE BERGE

„Wenn ich Hanteln sehe, muss ich kotzen." Es wird nicht verraten, welcher erfolgreiche deutsche Trailläufer auf meine Frage, ob er denn Krafttraining machen würde, so geantwortet hat. Eines sei aber verraten. Bei ihm würde Krafttraining kaum zu einem Leistungszuwachs führen, schließlich gehört er auch ohne zu den besten Athleten bergauf. Bergab ist er sowieso eine Rakete, der in Deutschland höchstens zwei oder drei Läufer folgen können.

Der Grund für seine außergewöhnlichen Fähigkeiten liegt natürlich einerseits darin, dass er in der Ebene ebenfalls ein herausragendes Niveau besitzt, zugleich aber über eine sehr gut ausgebildete Muskulatur in den unteren Extremitäten verfügt. Bergauf profitiert er dabei vor allem von seiner muskulösen Oberschenkelvorderseite. Bergab treibt ihn die definierte Oberschenkelrückseite nach vorne. Sein knackiger Po und seine sehnigen Waden helfen ihm, auf den Trails dieser Welt auch international konkurrenzfähig zu sein.

5.1 WARUM KRAFTTRAINING?

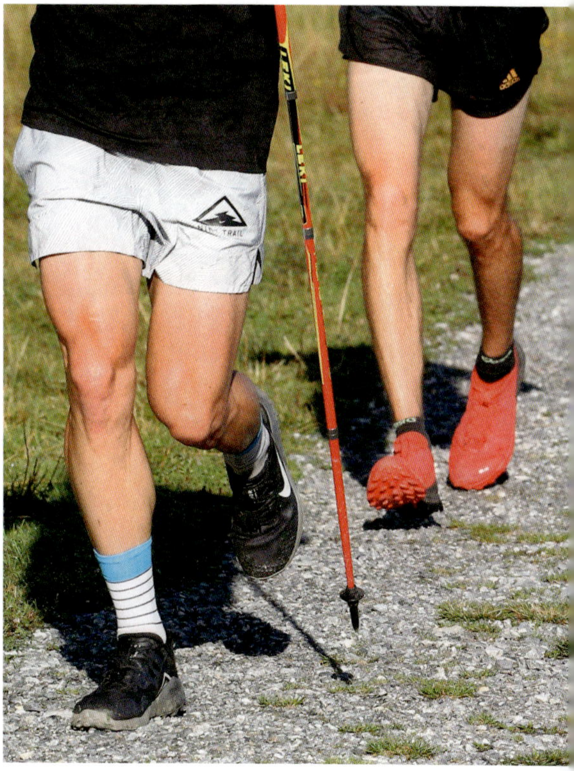

Den Luxus, auf regelmäßiges Krafttraining zu verzichten, gönnen sich viele Trailläufer, welches Leistungsniveau auch immer sie besitzen. Dabei profitiert man von einer ausgeprägten Beinmuskulatur gleich mehrfach. Man kommt nicht nur schneller den Berg hinauf oder hinunter, sondern kann die teilweise gewaltigen Kräfte, die bergab auftreten, besser abfangen und so die Gelenke vor übermäßiger Krafteinwirkung schützen. Eine ausgeprägte Muskulatur trägt also zu einer aktiven Verletzungsprophylaxe bei.

Es spielt keine Rolle, ob Ihre Stärken bergauf, bergab oder in der Ebene zu finden sind. Wichtig ist, dass man beim Krafttraining immer den Agonisten und den Antagonisten trainieren muss. Wer also die Oberschenkelvorderseite trainiert, sollte auch zeitgleich die Oberschenkelrückseite in seinem Trainingsplan berücksichtigen. So beugen Sie Muskeldysbalancen vor, die kurzfristig nicht nur zu muskulären Problemen, sondern langfristig zu Verletzungen führen können. Dies gilt vor allem für die großen Muskelgruppen wie die oben erwähnten Oberschenkelmuskeln.

Etwas anders verhält es sich mit der Hüftstreckmuskulatur, also vor allem mit dem Po. Dieser ist bei vielen Läufern im Vergleich zum Gegenspieler (M. iliopsoas/Hüftbeuger) zu schwach ausgeprägt. Hier reicht es in der Regel aus, sich auf die Ausbildung eines wohlgeformten Hinterteils zu fokussieren. Ähnliches gilt für die Wadenmuskulatur, deren Gegenspieler nur selten zu schwach ausgebildet ist.

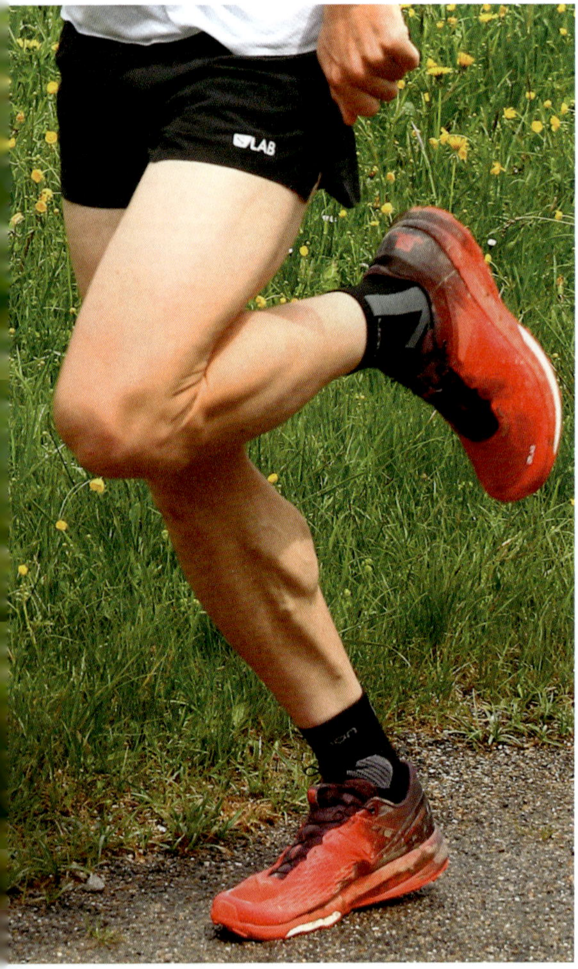

Als Trailläufer muss man die Beinmuskulatur etwas anders trainieren als ein reiner Straßenläufer, der meist nur im ebenen Gelände unterwegs ist. Der Grund dafür sind die vielen Höhenmeter, die uns auf den Trails dieser Welt erwarten. Bergauf ist der M. quadriceps (vordere Oberschenkelseite) deutlich mehr gefordert als im Flachen.

Der Quadrizeps ist der Muskel, der für die Streckung des Kniegelenks verantwortlich ist, aber auch zu einem geringen Anteil an der Beugung der Hüfte beteiligt ist. Seine Hauptaufgabe liegt vor allem darin, bei jedem einzelnen Schritt den Körper nach vorne oben zu katapultieren. Wenn man beim Laufen auf einem Fuß landet, wird das Kniegelenk aufgrund der Aufprallkräfte gebeugt. Die Oberschenkelvorderseite (M. quadriceps) muss nun dagegenhalten. Um sich dann vom Boden abzudrücken, muss das Kniegelenk gestreckt und der Muskel aktiviert werden.

Beim Abdruck hilft natürlich auch die Gesäß- und Wadenmuskulatur mit. Je steiler der Weg ist, desto größer wird die Beteiligung der Oberschenkelvorderseite im Vergleich zur Gesäß- und Wadenmuskulatur. Dies liegt daran, dass die Schrittlänge mit zunehmender Steigung immer kürzer wird, wodurch die Gesäßmuskulatur immer weniger beim Abdruck helfen kann.

Extrem deutlich wird das bei Treppenstufen. Sie kennen sicherlich das Gefühl, wenn Sie am Ende einer langen Treppe angekommen sind und Ihre Oberschenkel brennen. Hier sind die Schritte extrem kurz, der M. quadriceps ist deutlich mehr in die Bewegung involviert als die Gesäßmuskulatur.

5.2 WANN UND WIE IST KRAFTTRAINING SINNVOLL?

Das Krafttraining sollte man vor allem außerhalb der Wettkampfsaison in sein Training integrieren. Dies liegt daran, dass ein intensives Krafttraining immer zu Mikrozerstörungen in den Muskelfasern führt. Die vollständige Reparatur der Muskelfasern nimmt 48-72 Stunden in Anspruch, wobei bereits 90-95 Prozent der Reparaturvorgänge nach 12-24 Stunden abgeschlossen sind. Das Krafttraining lässt sich also vor allem mit den langen Dauerläufen, die im Zeitraum vor den Wettkämpfen und in der Wettkampfphase selbst stattfinden, nur schwer vereinbaren. Schließlich sollte man, um Fortschritte zu erzielen, mindestens zweimal pro Woche die Gewichte stemmen.

Beim Krafttraining treten bereits nach den ersten 3-4 Trainingseinheiten (zwei Wochen) deutliche Verbesserungen auf, wobei eine Zunahme der Muskelmasse nach 10-12 Trainingseinheiten (5-6 Wochen) zu erwarten ist. Die ersten Verbesserungen nach 3-4 TE lassen sich durch das verbesserte Zusammenspiel der Muskeln erklären.

Um Muskeln aufzubauen, sollte man in jeder Krafttrainingseinheit mit einem Gewicht arbeiten, das man 12-15-mal bewältigen kann. 2-3 Sätze davon sind ausreichend, wobei zwischen jedem Satz 3-5 Minuten Pause gemacht werden müssen.

Bei Krafttrainingsnovizen reichen niedrigere Gewichte, um die gewünschten Anpassungen zu erzielen, erfahrene Athleten hingegen müssen schon mit 85-90 Prozent ihrer Maximalkraft arbeiten, was dann nur noch 4-8 Wiederholungen pro Durchgang zulässt.

Es ist sogar ausreichend, einen einzigen Satz bis zur vollständigen Ausbelastung durchzuführen, um deutliche Kraftverbesserungen zu erzielen. Dabei sollte ein Gewicht gewählt werden, das man 8-12-mal bewältigen kann.

5.3 WELCHER LÄUFERTYP BRAUCHT KRAFTTRAINING?

Wie bereits oben erwähnt, profitieren alle Trailläufer von einem regelmäßigen Krafttraining. Doch vor allem diejenigen Athleten, die bergauf deutlich auf ihre Konkurrenten an Zeit verlieren, können durch Krafttraining regelrechte Leistungssprünge erzielen.

Vor allem die Oberschenkelvorderseite sollte in diesem Fall durch z. B. einbeinige Kniebeugen trainiert werden. Wer dazu noch Ausfallschritte oder tiefe beidbeinige Kniebeugen macht, stärkt seinen Po und kommt so noch besser die Berge nach oben. Der Vorteil bei einbeinigen Kniebeugen ist übrigens, dass das auf dem Körper lastende Gesamtgewicht geringer ist als bei beidbeinigen Kniebeugen. Dies führt zu geringeren Belastungen für den Rücken und andere Körperstrukturen.

Aber auch alle anderen Traillauftypen profitieren von einem regelmäßigen Krafttraining. Vor allem mit zunehmendem Alter spielt das Krafttraining eine sehr wichtige Rolle. Spätestens ab dem 35. Lebensjahr stagniert und sinkt die maximale Kraft. Dabei ist ein Prozent Kraftverlust pro weiteres Lebensjahr ein grober Anhaltspunkt. Alleine durch das Laufen kann man diesem Verlust an Muskelmasse und Kraft kaum entgegenwirken. Hier hilft das Krafttraining.

Die folgende Grafik zeigt den Zusammenhang zwischen Beinkraft und Laufleistung bei verschiedenen Steigungen. Die Zahlen sind nicht wissenschaftlich belegt. Vielmehr soll Ihnen die Abbildung einen Eindruck davon verschaffen, wie sich ein besseres Kraftniveau auf die Leistungsfähigkeit bergauf auswirkt. Auffallend ist hierbei, dass die Graphen mit zunehmender Steigung immer weiter auseinandergehen. Denn je steiler der Anstieg ist, desto mehr macht sich ein Kraftdefizit bzw. ein Kraftüberschuss bemerkbar. In der Ebene und bei geringen Anstiegen ist der Unterschied kaum bis gar nicht vorhanden. Doch spätestens bei 10 Prozent Steigung ist der Abstand zwischen den Linien deutlich erkennbar.

Natürlich ist diese Grafik nur unter der Voraussetzung gültig, dass alle für die Ausdauer relevanten Faktoren ansonsten identisch sind und sich nur die Kraftkomponente in den für das Bergauflaufen relevanten Muskeln ändert. Außerdem gilt diese Grafik nicht zwangsläufig für die gesamte Dauer eines langen Trailwettkampfs.

Nach mehreren Stunden Laufen spielt die Kraftausdauer eine größere Rolle als die absolute Kraft. Zwar beeinflusst die absolute Kraft auch die Kraftausdauer positiv. Doch die Kraftausdauer erarbeitet man sich vor allem durch lange Läufe bergauf.

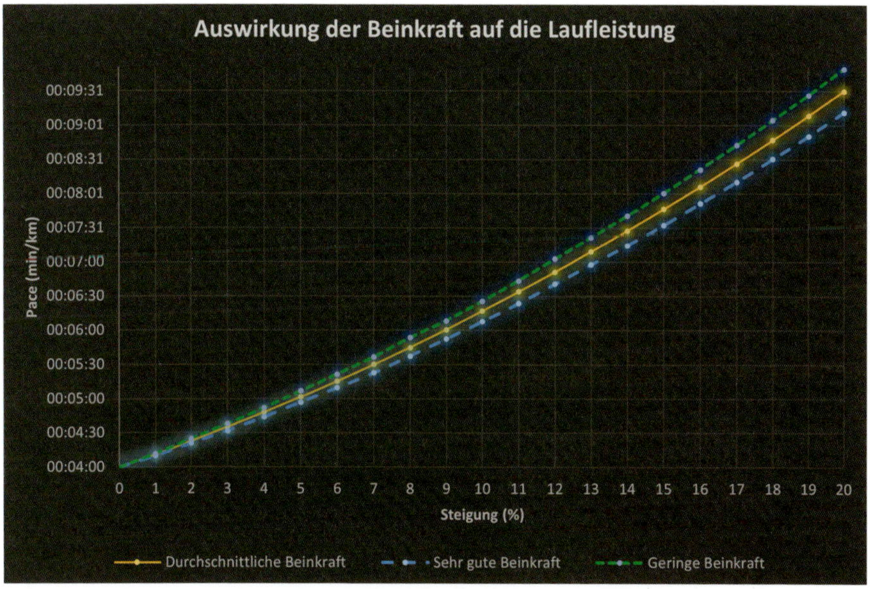

Grafik 5: Auswirkungen der Beinkraft auf die Laufleistung

5.4 BRAUCHT JEDER TRAILLÄUFER KRAFTTRAINING?

Die Antwort auf diese Frage lautet wie so oft im Leben: jein. Ob jemand Krafttraining machen sollte oder nicht, hängt natürlich von vielen Faktoren ab. Ein Laufanfänger sollte sich zunächst vor allem auf das Lauftraining konzentrieren und die oftmals nur knapp bemessene Trainingszeit nicht für das Krafttraining vergeuden. Der Aufbau der Ausdauer ist nämlich zunächst wichtiger als der Kraftaufbau. Außerdem profitieren Laufanfänger durch das regelmäßige Lauftraining gleich doppelt: Einerseits wird das Herz-Kreislauf-System und der gesamte Organismus durch das Laufen fitter und ausdauernder. Andererseits gewinnen die Hüft-, Bein- und Fußmuskeln an Kraft.

Ein zusätzliches Krafttraining würde diese Anpassungen teilweise behindern und eventuell den Körper zunächst überfordern. Natürlich können auch Laufanfänger durch ein Krafttraining profitieren. Doch sollten sich diese zu Beginn auf die Rumpfmuskulatur (Bauch und Rücken) fokussieren, da diese vor allem bergab teilweise deutlich mehr gefordert wird als beim Laufen im Flachen.

Erst wenn sich der Körper an das regelmäßige Laufen angepasst hat, was bei Sehnen und Knochen durchaus sechs Monate dauert, kann man sich vorsichtig an das Krafttraining für die Beine herantasten. Doch nicht nur die sportliche Erfahrung spielt eine Rolle für die in der Überschrift gestellte Frage. Auch das Alter ist teilweise von entscheidender Bedeutung.

Ein 25-jähriger Mann, der in seinem Leben bislang immer sportlich aktiv war, braucht sehr wahrscheinlich kein Krafttraining. Ein 45-jähriger Mann, der in den vergangenen 15 Jahren kaum sportlich aktiv war, hat sehr wahrscheinlich schon 10-15 Prozent seiner Muskelmasse im Vergleich zu einem 25-Jährigen verloren. Hier ist Krafttraining in Kombination mit Lauftraining durchaus sinnvoll.

Allerdings sollte man den Rat eines erfahrenen Trainers suchen, der einen Plan erstellt, um sich selbst nicht zu überfordern. Für Frauen gilt natürlich dasselbe, denn auch sie verlieren ab dem 35. Lebensjahr an Kraft und Muskelmasse. Trotz der geringeren Muskelmasse ab einem bestimmten Alter ist aber das Krafttraining kein unbedingtes Muss, um Spaß und Erfolg auf den Trails zu haben.

Natürlich ist eine gut ausgebildete Muskulatur ein guter Schutz vor Verletzungen und Überlastungserscheinungen. Dies gilt vor allem für diejenigen, die nach langer Inaktivität den Weg zum Trailrunning gefunden haben. Damit sind Läufer gemeint, die erst spät mit dem Laufen beginnen, also erst mit 40, 50 oder vielleicht sogar 60 Jahren. Je später der Einstieg erfolgt, desto ratsamer ist es, das Laufen mit dem Krafttraining zu kombinieren.

Das Krafttraining kann aber auch für sporterfahrene, jüngere Athleten gewinnbringend sein. Ein Straßen- oder Bahnläufer, der den Umstieg auf die Trails wagt, kann von regelmäßigem Beinkrafttraining profitieren und so schneller den Anschluss an die schnellsten Trailläufer herstellen.

Bevor man nun mit dem Krafttraining beginnt, sollte man die anderen Trainingsmittel ausnutzen, die ebenfalls zu einer Verbesserung der relevanten Muskelgruppen führen. Hierzu gehören natürlich regelmäßiges Bergauflaufen und eine Vielzahl anderer Möglichkeiten.

5.5 TREPPEN: DIE INDOOR-MINI-BERGE

„Was du für den Gipfel hältst, ist nur eine Stufe."

(Lucius Annaeus Seneca, römischer Philosoph)

Treppen sind ein wunderbares Trainingsgerät. Man muss sie nur sinnvoll nutzen. Wann immer Sie eine Treppe rauf- oder runtergehen müssen, nutzen Sie diese Gelegenheit, um die Oberschenkel zu stärken und Ihre Trittsicherheit zu erhöhen.

Beginnen Sie damit, so oft wie möglich zwei Treppenstufen auf einmal zu nehmen. Dabei müssen Sie die Schrittlänge verlängern, Oberschenkel und Po müssen mehr arbeiten. Schwierig wird es, wenn Sie gleich mehrere Doppelstufen hintereinander nehmen. Da kann sich schnell relativ viel Milchsäure in der Oberschenkelmuskulatur ansammeln.

Aber auch, wenn man die Treppe runterläuft, lohnt es sich, zwei Stufen auf einmal zu nehmen. Durch den längeren Schritt müssen Sie sich mehr konzentrieren, die Trittsicherheit wird trainiert. Außerdem muss die Oberschenkelmuskulatur mehr arbeiten, da ein größeres Gewicht abgefangen werden muss. Wem zwei Stufen zu einfach sind, kann natürlich auch versuchen, drei Stufen auf einmal zu nehmen.

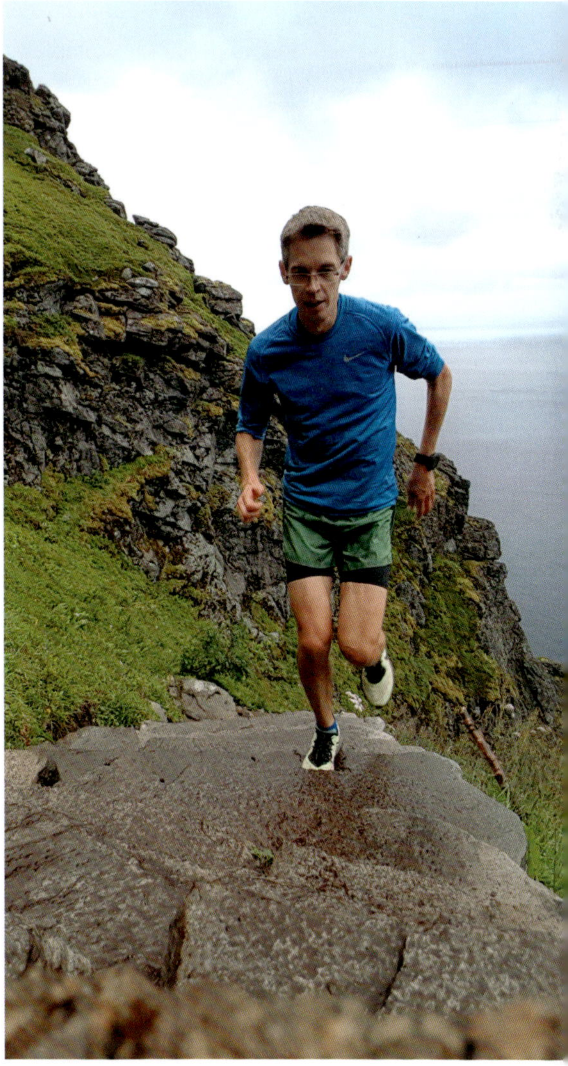

Treppen bringen Power für die Oberschenkel.

Zudem kann man mit Zusatzgewichten die Treppen hinaufgehen. Dabei muss man nicht unbedingt eine Gewichtsweste anlegen, sondern kann zum Beispiel Getränkekisten verwenden. Einen Kasten in die linke Hand, einen Kasten in die rechte Hand und schon wird das Treppenhochgehen zu einer echten Herausforderung.

Wer nur wenige Stufen zur Verfügung hat, kann auch Aufsteiger an einer Treppe machen. Stellen Sie dabei das linke Bein zwei Stufen höher ab als das rechte Bein. Versuchen Sie nun, das linke Bein zu strecken und den Körperschwerpunkt über das linke Bein zu bekommen. Dazu muss sich natürlich der rechte Fuß von der Treppenstufe lösen. Sobald der Körper komplett gestreckt ist (achten Sie auf eine gestreckte Hüfte), senken Sie den Körper wieder ab und nehmen die Ausgangsposition wieder ein.

Wem diese Übung zu schwerfällt, kann natürlich auch nur eine Stufe Abstand nehmen. Auch hier besteht die Möglichkeit, Getränkekisten oder andere schwere Gegenstände in die Hand zu nehmen, um die Übung zu erschweren.

Diese Übungen trainieren vornehmlich die Oberschenkel- und die Hüftmuskulatur. Doch auch die Waden kann man mit mithilfe von Treppenstufen sehr gut trainieren. Stellen Sie sich dazu nur mit den Zehen und dem Ballen auf die Stufe, die Ferse schwebt frei in der Luft. Senken Sie nun die Ferse ab. Am Umkehrpunkt drücken Sie sich nach oben in den Zehenspitzenstand.

Bei dieser Übung kann man die Intensität sehr einfach variieren, indem man das Ganze ein- oder beidbeinig, mit oder ohne Zusatzgewicht oder mit oder ohne Festhalten macht. Wer die Übung freihändig macht, schult dabei auch zeitgleich seinen Gleichgewichtssinn. Allerdings sollte man diese Übung nur dann freihändig machen, wenn man nicht mit hohen Gewichten arbeitet.

5.6 GEH-INTERVALLE ALS BEINKRAFTTRAINING

„Das Tal der Sorgen ist umgeben von Bergen des Glücks."

(Erhard Horst Bellermann, deutscher Aphoristiker)

In Kap. 6.2 wird auf die Wichtigkeit des Gehens hingewiesen. Dabei wird auch kurz auf die Möglichkeit der kurzen Geh-Intervalle im Training eingegangen. Diese Trainingsform kann alternativ oder ergänzend zum Lauftraining eingesetzt werden, sollte aber von jedem Trailläufer hin und wieder genutzt werden. Vor allem die hochintensive Variante eignet sich hervorragend, um die Beinkraft zu verbessern.

Dazu sucht man sich einen wirklich steilen Anstieg (mindestens 15 Prozent), am besten ohne Geländestufen, den man mit langen Schritten nach oben gehen kann. Diesen maximal 100 Meter langen Anstieg versucht man nun, mit höchstmöglicher Geschwindigkeit nach oben zu gehen. Ziehen Sie dabei den Schritt richtig lang. Achten Sie vor allem darauf, den Fuß erst so spät wie möglich vom Boden zu lösen. Drücken Sie sich vom hinteren Bein explosiv ab, um die Schrittlänge maximal zu verlängern.

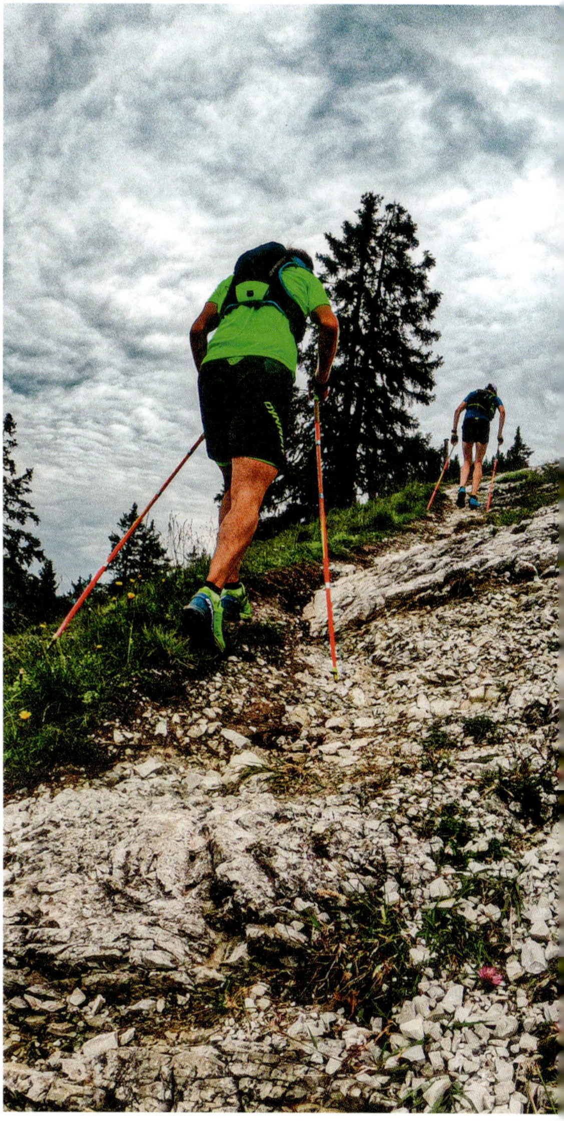

Geh-Intervalle mit lang gezogenen Schritten trainieren vor allem den Po.

Durch diese Technik wird die Hüftstreckmuskulatur extrem belastet und trainiert. Wenn Sie diese Einheit zum ersten Mal machen, werden Sie dies mit hoher Wahrscheinlichkeit in ihrem Haupt-Hüftstreckmuskel, dem Po, spüren. Als Belastungsdauer sollten 30 Sekunden die Obergrenze darstellen. 6-8 Intervalle mit zwei Minuten Pausen sind vollkommen ausreichend.

Vor allem während des Grundlagentrainings, also mit ausreichend Abstand zu den Wettkämpfen, ist diese Trainingseinheit sinnvoll. Wenn die Wettkämpfe näherkommen, sollte man eher der Kraftausdauer den Vorzug geben, also längere Anstiege nach oben gehen.

Hierzu verlängern Sie einfach die Belastungszeit auf 2-3 Minuten. Die Steigung sollte mindestens 15 Prozent betragen. Die Schritte sollen wieder so lang wie möglich gezogen werden. Natürlich ist die Explosivität nun deutlich geringer, ansonsten würde das Laktat einen dazu zwingen, die Belastung nach spätestens einer Minute zu beenden. Wählen Sie die Belastungsintensität also so, dass Sie Ihre geplante Belastungszeit von zwei oder drei Minuten auch wirklich durchhalten.

TIPP:
Um die Gehintervalle noch zu erschweren, können Sie mit einem Rucksack gehen. Bereits ein paar Kilo in diesem intensivieren das Training ungemein.

5.7 KLASSISCHES KRAFTTRAINING UND BERGLÄUFE

„Und niemand weiß, wie weit seine Kräfte gehen, bis er sie versucht hat."

(Johann Wolfgang Goethe, deutscher Dichter)

Klassisches Krafttraining ist natürlich auch Bestandteil der Trainingspläne vieler Trailläufer. Da werden Hantelstangen aufgeschultert und hunderte Kilo in der Beinpresse bewegt. Um die Maximalkraft der Beine zu verbessern, ist die klassische Kniebeuge ein probates Mittel. Bei technisch korrekter Ausführung ist diese Übung hocheffektiv und gibt Ihnen für die Anstiege die Kraft, die Sie brauchen.

Allerdings sollte die Kniebeuge mit der Hantelstange vor allem den Profis vorbehalten bleiben bzw. sollte nur unter professioneller Anleitung erlernt werden. Denn bei falscher Ausführung können zahlreiche Strukturen in Mitleidenschaft gezogen werden, darunter vor allem der untere Rücken und die Kniegelenke.

Achten Sie bei der Kniebeuge auf einen geraden Rücken. Die Füße sollten schulterbreit oder etwas breiter aufgestellt werden. Die Knie zeigen nach vorne oder ganz leicht nach außen, wenn Sie in die Beuge gehen. Wenn man die Kniebeuge bis zum 90-Grad-Winkel ausführt, wird vor allem die Oberschenkelvorderseite trainiert, aber natürlich auch der Po. Je tiefer man in die Beuge geht, desto mehr wird die Hüftmuskulatur gefordert.

Im Übrigen ist es für die Knie nicht belastender, wenn Sie ganz tief mit dem Gewicht nach unten gehen. Ganz im Gegenteil: Der höchste Anpressdruck auf die Kniescheibe wirkt beim 90-Grad-Winkel. Sie können im Übrigen auch Kniebeugen machen, bei denen Sie die Knie weniger beugen als bis zum 90-Grad-Winkel. Dabei wird fast ausschließlich die Oberschenkelvorderseite trainiert.

Um den Rücken zu entlasten und um das Gleichgewicht zu schulen, bieten sich auch einbeinige Kniebeugen an bzw. der klassische Ausfallschritt. Beim Ausfallschritt reichen bereits wenige Kilogramm Zusatzgewicht, um Po und Oberschenkel intensiv zu trainieren.

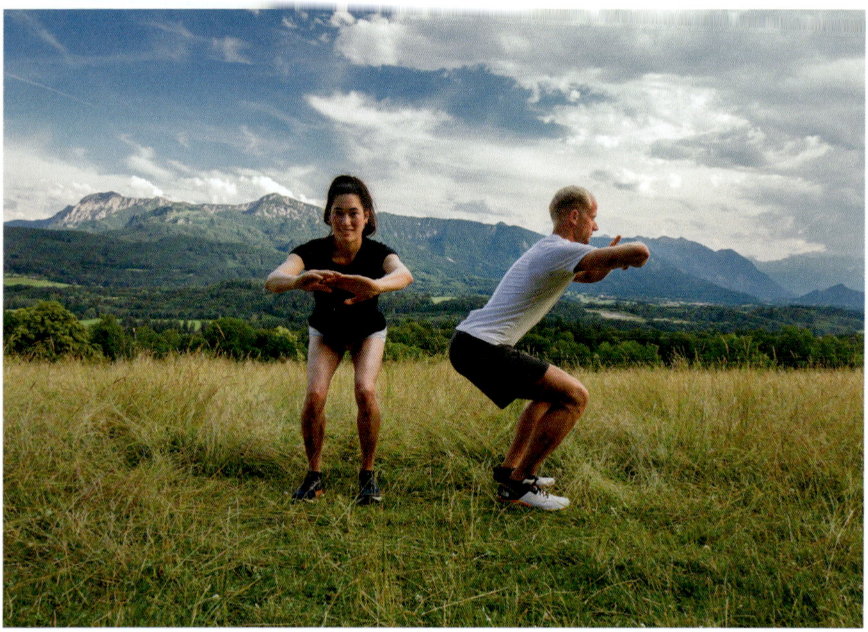

Achten Sie bei Kniebeugen auf einen geraden Rücken und darauf, dass die Knie beim Beugen nicht über die Zehenspitzen hinausgehen.

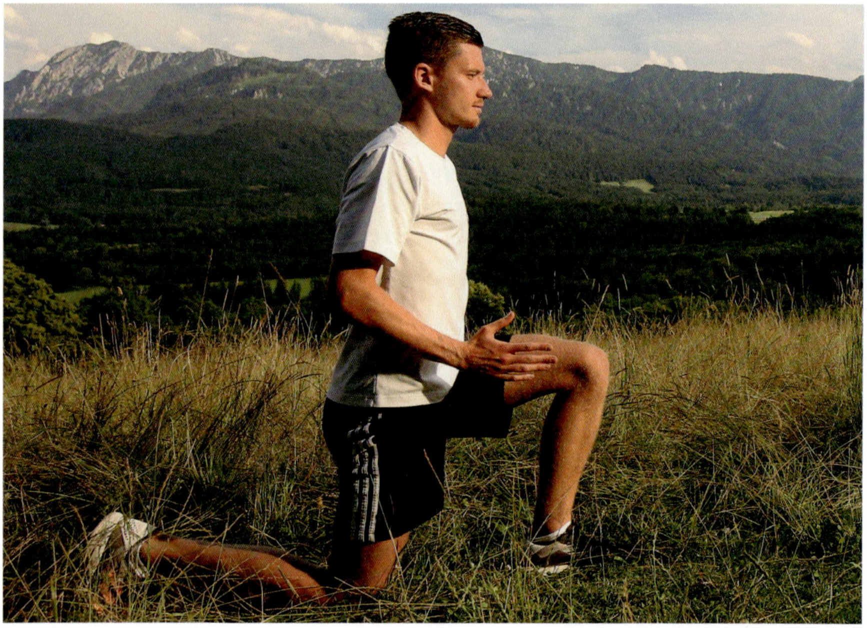

Achten Sie beim Ausfallschritt auf die rechten Winkel im Knie- und Hüftgelenk. Strecken Sie sich beim Aufstehen.

Des Weiteren bieten sich geführte Übungen in Kraftmaschinen wie in der oben erwähnten Beinpresse an. Natürlich kann man die Oberschenkel und den Po auch isoliert voneinander trainieren. Für welche Übung auch immer Sie sich entscheiden, folgende Vorgaben sollten eingehalten werden.

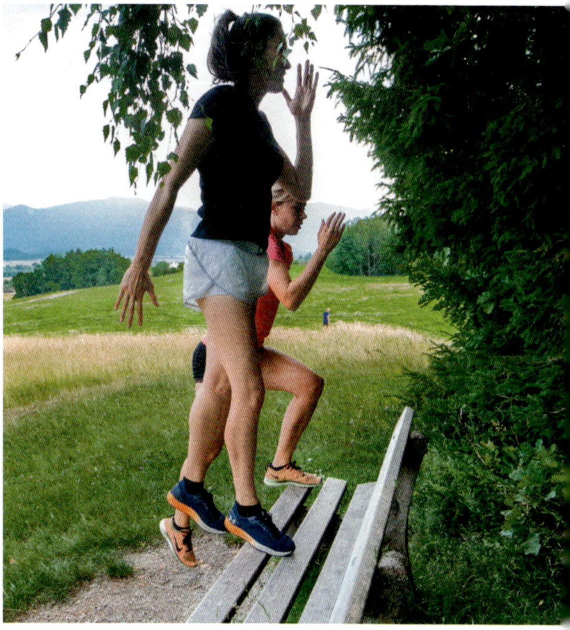

Wählen Sie die Höhe bei den Aufsteigern so, dass ein rechter Winkel im Kniegelenk vorliegt. Strecken Sie Knie und Hüfte beim Nachobendrücken komplett durch.

Um Kraft aufzubauen, sollte man die Muskulatur ausbelasten. Wählen Sie hierzu ein Gewicht, das sie maximal 8-12-mal bewältigen können. Für Anfänger reicht ein Trainingssatz aus, Fortgeschrittene können auch 2-3-mal 8-12 Wiederholungen absolvieren. Zwischen den Sätzen sollte die Pause nicht weniger als drei Minuten betragen. Die Bewegung sollte langsam und kontrolliert ausgeführt werden.

Diese Art von Training führt zu einer Zunahme der Muskelmasse, allerdings erst nach circa 8-12 Krafttrainingseinheiten, die in einem Zeitraum von 5-6 Wochen durchgeführt werden. Vorher sind zwar auch schon Kraftzuwächse zu verzeichnen. Diese sind allerdings auf ein verbessertes Zusammenspiel der beteiligten Muskeln zurückzuführen.

i

Der durch das Krafttraining erzielte Kraftzuwachs führt aber nicht automatisch zu einer verbesserten Laufleistung bergauf. Um die positiven Effekte des Krafttrainings beim Traillaufen nutzen zu können, muss man nämlich tatsächlich noch bergauf laufen. Nach einem Krafttrainingsblock von 5-6 Wochen sollten ein paar Wochen konzentrierten Berglauftrainings folgen, damit die neuen Muskelfasern an die Belastung des Bergauflaufens herangeführt werden und sich anpassen können. Wundern Sie sich also nicht, wenn Sie trotz besserer Kraftwerte nicht sofort bessere Leistungen am Berg erzielen.

5.8 RUMPFKRAFTTRAINING

„Anstrengungen machen gesund und stark."

(Martin Luther, deutscher Theologieprofessor)

Eine gut ausgebildete Beinmuskulatur ist wichtig für einen Trailläufer. Aber eine gut ausgebildete Rumpfmuskulatur ist noch viel wichtiger. Was für das Laufen in der Ebene gilt, gilt umso mehr im Gelände: Ein starker Rücken und ein starker Bauch sind die Basis für jeden Läufer.

Wenn die Körpermitte stark und ausdauernd ist, hat das gleich mehrere Vorteile. Der größte Vorteil ist dabei sicherlich die geringere Verletzungsanfälligkeit und der damit verbundene Spaß am lebenslangen Laufen. Denn eine starke Rumpfmuskulatur führt zu einem effektiveren Laufstil, wodurch Knie, Hüfte und Fußgelenke entlastet werden. Das ist natürlich kein Automatismus, aber eine fast zwingende Konsequenz.

Durch eine starke Bauchmuskulatur bleibt die Hüfte während des Laufens eher gestreckt als bei einem Läufer, dessen Bauchmuskeln schlaff und kraftlos sind. Die gestreckte Hüfte ist ein wesentlicher Bestandteil einer ökonomischen Lauftechnik.

Außerdem wird durch eine starke Bauchmuskulatur der Hohlkreuzbildung entgegengewirkt, was die Strukturen des unteren Rückens entlastet. Läufer haben nicht selten ein Hohlkreuz, da der Hüftbeugemuskel bei ihnen sehr stark ausgeprägt ist durch das Laufen. Die Gegenspieler des Hüftbeugemuskels (Po und Bauch) sind hingegen oftmals schwach. Dadurch kippt die Hüfte nach vorne, der Rücken fällt ins Hohlkreuz.

Vor allem durch häufiges Bergauflaufen wird diese Haltung begünstigt. Denn durch die leichte Vorlage und die kurze Schrittlänge wird die Hüfte deutlich weniger gestreckt als beim Laufen im Flachen. Der Hüftbeuger verkürzt, wird aber auch gleichzeitig stärker. Wer hier durch regelmäßiges Dehnen des Hüftbeugers und Kräftigung der Bauchmuskulatur nicht entgegenwirkt, riskiert nicht nur Rückenschmerzen, sondern eine ungünstige Hüftposition beim Laufen.

Diese ungünstige Hüftposition macht sich dann vor allem beim Bergablaufen extrem negativ bemerkbar. Denn durch die erhöhten Aufprallkräfte wirken größere Kräfte auf Hüfte, Knie und Fußgelenke als beim Laufen im Flachen. Vor allem, wenn man schon müde in den Downhill startet, kann eine schwache Bauchmuskulatur die Hüftposition nicht mehr korrigieren.

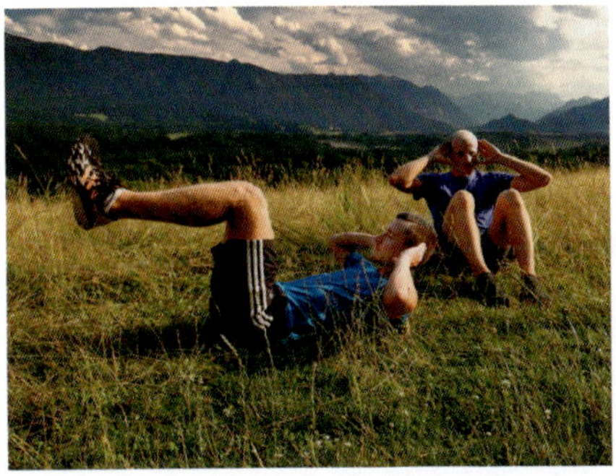

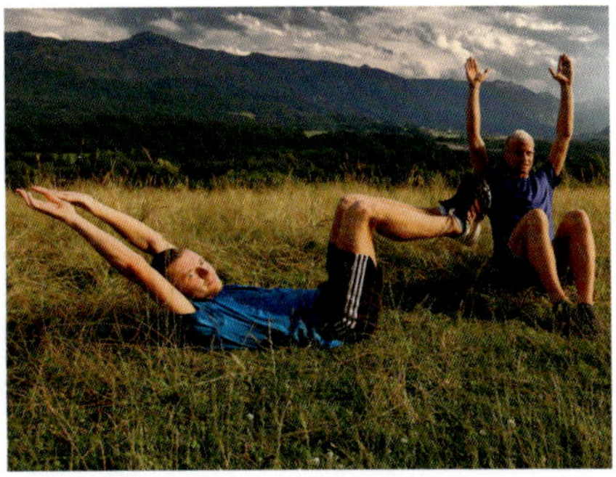

Sit-ups stärken die gerade Bauchmuskulatur. Der linke Athlet kräftigt die obere Bauchmuskulatur. Der rechte Athlet stärkt vor allem die untere Bauchmuskulatur, da er mit dem Oberkörper ganz nach oben kommt. Wenn es Ihnen nicht gelingt, mit dem Oberkörper in die Senkrechte zu kommen, dann stellen Sie die Füße weiter entfernt vom Po ab oder nehmen Sie die Arme in Vorhalte.

Man benötigt also einerseits eine starke, aber auch eine ausdauernde Bauchmuskulatur. Um dieses Ziel zu erreichen, muss man regelmäßig Übungen für eine stabile Rumpfmuskulatur in sein Training integrieren. Dabei sollte man sowohl Übungen absolvieren, die man nur wenige Male wiederholen kann (8-12 Wiederholungen), als auch Übungen, die man mehrere Minuten halten kann. An dem Wort „halten" erkennen Sie schon, dass es sich dabei um statisches Training handelt, wie die berühmt-berüchtigten „Planks", also der Unterarmstütz.

Bei den klassischen Sit-ups sollte man sich das Leben so schwer machen, dass man maximal nur 12 Wiederholungen schafft. Nehmen Sie dazu entweder die Arme gestreckt nach hinten, schnappen sich ein paar Wasserflaschen, eine Hantel oder Gewichtsscheiben. Um auch tatsächlich nur die Bauchmuskeln – und nicht wie viele fälschlich den Hüftbeuger – zu trainieren, dürfen die Füße bei den Sit-ups nicht fixiert werden. Am besten schafft man dies, wenn man die Beine anhebt und sowohl in der Hüfte als auch im Knie einen 90-Grad-Winkel einnimmt.

Führen Sie die Sit-ups in einer gleichmäßigen und langsamen Bewegung aus, auch wenn es Ihnen schwer fällt. Mit den Sit-ups trainieren Sie die gerade Bauchmuskulatur (M. rectus abdominis).

Um auch die seitlichen Bauchmuskeln zu beanspruchen, legen Sie die Beine seitlich ab. Hierbei sollten sowohl die Hüfte als auch die Knie stark gebeugt sein. Heben Sie nun den Oberkörper gerade nach oben. Um den Effekt noch zu verstärken, kann man versuchen, die rechte Schulter etwas höher als die linke Schulter zu nehmen, wenn die Beine auf der rechten Seite liegen. Auf der anderen Seite funktioniert das natürlich ebenso. Mit den Sit-ups trainieren Sie also die Maximalkraft.

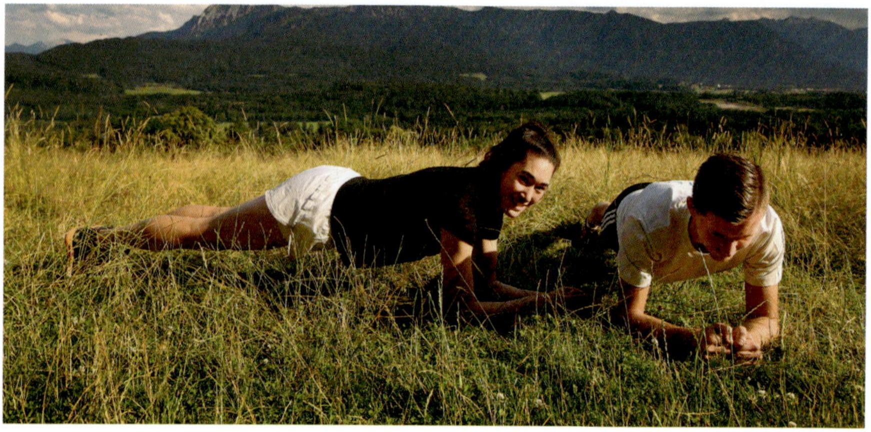

Beim Unterarmstütz werden sämtliche Rumpfmuskeln trainiert. Achten Sie darauf, nicht ins Hohlkreuz zu fallen.

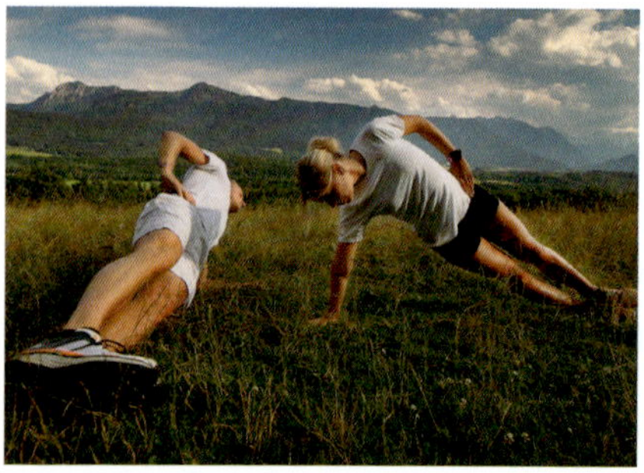

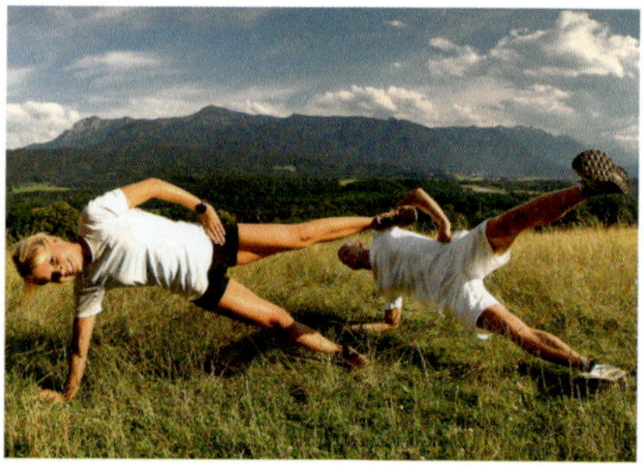

Der Seitstütz trainiert vor allem die Muskeln des seitlichen Rumpfs. Wenn Sie ein Bein heben, wird es deutlich anspruchsvoller.

Um auch die Kraftausdauer Ihrer Rumpfmuskulatur zu verbessern, eignet sich hervorragend der Unterarmstütz (Plank). Achten Sie darauf, dass Ihr Körper von den Schultern bis zu den Fersen eine Linie bildet. Spannen Sie dabei aktiv die Bauchmuskeln an und verhindern Sie ein Hohlkreuz. Ihr Ziel sollte es sein, diese Position für zwei Minuten zu halten.

Mit zunehmendem Leistungsfortschritt können Sie ein Bein vom Boden abheben oder einen Arm. Wem das auch noch zu einfach ist, sollte zeitgleich ein Bein und den entgegengesetzten Arm in die Luft strecken. Sie werden sofort merken, wie sich sämtliche Rumpfmuskeln inklusive Ihres Gesäßmuskels sehr anspannen müssen.

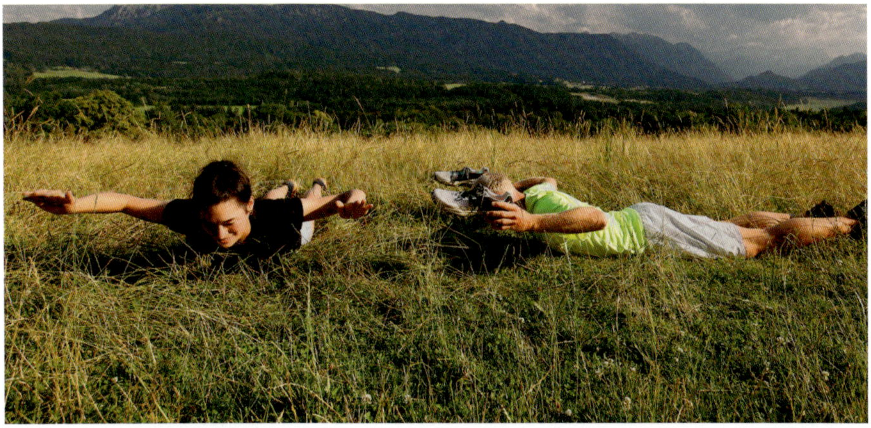

Mit dieser Übung trainieren Sie den oberen Rücken, eine Schwachstelle vieler Trailläufer.

Natürlich gibt es noch zahlreiche andere Übungen, um die Rumpfmuskulatur zu verbessern, doch im Endeffekt reichen diese beiden. Kein Trailläufer braucht ausgeprägte Oberarm- oder Nackenmuskeln. Dasselbe gilt für den Latissimus oder den Trapeziusmuskel. Ein breites Kreuz hat noch niemandem geholfen, schneller auf einen Berg herauf- oder von diesem herunterzulaufen.

Etwas anders verhält es sich hingegen mit der oberen Rückenmuskulatur. Diese sollte man dann trainieren, wenn die Schultern etwas nach vorne eingefallen sind. Bei vielen Läufern ist diese Haltung zu beobachten, die natürlich durch häufiges Sitzen und Arbeiten am Computer weiter verstärkt wird.

Hierfür reicht es aber, wenn Sie zum Beispiel in Bauchlage die Arme seitlich ausstrecken und nun versuchen, die Schulterblätter zusammenzuziehen bzw. die Arme aktiv vom Boden abheben. Führen Sie die Bewegung gleichmäßig und langsam aus. Effektiver wird die Übung, wenn Sie in jede Hand eine Wasserflasche oder ein anderes leichtes (oder schweres) Gewicht nehmen.

5.9 ALTERNATIVTRAINING FÜR KRAFTAUFBAU: SKITOUREN, MOUNTAINBIKE & CO.

„It's not the mountain we conquer but ourselves."

(Sir Edmund Hillary, Erstbesteiger des Mount Everests)

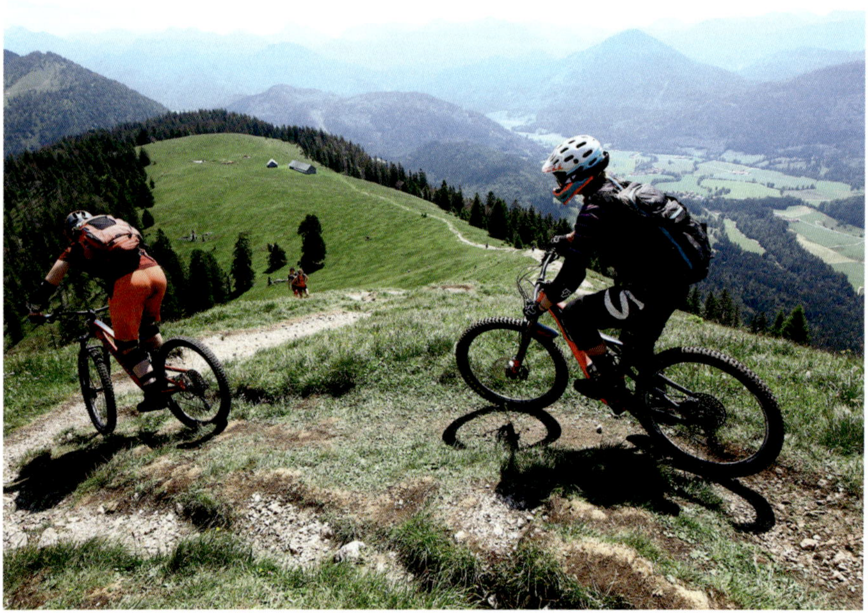

Das Mountainbikefahren ist gelenkschonend und stärkt vor allem die Oberschenkelmuskulatur.

Wandern, Mountainbikefahren, Skitouren, Skilanglauf, Schwimmen, Rennradfahren, ... diese Liste ließe sich sicherlich noch fortsetzen. Doch das sind wahrscheinlich die besten Alternativsportarten, die man ausüben kann, um für das Laufen im Allgemeinen und das Trailrunning im Speziellen zu profitieren.

Wenn es um das Thema Kraftaufbau geht, stehen Mountainbikefahren, Rennradfahren und das Skitourengehen im Vordergrund. Bei diesen drei genannten Sportarten wird die Oberschenkelvorderseite sehr gefordert. Dies gilt vor allem dann, wenn man mit hohen Widerständen tritt und für das Bergaufgehen mit Skiern. Nicht zufällig haben es in der Vergangenheit einige der besten Skitourengeher auch in die

Berglaufelite geschafft. Und dass sehr viele der besten Trailläufer im Winter regelmäßig die Felle unter die Ski schnallen, ist mehr als auffällig.

Wer jetzt noch nicht davon überzeugt ist, dass das Skitourengehen eine Sportart ist, von der man als Trailläufer profitiert, sollte sich die Biografie von Kilian Jornet genauer ansehen. Der spanische Ausnahmeathlet war in seiner Jugend im Nationalkader und ist im Winter nahezu täglich auf Skiern in den Bergen unterwegs. Natürlich kann nicht jeder im Winter in die Berge, in Deutschland sogar nur die Wenigsten. Doch ein Fahrrad bzw. ein Fahrradergometer stehen fast jedem zur Verfügung.

Wer regelmäßig in die Pedale tritt, am besten bei höheren Widerständen, wird die Muskulatur der Oberschenkelvorderseite stärker machen. Dabei muss man nicht gleich mehrere Stunden im Sattel sitzen. Ein oder zwei Stunden sind völlig ausreichend. Wer länger radeln möchte, darf das natürlich.

Es soll hier noch einmal betont werden, dass das Skitourengehen und Radfahren vor allem die Leistung am Berg positiv beeinflussen. Für das Laufen im Flachen oder gar bergab sind diese Transfereffekte nicht zu erwarten. Es bietet sich daher an, diese Alternativsportarten zusätzlich zu den Laufeinheiten durchzuführen. Wer zweimal die Woche eine Skitour macht, braucht nicht unbedingt noch zusätzlich Höhenmeter im Laufschritt zu sammeln bzw. darf im Umkehrschluss auch öfter in der Ebene laufen.

Je zeitlich weiter entfernt die Wettkämpfe sind, desto mehr Raum dürfen Skitouren, Mountainbikefahren und Rennradfahren in einem Trainingsplan einnehmen. Rückt die Wettkampfsaison näher, sollte das Laufen mehr in den Vordergrund rücken. Allerdings braucht das Alternativtraining selbst in der Wettkampfsaison nicht gänzlich aus dem Trainingsplan zu verschwinden. Schließlich kann man so das Herz-Kreislauf-System und die Muskulatur trainieren, ohne die Gelenke und Knochen in Mitleidenschaft zu ziehen. Dadurch kann man den Trainingsumfang erhöhen oder erwünschte Regenerationsprozesse unterstützen.

Auf eine ausführliche Darstellung des Skitourengehens (Technik, Ausrüstung, Sicherheitshinweise, ...) wird in diesem Buch verzichtet, da dies den Rahmen sprengen würde. Trotzdem muss an dieser Stelle ein Hinweis angebracht werden. Beim Skitourengehen ist man der Natur noch mehr ausgesetzt als beim Trailrunning. Jedes Jahr werden Skitourengeher durch Lawinen getötet. Seien Sie deshalb vorsichtig. Planen Sie Ihre Touren gewissenhaft und bleiben Sie im Zweifel lieber im Tal. Oder Sie nutzen die planierten Skipisten, wobei auch hier einige Regeln zu beachten sind.

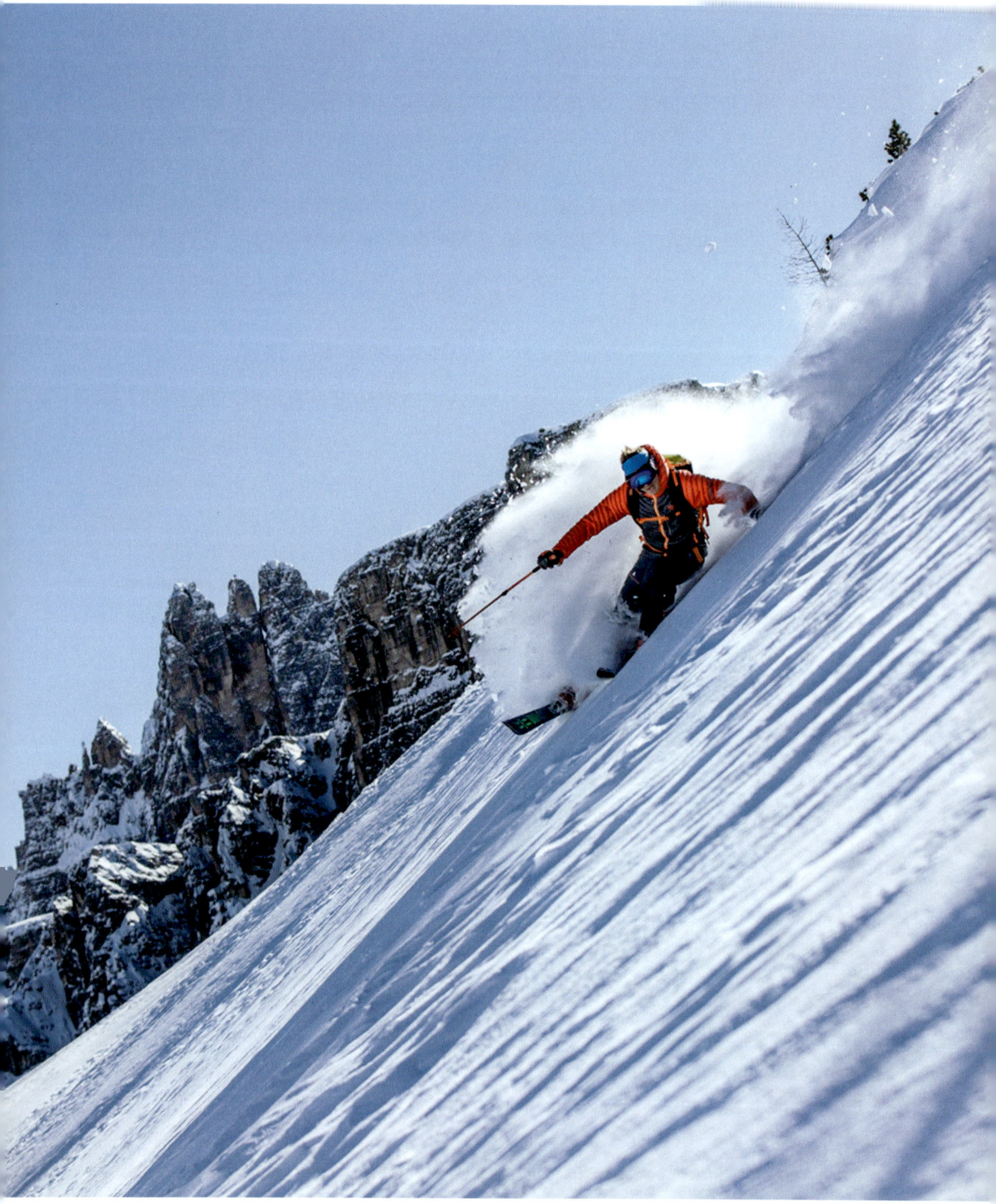

Viele Trailläufer nutzen im Winter das Skitourengehen. Denn es gibt Kraft und macht Spaß.

5.10 KONSEQUENZEN FÜR DAS TRAINING

„Vergeude nicht deine Zeit damit, besser sein zu wollen als deine Zeitgenossen oder deine Ahnen. Versuche lieber, dich selbst zu übertreffen."

(William Faulkner, US-Literatur-Nobelpreisträger)

Um also bergauf schneller zu werden, sollte man einerseits an seiner Kraft arbeiten. Andererseits sollte man aber noch viel mehr Zeit in das Bergauflaufen selbst investieren. Denn der Körper gewöhnt sich nur an das, was von ihm verlangt wird. Erst durch regelmäßiges Bergauflaufen kann sich der Bewegungsapparat an die veränderte Belastung anpassen.

Regelmäßig bedeutet hierbei im Übrigen nicht, dass man jeden Tag hunderte oder sogar tausende Höhenmeter überwinden muss. Es ist ausreichend, zweimal pro Woche Anstiege unter die Füße zu nehmen. Natürlich ist diese Aussage sehr pauschal, schließlich werden hier keine Angaben zur Summe der Höhenmeter, der Intensität oder der Steilheit gemacht. Obwohl man natürlich jeden Läufer individuell betrachten muss, lassen sich trotzdem ein paar allgemeingültige Aussagen formulieren.

Die Dauer des Bergauflaufens sollte nicht kürzer als 20-30 Minuten sein. Das bedeutet nicht, dass Sie diese Zeitdauer kontinuierlich bergan laufen müssen. Suchen Sie sich für das Training eine wellige Strecke, auf der Sie ständig bergauf und bergab laufen müssen. So können Sie in Summe die geforderten 20-30 Minuten schaffen. Am besten variieren die Anstiege in Steilheit und Länge, denn so werden verschiedene Anteile der unterschiedlichen Muskeln gefordert.

Wer überhaupt keinen Zugang zu nennenswerten Anstiegen hat, kann sich mit einem Laufband behelfen. Wem das zuwider ist, der muss aber nun nicht hunderte Male den einzigen kleinen Anstieg in der Umgebung nach oben laufen. Denn man muss das Bergauflaufen nicht unbedingt das ganze Jahr über im Trainingsplan berücksichtigen, wenngleich es für wirklich ambitionierte Trailläufer schon von Vorteil wäre.

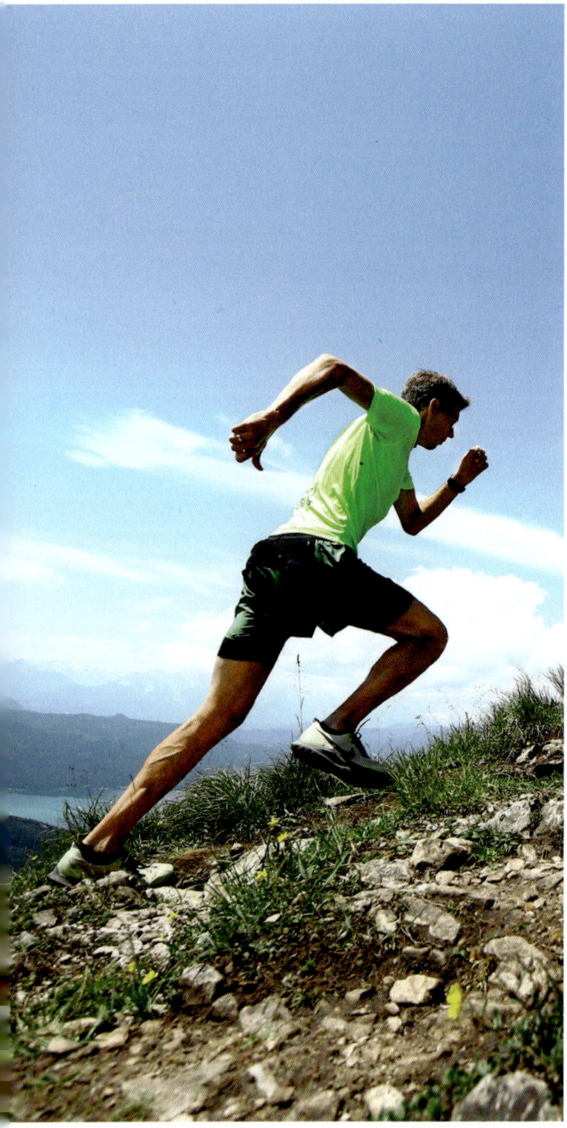

Doch machen wir uns nichts vor. Nicht jeder Trailläufer kämpft um vordere Platzierungen, nicht jeder Trailläufer hat gleich vor der Haustür perfekte Bedingungen in Form von unzähligen verschiedenen Anstiegen bzw. Bergen und Hügeln. Für viele Athleten ist es völlig ausreichend, wenn sie am Wochenende einen Dauerlauf im welligen Gelände absolvieren oder ihre Urlaubstage dazu nutzen, ins Mittelgebirge oder in die Alpen zu fahren. Natürlich wird man so nicht an die Bergauffähigkeiten eines Kilian Jornet oder einer Eva-Maria Sperger herankommen, doch das ist schließlich für viele auch nicht das Ziel.

Wer hingegen optimale Bedingungen vorfindet, kann und sollte diese auch regelmäßig nutzen. Doch hier ist Vorsicht geboten. Denn wer tagein, tagaus viele hunderte Höhenmeter sammelt, wird auf Dauer keine Verbesserungen erzielen können. Entscheidend ist der Mix aus flachen und welligen bzw. bergigen Kilometern. Entscheidend ist es auch, mal locker und mal richtig schnell die Berge hochzurennen. Variation ist das Geheimnis.

5.11 DAS LAUFBAND: NOTWENDIGES ÜBEL ODER HEILSBRINGER?

„There's no such thing as bad weather, just soft people."

(Bill Bowermann, USA, Trainer und Nike-Mitbegründer)

Laufbänder – viele Läufer hassen sie, viele Läufer tolerieren sie, manche Läufer lieben sie. Es gibt kaum ein Thema, das die Trailrunninggemeinde mehr spaltet. Für viele ist das Laufband die Reinkarnation der Hölle, für andere ist es die Rettung.

Völlig objektiv betrachtet ist das Laufband ein außerordentlich geeignetes Trainingsmittel, um sich als Trailläufer auf kommende Aufgaben vorzubereiten. Die meisten Laufbänder kann man bis zu 12 oder 15 Prozent Neigung einstellen. Meist kann man diese in 0,5-Prozent-Schritten verstellen. Dazu kann man natürlich die passende Geschwindigkeit auswählen. Es ist also so möglich, mehrere hundert oder sogar tausend Höhenmeter am Stück zu laufen. Ein weiterer Vorteil ist, dass der Downhill entfällt. So schont man Gelenke und Knochen. Natürlich hat man keine Aussicht am Ende eines kräftezehrenden Anstiegs, doch deswegen stellt man sich ja nicht auf das Laufband.

Auf dem Laufband kann man verschiedene Programme, von hochintensiven, kurzen Bergsprints bis hin zu langen, lockeren Bergaufdauerläufen absolvieren. Man kann ein Tempo kontinuierlich laufen oder in Steigung und Geschwindigkeit stetig wechseln. Es ist auch möglich, zwischen steilen und flachen Passagen zu wechseln. Außerdem hat man stets Zugriff auf seine Trinkflasche, die man bei den meisten Laufbändern in der dafür vorgesehenen Halterung deponieren kann.

Ein Nachteil des Laufbandes ist es allerdings, dass der Laufschritt unnatürlich gleichmäßig ist. Ein Schritt gleicht dem nächsten. Hier liegt kein Stein im Weg, quert keine Wurzel oder Pfütze den Trail, wodurch man eventuell seinen Schritt verkürzen oder verlängern muss. Im Endeffekt läuft man eine lange Asphaltstraße oder einen Forstweg nach oben.

Trotzdem ist es besser, Anstiege am Laufband zu laufen, als gar keine Höhenmeter in sein Training zu integrieren. Manch einer weicht sogar auf das Laufband aus, obwohl die Berge direkt vor der Haustür liegen. Vor allem im Winter bietet sich die Indoor-Trainingsmöglichkeit an, wenn in den Bergen Schnee das Laufen erschwert oder ein winterlicher Sturm tobt.

Aber auch bei gutem Wetter kann man auf das Laufband ausweichen, vor allem bei hochintensiven Belastungen. Denn auf dem Laufband kann man sich komplett auf das Bergauflaufen fokussieren und muss nicht auf äußere Umstände wie die Wegbeschaffenheit, Wanderer, Mountainbiker oder wild gewordene Kühe achten.

Außerdem ist es mitunter gar nicht so einfach, wenn man sich bergauf voll ausbelastet und dann mit müden Beinen den Downhill laufen muss. Darüber hinaus kann man sich auf dem Laufband an seine läuferischen Grenzen herantasten und die Belastung jederzeit abbrechen. Dies kann natürlich auch ein Nachteil sein, da man eventuell die Geschwindigkeit drosselt, obwohl man körperlich noch in der Lage wäre, das Tempo zu halten.

Des Weiteren kann man auf einem Laufband den Rhythmuswechsel trainieren, der einen bei vielen Trailläufen, vor allem im Mittelgebirge, erwartet. So kann man zum Beispiel fünf Minuten mit 10 Prozent Steigung laufen und dann auf 1,5 Prozent Steigung wechseln und die Geschwindigkeit deutlich erhöhen. Vor allem dieser Wechsel der Geschwindigkeiten bereitet vielen Läufern Probleme, da die Muskeln in unterschiedlichem Maße beansprucht werden. Zudem ist es eine gute Willensschulung.

Wenn man nach einem anstrengenden Anstieg erschöpft oben ankommt und eigentlich sofort in ein höheres Tempo im Downhill oder Flachen wechseln sollte, ist es vor allem oft der Kopf, der zunächst eine Pause braucht. Stellt man die Geschwindigkeit beim Laufband mit Beendigung des Anstiegs sofort nach oben, zwingt man sich dazu, sofort das Tempo zu erhöhen. Wer also Zugang zu einem Laufband hat, sollte auf jeden Fall die Chance nutzen. Denn es bietet eine ausgezeichnete Möglichkeit, um sich zielgerichtet vorzubereiten.

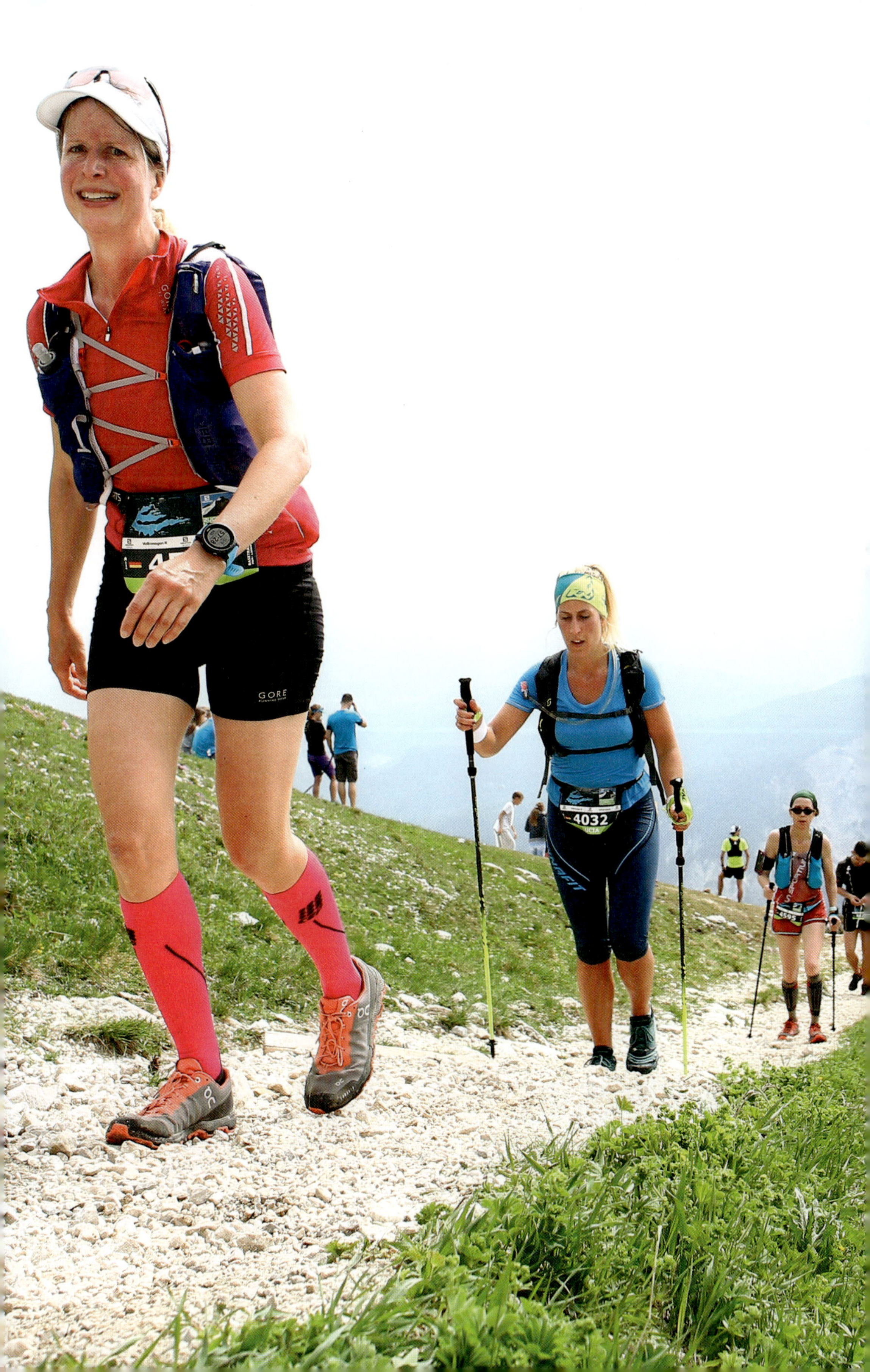
GORE
4032

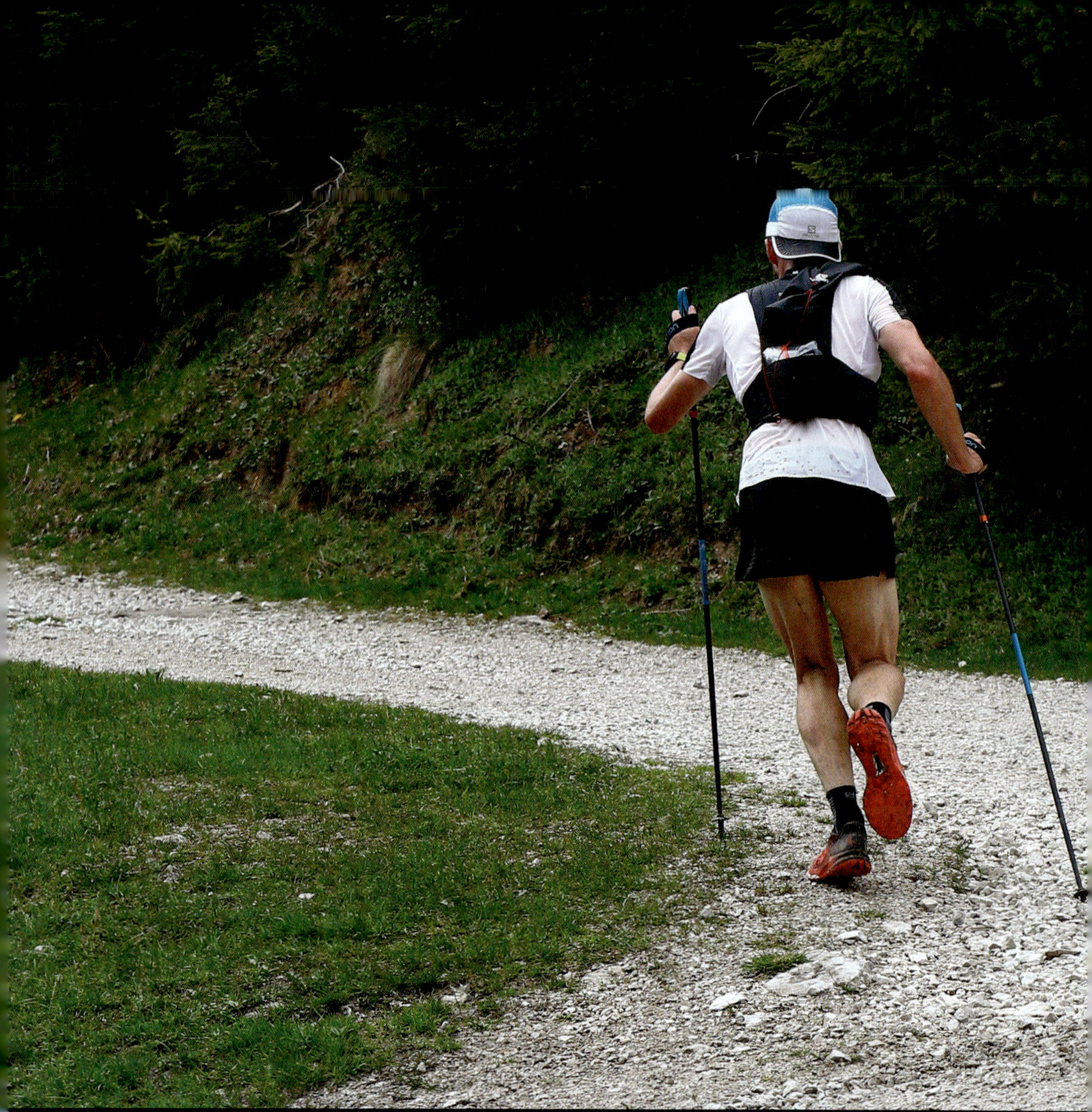

6

BAUSTEIN 10: BERGAUF SCHNELLER WERDEN

Um am Berg schneller zu werden, muss man zunächst im Flachen sein Lauftempo erhöhen. Hier mag vielleicht nicht jeder Trailläufer auf Anhieb zustimmen. Manch einer wird sich sogar strikt gegen diese These stellen. Doch eines lässt sich mit Sicherheit behaupten: Wer im Flachen zu den schnellsten Läufern gehört, wird mit sehr hoher Wahrscheinlichkeit auch auf den Trails relativ weit vorne landen.

Aus diesem Grund sollte man zunächst die oben erwähnten Trainingsmethoden (Steigerungsläufe, Lauf-ABC, Schnelligkeitsausdauer, Training der VO_2max) in der Ebene absolvieren. Denn nur so kann sichergestellt werden, dass man sowohl bergauf, bergab und eben im flachen Gelände schneller wird. Wer sich nur darauf konzentriert, seine Schnelligkeit bergauf zu verbessern, wird diesen Geschwindigkeitsvorteil nicht auf die Downhills und schon gar nicht auf die Ebene transportieren können.

Das liegt daran, dass bergauf die Oberschenkelmuskeln wesentlich mehr gefordert werden als im Flachen, dafür allerdings die Gesäßmuskulatur deutlich weniger. Bergab hingegen sind wiederum ganz andere muskuläre Fähigkeiten gefragt. In der Ebene sind alle am Laufen beteiligten Muskeln einigermaßen gleich belastet. Das ist natürlich eine ziemlich pauschale und verallgemeinernde Aussage, doch im Endeffekt trifft diese zu. Zudem spielt noch das menschliche Nervensystem eine entscheidende Rolle.

Bergauf ist die Schrittfrequenz in der Regel geringer als im Flachen, die Schrittlänge ist kürzer. Sowohl die Schrittfrequenz als auch die Schrittlänge sind wichtige Faktoren für die Entwicklung eines neuen Geschwindigkeitslevels. Für die Frequenz sind die Nerven und das Zusammenspiel der einzelnen Muskelfasern entscheidend.

Versucht man also, seine Laufgeschwindigkeit nur bergauf zu verbessern, nimmt man sich eine entscheidende Komponente für die Entwicklung der Schnelligkeit. Außerdem werden durch die verkürzte Schrittlänge viele für das Laufen im Flachen beteiligte Muskeln nur unzureichend beansprucht.

Sobald man es aber geschafft hat, seine Geschwindigkeit im Flachen zu verbessern, darf man endlich in die Berge. Denn jetzt muss man den Tempozuwachs auf die Anstiege und Downhills mitnehmen.

Jetzt erfahren Sie endlich, wie man bergauf schneller und besser wird, wie man also leichter die Berge nach oben kommt. Die nächsten Seiten kümmern sich ausschließlich darum, den Körper darauf vorzubereiten, Anstiege besser bewältigen zu können.

Die hier dargestellten Trainingsmethoden machen Sie nicht auch automatisch in der Ebene oder gar im Downhill besser. Natürlich gibt es meist positive Transfereffekte. Doch wie schon weiter vorne im Buch bereits dargestellt, ist eine Bergziege nicht automatisch eine sprichwörtliche Rakete im flachen Gelände.

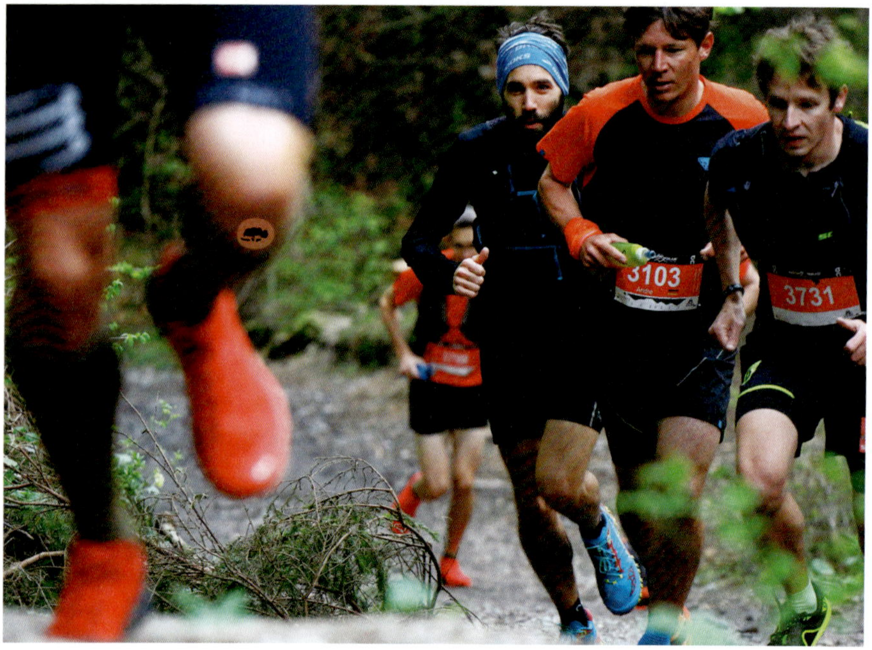

Zunächst muss Ihnen eines klar werden. Ein guter und kompletter Trailläufer kommt bei allen Steigungen zurecht. Ob 5, 15, 25 oder sogar 35 Prozent Steigung, wer sich verbessern möchte, sollte alle diese Zahlen im Griff haben. Unberücksichtigt sollen hierbei Strecken bleiben, bei denen man eventuell sogar klettern muss oder die aufgrund ihres Untergrunds nur sehr schlecht lauf- oder begehbar sind.

Dieses Buch geht davon aus, dass Sie sich für einen dieser Trailläufe vorbereiten, die 99,9 Prozent aller Veranstaltungen ausmachen. Bei denen man nicht zu 100 Prozent schwindelfrei sein muss und vorher im besten Fall eine Lebensversicherung abgeschlossen haben sollte. Wie Sie aber sicherlich bereits bemerkt haben, wurde das Wort „begehbar" benutzt. Ein guter Trailläufer beherrscht auch das Gehen. Doch dazu später mehr.

Um bergauf besser zu werden, muss man bergauf laufen bzw. gehen. Was so einfach und plausibel erscheint, ist aber nur die halbe Wahrheit. Denn nur, weil man regelmäßig Anstiege in seinen Dauerlauf einbaut, wird man lange noch nicht zur „Mountain Goat" (englisch für Bergziege). Nicht jeder Anstieg bewirkt im Körper eine Anpassung, schließlich ist unser Organismus hocheffizient und ökonomisch. Erst wenn er deutlich aus seinem Gleichgewicht gebracht wird, sieht er sich gezwungen, sich anzupassen. Und ihn aus dem Gleichgewicht zu bringen, gelingt am besten im sehr steilen Gelände.

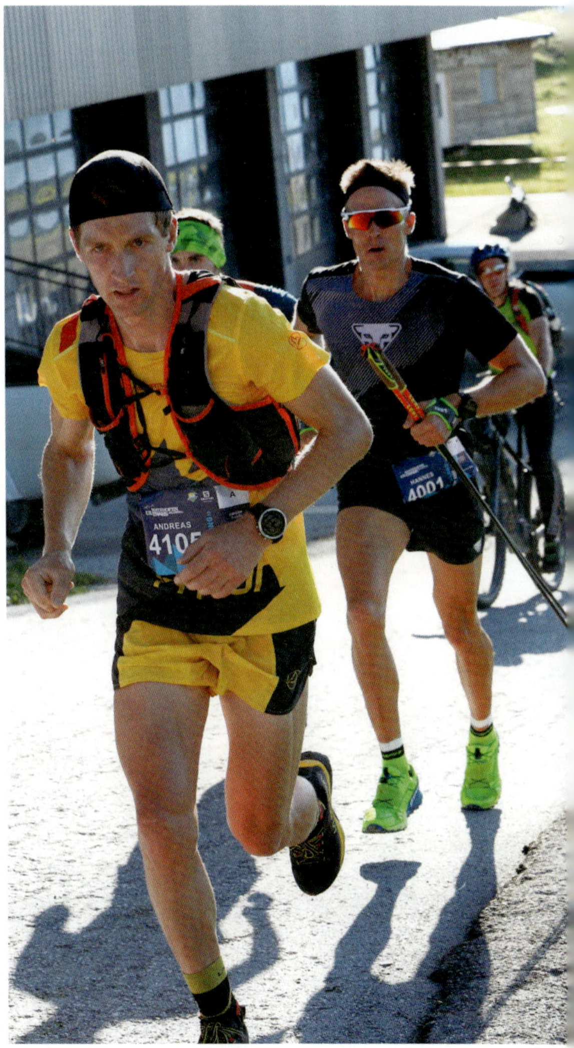

Allerdings ist auch dies nur die halbe Wahrheit. Denn nicht automatisch ist der Athlet, der bei einer Steigung von 25 Prozent der schnellste ist, auch der beste bei 15 Prozent Steigung. Denn je flacher der Anstieg ist, desto besser wird derjenige abschneiden, der über eine bessere Leistungsfähigkeit im Flachen auf der Straße verfügt. Je steiler der Anstieg ist, desto besser ist natürlich der reine Berglaufspezialist. Dies sind meist diejenigen, die über sehr viel Kraft und Kraftausdauer in den Oberschenkeln verfügen.

Da können die meist doch eher dünnen Oberschenkel der Straßenflitzer nicht genug Kraft aufbringen, sich die steilen Anstiege nach oben zu drücken, vor allem, wenn es viele Geländestufen gibt. Im Vergleich dazu wird der mit kräftigen Oberschenkeln ausgestattete Gipfelstürmer nur selten die Zeiten im Flachen erreichen, die notwendig sind, um bei vielen Trailveranstaltungen ganz vorne mitzuhalten. Hier muss die richtige Balance gefunden werden.

6.1 STEIL IST GEIL

„Anstiege sind die einzige Form von Widerstand, die für einen Läufer von Nutzen ist."

(Arthur Lydiard, neuseeländische Trainerlegende)

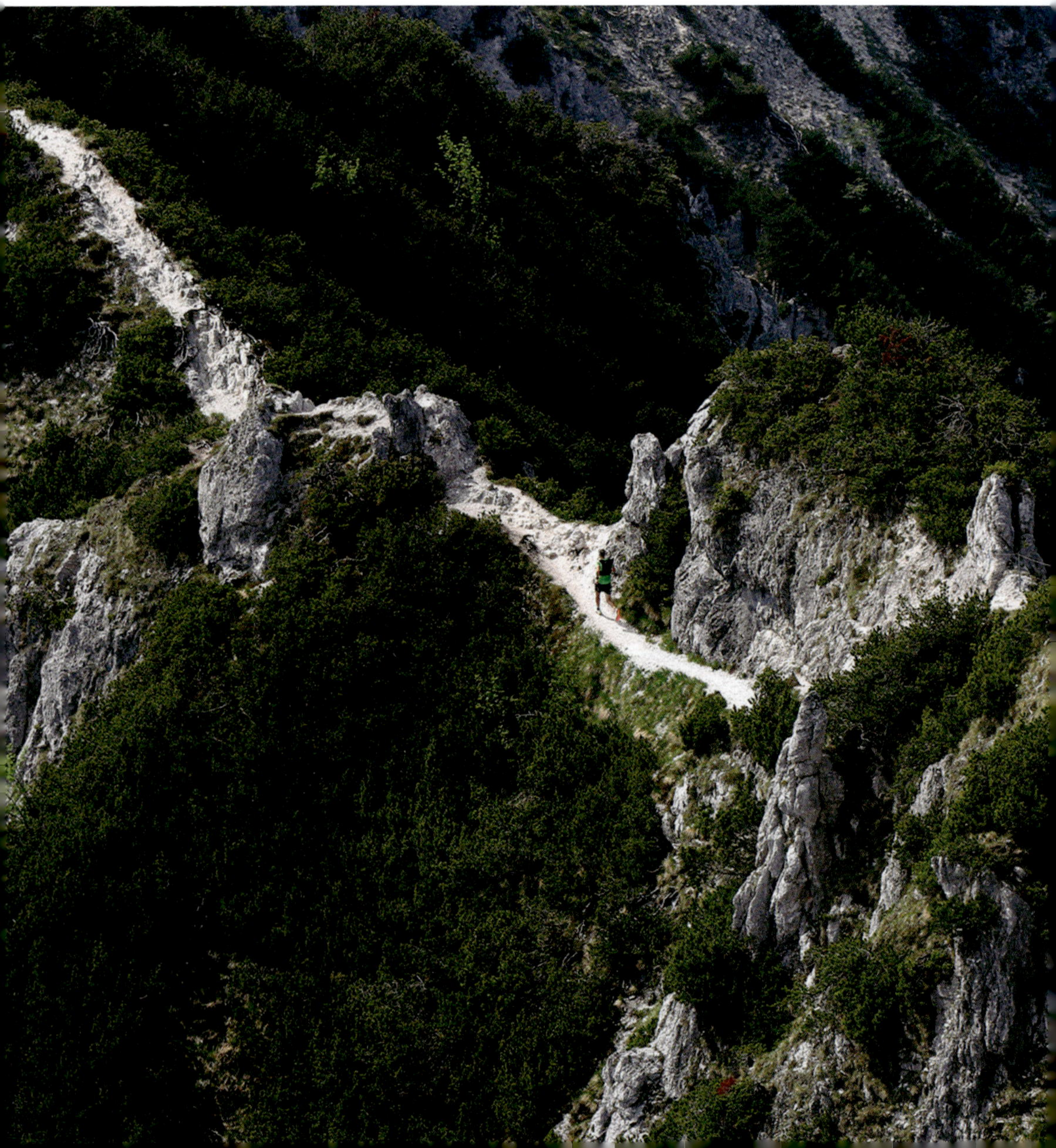

Der Hashtag #steilistgeil hat bei Instagram nur etwas mehr als 5.000 Beiträge. Dabei hätte er ein Vielfaches verdient. Schließlich spricht er damit vielen Trailläufern aus der Seele, beziehungsweise drückt er die Hassliebe der bergverliebten Laufgemeinde aus. Denn einerseits hassen viele Läufer die ganz steilen Rampen, die einen zum Gehen zwingen, das Laktat in die Oberschenkel treiben und die Lunge fast zum Zerbersten bringen. Aber andererseits spürt man erst dann die wahre Natur der Berge. Man merkt, wie klein und verletzlich man selbst ist im Vergleich zu den großen und starken Gesteinsmonstern, die sich einem in den Weg stellen.

Dieses erhabene Gefühl erzeugt bei vielen eine wohlige Gänsehaut. Auch wenn es vielleicht viele von uns nicht zugeben. Das Gefühl der Unterlegenheit gegenüber dem Berg, wenn man den Anstieg verflucht und für einen Moment daran zweifelt, das Richtige zu tun, diese Augenblicke machen ja gerade den Reiz des Trailrunnings bzw. des Berglaufens aus. Und wenn man dann den Anstieg überwunden hat, stellt sich das Glücksgefühl ein, vor allem, wenn die Strapazen mit dem Gipfelglück und einer atemberaubenden Aussicht belohnt werden.

Doch #steilistgeil bringt noch viel mehr zum Ausdruck. Richtig steiles Terrain hat auch viele Vorteile für das Training. Denn je steiler der Weg ist, desto besser ist er geeignet, um Ihre Bergauffähigkeiten zu trainieren. Da wird nicht nur Kraft trainiert, sondern auch die mentale Stärke. Denn es kann sehr zermürbend sein, wenn man im gefühlten Schneckentempo bergauf keucht, die Herzfrequenz nahe am Maximum ist, das Ende des Anstiegs herbeisehnend. Manch einer zieht dann den Gehschritt dem Laufschritt vor oder umgekehrt.

Machen Sie doch selbst einmal folgendes Experiment: Suchen Sie sich einen ungefähr 200 Meter langen Anstieg mit 20-25 Prozent Steigung.

Versuchen Sie nun, diesen Anstieg einmal nach oben zu laufen und einmal nach oben zu gehen. Wählen Sie die Geschwindigkeit so, dass Sie für beide Durchgänge in etwa die gleiche Zeit benötigen. Zählen Sie dabei die Schritte bzw. lassen Sie sich von Ihrer Uhr oder Ihrem Handy das Ergebnis anzeigen. Sie werden feststellen, dass Sie sehr wahrscheinlich beim Gehen weniger Schritte benötigt haben als beim Laufen. Welche Konsequenz sich daraus ergibt, erfahren Sie im nächsten Kapitel.

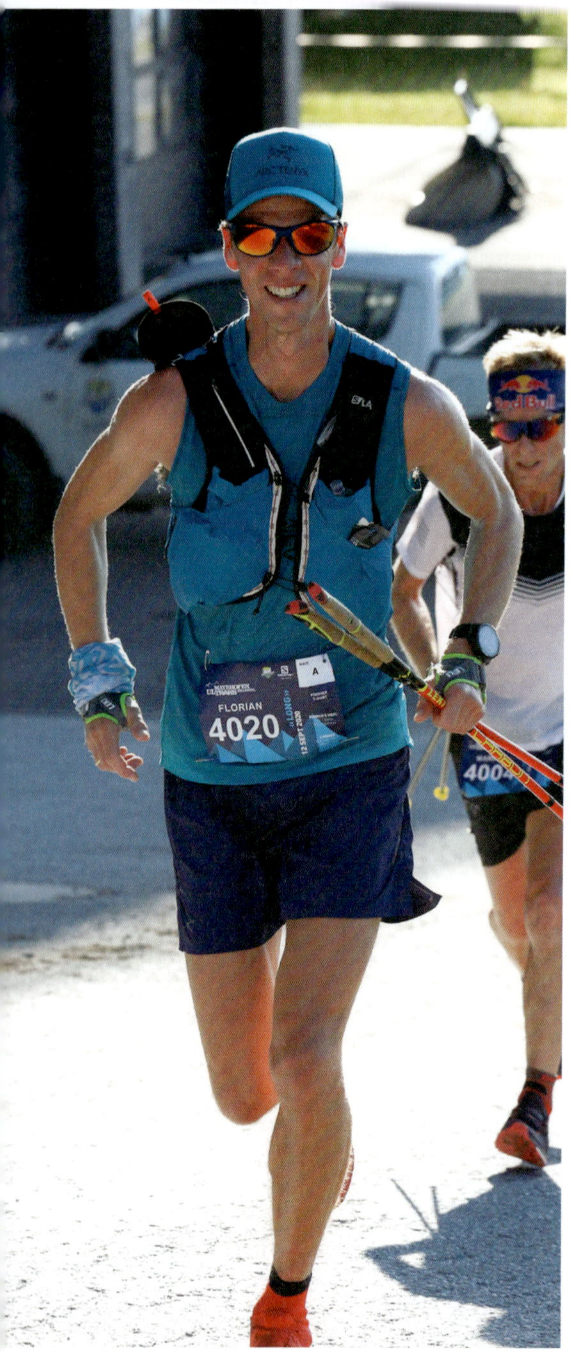

Spitzenläufer Florian Reichert ist oft mit Stöcken unterwegs, auch im Wettkampf.

Aber die Erkenntnis daraus führt zu der Schlussfolgerung, dass man steiles Gelände regelmäßig im Training berücksichtigen muss. Denn der veränderte Laufschritt durch die kürzeren Schritte fordert die Muskulatur anders als bei flacheren Anstiegen. Die kurzen Tippelschritte, bei denen man meist auf dem Vorfuß aufsetzt, fordern Waden und Oberschenkel deutlich mehr, wohingegen die Hüftmuskulatur kaum beansprucht wird, denn diese wird vor allem bei langen Schritten aktiviert.

Steile Wege haben oftmals aber auch noch einen weiteren Vorteil. Diese Wege sind meist alles andere als Autobahnen. Loses Geröll, Geländestufen, Felsen, Wurzeln, kleine Bäche, schmale Wegführung, meist alles Charaktereigenschaften der steilsten Rampen. Hier wird der komplette Trailläufer gefordert. Trittsicherheit, Orientierungsfähigkeit und vorausschauendes Laufen sind Eigenschaften, die hier trainiert werden.

Meist gleicht kein Schritt dem anderen, sodass es sehr schwierig ist, seinen Rhythmus zu finden. So werden viele Anteile der verschiedenen Muskelgruppen trainiert. Außerdem ist es eine außergewöhnliche Willensschulung, sich trotz hoher Pulswerte und brennender Oberschenkel weiter nach oben zu quälen. Hier wird man sowohl physisch als auch psychisch bis an seine Grenzen gefordert.

Und außerdem gibt es noch einen ganz profanen Grund, warum steiles Gelände bei vielen Trailläufern Freude auslöst. Oftmals sind die Abschnitte kurz vor dem Gipfel die steilsten. Dass man spätestens zu diesem Zeitpunkt ins Gehen verfällt, ist kein Grund, die Freude über den steilen Anstieg zu verlieren.

Bei den ganz steilen Anstiegen sind übrigens Stöcke ein probates Hilfsmittel. Laut einer Studie von Giovanelli, Sulli und Kram aus dem Jahr 2019 unterstützen Stöcke vor allem bei Steigungen von mehr als 20 Prozent die Fortbewegung und man spart sich Energie. Diese Aussage ist natürlich nicht ganz korrekt. Denn durch den Einsatz der Arme sind insgesamt mehr Muskeln an der Bewegung beteiligt, der Gesamtenergieumsatz ist höher. Doch die Beinmuskulatur wird entlastet bzw. mehr Energie kann für die Fortbewegung genutzt werden.

Doch Achtung: Bei Steigungen unter 20 Prozent sind Stöcke mitunter sogar ineffizient, da der Einsatz der Stöcke insgesamt mehr Energie kostet. Wenn Sie sich aber bei Steigungen von unter 20 Prozent mit Stöcken wohlfühlen, sollten Sie diese trotzdem benutzen. Denn die gerade genannten Zahlen sind bislang nur in sehr wenigen Studien überprüft worden und stellen deshalb nur Vermutungen von Wissenschaftlern dar, die sie anhand der wenigen Studien zum Thema „Bergauflaufen" bzw. „Bergaufgehen" aufgestellt haben.

Außerdem basieren die Hypothesen darauf, dass die schnellsten Athleten bei den sogenannten *vertikalen Kilometern* immer mit Stöcken die 1.000 Höhenmeter nach oben gehen. Diese Wettkämpfe sind meist nur 2-4 Kilometer lang und überwinden dabei einen Höhenkilometer. Bei „normalen" Trailwettkämpfen hingegen sieht man bei den ganz schnellen Athleten die Stöcke eher selten. Bei den Trail-Ultras hingegen sind Stöcke, je nach Streckenprofil, schon des Öfteren zu sehen.

6.2 GEHEN UND LAUFEN/GEHEN ODER LAUFEN?

„Run when you can, walk if you have to, crawl if you must; just never give up."

(Dean Karnazes, US-amerikanische Ultralauflegende)

Es gibt Trailläufer, die nicht so gerne darüber reden. Doch diese Spezies wird immer seltener. Denn mittlerweile hat es sich bis in die entlegensten Traillaufregionen herumgesprochen: ***Das Gehen gehört zum Trailrunning genauso dazu wie die Pflichtausrüstung beim Zugspitz-Ultra-Trail.*** Selbst die Weltklasseläufer laufen nur selten einen kompletten Trailwettkampf durch.

Dabei beschränkt sich das Gehen nicht nur auf die kurze Pause an einem Verpflegungsstand. Wenn es richtig steil oder eventuell technisch extrem anspruchsvoll wird, müssen auch die schnellsten Läufer in den Gehmodus umschalten. Es gibt sogar Weltklasseathleten, die sich absichtlich für das Gehen entscheiden, obwohl sie durchaus noch in der Lage wären, zu laufen. Doch warum ziehen manche Trailrunner das Gehen dem Laufen vor?

Das hängt von verschiedenen Faktoren ab. Neben dem offensichtlichsten, dem Gelände, spielen noch Faktoren wie Müdigkeit, Trittsicherheit, Strategie, Untergrund oder Renntaktik eine Rolle. Übrigens: Die Strategie beinhaltet das große Ziel, also z. B. die Zielzeit. Die Taktik bezeichnet die einzelnen Teilschritte (z. B. Gehen oder Laufen), um das Ziel zu erreichen.

Viele Athleten studieren bereits im Vorfeld das Streckenprofil. Dabei schaut man sich natürlich oftmals die Anstiege an, wenngleich die Charakteristik der Downhills auch extrem wichtig ist. Bei den Anstiegen zählt meist die Zahl vor dem Prozentzeichen. Erfahrene Athleten wissen, ab welcher Steigung es für sie lohnenswert ist, ins Gehen zu verfallen.

Beobachtungen haben gezeigt, dass es für die meisten Läufer sinnvoll ist, bei einem Tempo von 7:30-8:00 Minuten pro Kilometer in das Gehen zu wechseln.

Dies gilt aber nur für Anstiege auf gut zu laufenden Untergründen wie Asphaltstraßen oder Forstwegen. Zudem ist diese Geschwindigkeit nur dann gültig, wenn man sich körperlich in einem relativ ausgeruhten Zustand befindet bzw. die Muskulatur noch einigermaßen fit und die Energiespeicher nicht vollkommen leer sind.

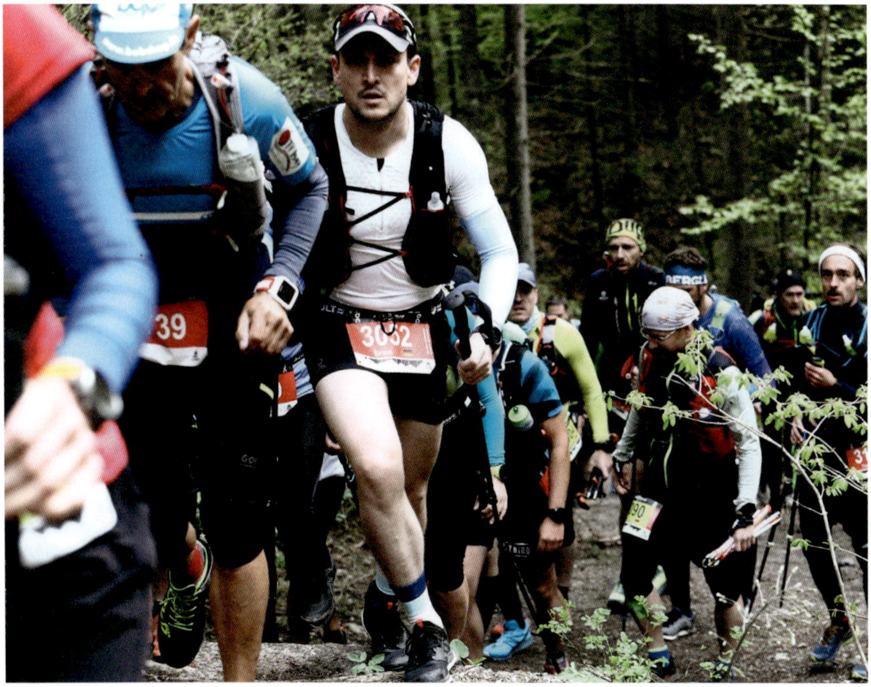

Auch bei Wettkämpfen nutzen viele Läufer das Gehen als Fortbewegungsmethode.

Die Geschwindigkeit von ungefähr 8:00 Minuten pro Kilometer beschreibt die Grenze, bei der das Gehen ökonomischer ist als das Laufen. Ob dies tatsächlich der Fall ist, hängt natürlich auch davon ab, wie fit man ist, also wie gut die Grundschnelligkeit ausgeprägt ist.

Jemand, der 10 Kilometer in 30 Minuten laufen kann, für den ist es eher wahrscheinlich, dass schon bei 7:30 Minuten pro Kilometer das Gehen im steilen Gelände ökonomischer ist. Für einen 60-Minuten-Läufer (über 10 Kilometer) ist diese Grenze eher bei 8:30 oder 9:00 Minuten pro Kilometer zu finden. Allerdings ist die Laufleistung im Flachen nur bedingt aussagekräftig. Denn wie so oft im Leben gilt auch hier: Übung macht den Meister.

6.2.1 GEHEN MUSS FESTER BESTANDTEIL EINES TRAILLÄUFERS SEIN

Wer im Training nie das Gehen im steilen Gelände trainiert, wird bei einem Trailwettkampf nie so vom Gehen profitieren wie jemand, der regelmäßig das Gehen in sein Training integriert. Dies gilt für alle Leistungsklassen. Und sagen Sie jetzt nicht, dass das Trainieren des Gehens verschwendete Zeit wäre. Genau das Gegenteil ist der Fall.

Wer im Training regelmäßig das schnelle Gehen berücksichtigt, profitiert gleich in mehrerlei Hinsicht davon. Beim Gehen werden die Gelenke und andere Strukturen meist nicht so stark belastet wie beim Laufen. Man erholt sich also schneller davon. Außerdem kann man oftmals bei Verletzungen, die einen zu einer Laufpause zwingen, trotzdem gehen.

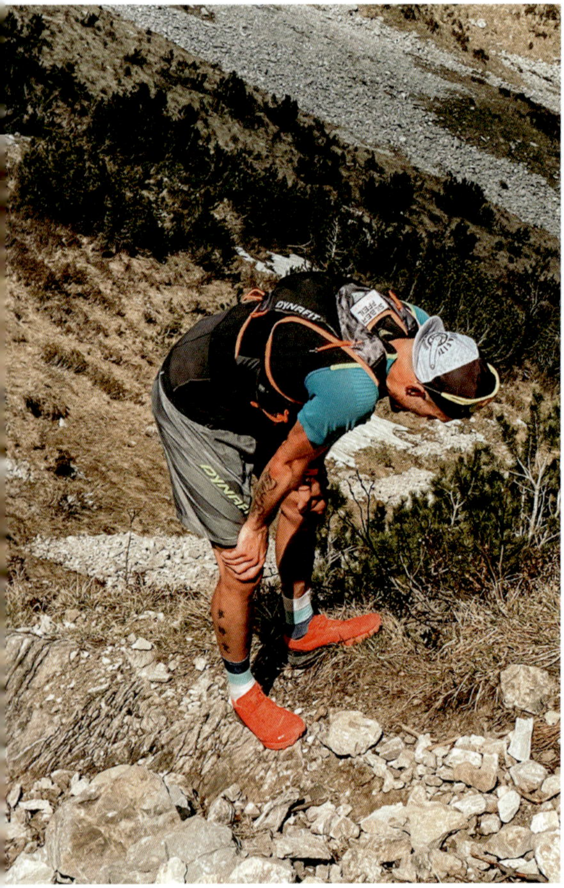

Das schnelle Gehen im steilen Gelände spricht andere Muskelpartien an als das Laufen. Wie bereits oben erwähnt, muss beim Gehen vor allem die Hüftstreckmuskulatur (der Po) mehr arbeiten, da die Schritte länger sind als beim Laufen. Das Herz-Kreislauf-System wird beim Gehen im steilen Gelände ebenfalls an seine Grenzen getrieben. Wer das noch nie erlebt hat, sollte dies unbedingt einmal ausprobieren.

Gehintervalle sind genauso anstrengend wie Laufintervalle.

Suchen Sie sich einen 200 Meter langen Anstieg mit 25-30 Prozent Steigung und gehen Sie im maximalen Gehtempo nach oben. Sie werden sehen, dass Sie Ihren Puls fast ans Maximum treiben können und Sie vollkommen außer Puste sein werden. Solche Gehintervalle sind mindestens so intensiv wie vergleichbare Laufintervalle. Wie Sie solche Intervalle gezielt zur Kraftverbesserung nutzen können, erfahren Sie in Kap. 5.6.

Wer regelmäßig das Gehen (es reicht einmal die Woche) in das Training integriert, profitiert aber auch in anderer Art und Weise davon. Denn, ob im Training oder im Wettkampf: Wer in der Lage ist, zwischen beiden Fortbewegungsarten zu wechseln, hat gleich mehrere Vorteile. So kann man die laufspezifische Muskulatur durch ein Wechseln ins Gehen entlasten und umgekehrt. Vor allem bei langen Anstiegen mit unterschiedlichen Steigungen ist es ein Wettbewerbsvorteil, wenn man problemlos zwischen Gehen und Laufen hin- und herwechseln kann.

Wer schon des Öfteren an Trailläufen teilgenommen hat, kennt folgendes Phänomen: Während man selbst noch läuft, gehen die Konkurrenten neben und vor einem, sind aber gleich schnell. Nun überlegt man, ob man auch gehen oder weiterhin den Laufschritt durchziehen soll. Es gibt zwar keine pauschale Antwort. Doch rein physiologisch betrachtet, wäre es besser, in das Gehen zu wechseln, vor allem, wenn man den Laufschritt nur noch mit größtmöglicher Anstrengung durchziehen kann.

Viele Läufer müssen in diesem Moment ihren falschen Stolz überwinden und von dem Gedanken loskommen, dass das Gehen eine Art Niederlage darstellt. Vielmehr müssen Sie zu der Überzeugung gelangen, dass das Gehen die Muskeln auf eine leicht andere Art und Weise belastet, sodass Sie insgesamt schneller und ökonomischer den Anstieg bewältigen können.

Das Gehen ist also ab einem bestimmten Tempo und einem bestimmten Steigungsgrad energieeffizienter und ökonomischer. Es gibt nicht viele Studien zu diesem Thema. Doch die Ergebnisse der wenigen wissenschaftlichen Arbeiten geben wertvolle Tipps für das Training und den Wettkampf.

Ab wann das Gehen energieeffizienter als das Laufen ist, hängt von folgenden Faktoren ab: Leistungsfähigkeit im Flachen, Körpergewicht, Kraft. Betrachtet man einen Läufer mit einer anaeroben Schwelle von 3:20 Minuten pro Kilometer mit durchschnittlichem Körpergewicht und durchschnittlichen Kraftwerten, so ergibt sich folgender Zusammenhang zwischen Laufgeschwindigkeit und Steigung:

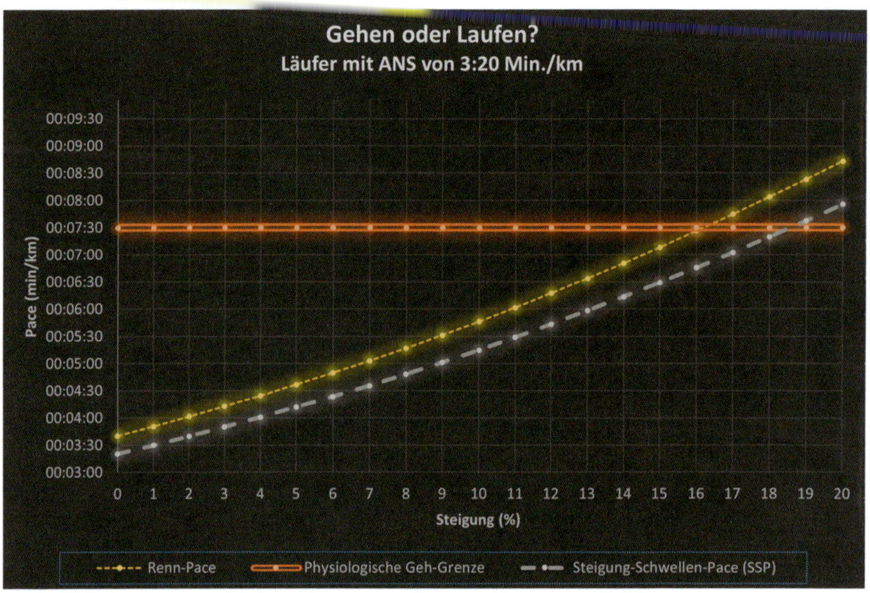

Grafik 6: Für diesen Läufer ist im Wettkampf das Gehen ab 16 Prozent Steigung ökonomischer.

Die Linie „Steigungs-Schwellen-Pace" gibt die Geschwindigkeit an, die der Läufer maximal eine Stunde lang bei dieser Steigung laufen kann. Bei null Prozent Steigung, also in der Ebene, kann dieser Athlet eine Geschwindigkeit von 3:20 Minuten pro Kilometer laufen. Die Kurve steigt nun weiter nach oben.

Diese Kurve wurde mithilfe einer relativ komplizierten Formel berechnet, die sowohl die Hangabtriebskraft als auch einen Co-Effizienten enthält. Dieser Co-Effizient stammt von den Autoren Hans van Dijk und Ron van Vegen, die in ihrem Buch *Das Geheimnis des Laufens* (Van Dijk & Van Vegen, 2017) die Daten einer Studie von Alberto E. Minetti (Minetti, Moia, Rio, Susta & Ferretti, 2002) nutzen.

Je weiter rechts man sich den Graph anschaut, also je steiler das Gelände ist, desto langsamer wird der Läufer. Doch diese Geschwindigkeit ist für einen Traillauf in der Regel zu schnell, denn die meisten Trailwettkämpfe dauern deutlich länger als eine Stunde. Deshalb zeigt die gepunktete Kurve die Renn-Pace an, also die Geschwindigkeit während eines Wettkampfs. Diese wurde hier mit etwa 90 Prozent der Schwellengeschwindigkeit angesetzt. Dieser Wert ist für gut bis sehr gut trainierte Athleten nach jahrelangem Training erreichbar.

Die waagerechte Linie gibt die Geschwindigkeit an, bei der laut einer Studie (Giovanelli, Ryan Ortiz, Henninger & Kram, 2016) das Gehen im Durchschnitt energieeffizienter wird als das Laufen. Diese liegt bei 7:30 Minuten pro Kilometer (8 km/h).

Wenn man sich nun den Schnittpunkt dieser Linie mit der Renn-Pace anschaut, dann muss unser Beispielathlet bei 16 Prozent Steigung vom Laufen in das Gehen wechseln. Denn bei Fortbewegungsgeschwindigkeiten von unter 8 km/h ist das Gehen energieeffizienter, oberhalb dieser Schwelle ist das Laufen ökonomischer. Bei kurzen Trailwettkämpfen (circa eine Stunde) kann der Beispielathlet erst bei circa 18,5 Prozent Steigung in das Gehen wechseln. Da natürlich nur die wenigsten Läufer dieses Leistungsniveau aufweisen, sind hier noch zwei weitere Graphen:

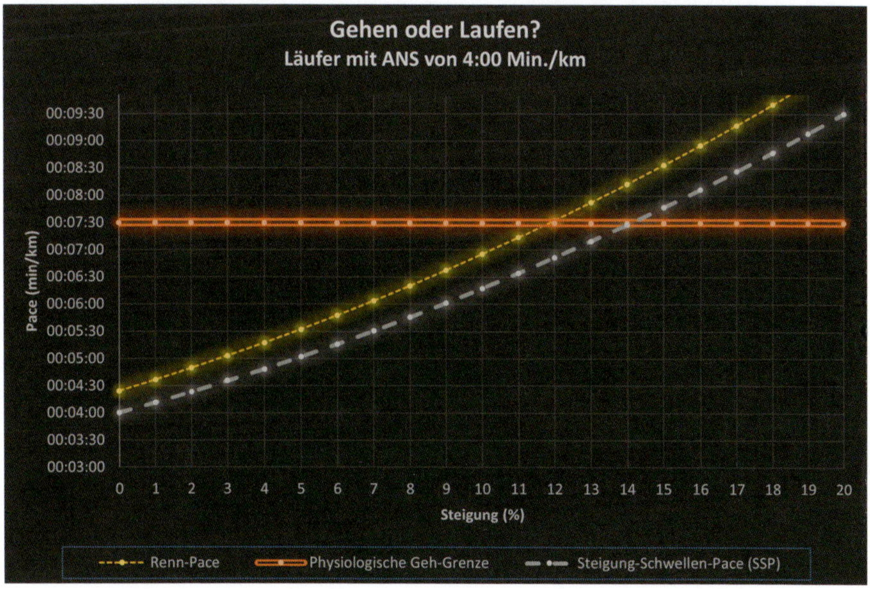

Grafik 7: Für diesen Läufer ist im Wettkampf das Gehen ab 12 Prozent Steigung ökonomischer.

Dieser Läufer hat eine anaerobe Schwelle von 4:00 Minuten pro Kilometer. Betrachtet man das Renntempo, so schneidet der Graph die waagerechte Linie (7:30 Minuten pro Kilometer) bei 12 Prozent Steigung. Dieser Läufer sollte also bei einem Trailwettkampf gehen, sobald es steiler als 12 Prozent wird. Bei einem kurzen Wettkampf könnte er es auch riskieren, erst ab 14 Prozent Steigung zu gehen.

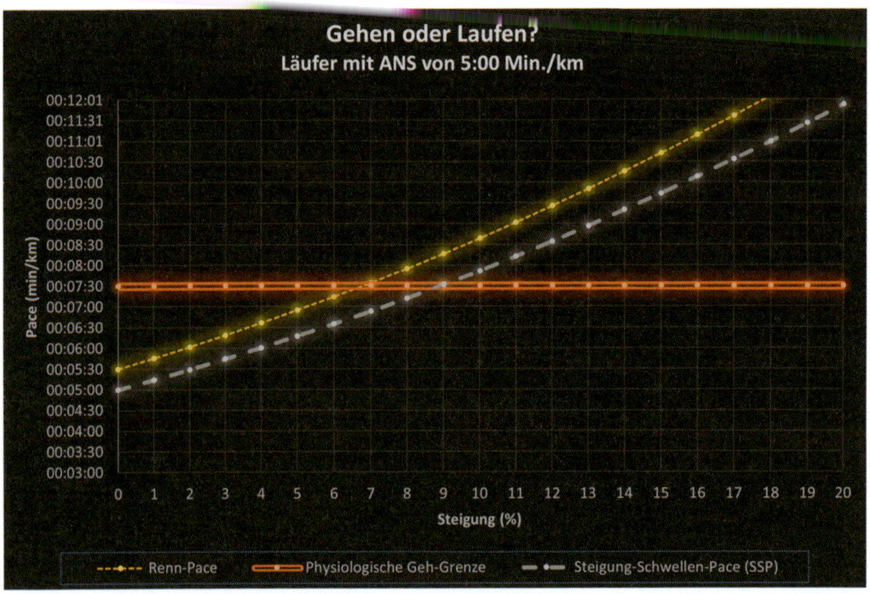

Grafik 8: Für diesen Läufer ist im Wettkampf das Gehen ab neun Prozent Steigung ökonomischer.

Dieser Läufer hat eine anaerobe Schwelle von 5:00 Minuten pro Kilometer. Bei neun Prozent ist hier der Wendepunkt, ab wann Gehen effizienter als das Laufen ist. Bei Trailwettkämpfen ist es aber besser, bereits bei sieben Prozent Steigung in das Gehen zu verfallen. Denn die höhere Intensität würde den Athleten zu viele Kohlenhydrate kosten und ihn vorzeitig ermüden, weshalb diese nur bei sehr kurzen Trailwettkämpfen Anwendung finden sollte.

Da man im Wettkampf aber nur selten weiß, wie hoch im Moment gerade die Steigung ist, hilft eine andere wichtige Zahl, nämlich die Höhenmeter pro Stunde. In einer Studie an der Universität Udine (Giovanelli et al., 2016) fanden die Wissenschaftler im Jahre 2015 heraus, dass sehr gute Trailläufer 1.260 Höhenmeter pro Stunde schaffen. Dieser Wert ist die gerade noch für einen Wettkampf tolerierbare Zahl an Höhenmetern, die von den Läufern in dieser Studie in einer Stunde zurückgelegt werden konnte. Die Zahl an Höhenmetern ist natürlich für jeden Läufer individuell und hängt zum Großteil von seiner Leistungsfähigkeit in der Ebene ab.

Tab. 10: Ab welcher Steigung bzw. ab wie vielen Höhenmetern pro Stunde ist das Gehen energieeffizienter als das Laufen in Abhängigkeit von der Leistungsfähigkeit im Flachen?

Anaerobe Schwelle	Grenze Laufen/Gehen (Steigung)	Höhenmeter pro Stunde
9 km/h (6:40 min/km)	2,60 %	210
10 km/h (6:00 min/km)	4,90 %	390
11 km/h (5:27 min/km)	7 %	560
12 km/h (5:00 min/km)	9 %	720
13 km/h (4:37 min/km)	10,70 %	860
14 km/h (4:17 min/km)	12,50 %	1.000
15 km/h (4:00 min/km)	14,20 %	1.130
16 km/h (3:45 min/km)	15,70 %	1.250
17 km/h (3:32 min/km)	17,20 %	1.370
18 km/h (3:20 min/km)	18,50 %	1.485
19 km/h (3:09 min/km)	20 %	1.600
20 km/h (3:00 min/km)	21 %	1.700

Viele GPS-Uhren haben mittlerweile eine Anzeige für die Höhenmeter pro Stunde, die man gerade zurücklegt. Dies kann bei einem Wettkampf ein guter Anhaltspunkt sein, um sich selbst nicht zu überfordern und im richtigen Moment in den Gehmodus zu wechseln. Bleiben Sie aber etwas unterhalb der Werte, die in der Tabelle angegeben sind. Denn schließlich gelten diese für eine maximale Belastungsdauer von einer Stunde.

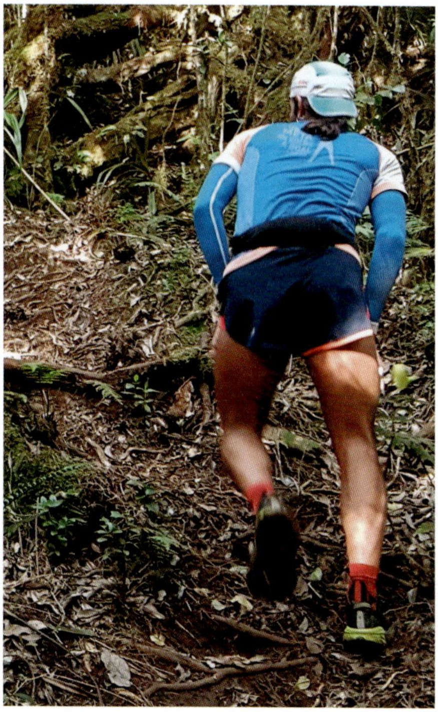

Beim Gehen kann man sich mit den Händen auf den Oberschenkeln abstützen, um diese zu unterstützen.

Um beim Gehen möglichst wenig Energie zu verschwenden, achten Sie darauf, Ihren Oberkörper nicht zu weit nach vorne zu lehnen. Diese ungünstige Körperhaltung erschwert einerseits das Atmen, andererseits können die Oberschenkel nicht mehr so effektiv arbeiten und die Hüftstreckmuskulatur wird mehr belastet, als notwendig. Natürlich können Sie sich mit Ihren Händen auf den Oberschenkeln aufstützen und so die Beine etwas entlasten. Vor allem bei hohen Geländestufen oder Treppen ist das sehr hilfreich.

Doch Gehen ist nicht nur dann von Vorteil, wenn man mit hoher Intensität geht. Denn ein Trailläufer profitiert auch vom ganz normalen Wandern. Als „normal" bezeichnet natürlich jeder etwas anderes. Doch wer ein, zwei, drei oder sogar acht Stunden wandert, der trainiert auch schon bewusst oder unbewusst für den Trailwettkampf. Die Grundlagenausdauer wird verbessert, die für das Gehen zuständigen Muskeln arbeiten ökonomischer. Und dass man dazu hoffentlich noch grandiose Ausblicke und herrliche Landschaften genießen kann, ist ein weiterer, nicht zu unterschätzender Vorteil.

6.3 WENIGER GEWICHT = SCHNELLER AM GIPFEL?

„Das meiste, was im Leben wirklich Gewicht hat, erkennt man nicht auf der Waage."

(Helmut Glaßl, deutscher Aphoristiker)

Dass Trailläufer in aller Regel kaum ein Gramm Fett zu viel mit sich herumschleppen, ist wahrlich nichts Neues. Das liegt natürlich einerseits daran, dass es schwierig ist, bei den teilweise großen Trainingsumfängen an Gewicht zuzulegen. Andererseits achten viele Trailläufer teilweise sehr penibel auf ihre Ernährung und ernähren sich sehr bewusst. Selten haben die ganz schnellen Trailläufer einen Body-Mass-Index über 21 oder 22. Auch Werte von 19 oder 20 sind alles andere als ungewöhnlich.

Das niedrige Körpergewicht ist dabei bei Weitem nicht nur reiner Selbstzweck, sondern auch ein Teil des Erfolgsgeheimnisses vieler Spitzenläufer. Denn wer weniger Gewicht auf die Waage bringt, ist meist auch schneller oben am Gipfel. Dieser Zusammenhang dürfte den meisten Menschen ohne Weiteres einleuchten. Dennoch müssen hierzu noch einige wichtige Details näher beleuchtet werden. Denn nicht ganz umsonst steht in der Überschrift ein Fragezeichen hinter der scheinbar so eindeutigen Aussage.

Wer schon des Öfteren mit einem prall gefüllten Rucksack einen Berg nach oben gewandert ist, weiß, wie sich zusätzliches Gewicht auf die Leistungsfähigkeit auswirkt. Jeder Schritt erfordert ein wenig mehr Kraft und Energie. Die Leichtigkeit verschwindet. Mit fortlaufender Dauer wird der Rucksack leichter, da man den Proviant aufbraucht. Man kommt nun viel leichter den Berg nach oben.

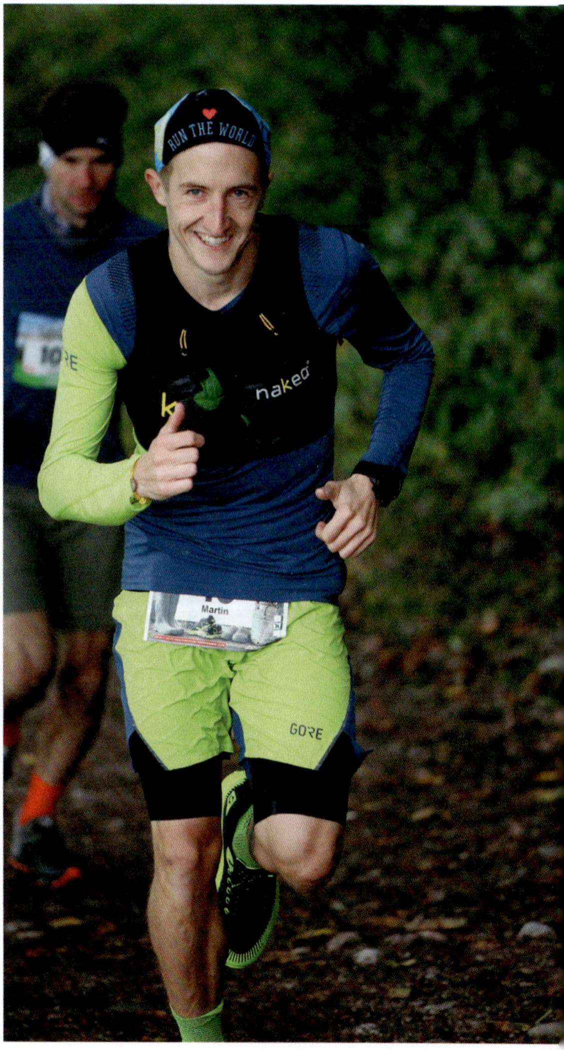

Mit einem Lächeln im Gesicht fällt es einem deutlich leichter.

Wenn man dann den Gipfel erreicht und den Rucksack ablegt, fällt einem wortwörtlich eine Last von den Schultern. Der Grund, warum man bergauf jedes zusätzliche Kilo mehr spürt als in der Ebene, liegt in der Hangabtriebskraft. Diese muss man überwinden und sie berechnet sich wie folgt:

$$\text{Hangabtriebskraft} = m * g * \sin\alpha$$

Die Konstante *g* steht für die Erdbeschleunigung und der Winkel α für den Steigungswinkel. Die Variable *m* ist das Gewicht des Läufers. Je mehr der Trailrunner wiegt, desto größer wird also die Hangabtriebskraft. Dasselbe gilt auch für den Steigungswinkel.

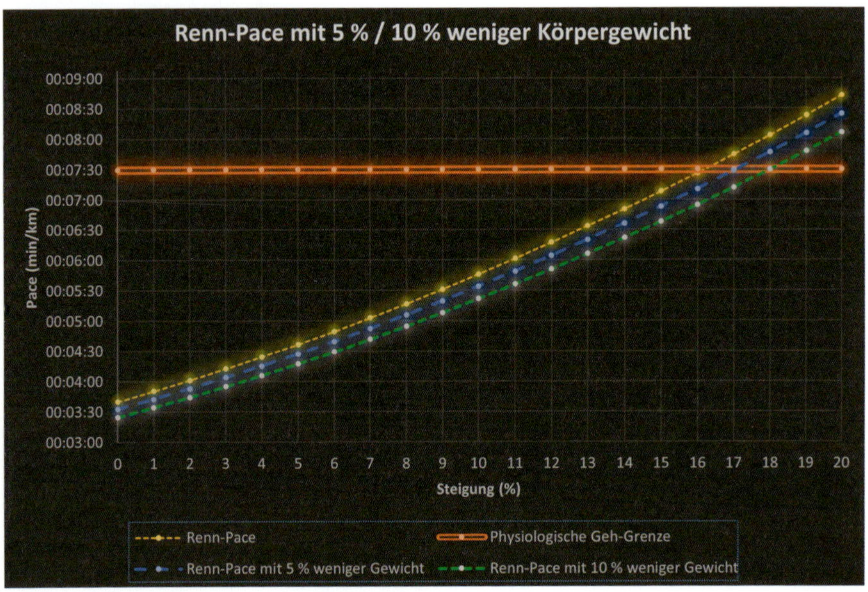

Grafik 9: Veränderung der Laufgeschwindigkeit bei verschiedenen Steigungen bei fünf Prozent bzw. 10 Prozent weniger Gewicht.

Um nun den Effekt von mehr oder weniger Körpergewicht auf die Laufleistung zu berechnen, muss man sich einer in der Wissenschaft akzeptierten Formel bedienen:

$$\text{Gewichtsverlust in Prozent} \times 0{,}7 = \text{Verbesserung der Zeit in Prozent}$$

Diese besagt, dass man für jedes Prozent weniger Körpergewicht eine Verbesserung seiner Laufzeit um 0,7 Prozent erwarten darf. Diese Verbesserung kann man in der obigen Grafik anhand der nach unten verschobenen Kurven erkennen. Eine

Gewichtsabnahme von fünf Prozent wird also in der Ebene mit einer Verbesserung der Renn-Pace von 3:40 auf 3:32 Minuten pro Kilometer belohnt. Sollte der Läufer sogar 10 Prozent abnehmen, wird er 3:25 Minuten pro Kilometer im Wettkampf in der Ebene laufen können.

Je steiler das Gelände nun wird, desto ausgeprägter wird der Leistungsgewinn in absoluten Zahlen. Das erkennt man daran, dass die Graphen immer weiter auseinanderdriften. Bei 15 Prozent Steigung bedeuten fünf Prozent Gewichtsverlust einen Leistungssprung von 7:08 auf 6:53 Minuten pro Kilometer, 10 Prozent Gewichtsverlust sogar eine Verbesserung auf 6:38 Minuten pro Kilometer.

Die nächste Tabelle gibt Ihnen einen Überblick, mit welchem Leistungssprung Sie persönlich rechnen dürfen, wenn Sie das eine oder andere Kilo verlieren. **Doch Vorsicht!** Nicht immer führt ein Gewichtsverlust zur erwünschten Leistungssteigerung.

Die Leistungssteigerung tritt nur dann ein, wenn die Kraft des Athleten gleich bleibt. Das kann nur gelingen, wenn man beim Abnehmen keine Muskelmasse verliert, sondern Fettmasse. Außerdem gibt es für jeden Athleten ein persönliches Gewicht, das nicht unterschritten werden sollte. Es würde zu weit führen, genauer auf dieses Thema einzugehen. Doch eine Gewichtsabnahme muss immer planvoll und vorsichtig angegangen werden.

Tab. 11: Laufgeschwindigkeit in Abhängigkeit vom Körpergewicht

Gewichtsveränderung	**Anaerobe Schwelle**				
+ 5 %	00:03:37	00:04:08	00:04:39	00:05:11	00:05:42
+ 4 %	00:03:36	00:04:07	00:04:38	00:05:08	00:05:39
+ 3 %	00:03:34	00:04:05	00:04:36	00:05:06	00:05:37
+ 2 %	00:03:33	00:04:03	00:04:34	00:05:04	00:05:35
+ 1 %	00:03:31	00:04:02	00:04:32	00:05:02	00:05:32
Aktuelles Gewicht	00:03:30	00:04:00	00:04:30	00:05:00	00:05:30
– 1 %	00:03:29	00:03:58	00:04:28	00:04:58	00:05:28
– 2 %	00:03:27	00:03:57	00:04:26	00:04:56	00:05:25
– 3 %	00:03:26	00:03:55	00:04:24	00:04:54	00:05:23
– 4 %	00:03:24	00:03:53	00:04:22	00:04:52	00:05:21
– 5 %	00:03:23	00:03:52	00:04:21	00:04:50	00:05:18

Tab. 12: Laufgeschwindigkeit in Abhängigkeit vom Körpergewicht bei 10 % Steigung

Gewichtsveränderung	Lauftempo bei 10 Prozent Steigung				
+ 5 %	00:05:42	00:06:30	00:07:20	00:08:09	00:08:57
+ 4 %	00:05:39	00:06:28	00:07:17	00:08:05	00:08:54
+ 3 %	00:05:37	00:06:25	00:07:14	00:08:02	00:08:50
+ 2 %	00:05:35	00:06:22	00:07:11	00:07:59	00:08:46
+ 1 %	00:05:32	00:06:20	00:07:08	00:07:55	00:08:43
Aktuelles Gewicht	00:05:30	00:06:17	00:07:05	00:07:52	00:08:39
– 1 %	00:05:28	00:06:14	00:07:02	00:07:49	00:08:35
– 2 %	00:05:25	00:06:12	00:06:59	00:07:45	00:08:32
– 3 %	00:05:23	00:06:09	00:06:56	00:07:42	00:08:28
– 4 %	00:05:21	00:06:06	00:06:53	00:07:39	00:08:24
– 5 %	00:05:18	00:06:04	00:06:50	00:07:35	00:08:21

6.4 DIE SCHRITTFREQUENZ

„Jeden Morgen erwacht in Afrika eine Gazelle.
Sie weiß, dass sie schneller laufen muss als der schnellste Löwe,
wenn sie am Leben bleiben will.
Jeden Morgen wacht ein Löwe auf. Er weiß, dass er schneller laufen muss,
als die langsamste Gazelle, wenn er nicht verhungern will.
Egal, ob man ein Löwe ist oder eine Gazelle:
Sobald die Sonne aufgeht, muss man laufen!“

(unbekannt)

Trailläufer müssen also beides können: gehen und laufen. Dass sich diese zwei Fortbewegungsarten grundlegend unterscheiden, muss hier nicht näher erläutert werden. Allerdings muss hier auf einen Unterschied eingegangen werden, der essenziell ist und den viele Traillaufnovizen, aber auch erfahrene Straßenläufer, gerne übersehen: die Schrittfrequenz. Beim Gehen ist die Schrittfrequenz deutlich niedriger als beim Bergauflaufen.

Bei Trailwettkämpfen kann man oft Gruppen von Läufern sehen, in denen einige gehen, die anderen aber laufen. Trotzdem sind alle im gleichen Tempo unterwegs. Die einen bewegen sich mit lang gezogenen Schritten augenscheinlich schwerfällig nach oben, die anderen tippeln leichtfüßig auf ihrem Vorfuß in Richtung Gipfel. Hier sind Schrittfrequenzunterschiede von mehr als 25 Prozent keine Seltenheit.

Laut einer Studie (Giovanelli et al., 2016) sind die Schritte beim Gehen um 28 Prozent länger als beim Laufen in derselben Geschwindigkeit. Dies gilt für Steigungen oberhalb der physiologischen Geh-Lauf-Grenze, die, wie in Kap. 6.2 beschrieben, für jeden Läufer individuell verschieden ist. Während sich die Geher mit circa 120-130 Schritten pro Minute nach oben bewegen, schaffen die Läufer durchaus Schrittfrequenzen von 160 oder mehr.

Ob man sich für das Gehen oder das Laufen entscheidet, ist natürlich eine sehr individuelle Angelegenheit, die durch verschiedene Faktoren wie Körperbau, Kraft, aber auch durch das Training im Vorfeld beeinflusst wird. Man kann und muss beides trainieren, um für jedes Gelände und jeden Neigungsgrad gewappnet zu sein.

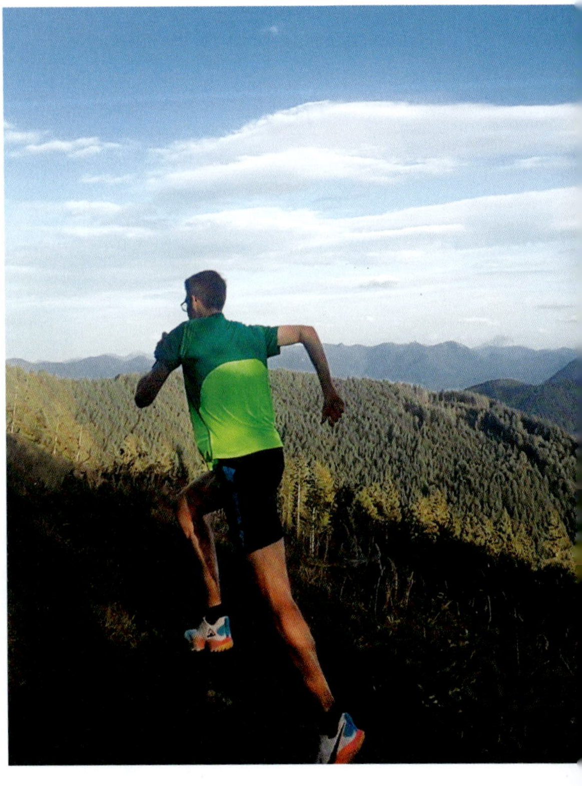

Dabei reicht es aber nicht, einfach nur bergauf zu gehen oder zu laufen. Wer gezielt das Gehen trainieren möchte, sollte dabei auf einen lang gezogenen Schritt achten, die Schrittfrequenz also bewusst reduzieren. Wer gezielt das Bergauflaufen trainieren möchte, sollte dabei auf einen verkürzten Schritt achten, also auf eine Erhöhung der Schrittfrequenz.

Doch warum ist es von Vorteil, bergauf seine Schrittlänge zu verkürzen? Hier gilt wie im flachen Gelände die Devise, dass sich ein zu langer Schritt negativ auf die Laufökonomie auswirkt. Und bergauf ist der negative Effekt eines zu langen Schritts mitunter sogar noch größer, vor allem, wenn es richtig steil wird.

Bei jedem Schritt müssen sich die Muskeln an- und entspannen. In der Abdruckphase, also wenn man sich mit dem Bein vom Boden abdrückt, muss Energie aufgewendet werden, die Muskulatur spannt sich an. Sobald sich der Fuß vom Boden löst, kann sich die Muskulatur entspannen und erholen. Bei einem verkürzten Laufschritt sind die Anspannungs- und Entspannungsphasen zwar kürzer, allerdings ist der Kraftaufwand pro Schritt bei verkürzter Schrittlänge geringer. In den Pausen zwischen zwei Bodenkontakten kann die Muskulatur nun schneller regenerieren.

Warum das so ist, würde den Rahmen dieses Buchs sprengen. Es reicht an dieser Stelle, zu wissen, dass mehr kurze Schritte in der Regel energieeffizienter sind als wenige lange Schritte. Natürlich kann man auch zu kurze Schritte machen und so den Laufschritt ineffizient gestalten. Doch in der Regel machen Läufer eher einen zu langen als einen zu kurzen Schritt.

Das Ziel eines jeden Läufers sollte es sein, dass er bergauf in etwa dieselbe Schrittfrequenz wie in der Ebene realisieren kann. Das ist natürlich eine ziemlich grobe Verallgemeinerung, denn schließlich hängt die Schrittfrequenz, sowohl im Flachen als auch im ansteigenden Gelände, von vielen Faktoren (siehe Tab. 13) ab. Aber diese Regel sollte trotzdem Berücksichtigung finden.

Tab. 13: Faktoren, die die Schrittfrequenz bergauf beeinflussen

Faktoren für die Schrittfrequenz am Berg
Steilheit des Geländes
Beschaffenheit des Untergrunds
Lauftempo
Aktuelles Fitnesslevel
Körpergröße
Trittsicherheit

Anhand der oben genannten Faktoren kann man erkennen, dass die optimale Schrittfrequenz eine höchst individuelle Angelegenheit ist.

Wer größer ist, macht in der Regel bei gleichem Lauftempo weniger Schritte als ein kleinerer Läufer. Je schneller man unterwegs ist, desto höher wird die Schrittfrequenz. Auch das Fitnesslevel ist von entscheidender Bedeutung. Zu Beginn eines Wettkampfs sind die Schritte noch lang und kraftvoll. Wenn die Energie nachlässt, wird meist auch die Schrittlänge kürzer. Jetzt müsste man die Schrittfrequenz erhöhen, um das Tempo zu halten, was aber natürlich nur dann möglich ist, wenn es der aktuelle Fitnesszustand zulässt.

Diese Faktoren sind relativ unabhängig von Untergrund und Geländebeschaffenheit. Wer aber regelmäßig auf Trails oder Forststraßen, wahlweise in den Bergen oder Wäldern, unterwegs ist, sollte seine Schrittfrequenz bewusst den Gegebenheiten anpassen.

Der wichtigste Faktor für die Gestaltung der Schrittfrequenz ist sicherlich die Steilheit des Geländes. Dabei gibt es allerdings keine lineare Formel, mit der man die optimale Schrittfrequenz berechnen könnte. Selbst eine Faustformel wie *„je steiler, desto höher ist die Schrittfrequenz"* ist nicht zulässig, da sie schlichtweg falsch ist. Jeder Athlet muss seine individuelle Schrittlänge finden, um optimal auf den Berg hinauf- oder eben vom selbigen herunterzukommen. Deshalb werden im Folgenden ein paar Hinweise und Tipps gegeben, wie man seine Schrittfrequenz möglichst effizient gestalten kann.

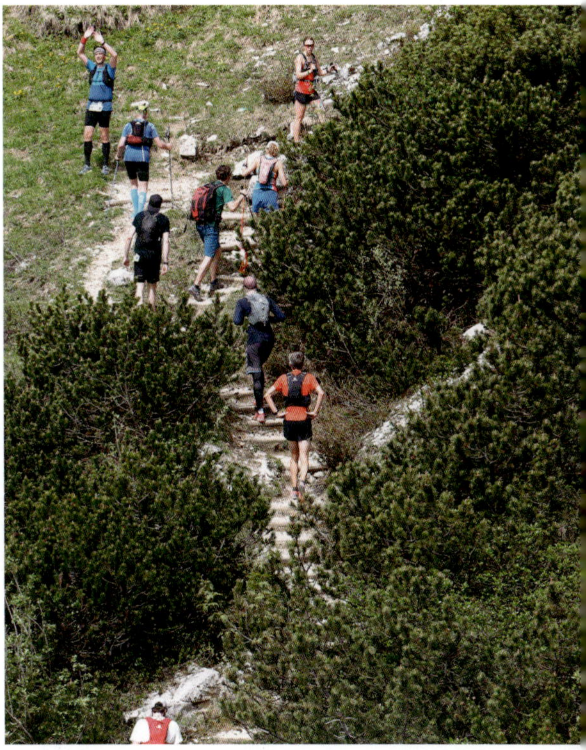

Treppenstufen geben die Schrittlänge vor. Das kann ein Vor- oder ein Nachteil sein.

Intuitiv würde man vermuten, dass bei steil bergauf führenden Strecken Schrittfrequenz und -länge abnehmen. Für das Zweite ist die Vermutung korrekt, für das Erstere lässt sich hingegen so einfach keine allgemeingültige Aussage treffen. Vor allem unerfahrene Trail- und Bergläufer, die ihr Leben lang fast ausnahmslos im ebenen Gelände gelaufen sind, neigen dazu, die Schrittfrequenz deutlich zu verringern, wenn es steil bergauf geht. Dies gilt auch für größere Läufer, die versuchen, ihren langen Laufschritt auch am Berg durchzuziehen.

Dieses Vorhaben ist meist zum Scheitern verurteilt, da die notwendigen Kraftvoraussetzungen (Maximalkraft und Kraftausdauer) noch nicht geschaffen wurden. Erfahrene Trail- und Bergläufer erhöhen sogar ihre Schrittfrequenz, wenn es ins steile Gelände geht. Mit kurzen Trippelschritten erklimmen sie Höhenmeter um Höhenmeter. Ihre Schrittfrequenz ist sogar teilweise höher als im Flachen. Dies gilt natürlich nur, wenn die Steigung ein Laufen weiterhin zulässt.

Wer sich bergauf für die kurzen Trippelschritte entscheidet, sollte dabei unbedingt auf dem Vorfuß aufsetzen. Dadurch verhindert man einen zu langen Laufschritt. Man darf und soll dabei den Fuß auf die Ferse absinken lassen. Denn wer andauernd nur auf dem Ballen läuft, der könnte Probleme mit seinen Waden bekommen, da diese sich während des Fußaufsatzes nicht entspannen können.

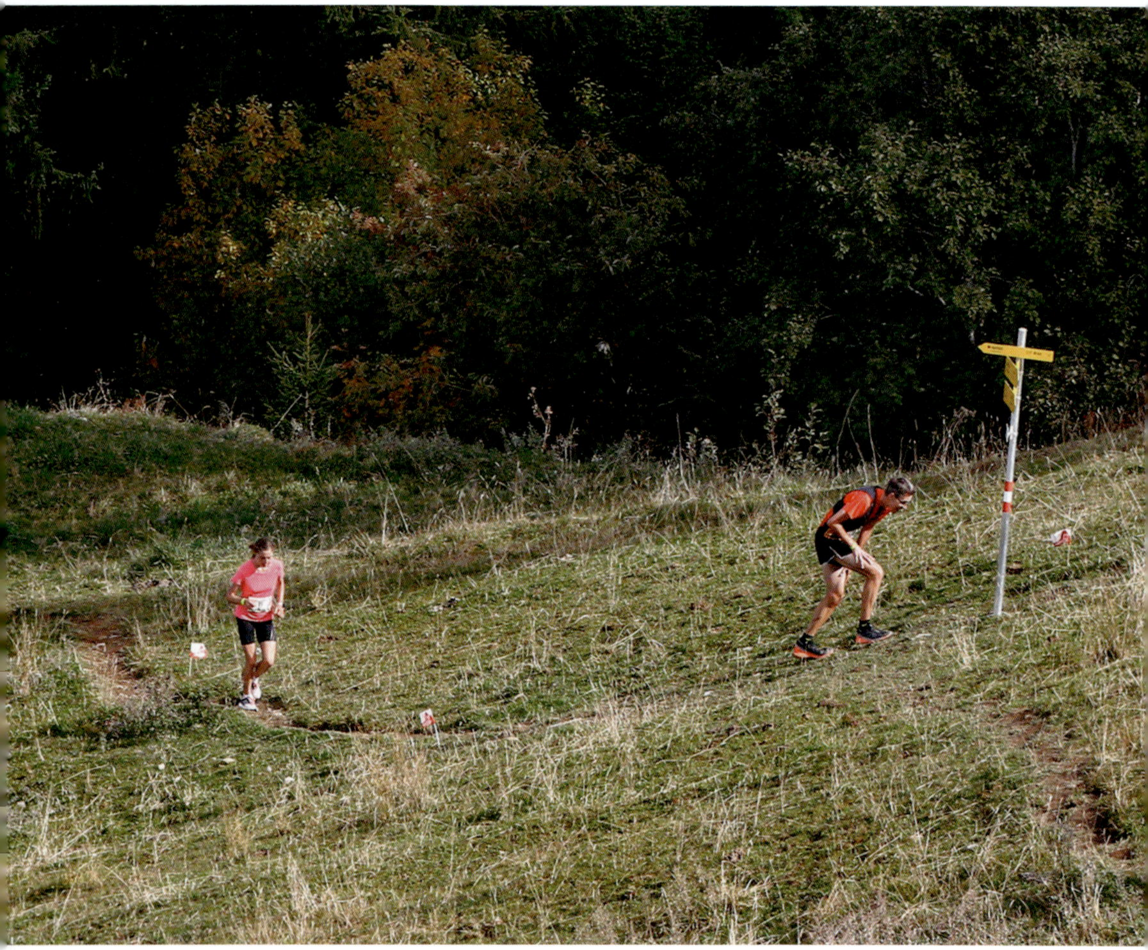

Bitte nicht nachmachen: Der Autor geht mit zu weit nach vorne gelehntem Oberkörper. Bitte nachmachen: Michelle Maier läuft mit kurzen Trippelschritten nach oben.

Wenn es dann richtig steil wird, wechseln auch die besten Trailläufer in den Gehschritt. Dabei wird die Schrittlänge verlängert und der Fußaufsatz erfolgt über die Ferse. Die hintere Streckphase ist deutlich länger als beim Laufen, der Oberkörper darf auch etwas weiter nach vorne gelehnt werden.

Ob nun das Gehen oder das Laufen effizienter ist, ist nicht so einfach zu beantworten. Bei gleichmäßig ansteigenden, technisch nicht allzu anspruchsvollen Anstiegen sollte bei entsprechenden Steigungen dem Gehen der Vorzug gegeben werden. Bei unebenen und technisch herausfordernden Trails sprechen gleich zwei Gründe für den kurzen Trippelschritt. Vor allem, wenn viele Geländestufen, grobe Steine, Felsen und Wurzeln den Weg ebnen, ist ein kurzer Trippelschritt energieeffizienter.

Man kann den Schritt so besser dem Untergrund anpassen und eventuellen Unebenheiten schneller ausweichen. Man ist flexibler. Außerdem führt ein verkürzter Schritt mitunter zu mehr Trittsicherheit. Die Gefahr des Ausrutschens oder des Stolperns wird verringert. Dies gilt im Übrigen nicht nur für das Bergauflaufen, sondern auch für das Bergablaufen. Je technisch anspruchsvoller ein Downhill ist, desto höher sollte die Schrittfrequenz sein. Mehr dazu finden Sie in Kap. 7.2.1.

Diese kurzen Trippelschritte erfordern allerdings höchste Konzentration. Außerdem fällt es einem oft schwer, wenn die Kräfte langsam schwinden, diesen Trippelschritt zu halten. Wer merkt, dass Konzentration und Kraft nachlassen, sollte im Zweifel in den Gehschritt wechseln. Nicht unbedingt, weil dieser kraftsparender oder schneller wäre. Vielmehr geht es hier um Trittsicherheit. Zögern Sie zudem nicht, selbst im Downhill in den Gehschritt zu verfallen. Bevor Sie stürzen und sich verletzen, ist es besser, langsam bergab zu gehen.

6.5 TREPPEN UND WURZELPFADE

„Es kommt beim Bergsteigen nicht auf die Rekorde an. Sich der Natur auszusetzen, ist alles."

(Reinhold Messner, Bergsteigerlegende aus Südtirol)

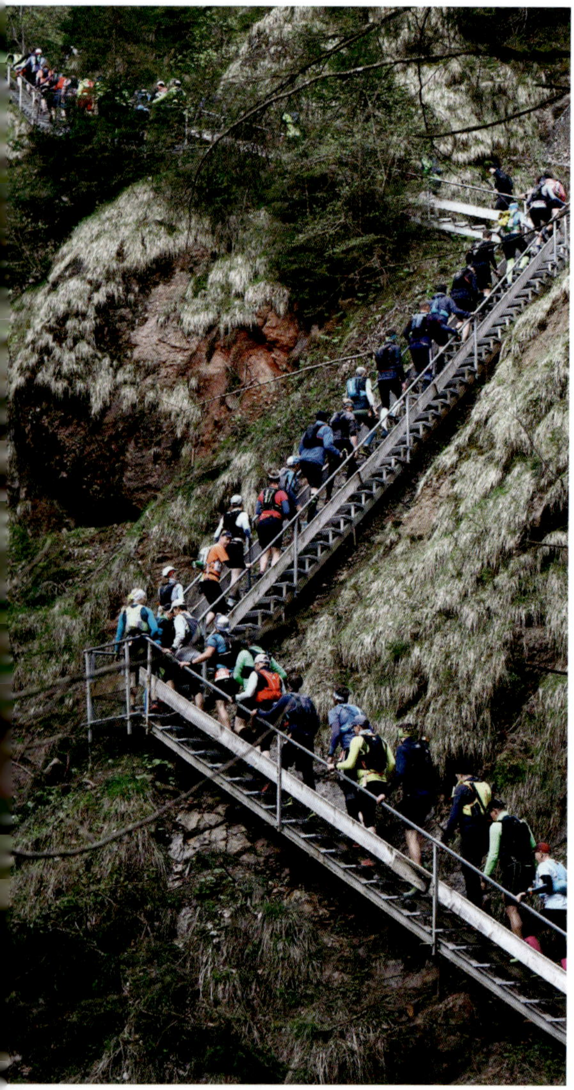

Natürlich hat nicht jede Strecke wie auf diesem Foto so schöne Treppenstufen. Doch viele Trailläufe beinhalten Wurzelpfade, Geländestufen, Naturtreppen, Felsen oder irgendwelche Hindernisse, bei denen man die Füße höher heben muss als im flachen Gelände bzw. als bei ansteigenden Forstwegen. Hier werden ganz andere Muskelgruppen beansprucht. Vielleicht kennen Sie das selbst.

Bei einem 15%igen Anstieg auf einer Forststraße können Sie mit Ihren direkten Konkurrenten mithalten. Der Weg biegt nun ab auf einen Wurzelpfad, der Anstieg bleibt gleich steil. Sie müssen Ihre Konkurrenten ziehen lassen. Vielleicht sind Sie einfach nur müde und erschöpft. Aber höchstwahrscheinlich liegt es daran, dass Ihr Konkurrent mehr Kraft in den Oberschenkeln hat. Denn bei Stufen wird die Schrittlänge kürzer, die Oberschenkelvorderseite wird nun mehr gefordert. Nicht selten muss man sofort vom Lauf- in den Gehschritt wechseln.

Um also für einen Traillauf perfekt vorbereitet zu sein, muss man für diese Streckenabschnitte speziell trainieren. Nun hat nicht jeder Zugang zu endlos langen Treppen oder zu Wurzelpfaden, die sich minutenlang bergauf schlängeln. Doch das muss man auch gar nicht haben. Man kann sich sogar innerhalb der eigenen vier Wände wunderbar darauf vorbereiten. Da gibt es so tolle Übungen wie Ausfallschritte oder Aufsteiger (siehe Kap. 5.7). Oder man sucht sich einfach Treppen und geht diese nach oben, wobei man immer zwei Stufen auf einmal nimmt.

Eine wunderbare Möglichkeit, die Oberschenkel zu trainieren und sich auf Treppen- und Wurzelwege vorzubereiten, ist das Fahrradfahren. Die tretende Bewegung kommt dem Erklimmen von Treppenstufen ziemlich nahe und gibt vor allem Kraft in der Oberschenkelvorderseite. Man muss nur etwas kreativ sein und schon findet man im Alltag ein paar Bewegungsabläufe, die einem auf den Trails weiterhelfen können.

Natürlich gibt es bei einem Traillauf nur selten die Wege in Reinform. Meist wechselt das Gelände, sodass immer die verschiedenen Fähigkeiten der Läufer gefordert werden. Hier muss man schnell umschalten können, sowohl mental als auch körperlich. Wer kennt folgende Situation nicht? Man ist einen Anstieg nach oben gelaufen und kommt mit brennenden Oberschenkeln oben an.

Das Gelände wird wieder flach und man könnte wieder in einen gleichmäßigen Laufschritt verfallen. Doch noch ist man viel zu sehr mit den Schmerzen beschäftigt, die man durch den langen, kräftezehrenden Anstieg erlitten hat. Wer hier wieder schneller in den normalen Laufmodus umschalten kann, ist eindeutig im Vorteil.

Doch es kostet Überwindung, trotz brennender Lunge und Oberschenkel wieder seinen Laufrhythmus aufzunehmen. Das kann man natürlich auch im Training simulieren. Gehen Sie z. B. ein paar Treppenstufen so schnell wie möglich nach oben, bis die Oberschenkel brennen und versuchen Sie dann, sofort ein paar Meter im Flachen zu laufen. Wenn Sie das öfter machen, werden Sie vielleicht sogar feststellen, dass das sofortige Loslaufen das Brennen in den Oberschenkeln schneller beseitigt, als wenn Sie ein paar Sekunden in Stille verharren würden.

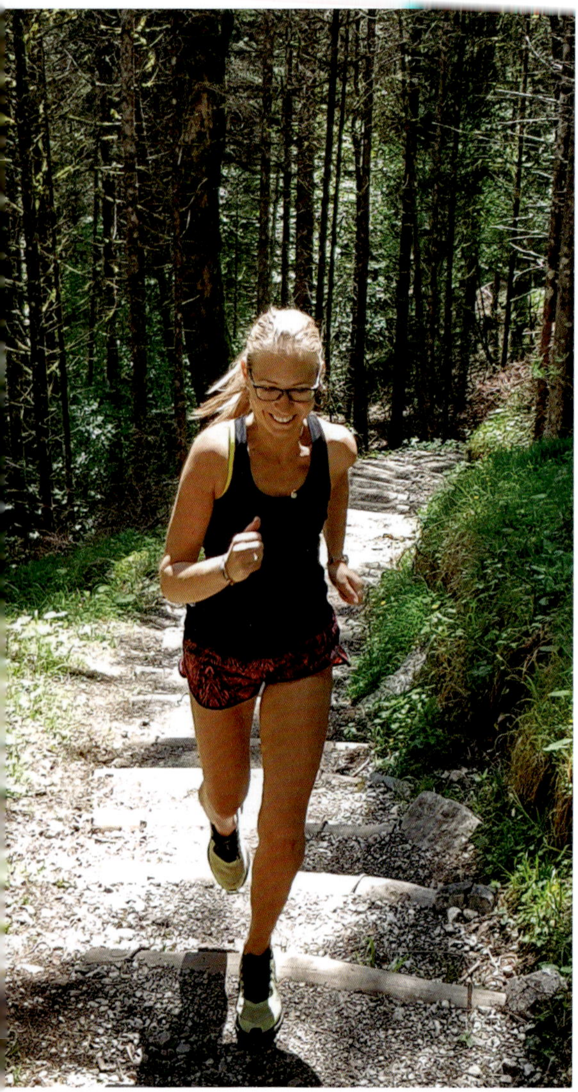

Der Grund dafür ist, dass durch Bewegung die Milchsäure (Laktat) schneller abgebaut wird. Durch die intensive Belastung des Treppensteigens produzieren die Muskelzellen Laktat. Dieses Laktat macht sich durch brennende Oberschenkel bemerkbar und führt in höheren Konzentrationen dazu, dass Sie Ihr Tempo verlangsamen müssen.

Wenn Sie sich trotz der Erschöpfung dazu zwingen, im Flachen weiterzulaufen, wird das Laktat schneller aus dem Blutkreislauf beseitigt. Denn der Herzmuskel kann das Laktat zur Energiegewinnung verstoffwechseln. Es lohnt sich also mitunter doppelt, so schnell wie möglich in den Laufschritt nach einem harten und langen Treppenanstieg zu verfallen.

Manchmal geht es nach Anstiegen auch gleich wieder bergab. Was zunächst nach Erholung klingt, kann bei manchen Trailläufen aber genau das Gegenteil bedeuten. Wenn man erschöpft oben ankommt, ist man meist nicht nur körperlich, sondern auch mental kurzzeitig am Ende seiner Kräfte. Folgen nun ein steiler Wurzelpfad oder Treppenstufen bergab, benötigt man aber seine volle Konzentration, um nicht zu stolpern oder im schlimmsten Fall zu stürzen.

Dazu müssen die Muskeln die erhöhten Stoßkräfte, die bergab auftreten, abfangen. Hier muss man schnell umschalten können und seinen Kopf einschalten. Denn vor allem nach sehr langen und kräftezehrenden Anstiegen ist ein sofortiger Downhill eine nicht zu unterschätzende Herausforderung. Mehr Infos dazu finden Sie in Kap. 7.

6.6 GLEICHMÄSSIG ANSTEIGEND: FORSTWEGE

„Man kann nicht bergauf kommen, ohne bergan zu gehen. Und obwohl Steigen beschwerlich ist, so kommt man doch dem Gipfel immer näher, und mit jedem Schritt wird die Aussicht umher freier und schöner! Und oben ist oben!"

(Matthias Claudius, deutscher Dichter)

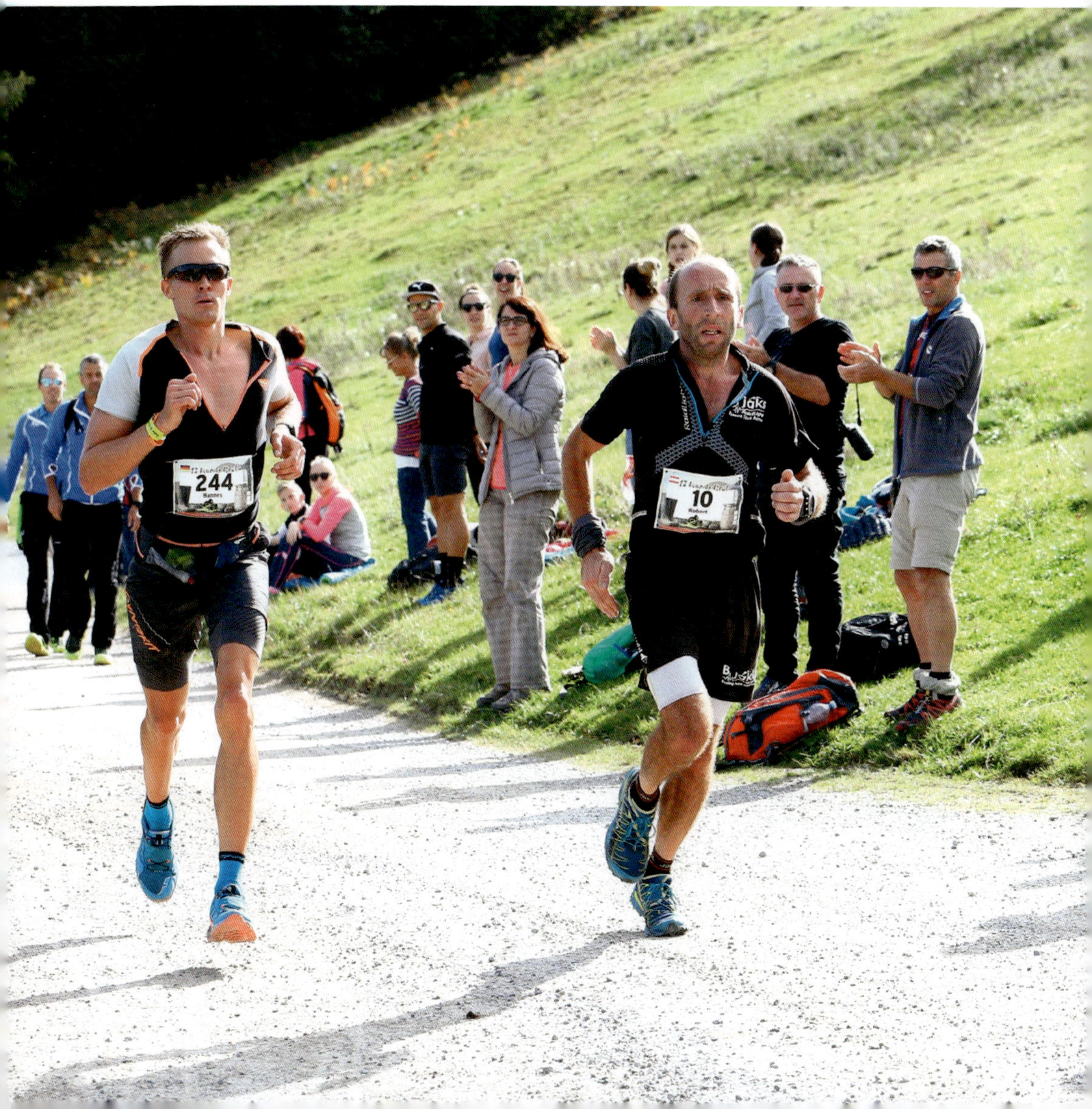

Viele Trailläufer verabscheuen Forstwege. Die Waldautobahnen sind Bestandteil nahezu jeden Trailwettkampfs. Und auch im Training kommt man fast nicht um die breiten, mit Schotter und Kies bedeckten Wege herum. Dabei bieten sie zumindest im Training viele Vorteile im Vergleich zu schmalen Singletrails. Und nicht jeder Trailläufer meidet die Forstwege um jeden Preis.

Zugegeben, manchmal kostet es Überwindung, wenn man weiß, dass man gleich eine Stunde einen eintönigen Weg nach oben laufen wird, ohne die Chance auf einen tollen Ausblick oder irgendwelche Abwechslung. Doch bei ansteigenden Forstwegen geht es nicht wirklich um den puren Laufgenuss, nicht um das Genießen schöner Landschaften.

Dies liegt daran, dass Forstwege rein aus praktischen Gründen angelegt wurden. Sie dienen meist der Forstwirtschaft, damit die Traktoren und andere große Maschinen in abgelegene Gebiete kommen. Für Wanderer oder Läufer sind sie nicht gebaut worden. Doch nicht überall gibt es schön angelegte Wanderwege oder Trails bzw. oftmals sind diese Forstwege in das Wandernetz miteingebunden.

Ohne diese Forstwege könnte die Forstwirtschaft nicht existieren, denn so kommen die Fahrzeuge schnell zu ihren Bestimmungsorten. Schnell ist übrigens auch das entscheidende Wort für Trailläufer. Nirgends kann man schneller bergauf laufen als auf Forstwegen. Hier gibt es Phasen, in denen jeder Schritt gleich lang ist. Hier kann man seinen Rhythmus finden und genau in seinen Körper hineinhören. Man kann sich am Limit bewegen, und das leider oder Gott sei Dank für eine sehr lange Zeit.

Bei Singletrails kann es ganz schnell passieren, dass man ein paar Prozent zu viel gibt. Die Quittung dafür erhält man sofort. Man muss langsamer laufen. Auf Forstwegen ist das natürlich ebenfalls möglich, doch der Weg ist berechenbar und enthält nur selten unerwartete Hindernisse oder matschige Untergründe. Es kommt einem auch kein Bach entgegen, was auf Singletrails durchaus passieren kann.

Doch nicht nur schnelles Laufen ist auf Forstwegen möglich. Man kann auf den Schotterautobahnen auch einmal ganz entspannt laufen. Man kann den Blick schweifen lassen, manchmal auch die Gedanken. Auf technisch anspruchsvollen Singletrails muss man seinen Fokus immer auf den Weg richten. Wer hier unaufmerksam läuft, kann ganz schnell den unbequemen Boden der Tatsachen spüren.

Wenn man müde und erschöpft ist, und man die Wahl hat zwischen Singletrail und Forstweg auf dem Weg nach oben, sollte man vielleicht hin und wieder den Forstweg wählen. Denn hier können sich Geist und Körper etwas erholen. Vor allem für Traileinsteiger bieten Forstwege die Möglichkeit, sich an das Bergauflaufen zu gewöhnen. Hier kann man sich zu 100 Prozent auf die Laufbewegung konzentrieren und die für seinen derzeitigen Leistungsstand passende Steigung auswählen.

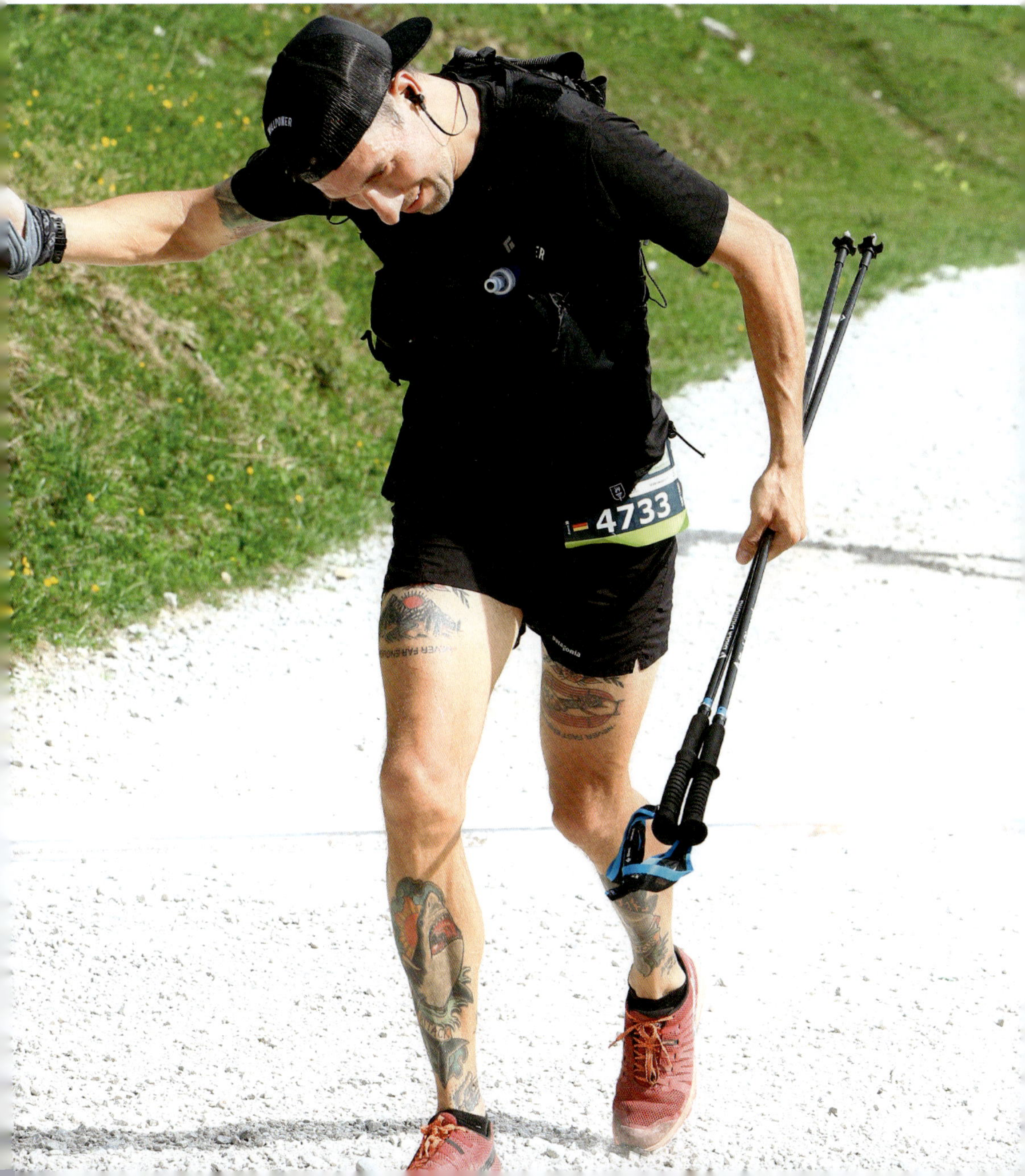

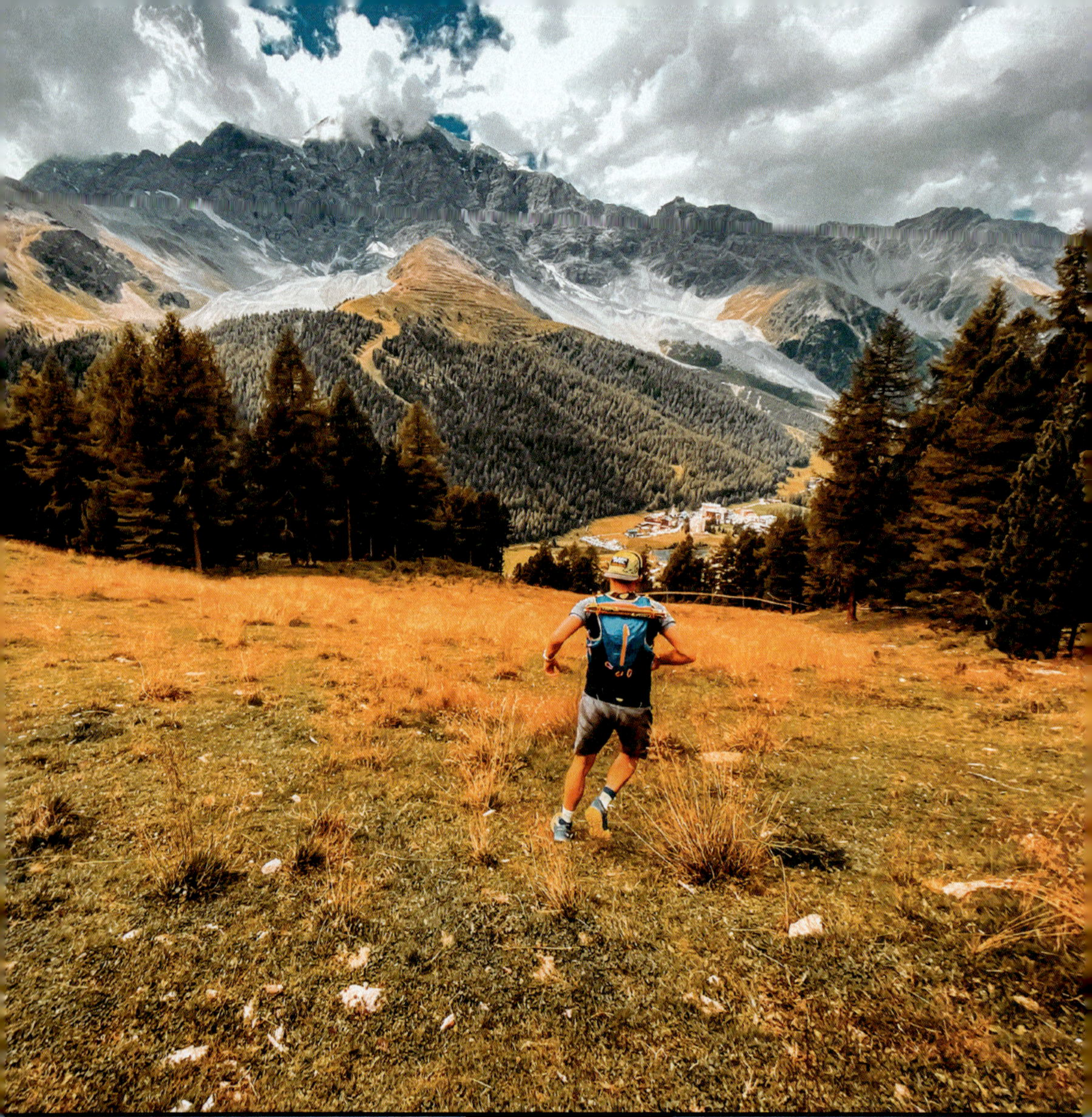

7

BAUSTEIN 11: IM DOWNHILL SCHNELLER WERDEN

Jetzt wird es schnell. Jetzt beginnt für viele Trailläufer der ganz große Spaß. Endlich dürfen wir uns in den Downhill stürzen. Endlich geht es bergab. Viele Trailläufer lieben das Bergablaufen. Denn hier ist nicht nur die Anstrengung meist deutlich geringer als bergauf, sondern auch die Laufgeschwindigkeit viel höher. Man verfällt regelrecht in einen Geschwindigkeitsrausch und rast in Richtung Tal.

Doch mancher Läufer hat schon den einen oder anderen Downhill verflucht. Denn gerade bergab kann viel passieren. Man kann stürzen. Man kann umknicken. Man zerstört seine Muskulatur durch die ungewohnt hohen Aufprallkräfte. Man ermüdet mental, da man immer hoch konzentriert bleiben muss, um bei der ungewohnt hohen Geschwindigkeit die Schritte richtig zu setzen.

Das Bergablaufen ist mindestens genauso wichtig wie das Bergauflaufen. Wenn man sich bei Trailwettkämpfen die einzelnen Streckenabschnitte ansieht, dann fällt einem Folgendes auf: Viele Sportler verlieren bergab, relativ gesehen, mehr Zeit auf die schnellen Läufer als bergauf.

In absoluten Zahlen ist der Zeitverlust natürlich geringer, da man 1.000 Höhenmeter bergab deutlich schneller absolviert als bergauf. Während die Spitzenläufer in Trailwettkämpfen für 1.000 Höhenmeter bergauf teilweise nur 45-55 Minuten benötigen, braucht die große Allgemeinheit eher 1:10-1:40 Stunden. Bergab ist das Verhältnis circa 25 Minuten zu 45-55 Minuten.

Der Grund dafür ist übrigens ganz einfach: Je öfter man im Training schnell bergab läuft, desto weniger Energie benötigt die Muskulatur. Dies gilt vor allem für ein Gefälle über 10 Prozent. In einer Studie (Minetti et al., 2002) wurde herausgefunden, dass bei bergab unerfahrenen Läufern der Energieaufwand beim Laufen nur bis zu einem Gefälle von circa 10 Prozent abnimmt. Sobald es steiler als 10 Prozent bergab geht, ist der Energieaufwand für diese Läufer sogar höher als im Flachen bei gleicher Geschwindigkeit. Bei Athleten hingegen, die häufig schnelle Downhills in ihr Training integrieren, ist der Turnover erst bei circa 20 Prozent Gefälle.

Diese Ergebnisse beruhen allerdings nur auf einer sehr geringen Anzahl von Studienteilnehmern, sind also nicht ohne Weiteres auf alle Läufer übertragbar. Allerdings spielt es keine Rolle, ob man bei 10 oder 20 Prozent Gefälle mehr Energie als in der Ebene verbraucht. Viel entscheidender ist es, zu wissen, dass man das Bergablaufen genauso trainieren muss wie das Bergauflaufen.

Sie profitieren also gleich doppelt von Ihrem Trainingsfleiß. Einerseits sind Sie schneller bergab, andererseits sparen Sie noch Energie dabei. Der Grund für diesen Unterschied liegt darin begründet, dass die erfahrenen Downhiller die erhöhten Aufprallkräfte besser abfangen können. Die Muskulatur hat mehr Bewegungserfahrung sammeln können und ist besser auf die Belastung eines schnellen Downhills vorbereitet.

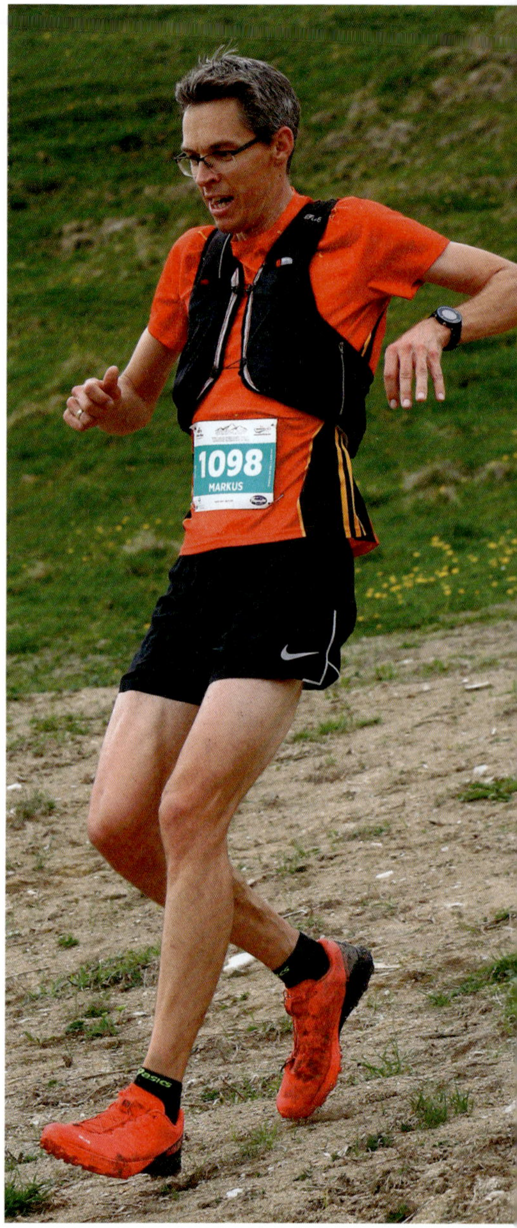

Wer also auf den Trails dieser Welt in Zukunft schneller unterwegs sein möchte, muss auch regelmäßig Downhills in sein Training integrieren. Dabei muss zwischen den gemütlichen Bergabpassagen und rasanten Downhills abgewechselt werden. Vor allem zu Beginn seiner Traillaufkarriere, aber auch zu Beginn einer jeden Traillaufsaison, genügt bereits langsames Bergablaufen, um die ersten Anpassungsprozesse im Körper hervorzurufen.

Im Verlaufe der Saison muss man aber dann hin und wieder auch bergab an sein Limit gehen, was eine gewisse Überwindung und teilweise auch Mut kostet. Um sich selbst und seinen Körper zu Beginn nicht zu überfordern, empfiehlt es sich – gleichgültig, ob man schnell oder langsam rennt –, mit leicht abfallenden Asphaltstraßen oder Forstwegen zu beginnen.

7.1 FELDWEGE – DIE SCHNELLSTEN DOWNHILLS

„Schnell laufen macht einfach mehr Spaß, als langsam zu laufen."

(Frank Shorter, USA, Marathon-Olympiasieger 1972)

Zunächst muss man seine Fähigkeit bei den schnellen und einfachen Downhills verbessern. Hier reicht es, wenn man auf kurzen Distanzen (100-200 Meter) eine Strecke mit circa 5-10 Prozent Gefälle läuft. Die Laufgeschwindigkeit sollte dabei deutlich höher sein als in der Ebene. Wer in der Ebene fünf Kilometer in 20 Minuten laufen kann (das sind 15 km/h), darf bei diesen Bergabläufen durchaus 20 km/h laufen. Durch diese Läufe wird vor allem die Muskulatur der Oberschenkelvorderseite auf längere Downhills vorbereitet.

Denn wer kennt das nicht? Nach dem Winter geht oder läuft man im Frühjahr zum ersten Mal wieder auf einen Berg. Obwohl die Wanderung bzw. der Lauf nicht allzu anstrengend war, hat man am nächsten Tag einen extremen Muskelkater in den Oberschenkeln. Dieser kommt vom Bergablaufen. Durch die erhöhten Aufprallkräfte aufgrund der höheren Geschwindigkeit und der Hangabtriebskraft müssen die Beine das Vielfache des Körpergewichts abfangen.

Die Oberschenkelmuskulatur wird bergab bei jedem Schritt mehr gedehnt als sonst, da der Kniewinkel größer ist. Gleichzeitig muss sich der Muskel extrem anspannen. Diese als exzentrische Kontraktion bezeichnete Mischung aus Dehnung und Anspannung ist extrem belastend für die Muskulatur und führt zu zahlreichen Mikrorissen. Diese Mikrorisse entzünden sich, der Muskelkater macht sich bemerkbar.

Doch durch regelmäßiges Downhilltraining kann man die Muskulatur an die hohen Aufprallkräfte und den ungewohnten Bewegungsablauf gewöhnen. Denn die Mikrorisse entstehen vor allem deshalb, da das Zusammenspiel der Muskeln bergab zunächst nicht so gut und effektiv funktioniert wie im Flachen. Das liegt primär daran, dass viele Läufer im Training nur selten schnell bergab laufen, wohingegen sie im Flachen durchaus hin und wieder an ihr Limit gehen.

Außerdem werden die stabilisierenden Muskeln im Rumpf (Bauch- und Rückenmuskulatur) bei höheren Geschwindigkeiten mehr gefordert. Wer hier über eine gut ausgebildete Rumpfmuskulatur verfügt, kann die auftretenden Stoßkräfte besser abfangen und ist dadurch schneller.

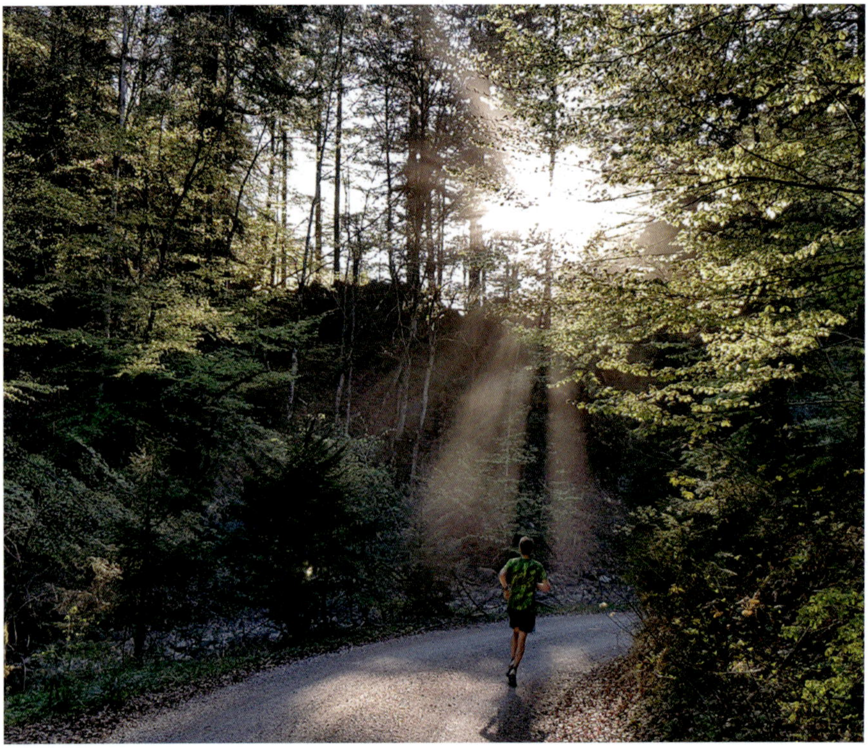

Wenn man also im Training ein paar Mal kurze Bergabläufe in hohem Tempo absolviert hat, kann man versuchen, die Streckenlängen behutsam zu verlängern. Zum Ende dieses Prozesses kann man ruhig einmal 500 Höhenmeter oder mehr so richtig bergab ballern.

In der Trailsaison sollte man wöchentlich einen schnellen Bergabreiz setzen, damit die Muskulatur nicht verlernt, wie das Bergablaufen funktioniert. Die Länge des Downhills sollte sich dabei vor allem daran orientieren, wie lange die Downhills bei den anvisierten Wettkämpfen sein werden. Dasselbe gilt für das Gefälle. Wer im Wettkampf keine steilen Abstiege schnell laufen muss, braucht diese auch nicht unbedingt in sein Training zu integrieren.

Wer bergab auf Forstwegen richtig schnell sein will, der sollte seine Lauftechnik dahin gehend anpassen. Wichtig ist, nicht zu sehr in Rückenlage zu geraten, da man sonst zu sehr über die Ferse aufsetzt. Dies führt zu noch größeren Aufprallkräften, was sich vor allem negativ auf das Knie auswirken kann. Wer allerdings nur leicht über die Ferse abrollt und den Oberkörper relativ zentral über der Hüfte halten kann, kommt einer optimalen Bergablauftechnik für schnelle Downhills auf Forststraßen schon recht nahe.

Die Schrittlänge sollte im Vergleich zur Ebene nur minimal länger sein. Allerdings steigt die Schrittfrequenz deutlich an. Es macht aber auf einfach zu laufenden Forstwegen keinen Sinn, die Schrittfrequenz über die Maßen zu erhöhen, wenn zeitgleich die Schrittlänge kürzer wird. Diese Technik sollte den technisch anspruchsvollen Downhills vorbehalten bleiben (siehe nächstes Kapitel).

Bei den eher einfachen Forststraßendownhills muss man außerdem darauf achten, den Fuß nicht zu weit vor dem Körper aufzusetzen. Dies führt bei jedem Schritt zu einer Bremswirkung, die sich negativ auf die Körperstrukturen und die Laufgeschwindigkeit auswirkt. Am besten wäre es, wenn der Fuß wenige Zentimeter vor dem

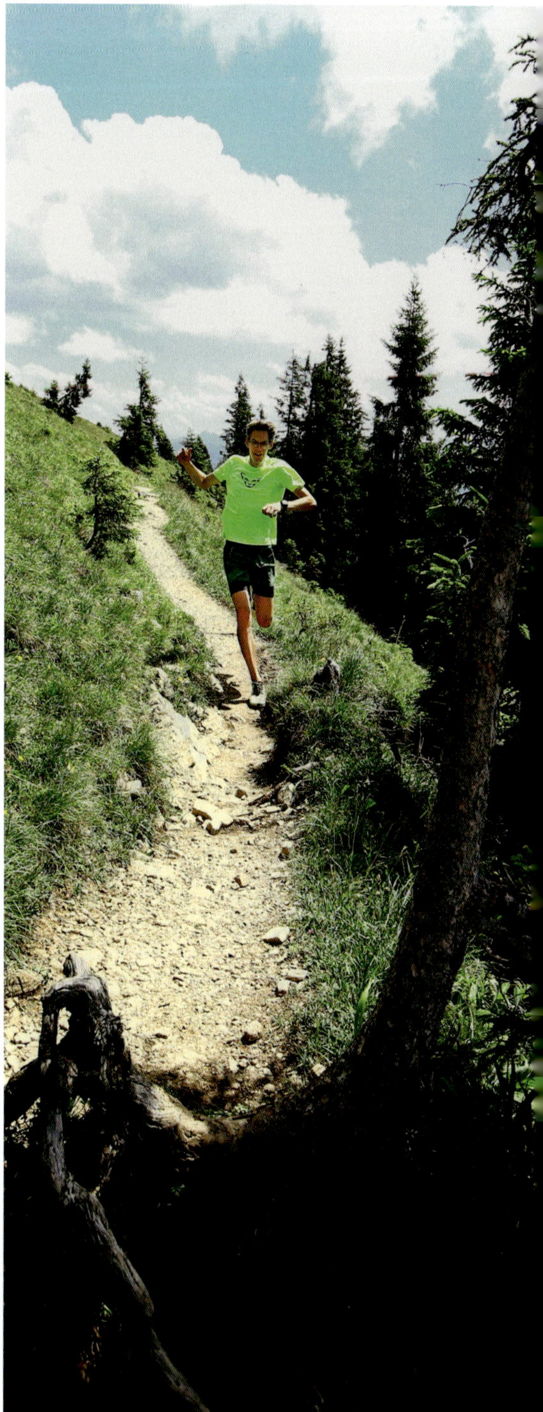

Beim Downhill sollte man auf dem Vor- oder Mittelfuß aufsetzen.

Körper aufsetzt und dabei neutral auf dem Mittelfuß bzw. auf der ganzen Fußsohle landet. Dadurch werden die Aufprallkräfte auf die gesamte Länge des Fußes verteilt. Zudem wird das Risiko des Ausrutschens durch die größere Kontaktfläche der Schuhsohle minimiert.

Es gibt aber auch Läufer, die darauf schwören, zunächst mit dem Vorderfuß aufzusetzen. Diese Technik ist vor allem bei geringem Gefälle gut geeignet. Allerdings erfordert das ein gewisses Maß an Kraft und Stabilität in den Fußgelenken und in der Wadenmuskulatur. Bei engeren Kurven ist sie die optimale Lauftechnik, da man damit schneller und vor allem sicherer unterwegs ist.

Schließlich fällt das Gelände bei Kurven oftmals nach innen ab. Setzt man hier über die Ferse auf, kann das zu einer übermäßigen Pronation führen, das heißt, der Fuß knickt sehr weit nach innen weg. Dies ist nicht nur für das Fußgelenk, die Knie und die Hüfte belastend, sondern das Risiko des Wegrutschens wird erhöht. Durch ein gezieltes Aufsetzen auf dem Vor- bzw. dem Mittelfuß bleibt das Fußgelenk stabil und man kann besser durch die Kurven hindurchlaufen.

7.1.1 BREMSEN ODER AUSHOLEN?

Wer richtig schnell die Forstwege bergab ballert, hat sich bei etwas engeren Kurven vielleicht schon einmal folgende Frage gestellt:

- Ist es sinnvoll, vor solchen Kurven etwas auszuholen, um wie ein Rennauto oder ein Skirennläufer die Kurve von außen anzulaufen und dann nach innen zum Scheitelpunkt der Kurve zu ziehen?
- Oder soll man lieber vor der Kurve stark abbremsen und den kürzesten Weg wählen?

Bei Forststraßendownhills ist es auf Dauer sicherlich ratsam, den etwas weiteren Weg zu wählen. Schließlich kostet das Bremsen Kraft und fordert vor allem die Oberschenkelmuskulatur. Bei technisch anspruchsvollen Downhills sieht es dagegen etwas anders aus (siehe das nächste Kapitel). Scheren Sie also bei Forststraßendownhills kurz vor der Kurve nach außen aus, reduzieren Sie minimal das Tempo, ziehen Sie dann zum Scheitelpunkt der Kurve und beschleunigen Sie wieder, sobald Sie diesen durchlaufen haben.

Stöcke haben übrigens bei einem schnellen Downhill auf Forststraßen nichts verloren. Bergauf und bei technisch schwierigen Downhills können Stöcke eine sinnvolle und hilfreiche Unterstützung sein. Doch bei einem richtig schnellen Forststraßendownhill ist es koordinativ sehr anspruchsvoll, die Stöcke gewinnbringend einzusetzen. Wer natürlich mit den Kräften fast schon am Ende ist und auch bergab kaum noch vorwärts kommt, der kann die Stöcke einsetzen, um die Oberschenkel zu unterstützen und zu schonen.

Damit es gar nicht erst so weit kommt, sollte man sich natürlich dementsprechend vorbereiten. Ein oftmals unterschätzter Faktor ist dabei die Rumpfmuskulatur (siehe Kap. 5.8), die bei schnellen Downhills deutlich mehr gefordert wird als in der Ebene oder bergauf.

Um vor allem in den Kurven das Gleichgewicht zu halten, breiten viele Trailläufer ihre Arme aus. Wie ein Flugzeug gleiten sie durch die Kurven hindurch. Viele von ihnen machen das unbewusst. Diese Technik kann sehr hilfreich sein und kann die Trittsicherheit erhöhen.

Es gibt nicht die eine und einzige wahre Bergablauftechnik. Jeder muss für sich die beste Variante auswählen. Diese muss zu den jeweiligen körperlichen Voraussetzungen passen. Außerdem sollte man sich nicht zu sehr aus seinem Wohlfühlbereich hinausbewegen. Dieser Wohlfühlbereich ist vor allem psychischer Natur. Denn wer bei zu hohem Tempo Angst bekommt und das Gefühl hat, nicht mehr die Kontrolle über seinen Körper zu haben, sollte einen Gang zurückschalten.

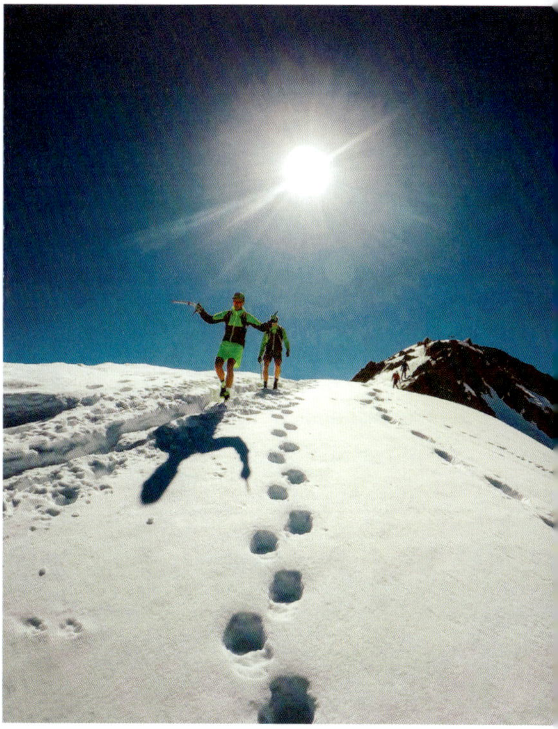

Wer im Trainingsprozess aber so weit ist, dass er Forstwege schnell bergab laufen kann, ohne Muskelkater zu bekommen, kann sich an die nächste Aufgabe heranwagen: die Downhills im technisch anspruchsvollen Gelände.

7.2 TECHNISCH ANSPRUCHSVOLLE DOWNHILLS

„Wanderer, es gibt keine Wege. Wege entstehen beim Gehen."

(Antonio Machado, spanischer Schriftsteller)

Bei den schnellen Downhills auf Forstwegen gilt folgende Regel: Wer im Flachen schneller als seine Konkurrenten ist, wird auch auf Forstwegen bergab meist schneller als diese sein. Denn das Laufen auf Forstwegen bergab unterscheidet sich nur wenig vom Laufen in der Ebene.

Ganz anders kann das hingegen bei den technisch anspruchsvollen Downhills aussehen. Mit technisch anspruchsvoll sind alle Arten von Wegen außer Forstwegen oder asphaltierte Straßen gemeint. Man könnte es auch so formulieren:

Wege, auf denen man bergab langsamer unterwegs ist als in der Ebene, obwohl man noch über ausreichend Kraft und Ausdauer verfügt, sind technisch anspruchsvoll.

Dazu zählen in aller Regel schmale Singletrails, wobei es durchaus Läufer gibt, die auf den schmalen Pfaden atemberaubende Geschwindigkeiten realisieren können. Ganz sicher zu den technisch anspruchsvollen Downhills zählen aber Wurzelpfade, Wege mit grobem Schotter oder großen Steinen, sehr steile Wege (größer 20 Prozent), Schneefelder, Wege mit hohen Geländestufen oder Haarnadelkurven usw.

Manchmal zwingt einen auch der Untergrund zum langsameren Laufen. Bei Matsch oder staubtrockenen Sandpisten muss man nicht selten das Tempo reduzieren. Von entscheidender Bedeutung kann auch das Gelände neben dem Weg sein. Fällt der Weg neben dem Singletrail senkrecht ab, so läuft man sehr wahrscheinlich langsamer, als wenn ein sanft abfallender Wiesenhang neben der Laufstrecke auftaucht.

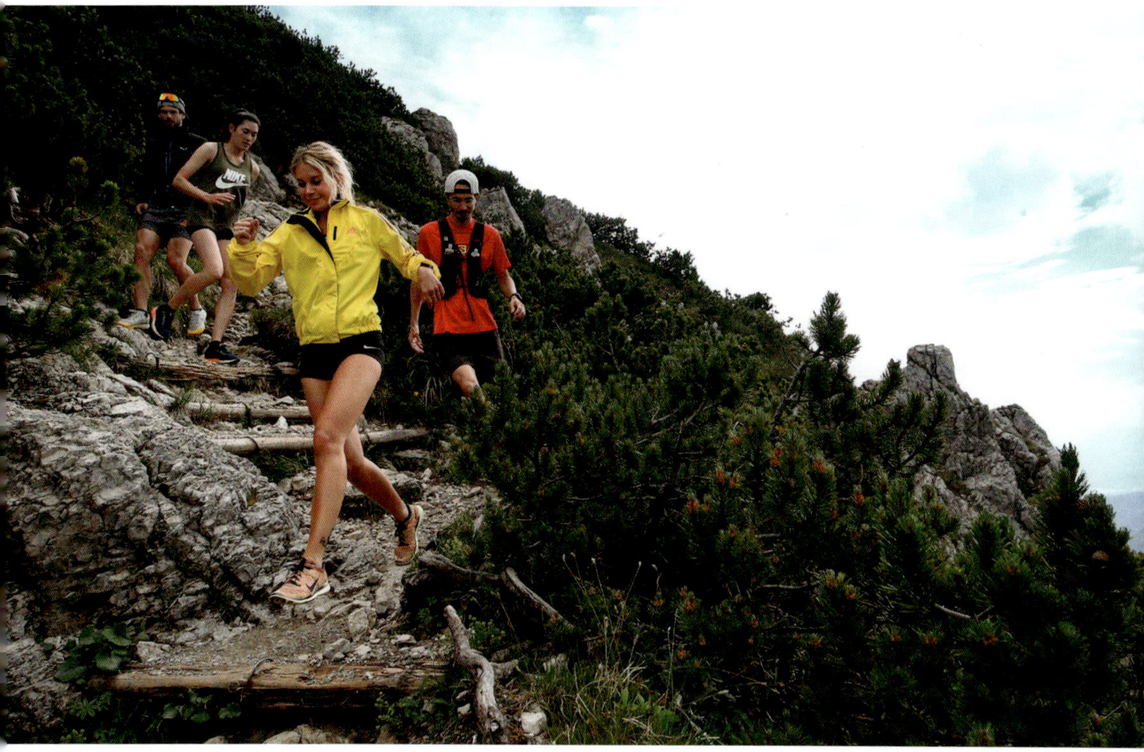

Vor allem im alpinen und hochalpinen Gelände stößt man des Öfteren auf technisch anspruchsvolle Downhills. Doch auch in den deutschen Mittelgebirgen oder im Wald hinter der Haustür gibt es Bergabpassagen, die eine veränderte Lauftechnik erfordern, um sicher und schnell ins Tal zu kommen.

Wie auch immer der Downhill aussieht, eines erfordert jeder von ihnen: Trittsicherheit. Nichts ist wichtiger, als jeden Schritt punktgenau dorthin zu setzen, wo man ihn hinhaben möchte. Dazu schauen Sie am besten wenige Meter vor sich. Fokussieren Sie sich dabei nicht unbedingt auf einen konkreten Punkt, sondern sondieren Sie das Gelände für die nächsten 2-3 Schritte.

Das ist natürlich viel leichter gesagt als getan. Denn hier spielt die Erfahrung eine sehr wichtige Rolle. Je häufiger man schon im schwierigen Gelände unterwegs war, desto intuitiver findet man die richtige Stelle, wo man seinen Fuß hinsetzen muss. Hier hilft nur üben, üben und üben. Doch es gibt zweifelsohne ein paar Faktoren, die die Trittsicherheit erhöhen.

Ein ganz profaner Faktor sind die Augen. Wer normalerweise im Alltag eine Brille oder Kontaktlinsen benötigt, sollte auch beim Laufen eine geeignete Sehhilfe tragen. Denn wer den Laufuntergrund nur unscharf oder verschwommen wahrnimmt, hat keine Chance, sein volles Potenzial beim Downhill zu entfalten. Am besten geeignet sind dafür Sportbrillen, die sich den Lichtbedingungen flexibel anpassen und den Fahrtwind von den Augen abhalten.

7.2.1 DIE SCHRITTLÄNGE DEM GELÄNDE ANPASSEN

Ein weiterer Punkt ist die optimale Gestaltung der Schrittlänge. Denn oft stellt sich die Frage, ob man vor einem Hindernis den Fuß aufsetzen soll, nach dem Hindernis oder vielleicht sogar auf dem Hindernis. Diese Frage ist natürlich nicht wirklich pauschal zu beantworten, aber es gibt ein paar Entscheidungshilfen.

Je mehr Schritte ich machen muss, desto langsamer bin ich wahrscheinlich im Downhill. Deutlich wird das am Beispiel von Treppenstufen. Wer auf jeder Stufe einen Schritt macht, wird länger brauchen als jemand, der zwei oder vielleicht sogar drei Treppenstufen auf einmal nehmen kann.

Dies kann man natürlich wunderbar zu Hause oder im Büro üben. Versuchen Sie einfach, beim Hinabgehen zwei Treppenstufen auf einmal zu nehmen. Zu Beginn wird es Ihnen wahrscheinlich schwerfallen, doch mit zunehmender Trainingsausdauer werden Sie immer sicherer werden. Später können Sie es dann im Laufschritt versuchen.

Die Schrittlänge wird bergab (aber auch bergauf) durch etwaige Hindernisse (Wurzeln, Steine, Pfützen) beeinflusst. Hier sollte man auf jeden Fall darauf achten, den Fuß nicht zu dicht davor aufzusetzen. Dies gilt vor allem für Hindernisse, die vom Boden herausstehen. Denn wer nur wenige Zentimeter vor einer Wurzel den Fuß aufsetzt, bleibt unter Umständen mit den Zehenspitzen daran hängen, wenn er den Fuß wieder vom Boden löst. Dies gilt natürlich vor allem dann, wenn man bereits müde und/oder unkonzentriert ist.

Wer auf ein Hindernis treten will, sollte das mit dem Vorfuß machen. Wer hier mit der Ferse auftritt, wird sich relativ schnell auf dem Hosenboden wiederfinden. Bei Downhills in technisch anspruchsvollem Gelände sollte man sowieso immer auf dem Vor- bzw. Mittelfuß aufsetzen. Dadurch bleibt das Fußgelenk stabiler und man kann eventuelle Unebenheiten besser ausgleichen.

Damit man sicher auf dem Vorfuß landet, darf die Schrittlänge nicht zu lang werden. Deshalb sollte die Schrittfrequenz deutlich erhöht werden. Man kann den Körperschwerpunkt ganz leicht nach hinten verlagern, indem man mit minimaler Rücklage läuft. Verboten ist, mit einer leichten Vorlage zu laufen, da hier die Sturzgefahr deutlich ansteigt.

Dies gilt nicht unbedingt, wenn man mit Stöcken läuft und diese sicher einsetzen kann. Da die Stöcke vor dem Körper aufgesetzt werden müssen, muss man sich vor allem bei höheren Geländestufen etwas nach vorne lehnen. Ansonsten ist Vorlage bei technisch anspruchsvollen Downhills verboten.

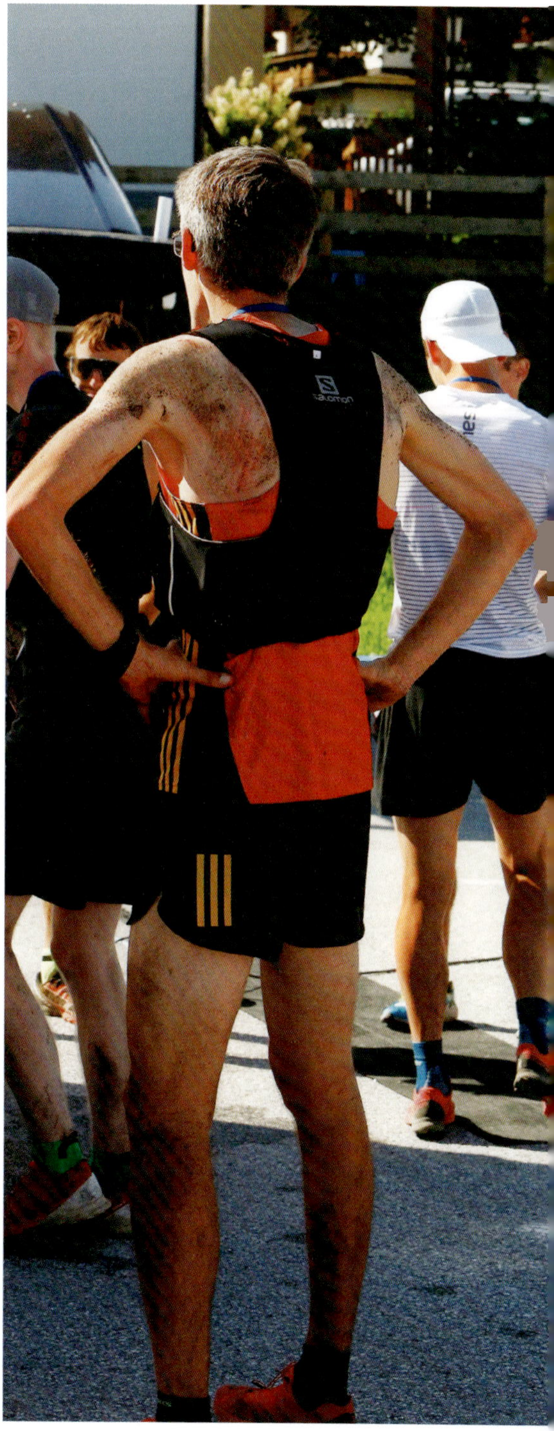

Gezeichnet von einem Sturz im Downhill

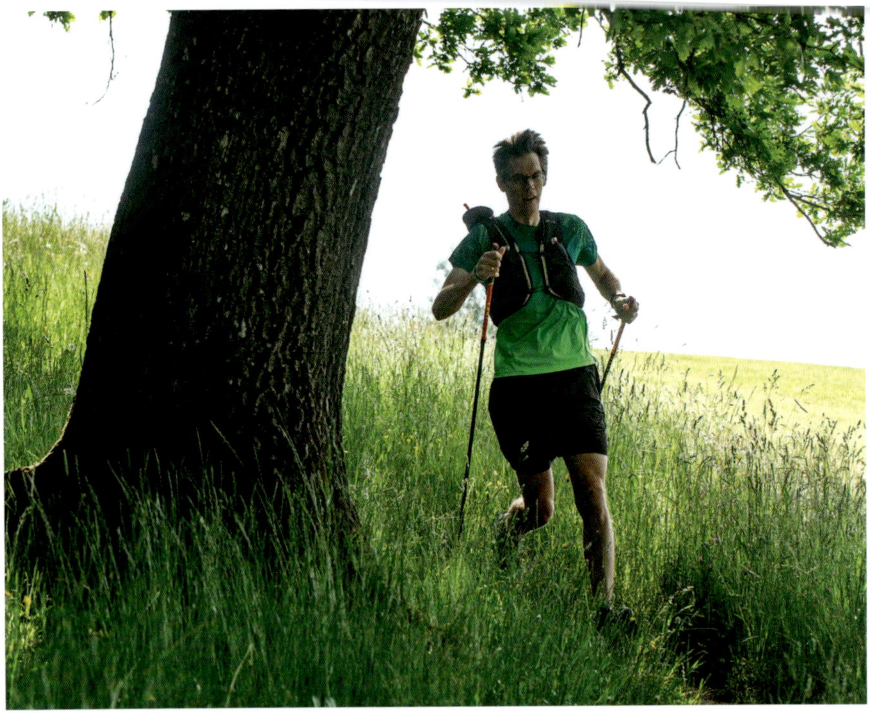

Stöcke können beim Downhill für mehr Sicherheit sorgen.

7.2.2 DEN SCHRITTRHYTHMUS ERLERNEN

Wer noch nie einen schmalen Singletrail schnell talwärts gelaufen ist, muss sich langsam an diese anspruchsvolle Bewegungsaufgabe gewöhnen. Denn es ist ungeheuer wichtig, immer Herr über die Situation zu sein.

Natürlich gibt es Athleten, die nach jahrelanger Erfahrung fast unbewusst den optimalen Schrittrhythmus finden, ohne darüber nachdenken zu müssen. Diese werden sozusagen eins mit dem Trail. Sie können sich quasi dem Trail unterwerfen und finden den natürlichen Rhythmus des Weges.

Anfänger hingegen kämpfen mehr oder weniger gegen den Trail und versuchen krampfhaft, bei jedem Schritt die optimale Stelle zu finden, wo sie ihren Schritt setzen sollen. Hier empfiehlt es sich, einem erfahrenen Läufer hinterherzulaufen. Fragen Sie doch einfach einmal einen Lauffreund, der schon Erfahrung mit Downhills hat. Dieser soll vor Ihnen herlaufen.

Versuchen Sie, seinen Schritten zu folgen. Sie werden merken, dass Sie sich viel weniger konzentrieren müssen, wenn Sie nicht selbst den Weg suchen müssen. Dies funktioniert natürlich nur, wenn Ihr Freund ungefähr dieselbe Körpergröße hat und in einem Tempo bergab läuft, das Sie nicht überfordert.

7.2.3 FÜSSE HOCH!

Kommen wir noch zu einem vielleicht zu profanen Punkt, als dass er hier angesprochen werden muss. Doch er muss genannt werden: Heben Sie Ihre Beine bzw. Füße hoch genug. Denn das ist oftmals der Hauptgrund, warum man sich auf die Nase legt.

Bergab läuft man ja fast von alleine. Die Hangabtriebskraft übernimmt für einen den Hauptteil der Arbeit. Man muss die Beine eigentlich nur nach vorne schwingen lassen. Um Kraft zu sparen, hebt man die Füße nur minimal an und schwingt sie nach vorne.

Wenn dann eine kleine Unebenheit in Form einer Wurzel oder eines Steins aus dem Boden nach oben ragt, bleibt man mit dem Fuß daran hängen. Wenn man Glück hat, stolpert man nur. Wenn man Pech hat, fliegt man nach vorne, was zu schmerzhaften Verletzungen führen kann. Vor allem, wenn Sie nach einem langen Anstieg müde und erschöpft sind, müssen Sie sich zwingen, die Beine im Downhill aktiv nach oben zu ziehen.

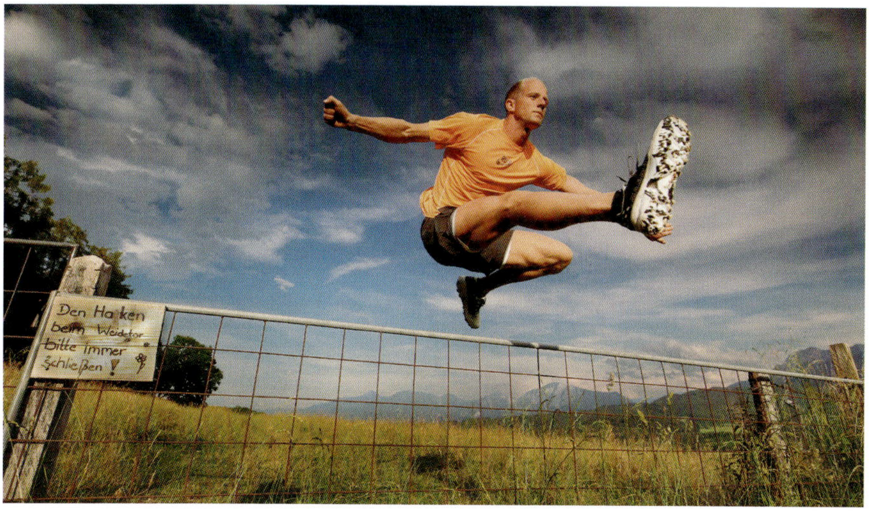

Heben Sie die Füße hoch genug.

7.2.4 BLEIBEN SIE FOKUSSIERT UND KONZENTRIERT

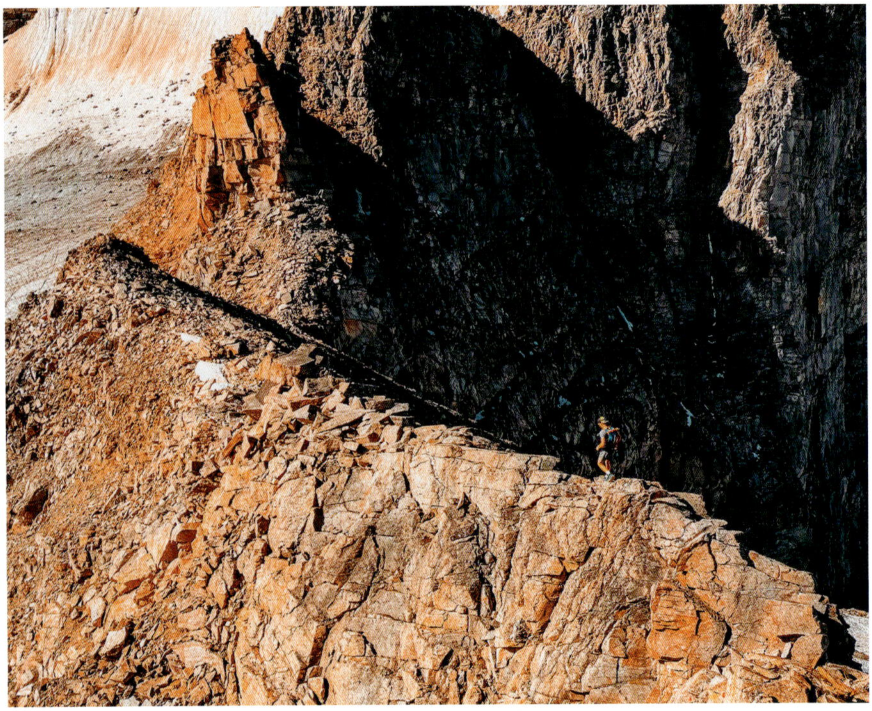

Manche Downhills erfordern höchste Konzentration und Trittsicherheit.

Quasi Hand in Hand geht damit die Konzentration. Wenn man mit den Kräften am Ende ist, fällt es einem schwer, die Konzentration aufrechtzuerhalten. Und gerade das führt zu mitunter schweren Stürzen. Vor allem bei technisch schwierigen Downhills muss man sich ständig auf den Weg und den Untergrund fokussieren. Ganz gefährlich wird es, wenn man die vermeintlich schwierigsten Passagen des Downhills geschafft hat. Denn sobald man denkt, dass man sich ein wenig entspannen und die Gedanken schweifen lassen kann, passiert es: Man bleibt an einer kleinen Unebenheit hängen und stürzt.

Nicht selten stürzen Trailläufer in den technisch weniger anspruchsvollen Passagen eines Downhills, da die Konzentration nachlässt. Als Trailläufer muss man bei einem Downhill immer voll konzentriert sein. Erst wenn man wirklich wieder in der Ebene ist oder vom Singletrail auf einen Forstweg abbiegt, kann man sich mental kurz entspannen und einfach nur laufen. Ansonsten darf man den Weg nie aus den Augen lassen und für keinen Moment mental abschalten.

Das fällt einem natürlich bei großer Erschöpfung sehr schwer. Vor allem, wenn man vielleicht schon langsam in Richtung Unterzuckerung läuft, wird das Gehirn nur noch ungenügend mit Zucker versorgt. Die Konzentration nimmt ab, die Gefahr für einen falschen Schritt steigt.

7.2.5 ACHTUNG VOR SEITENSTECHEN IM DOWNHILL

Bleiben Sie also wirklich bis zum Schluss des Downhills im Hier und Jetzt. Und machen Sie nicht den Fehler, gedanklich bereits im Tal zu sein, solange Sie in Wirklichkeit noch mitten im Downhill sind. Achten Sie deshalb darauf, sich auch vor einem langen Downhill noch einmal kurz zu verpflegen.

Doch Achtung: Machen Sie nicht den Fehler, das Kohlenhydratgel oder die Banane am höchsten Punkt der Strecke, nur wenige Sekunden vor Beginn des Downhills, zu sich zu nehmen. Denn aufgrund der größeren Aufprallkräfte wird auch Ihr Magen mehr in Mitleidenschaft gezogen. Befindet sich nun noch Nahrung oder viel Flüssigkeit in diesem, kann das ganz schnell zu unerwünschten Wirkungen wie Seitenstechen oder Übelkeit führen.

Vor allem das Seitenstechen ist eine nicht zu unterschätzende Gefahr bei Downhills. Nehmen Sie also Ihre Verpflegung, wenn möglich, einige Minuten vor Beginn des Downhills zu sich. Das ist natürlich, falls Sie sich gerade in einem kräftezehrenden Anstieg befinden, alles anderes als leicht und angenehm. Doch Ihr Gehirn wird es Ihnen unter Umständen danken. Denn es braucht Zucker, um richtig zu funktionieren. Nur wenn es ausreichend damit versorgt ist, kann man die von außen einwirkenden Reize schnell genug verarbeiten.

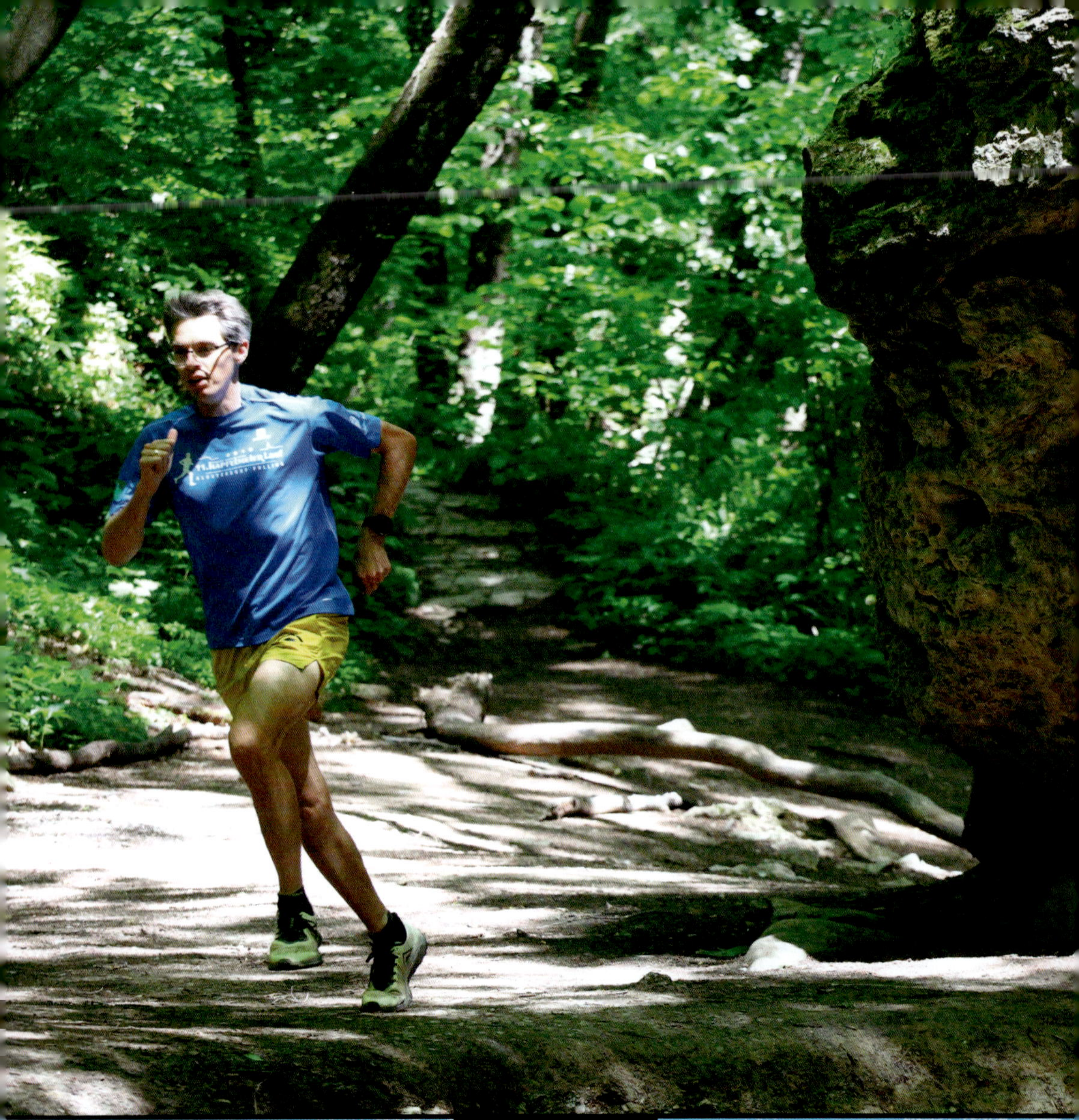

8

BAUSTEIN 12: DAS RICHTIGE DAUERLAUFTEMPO

Der Dauerlauf ist für alle Läufer das wichtigste Trainingsmittel. 70-80 Prozent der Laufumfänge werden mithilfe des Dauerlaufs realisiert. Trotzdem machen sich viele Athleten, aber auch Trainer, zu wenige Gedanken über den Dauerlauf. Zu selten wird nämlich Tempo und Dauer variiert. Dabei stellt er vor allem für Trailläufer, die nicht selten mehrere Stunden unterwegs sind, das grundlegende Mittel zur Leistungssteigerung dar.

8.1 STEUERUNG ÜBER DAS TEMPO AN DER ANS

„Es ist wichtig, wie du startest. Aber es zählt, wie du das Ziel erreichst. In dem Wettrennen um Erfolg ist Geschwindigkeit weniger wichtig als Ausdauer. Der Ausdauernde wird dem Sprinter überlegen sein."

(B. C. Forbes, schottisch-amerikanischer Journalist, Gründer des FORBES-MAGAZINS)

Mithilfe der Geschwindigkeit an der anaeroben Schwelle kann man sehr gut das richtige Dauerlauftempo bestimmen. Viele Läufer laufen gerne etwas zu schnell. Es gibt aber auch diejenigen, die mitunter gerne etwas zu gemütlich unterwegs sind. Wenn man in der Ebene bei guten Bedingungen läuft, kann man die Geschwindigkeit an der anaeroben Schwelle als 100-Prozent-Wert nehmen. Alles, was über 90-92 Prozent dieser Geschwindigkeit liegt, wird als Tempodauerlauf eingestuft, ist also hilfreich zur Verbesserung der anaeroben Schwelle.

Der Geschwindigkeitsbereich von 75-90 Prozent ist der sogenannte *Entwicklungsbereich*, den man hauptsächlich für seine Dauerläufe wählen sollte. Alles unter 75 Prozent dient der Regeneration, also der Erholung.

Der Bereich zwischen 75-90 Prozent beschreibt natürlich ein relativ weites Geschwindigkeitsspektrum. Der untere Geschwindigkeitsbereich ist eher den langen bis sehr langen Dauerläufen, also über 90 Minuten, vorbehalten. Allerdings bedeutet das nicht, dass Läufe über 90 Minuten Dauer immer mit 75-80 Prozent der Schwellengeschwindigkeit durchgeführt werden.

Es gibt auch Abschnitte in der Saisonvorbereitung, in denen auch einmal für 90 oder sogar 120 Minuten grenzwertig schnell gelaufen wird, also im Bereich von 85-90 Prozent der Schwellengeschwindigkeit.

Natürlich sollten diese Intensitäten vor allem den sehr erfahrenen und ambitionierten Athleten vorbehalten bleiben, und erst als Trainingsmittel verwendet werden, wenn andere Trainingsinhalte keine Adaptionen mehr auslösen.

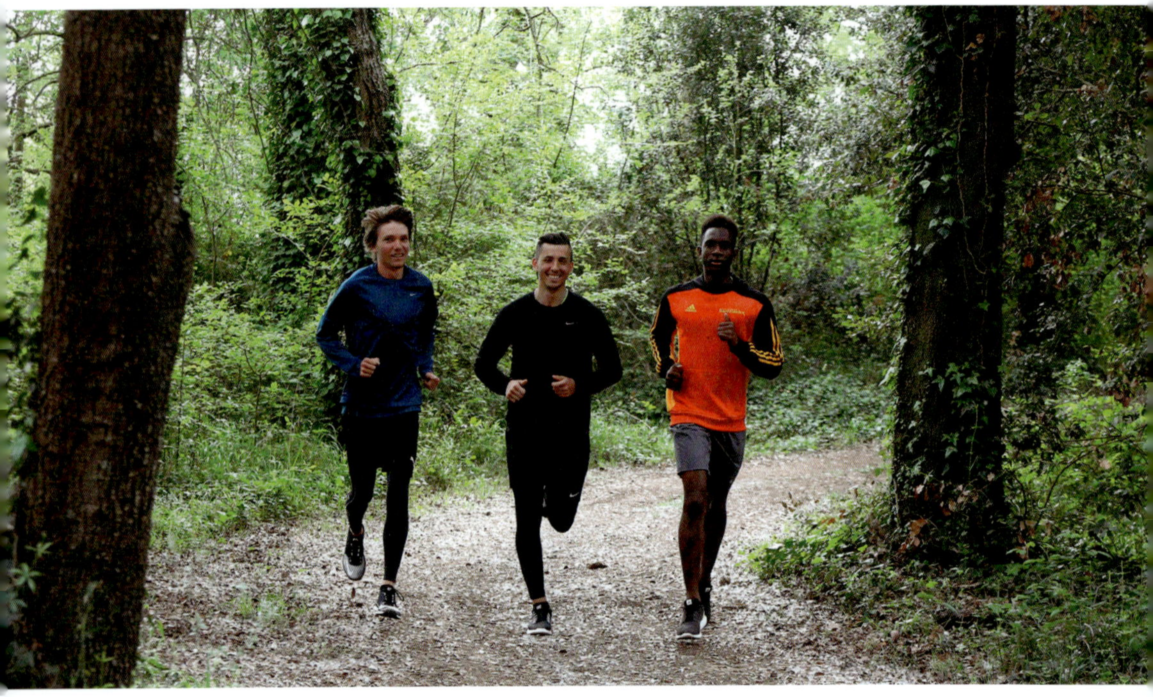

Dauerläufe in der Gruppe machen Spaß.

Die korrekte Auswahl der Dauerlaufgeschwindigkeit hängt zudem von der Trainingshäufigkeit ab. Jemand, der 3-4-mal pro Woche trainiert, muss bei der Wahl des Dauerlauftempos anders vorgehen als jemand, der jeden Tag läuft oder vielleicht sogar 10-mal pro Woche die Laufschuhe schnürt. Schließlich sind die Regenerationszeiten bei jemandem, der weniger Ausdauer besitzt, deutlich länger.

8.1.1 DAUERLAUFTEMPI BEI VIER TRAININGSEINHEITEN PRO WOCHE ODER WENIGER

Wer weniger als viermal pro Woche trainiert, sollte lieber etwas schneller laufen. Der Bereich von 70-80 Prozent sollte hier nur dem langen Dauerlauf vorbehalten bleiben. Für die normalen Dauerläufe darf der Intensitätsbereich ruhig zwischen 80-90 Prozent liegen.

Denn wer bei vier Trainingseinheiten pro Woche – wovon höchstwahrscheinlich drei Dauerläufe sind – immer nur mit 70-75 Prozent unterwegs ist, wird sich auf lange Sicht nicht verbessern. Einzige Ausnahme ist der Tag nach intensiven Tempoläufen. Hier darf auch mal ein kürzerer Dauerlauf im niedrigen Tempo mit dabei sein.

Insgesamt gilt für diese Athleten, wie immer in einem guten Trainingsplan, dass Variation gefragt ist. Variieren Sie Ihr Dauerlauftempo. Laufen Sie an manchen Tagen betont langsam. Lassen Sie an manchen Tagen Ihrer Energie freien Lauf und trauen Sie sich auch einmal, bei einem Dauerlauf etwas schneller zu laufen.

8.1.2 DAUERLAUFTEMPI BEI FÜNF ODER MEHR TRAININGSEINHEITEN PRO WOCHE

Wer hingegen mehr als fünfmal die Woche trainiert, sollte bei den Dauerläufen folgendes Geschwindigkeitsspektrum nutzen:

Tab. 14: Einteilung der Dauerlauftempi anhand der anaeroben Schwelle für Athleten, die mindestens fünfmal die Woche trainieren.

Intensität in Abhängigkeit von der anaeroben Schwelle	Trainingsinhalt
92-100 %	Tempodauerläufe 20-30 Minuten
80-92 %	Dauerlauf bis 60 Minuten im erholten Zustand
80-85 %	Dauerlauf bis 120 Minuten im erholten Zustand
70-80 %	Dauerlauf bis 60 Minuten im nicht erholten Zustand
70-75 %	Regenerationsdauerläufe bis 45 Minuten
65-85 %	Dauerläufe über 120 Minuten

Was an dieser Einteilung sofort auffällt, sind die Überschneidungen der einzelnen Tempobereiche. Dies liegt daran, dass jeder Trainingsplan genauso individuell sein sollte, wie es jeder Läufer ist. Mancher Athlet braucht eher langsamere Tempi bei den Dauerläufen, andere entwickeln sich erst dann richtig gut, wenn sie die Dauerläufe eher im oberen Geschwindigkeitsbereich absolvieren.

Zudem hängt die Auswahl der Intensität von den Trainingseinheiten in den Tagen zuvor und der Gesamtbelastung ab. Einzig der Tempodauerlauf ist mit 92-100 Prozent festgelegt. Denn ein langsameres Tempo bringt nicht die erwünschten Wirkungen. Wer zudem nicht ausreichend erholt ist und das Mindesttempo von 92 Prozent nicht realisieren kann, sollte an diesem Tag keinen Tempodauerlauf machen.

8.2 DER LANGE DAUERLAUF

„Das Entscheidende beim Fortschritt ist nicht die Schnelligkeit des Tempos, sondern das Ununterbrochene der Vorwärtsbewegung."

(Hermann Fischer S.V.P., deutscher Theologe)

Für den ganz langen Dauerlauf ist das Geschwindigkeitsspektrum sehr groß gewählt. Diese für einen Trailwettkampf essenzielle Trainingseinheit unterliegt in der Vorbereitung großen Schwankungen. Die Länge bzw. Distanz des langen Dauerlaufs hängt maßgeblich von der Wettkampfdistanz ab.

Wer sich auf einen Wettkampf vorbereitet, der voraussichtlich weniger als zwei Stunden dauern wird, braucht auch im Training nicht länger als diese zwei Stunden unterwegs sein. Bei einer voraussichtlichen Wettkampfdauer von 2-4 Stunden sind 2,5-3 Stunden die längste Zeit, die Sie laufend unterwegs sein sollten. Der lange Dauerlauf sollte sich an der ungefähren Wettkampfdauer orientieren, nicht unbedingt an der Distanz. Dies gilt insbesondere für Trailwettkämpfe.

Folgendes Beispiel erläutert diesen Zusammenhang. Für einen 30 Kilometer langen Wettkampf mit 2.000 positiven und negativen Höhenmetern benötigt Athlet X voraussichtlich 4:15 Stunden. Würde dieser Athlet im Training nun 25 Kilometer in der Ebene laufen, wäre dies von der Distanz her ausreichend. Doch da dieser Läufer für die 25 Kilometer wahrscheinlich kaum länger als 2:30 Stunden braucht, wäre dieser Lauf als längste Trainingsdistanz zu wenig.

Ausgehend von 4:15 Stunden, wäre eine dreistündige Belastung in der Vorbereitung ausreichend, 3:15-3:30 Stunden wären optimal. Dies bedeutet, dass unser Athlet X in der Vorbereitung länger als die Wettkampfdistanz von 30 Kilometern laufen müsste (zumindest in der Ebene). Läuft er natürlich im welligen oder bergigen Gelände, verändern sich Distanz und Belastungsdauer.

Tab. 15: Minimale Dauer des längsten Dauerlaufs in der Trainingsvorbereitung auf einen Traillauf in Abhängigkeit von der prognostizierten Wettkampfzeit

Wettkampfdauer	Minimale Dauer des längsten Dauerlaufs in % der prognostizierten Wettkampfzeit
< 2 Stunden	80-90 %
2-3 Stunden	75-80 %
3-4 Stunden	70-75 %
4-6 Stunden	65-70 %
6-8 Stunden	60-65 %
> 8 Stunden	40-60 %

Diese Tabelle gibt die Minimalanforderung für den längsten Dauerlauf in der Vorbereitung für einen Trailwettkampf an. Das heißt aber nicht, dass man mit kürzeren langen Dauerläufen nicht das Ziel erreichen wird. Diese Orientierung gilt vor allem für diejenigen Athleten, die in ihrer Karriere noch nie eine längere Distanz gelaufen sind oder in der Vergangenheit nicht schon des Öfteren sehr lange Dauerläufe in ihr Training integriert hatten. Es gibt sogar Athleten, die in der Vorbereitung auf Ultraläufe fast ganz auf lange Dauerläufe verzichten. Doch diese Athleten werden sicherlich nicht ihr Optimum am Wettkampftag herausholen.

Wer hingegen schon mehrere Ultras erfolgreich gefinisht hat, braucht in der Vorbereitung sicherlich weniger lange Läufe als ein eher unerfahrener Athlet. Die langen Läufe sollten mindestens acht Wochen vor dem Wettkampf beginnen, besser wären aber 10-12 Wochen. Ausgehend vom längsten Dauerlauf in der Vorbereitung, werden die Dauerläufe nun geplant:

Tab. 16: Planung des langen Dauerlaufs in einer achtwöchigen Vorbereitung auf einen vierstündigen Trailwettkampf

Trainingswoche	Dauer des langen Dauerlaufs
Eine Woche vor dem Wettkampf	90 Minuten
Zwei Wochen vor dem Wettkampf	180 Minuten
Drei Wochen vor dem Wettkampf	170 Minuten
Vier Wochen vor dem Wettkampf	150 Minuten
Fünf Wochen vor dem Wettkampf	120 Minuten
Sechs Wochen vor dem Wettkampf	140 Minuten
Sieben Wochen vor dem Wettkampf	130 Minuten
Acht Wochen vor dem Wettkampf	120 Minuten

Über die einzelnen Wochen hinweg muss die Dauer behutsam gesteigert werden. Eine Steigerung von mehr als 10 Prozent von Woche zu Woche sollte nicht überschritten werden. Sehr erfahrene Athleten können von dieser Regel nach oben abweichen. Besser wäre es jedoch, bereits 12 oder vielleicht sogar 16 Wochen vor dem Wettkampf mit dem langen Dauerlauf zu starten. Vor allem bei Wettkämpfen mit einer Belastungsdauer von über sechs Stunden sollte man 16 Wochen Vorbereitungszeit einplanen, damit man den langen Dauerlauf von Woche zu Woche behutsam verlängern kann.

Es spielt keine Rolle, wie lang der angestrebte Wettkampf ist. Eine Woche vor dem Wettkampf sollte man nicht länger als 90 Minuten laufen. Denn ein mehrstündiger Dauerlauf benötigt eine lange Regenerationszeit, wohingegen ein 90-minütiger Dauerlauf meistens nur 36-72 Stunden Regenerationszeit benötigt.

Das Tempo bei den langen Dauerläufen ist ebenfalls von vielen Faktoren abhängig. Wer einfach nur das Ziel erreichen will, der darf so langsam laufen, wie er will. Wer hingegen sein Optimum herausholen will, sollte auch bei den langen Dauerläufen nicht nur mit 65 Prozent oder 70 Prozent der Schwellengeschwindigkeit unterwegs sein.

Wer sich 16 Wochen für die Vorbereitung Zeit nimmt, kann einerseits die Dauer als auch die Geschwindigkeit vorsichtig steigern. Bei langen Dauerläufen mit einer Belastungsdauer von unter 150 Minuten können erfahrene Athleten das Tempo durchaus bis zu 85 Prozent der Schwellengeschwindigkeit steigern.

Ein sehr probates Mittel ist der lange Dauerlauf mit einer Temposteigerung am Ende. So kann man z. B. zunächst 90 Minuten lang mit 75 Prozent des Schwellentempos laufen und steigert das Tempo für die letzten 60 Minuten auf 85 Prozent, eventuell sogar auf 90 Prozent.

Bei einer Belastungsdauer von über drei Stunden verbietet sich ein zu hohes Tempo. Hier sollten 75 Prozent der Schwellengeschwindigkeit das Maximum darstellen, da ansonsten die Gesamtbelastung für den Körper zu groß ist und das weitere Training gefährdet wird.

Die Frage nach den Höhenmetern innerhalb des langen Dauerlaufs wird in Kap. 9 beantwortet.

8.3 DIE HERZFREQUENZ ZUR BESTIMMUNG DES DAUERLAUFTEMPOS

„Ein Mensch kann sich nur weiterentwickeln, wenn er sich außerhalb seiner Komfortzone bewegt."

Percy Cerutty (exzentrischer, australischer Lauftrainer)

Da die Steuerung rein über das Dauerlauftempo nicht immer ganz einfach ist, kann man die Steuerung auch über die Herzfrequenz vornehmen. Denn sobald es bergauf geht, der Gegenwind einem ins Gesicht bläst oder Schnee den Laufuntergrund rutschig macht, sinkt die Laufgeschwindigkeit, obwohl die Anstrengung und der Puls steigen. Wer also nun über seine Pulswerte Bescheid weiß, kann diese nutzen, um die Intensität der Dauerläufe zu steuern.

Anhand der maximalen Herzfrequenz kann man die Intensitätsbereiche für die Dauerläufe ableiten. Die maximale Herzfrequenz können Sie innerhalb des VO_2max-Tests ermitteln. Nehmen Sie einfach den höchsten Pulswert, den Ihr Herzfrequenzgerät während des Tests angezeigt hat. Davon ausgehend, ergeben sich folgende Belastungsbereiche:

Tab. 17: Die Dauerläufe in Abhängigkeit von der maximalen Herzfrequenz (HF_{max}). Einteilung nach Pöhlitz & Valentin (2015)

HFmax	Dauerläufe im Training
90 % HF_{max}	Tempodauerläufe 15-30 Minuten
85 % HF_{max}	Lange Tempodauerläufe bis zu einer Stunde
80 % HF_{max}	Dauerläufe bis maximal 90 Minuten
70 % HF_{max}	Lange Dauerläufe über 90 Minuten
60 % HF_{max}	Regenerative, kurze Dauerläufe

Diese Einteilung (Pöhlitz & Valentin, 2015) wird seit Jahrzehnten für Straßen- und Bahnläufer verwendet. Auch Trailläufer können danach trainieren, mit Ausnahme der Bergabpassagen. Bei langen Downhills sollte man nicht auf die Herzfrequenz blicken, da man sehr schnell die festgelegten Herzfrequenzbereiche nach unten verlässt. Hier nun das Tempo zu steigern, um unbedingt wieder in die Herzfrequenzzone zurückzukehren, macht keinen Sinn.

8.4 DER ENTWICKELNDE DAUERLAUF = LEERE KILOMETER?

„Ohne Ausdauer ist auf die Dauer nichts gewonnen."

(Emil Baschnonga, Schweizer Aphoristiker)

Je näher ein Trailwettkampf rückt, desto mehr sollte im Training der entwickelnde Dauerlauf in den Fokus rücken. Der entwickelnde Dauerlauf (auch DL 2 in der Fachliteratur genannt) ist die essenzielle Einheit, um die aerobe Schwelle zu verbessern. Wie in Kap. 3.3 erläutert, ist die aerobe Schwelle für Trailläufer extrem wichtig, da sie vor allem für Belastungsdauern von über eine Stunde essenziell für Erfolg oder Misserfolg ist.

Der entwickelnde Dauerlauf sollte zwischen 10-25 Kilometer lang sein. Die Laufgeschwindigkeit sollte dabei etwa dem Tempo an der aeroben Schwelle bzw. in etwa 80 Prozent der maximalen Herzfrequenz entsprechen. Wer das Tempo an der anaeroben Schwelle zur Trainingssteuerung verwendet, sollte etwa 85 Prozent des Tempos an der ANS wählen.

Diese Geschwindigkeit ist herausfordernd und stellt einen starken Trainingsreiz dar. Deshalb sollte zu Beginn einer Laufkarriere nicht viel länger als 10 Kilometer in diesem Geschwindigkeitsbereich gelaufen werden. Für sehr erfahrene Läufer, die sich auf längere Trailwettkämpfe vorbereiten, dürfen es aber auch schon einmal 25 Kilometer werden.

Je mehr qualitativ hochwertige Dauerlaufkilometer Sie in Ihren Trainingsplan integrieren können, neben den Tempoläufen, desto mehr wird Ihre aerobe Schwelle davon profitieren. Dies gilt allerdings nur, wenn Sie sich bereits ein so hohes Ausdauerniveau erarbeitet haben, dass Sie sich von diesen Dauerläufen schnell genug erholen.

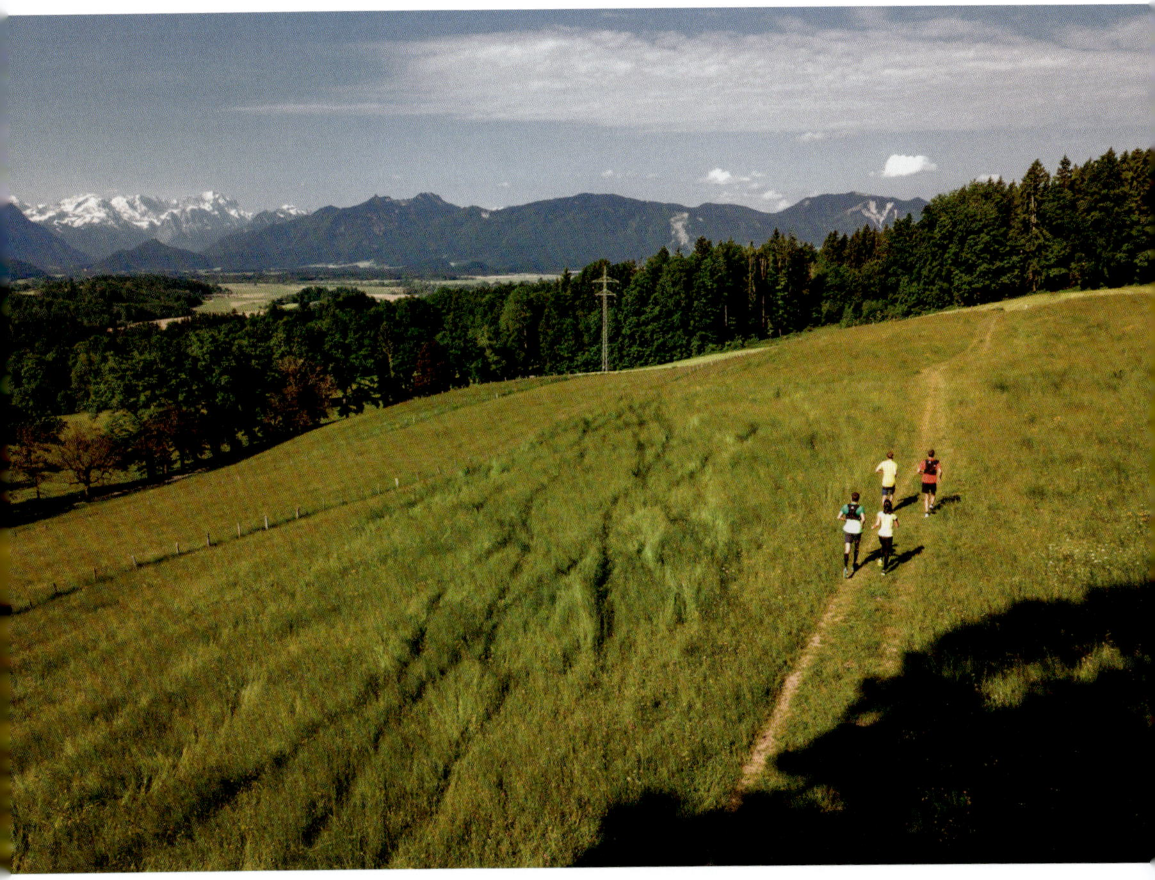

Wenn Sie nämlich aufgrund eines ständig zu hohen Dauerlauftempos nicht mehr erholt in die intensiven Trainingsbelastungen starten, wirkt sich das kurz- und langfristig negativ auf Ihre Leistungsentwicklung aus. So können nämlich aus qualitativ hochwertigen Dauerläufen sehr schnell sogenannte *leere Kilometer* werden. Leere Kilometer sind Kilometer, die für die Leistungsentwicklung keinen Fortschritt bringen. Man hätte sich diese also auch sparen können.

Wer also z. B. am Dienstag eine harte Tempoeinheit absolviert hat und am Mittwoch noch müde Beine hat, sollte am Mittwoch eher einen lockeren Dauerlauf machen. Wenn dann der Körper am Donnerstag wieder erholt ist, kann ein entwickelnder Dauerlauf folgen. Hier ist natürlich viel Erfahrung gefragt. Auch ein Trainer kann in diesem Fall weiterhelfen.

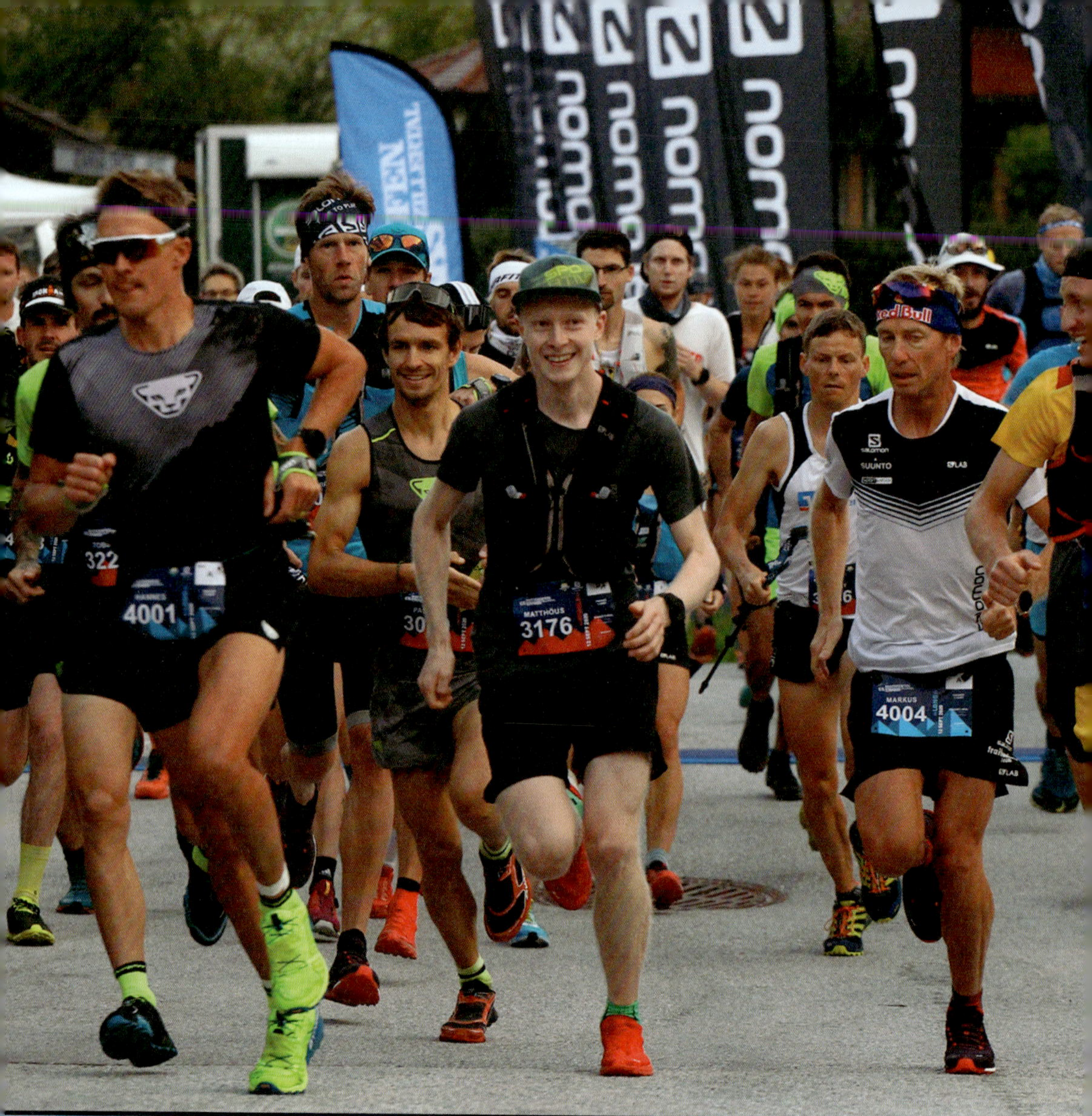

9

DIE RENN- UND TRAININGSPLANUNG

9.1 DAS STRECKENPROFIL DIKTIERT DEN TRAININGSPLAN

„Ein erfolgreicher Marathonläufer muss seine Beherrschtheit ablegen und zulassen, dass dieses irrationale, animalische Bewusstsein die Kontrolle übernimmt."

(Bill Rodgers, US-amerikanischer Marathonläufer)

Im vorhergehenden Kapitel wurde erläutert, wie wichtig es ist, das Dauerlauftempo richtig zu wählen. Auf einer ebenen Strecke auf Asphalt ist es natürlich wesentlich einfacher, das Tempo zu kontrollieren als auf einer anspruchsvollen Trailstrecke. Doch viele Trailläufer wollen natürlich auch im Training regelmäßig Trails laufen, oftmals auch im hügeligen oder bergigen Terrain.

Um sich hier nicht zu überfordern, gilt Folgendes für einen Trailläufer, und zwar gleichgültig, ob im Training oder im Wettkampf: Man sollte das Streckenprofil kennen. Wer dazu noch Kenntnisse über Wegbeschaffenheit, Untergrund und andere Streckendetails hat, ist eindeutig im Vorteil.

Wie schön ist doch ein Straßenlauf. Da läuft man fast ausschließlich auf Asphalt, es geht nur selten bergauf und bergab und meistens ist der Weg eindeutig beschildert. In der Vorbereitung auf einen solchen Wettkampf muss man sich keine große Gedanken über das Streckenprofil machen, schließlich sind die meisten Straßenläufe nahezu identisch, was Streckenlänge (10 Kilometer, Halbmarathon, Marathon) und Profil angeht. Ganz anders verhält es sich da bei einem Trailrun. Hier ist alles geboten.

Um sich perfekt auf sein Trailabenteuer vorbereiten zu können, ist das Studium des Streckenprofils nahezu unerlässlich. Glücklicherweise veröffentlichen die meisten Veranstalter ein digitales Streckenprofil auf ihrer Homepage. In diesem sind mitunter Steigungen, Untergrund und die Verpflegungsstellen eingezeichnet. Manche Veranstalter stellen die Strecke zum Download bereit, sodass man sich die Route auf seine GPS-Uhr oder das Handy laden kann. Somit kann man entweder die Route im Vorfeld schon ablaufen oder während des Rennens auf das Kartenmaterial zurückgreifen.

Ein weiterer, sehr praktischer Nutzen des Kartenmaterials ist aber auch, dass man die Strecke exakt analysieren kann. Theoretisch kann man für jeden Anstieg und jeden Downhill Gefälle bzw. Steigung und Länge herausfinden. Diese Daten helfen einem nicht nur für die strategische Planung des Rennens weiter, sondern geben auch Hinweise für die konkrete Vorbereitung. **Denn das Streckenprofil diktiert das Training.**

Wenn es bei einem Traillauf die meiste Zeit mit 20 Prozent und mehr nach oben geht, muss man diese Steigungen im Training berücksichtigen. Sind dagegen vor allem sanfte Anstiege im Streckenprofil zu erkennen, sollte man eben diese des Öfteren in seine Vorbereitungsläufe integrieren. Überwindet im Wettkampf der längste Anstieg 500 Höhenmeter, dann ist es auch im Training theoretisch vollkommen ausreichend, wenn man diese Anzahl an Höhenmetern bewältigt.

Falls man natürlich keinen so langen Anstieg vor der Haustür hat, kann man diesen entweder auf dem Laufband simulieren oder einen kürzeren Anstieg mehrmals in Folge nach oben laufen.

Doch nicht nur das Streckenprofil an sich hat Konsequenzen für die Vorbereitung. Es kommt auch darauf an, auf welchem Untergrund man laufen muss. Wenn man im Wettkampf 300 Höhenmeter bei 12 Prozent Steigung in Form von Stufen überwinden muss, ist ein asphaltierter Weg mit 300 Höhenmetern und 12 Prozent Steigung zwar besser als eine ebene Straße. Aber eine Treppe wäre natürlich die optimale Vorbereitungsvariante.

Leider geben nicht alle Veranstalter an, welcher Untergrund einen erwartet. Hier lohnt es sich, bei anderen Läufern nachzufragen, die die Originalstrecke schon gelaufen sind, was in der heutzutage gut vernetzten Welt kein Problem sein sollte. Schließlich sind viele Trailläufer in den sozialen Medien vertreten, das obligatorische Selfie gehört quasi schon zum Alltag.

Hier kann das Streckenprofil im Übrigen auch sehr hilfreich sein. Denn so kann man im Vorfeld schon den optimalen Ort für das Foto herausfinden, das man dann später bei Instagram oder Strava posten wird.

Die Kenntnis des Streckenprofils hat aber auch noch weitaus nützlichere Konsequenzen. So kann man die Verpflegung minutiös planen, zumindest in der Theorie. Im Streckenplan sind nämlich meistens die Versorgungsstationen eingezeichnet. Zudem kann man sich bereits im Vorfeld überlegen, auf welchem Streckenabschnitt man sich selbst verpflegt.

Hier hat jeder seine Vorlieben. Manch einer kann in einem Anstieg kaum etwas zu sich nehmen, wohingegen andere damit kein Problem haben. Zudem kann man eventuelle Betreuer koordinieren. Denn bei vielen Trailläufen sind große Teile der Strecke nicht ohne Weiteres erreichbar, schon gar nicht mit dem Auto oder öffentlichen Verkehrsmitteln.

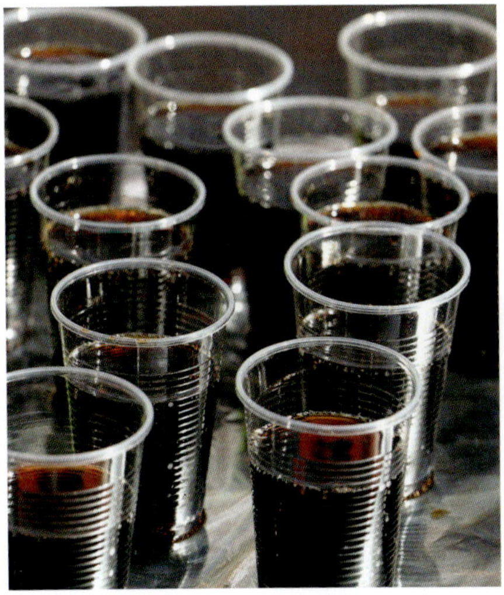

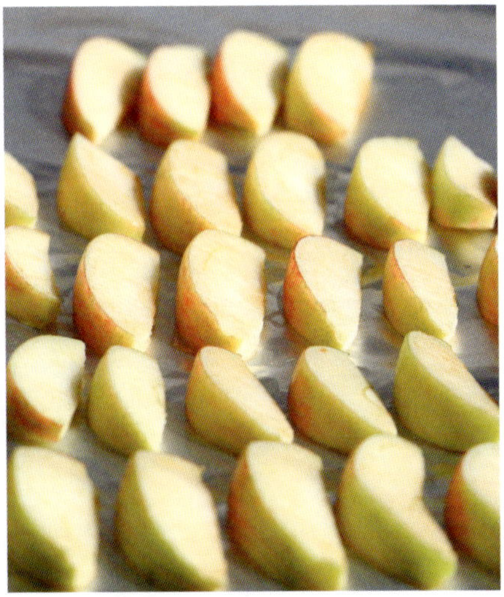

Die Verpflegung spielt bei vielen Trailläufen eine entscheidende Rolle.

Außerdem ist die Kenntnis des Streckenprofils von entscheidender Bedeutung für die Renntaktik. Damit ist nicht nur die Taktik der Spitzenläufer gemeint, die um die Podestplätze kämpfen. Nahezu jeder Teilnehmer legt sich im Vorfeld seine eigene Renntaktik zurecht.

Manchmal ist es so, dass das Streckenprofil geradezu die Renntaktik zwingend vorgibt. Da gibt es Strecken, die auf der ersten Streckenhälfte schon nahezu alle positiven Höhenmeter (also bergauf) enthalten. Hier werden einige Läufer auf der ersten Hälfte einen Großteil ihrer Kräfte aufbrauchen, schließlich ist die zweite Hälfte sehr wahrscheinlich deutlich einfacher zu laufen.

Sind hingegen die schwersten Anstiege des Rennens erst gegen Ende zu finden, spart man sich eventuell die Energiereserven bis zum Schluss auf. Hier hat allerdings jeder Läufer seine eigenen Vorlieben, die nicht zuletzt vom Charakter abhängig sind. Risikofreudige Trailrunner geben von Anfang an Gas, wie auch immer das Streckenprofil ist. Eher vorsichtige Zeitgenossen starten immer zurückhaltend in ihr Rennen und mobilisieren erst auf dem letzten Viertel oder Fünftel der Strecke ihre Kräfte.

9.2 BEISPIEL ZUT BASETRAIL XL

„Wenn der Wettbewerb auch hart ist und dir wie eine Qual vorkommt, verliere nie deine Motivation. Vergiss nicht, du machst das, weil du es liebst, das ist der einzige Grund, warum du diesen Wettbewerb bestreitest."

(Sandra Mastropietro, Mentalcoach und Trailläuferin aus München)

Anhand Deutschlands beliebtestem Trailwettkampf, dem Zugspitz-Ultra-Trail, soll beispielhaft aufgezeigt werden, wie das Streckenprofil den Trainingsplan beeinflusst:

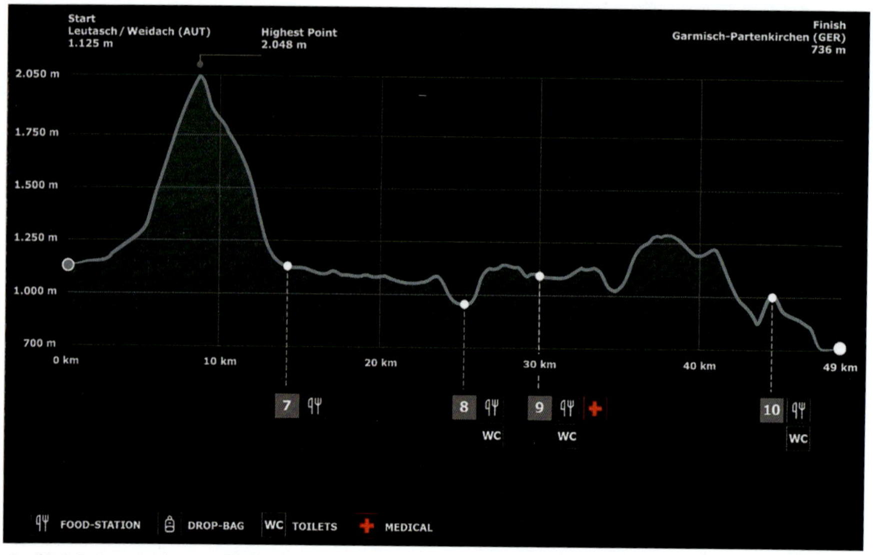

Grafik 10: Das Höhenprofil des Basetrails XL über 49 Kilometer beim Zugspitz-Ultra-Trail 2022

9.2.1 DER LANGE DAUERLAUF/WOCHENUMFANG

Der Basetrail XL 2022 ist 49 Kilometer lang und beinhaltet 1.760 Höhenmeter im Aufstieg und 2.160 Höhenmeter im Abstieg. Alleine diese Zahlen geben schon eine wichtige Auskunft für das Training. Denn in der Regel gilt: Je länger die anvisierte Wettkampfzeit ist, desto mehr Zeit muss man in das Training investieren. Diese Regel gilt allerdings nicht zwangsläufig für Ultratrails bzw. die Trainingszeit steigt nicht linear mit der prognostizierten Wettkampfzeit.

Man muss also zunächst herausfinden, wie lange man etwa für den Wettkampf brauchen wird. Deshalb lohnt es sich immer, die Ergebnislisten der vergangenen Jahre zu durchstöbern. Vielleicht findet man Läufer, die man von anderen Trailläufen her kennt, an denen man selbst teilgenommen hat. So kann man Rückschlüsse auf die eigene mögliche Zielzeit ziehen.

Falls man keinerlei Vergleichsmöglichkeiten findet, sollte man sich zunächst überlegen, wie lange man für die Distanz auf einer flachen Straße benötigen würde. Nun müssen die Höhenmeter Berücksichtigung finden. Hier spielt natürlich die eigene Stärke am Berg eine wichtige Rolle. Je stärker man selbst bergauf und bergab ist, desto weniger Zeit verliert man. Für einen durchschnittlichen Läufer ergibt sich ungefähr folgender Annäherungswert:

Zeit im Flachen + (Zeit im Flachen x (Höhenmeter/(Streckenlänge in km x 100)))

Für den ZUT Basetrail XL ergibt sich dadurch folgende Formel für 4:00-Stunden-Marathonläufer, wenn man davon ausgeht, dass diese für 49 Kilometer 4:50 Stunden benötigen:

4:50 h + (4:50 h x (1.760 / (49 x 100))) = 4:50 h + (4:50 h x (1.760 / 4900))
= 4:50 h + (4:50 h x 0,36) = 4:50 h + 1:44 h = 6:34 h

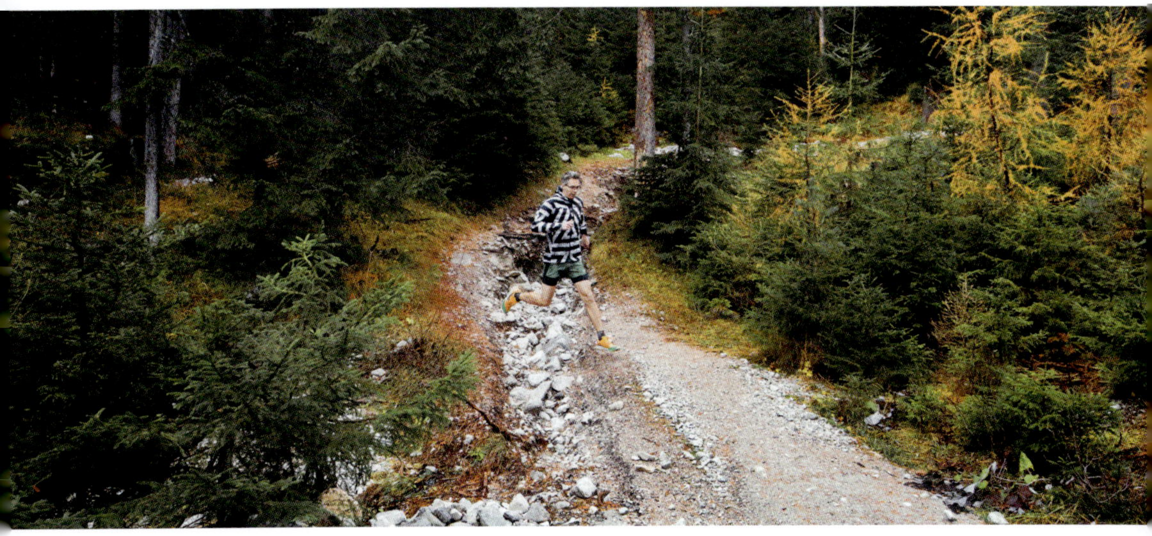

Die Strecke bei Kilometer 13 beim Basetrail XL 2022

Für erfahrene Bergläufer wäre der Faktor (0,36) eher niedriger, der Zeitzuschlag also geringer. Für Läufer, die eher im Flachen zu Hause sind, wäre der Faktor höher. Dieser Wert von 6:34 Stunden würde allerdings nur für eine komplett asphaltierte Strecke bzw. höchstens für eine Strecke gelten, die komplett aus Schotterwegen besteht. Auf der Internetseite des ZUT steht, dass der Basetrail XL einen Trailanteil von 50 % besitzt.

Leider ist der Begriff „Trail" nicht wirklich einheitlich geregelt, sodass man nicht unbedingt weiß, welche Wegbeschaffenheit einen erwartet. Auf jeden Fall lassen diese 50 % kein höheres Tempo als auf asphaltierten Streckenabschnitten zu. Hierfür einen Faktor zu finden, ist sehr schwierig, denn ein Trail kann eine Treppe, ein schwierig zu laufendes Geröllfeld oder vielleicht auch ein gut zu laufender Wiesenpfad sein.

Auf jeden Fall sollte man hier vorsichtshalber noch einmal einen gewissen Faktor dazurechnen. Beim ZUT Basetrail XL sind also 24,5 von 49 Kilometern eher langsamer zu laufende Streckenabschnitte (ca. 30 % langsamer als auf Schotter oder Asphalt). Nehmen Sie also nun Ihre bislang berechnete Endzeit (in unserem Beispiel 6:34 Stunden) und addieren Sie anteilig (also für 50 % der Gesamtzeit) noch einmal 30 Prozent zu dieser Zeit dazu.

6:34 h + (6:34 h x 50 % x 30 %) = 6:34 h + 59 Minuten = 7:33 h

Diese 59 Minuten dazu ergeben eine Zielzeit von 7:33 Stunden. Diese berechnete Endzeit unterliegt natürlich großen Schwankungen und stellt eher die Untergrenze dar. Es kann sehr gut sein, dass im Wettkampf noch 10-20 Prozent dazukommen. Doch immerhin haben Sie jetzt einen groben Anhaltspunkt.

Ausgehend von dieser Endzeit, sollten Sie Ihre langen Läufe planen. Laut den Ausführungen in Kap. 8 sollte bei einer prognostizierten Endzeit von 6-8 Stunden der längste Dauerlauf circa 60-65 Prozent dieser Zeit in Anspruch nehmen. Bei 7:33 Stunden entspräche dies einer Belastungszeit von circa 4:30-5:00 Stunden.

Zudem stellt diese errechnete Endzeit in etwa den minimalen Wochenumfang dar, den man in der Vorbereitung (12-16 Wochen) pro Woche laufend zurücklegen sollte. Natürlich kann man einen Teil dieser Zeit mit alternativen Sportarten abdecken. Doch je näher der Wettkampf kommt, desto mehr sollte das Laufen in den Fokus rücken.

Wer aufmerksam gelesen hat, wird vielleicht einen Widerspruch feststellen. Laut obiger Aussage müssten die schnellsten Läufer am wenigsten trainieren, denn diese brauchen nur 4:15-4:45 Stunden. Das ist natürlich unsinnig. Diese trainieren deutlich mehr und variieren im Training bei Tempo und Gelände meistens öfter als Läufer im Mittelfeld.

9.2.2 DER LÄNGSTE ANSTIEG

Beim Blick auf das Streckenprofil sollte man sich die neuralgischen Streckenpassagen anschauen. Auffällig ist dabei sicherlich sofort der längste Anstieg, der quasi gleich mit dem Startschuss beginnt. Dieser startet nach 2,0 Kilometern und überwindet auf 5,6 Kilometern circa 890 Höhenmeter. Dies entspricht einer durchschnittlichen Steigung von exakt 15,9 Prozent. Etwas mehr als die Hälfte der gesamten positiven Höhenmeter des Basetrails XL muss auf diesen 5,6 Kilometern erklommen werden. Betrachtet man diesen langen Anstieg genauer, so fällt auf, dass es ab Kilometer 6,0 so richtig steil wird. Fast 20 Prozent Steigung erwartet hier die Läufer.

Danach kommen nur noch kürzere Anstiege, die zwischen 120-250 Höhenmeter überwinden. Diese befinden sich alle auf der zweiten Streckenhälfte.

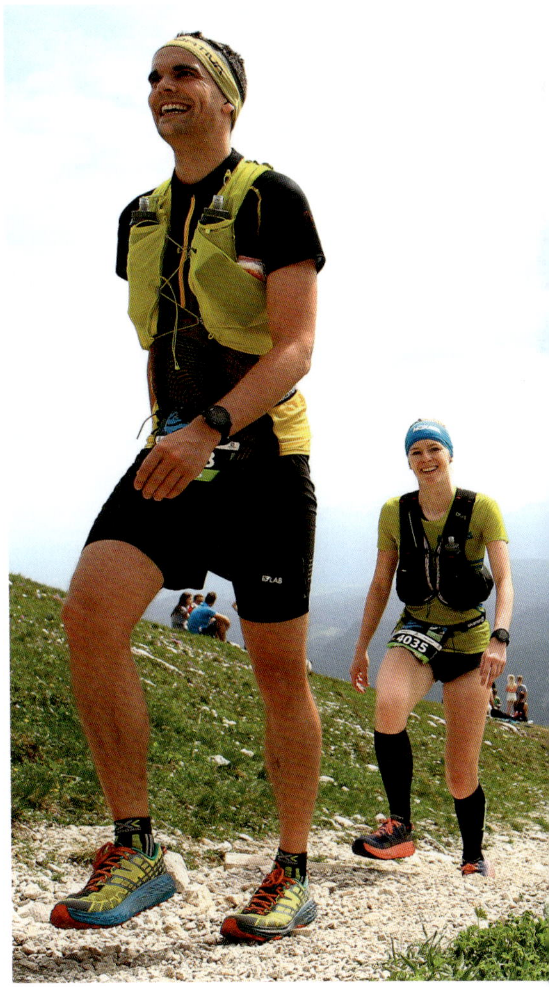

Der längste Anstieg beim Basetrail XL 2019 ist geschafft.

Um an noch detailliertere Zahlen zu gelangen, benötigt man die GPX-Datei. Diese kann oftmals direkt beim Veranstalter heruntergeladen werden oder man besorgt sie sich von anderen Läufern, die diese Strecke schon einmal abgelaufen sind.

Aufgrund der Daten für den längsten Anstieg kann man für sein Training folgende Rückschlüsse ziehen:

1. Anstiege müssen vor allem im Bereich von 15-20 Prozent trainiert werden.
2. Das Gehen muss im Training berücksichtigt werden.
3. Trainingseinheiten mit ca. 890 Höhenmetern sollten absolviert werden.

Rückschluss Nummer eins erschließt sich sofort. Nur wer im Training immer wieder die Steigungen überwindet, die einen im Wettkampf erwarten, wird erfolgreich sein. Aus Rückschluss Nummer drei ergibt sich so z. B. folgende Einheit auf dem Laufband, die sozusagen die härteste Trainingseinheit in der Vorbereitung ist:

4-5-mal einen Kilometer mit 15 Prozent Steigung plus einen Kilometer mit 20 Prozent Steigung im anvisierten Renntempo mit drei Minuten Pause (= 800-950 HM).

Aufgrund der Tatsache, dass der längste Anstieg bereits kurz nach dem Start ist, sollte man sich nicht dazu verleiten lassen, diesen mit vollem Einsatz nach oben zu laufen. Hier heißt es, Kräfte sparen für die noch bevorstehende Marathondistanz nach dem Anstieg. Scheuen Sie sich also nicht, im Training zu gehen. Denn das sollten Sie zumindest teilweise auch bei dem Anstieg hinauf zum Scharnitzjoch, dem höchsten Punkt des Basetrails XL. Bei den späteren, deutlich kürzeren Anstiegen werden Sie bereits ermüdet sein. Dies können Sie im Training dadurch simulieren, indem Sie im welligen Gelände mit nur halb vollen Kohlenhydratspeichern einen Tempodauerlauf machen. Allerdings ist dies eine sehr harte Trainingsmethode, die man nicht allen Läufern empfehlen kann. Dies sollte eher den sehr ambitionierten Athleten vorbehalten bleiben.

9.2.3 DER LÄNGSTE DOWNHILL

Für alle Strecken beim ZUT galt bis 2021: Am Ende geht's bergab. Vom Osterfelderkopf führte der Weg über den legendären Jägersteig hinab nach Grainau. Da 2022 aber zum ersten Mal das Ziel in Garmisch-Partenkirchen liegt, entfällt dieser Downhill. Der längste Downhill erwartet die Teilnehmer nun bereits nach 7,6 Kilometern: knapp 900 Höhenmeter auf 4,7 Kilometern. Das entspricht einem durchschnittlichen Gefälle von 19,2 Prozent. Die letzten 1,3 Kilometer des Downhills weisen sogar 27,1 Prozent auf. Dieses Detailwissen kann man nur schwer aus dem Streckenprofil herauslesen. Hier hilft Strava weiter. So ist der Downhill vom Scharnitzjoch hinab als Segment angelegt, sodass man hier die genauen Daten erhält.

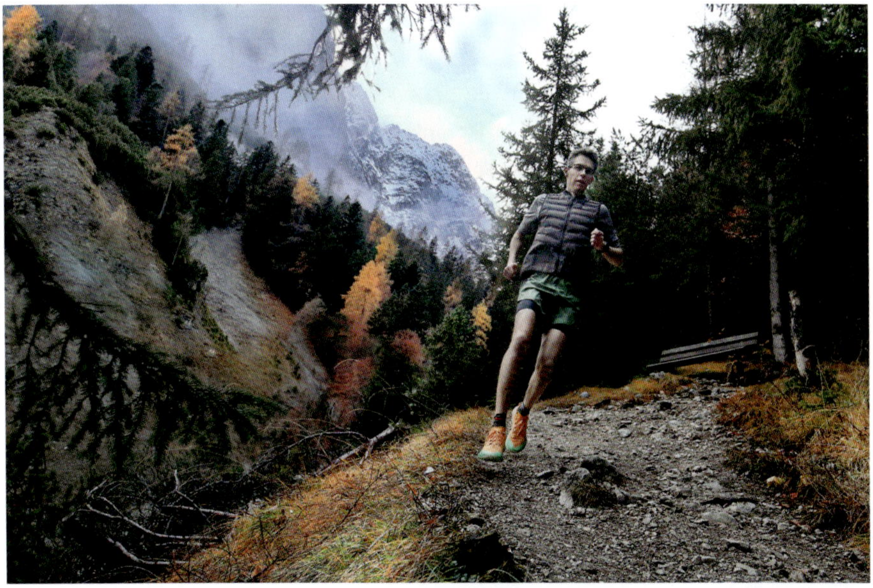

Streckencheck für den Basetrail XL 2022 am Ende des längsten Downhills

Wer auf diesen knapp fünf Kilometern nicht zu viel Zeit verlieren will, muss das Downhilltraining in seinen Trainingsplan einbauen. Zudem muss die Muskulatur an Downhills gewöhnt sein, denn sonst werden die restlichen 35 Kilometer zur Qual. Damit das nicht passiert, wäre es optimal, öfter mehrere Minuten bei 20 Prozent Gefälle zu laufen. Dies ist natürlich nicht immer realisierbar, denn solche steilen Wege hat nicht jeder vor seiner Haustür.

Doch beim Downhilltraining reichen mitunter schon minimale Trainingsreize, um Anpassungen zu erzielen.

Etwa acht Wochen vor dem ZUT sollte man gezielt Downhillreize setzen. Dabei sollte die längste Downhilleinheit ungefähr 700-900 Höhenmeter beinhalten. Diese Höhenmeter kann man natürlich in den langen Dauerlauf einbauen. Oder man macht die Bergaufläufe nicht auf dem Laufband, sondern im Gelände. So kann man in den Pausen wieder nach unten laufen. Dies wären dann in einer Trainingseinheit 700-900 Höhenmeter bergauf und bergab, was eine grenzwertige Belastung darstellt.

9.2.4 DIE HÖHENMETERFRAGE

In diesem Zusammenhang rückt eine Frage in den Fokus, die viele Trailläufer beschäftigt. Wie viele Höhenmeter muss ich in der Vorbereitung für einen Trailrun mindestens schaffen? Die Antwort darauf spaltet die Trailläufergemeinde in zwei Lager.

Die einen wollen so viele Höhenmeter wie möglich in ihr Training integrieren. Meist haben diese Athleten einfachen Zugang zu höhenmeterintensiven Strecken. Die anderen laufen meist in der Ebene und beschränken sich am Wochenende oder in Laufurlauben auf die Höhenmeter. Die richtige Antwort liegt dabei wie so oft in der Mitte.

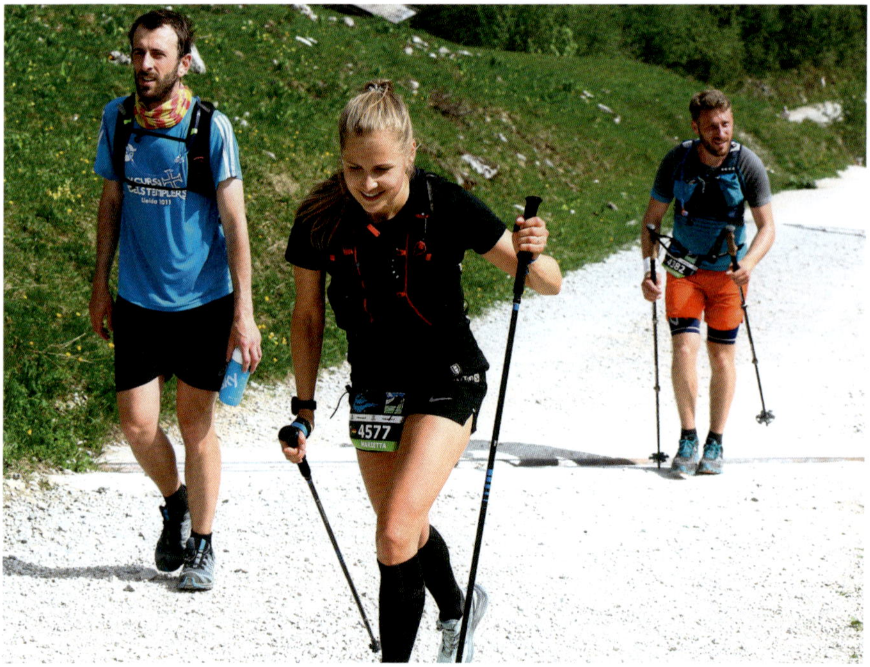

Wer nun wie beim Basetrail XL etwa 1.760 Höhenmeter laufen muss, sollte diese Marke zumindest zur Hälfte regelmäßig pro Woche knacken. Diese Aussage ist natürlich etwas pauschal. Schließlich schafft jemand, der 100 Kilometer pro Woche läuft, zumindest theoretisch viel einfacher diese Marke, als jemand, der 50 Kilometer pro Woche läuft. Deshalb muss man die Höhenmeter relativ zum Trainingsumgang betrachten.

Hier kommt das Streckenprofil wieder ins Spiel. Beim Basetrail XL sind 16 Kilometer relativ eben. Das ist ein Drittel der Strecke. Deshalb sollte das Training auch mindestens zu einem Drittel der Laufkilometer im flachen bzw. leicht ansteigenden Gelände absolviert werden.

Ungefähr 17 Kilometer der Strecke (entspricht 35 Prozent der Gesamtdistanz) können als wellig beschrieben werden, wobei der längste Anstieg circa 250 Höhenmeter beinhaltet. Also sollten ungefähr weitere 35 Prozent des Trainings im welligen Gelände stattfinden.

Die Kilometer 2-7 führen steil bergauf. Das ist ein Zehntel der Gesamtstrecke, weshalb auch mindestens 10 Prozent des Trainings an steilen Anstiegen durchgeführt werden sollte.

Insgesamt muss man beim Basetrail XL 2.160 Höhenmeter bergab laufen. Das bedeutet nun aber nicht, dass auch im Training der dementsprechende Anteil des Gesamtumfangs steil bergab gelaufen werden muss. Diesen Anteil (ca. 20 Prozent) sollte man lieber in die allgemeine Ausprägung der Laufform stecken, was am besten mit einem gesunden Mix aus Kilometern in der Ebene, im welligen und bergigen Gelände geschehen sollte.

9.2.5 WEGBESCHAFFENHEIT

Jetzt muss man noch eruieren, wie der Untergrund beschaffen ist und wie *laufbar* die Strecke ist. Mit *laufbar* ist gemeint, wie technisch anspruchsvoll die Strecke ist und welche Laufgeschwindigkeiten sie zulässt. Dies kann man einerseits am Streckenprofil erkennen, andererseits an den Zwischenzeiten, welche man oftmals bei den Live-Ergebnissen oder den Gesamtergebnislisten auf der Homepage des Veranstalters nachlesen kann.

Beim Basetrail XL sind große Teile der Strecke sehr laufbar. Für den Großteil der Strecke braucht man keine überragende Trittsicherheit oder Mut. Einzig die letzten 1,5 Kilometer des längsten Downhills verlangen Trittsicherheit. Hier geht es steil bergab, zudem erfordert der Weg oftmals Rhythmuswechsel. Dies sollte man im Training in der Vorbereitung auf den ZUT zumindest teilweise berücksichtigen.

FAZIT

Der Basetrail XL und der Basetrail sind zwei Strecken, auf die man sich auch ohne die Anwesenheit der Alpen gut vorbereiten kann.

9.3 DAS RICHTIGE RENNTEMPO

„Schnelles Laufen ist keine Gewähr dafür, dass man das Ziel erreicht."

(aus Afrika)

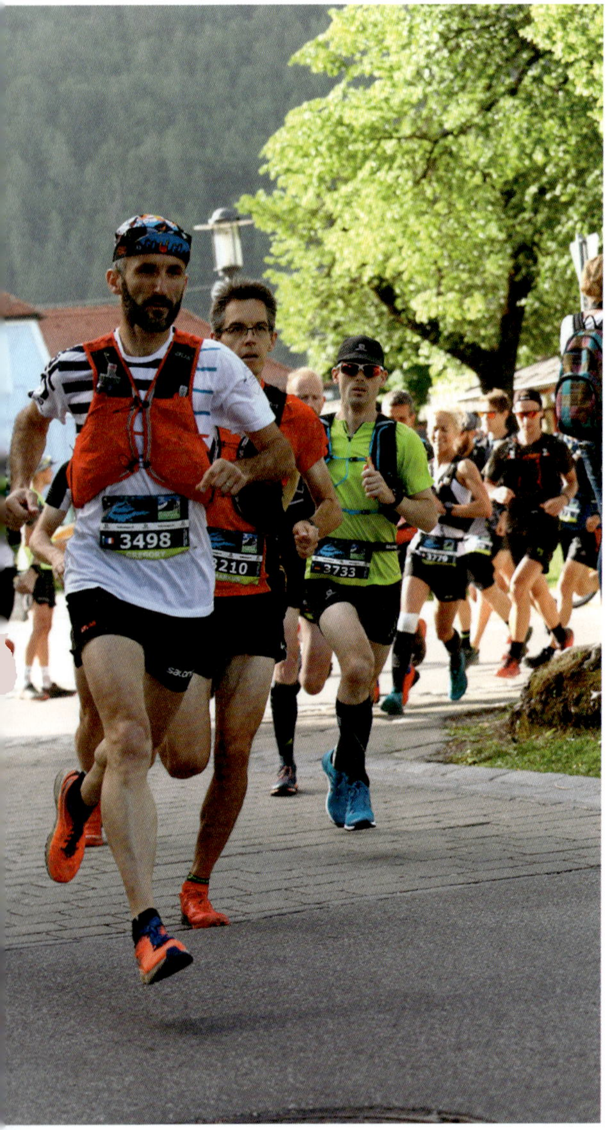

Man bereitet sich monatelang auf einen Wettkampf vor, ist in sehr guter Form und möchte nun am Tag X die Lorbeeren für die viele harte Arbeit ernten. Gleich nach dem Startschuss läuft man hoch motiviert los. Die ersten Kilometer vergehen wie im Flug. Doch mit fortschreitendem Rennverlauf werden die Beine schwerer und schwerer, man verliert Platz um Platz und kämpft nur noch darum, das Ziel zu erreichen. Die vor dem Wettkampf erhoffte Platzierung ist in weite Ferne gerückt, die Motivation nähert sich dem Tiefpunkt.

Vor allem am Start heißt es, Ruhe bewahren und möglichst schnell das eigene Tempo finden.

Nicht selten passiert es auch Spitzenläufern, dass sie zu schnell in ein Rennen starten. Durch das zu hohe Anfangstempo werden wertvolle Kohlenhydrate verbrannt, die Energiespeicher werden schon zu Beginn des Rennens entleert. Manch ein Athlet erholt sich vielleicht im Verlauf der nächsten Stunden davon. Doch viele auch nicht.

Um dem vorzubeugen, sollte man sich vor dem Rennen einerseits eine Rennstrategie zurechtlegen, außerdem sollte man genau wissen, was man sich und seinem Körper zutrauen darf und kann. Denn es gibt auch Läufer, die zu vorsichtig in ein Rennen starten. Die dadurch verlorene Zeit kann man nur selten in der zweiten Rennhälfte aufholen. Schon gar nicht, wenn die Gegner ihr Rennen optimal eingeteilt haben und ohne große Geschwindigkeitsverluste durch den Wettkampf kommen.

Um von Anfang an die richtige Intensität zu wählen, kann man natürlich seinem Gefühl vertrauen. Dies erfordert sehr viel Erfahrung und eine Menge an Selbstvertrauen. Man muss sich zudem seiner Stärken und Schwächen bewusst sein. Manch einer fährt besser damit, am Anfang eines Rennens eher zurückhaltend zu starten. Ein anderer braucht ein etwas höheres Tempo, um in den Rennrhythmus zu finden.

Wichtig ist dabei, sich auf sein eigenes Rennen zu konzentrieren und sich nicht von den Konkurrenten zu sehr beeinflussen zu lassen. Es erfordert natürlich viel Selbstbewusstsein, zu Beginn die Gegner eventuell davonziehen zu lassen. Doch das ist wesentlich besser, als sofort über dem eigenen Limit zu laufen. Die meisten Trailrennen dauern mehrere Stunden und Geduld zahlt sich hier mitunter aus.

Viele Athleten vertrauen dem Alleskönner an ihrem Handgelenk. So kann man sich z. B. an der Herzfrequenz oder dem aktuellen Lauftempo orientieren. Die Herzfrequenz sollte bei längeren Trailwettkämpfen 90 Prozent des Maximalpulses nur in Ausnahmefällen überschreiten.

Diese Schwelle ist aber mit Vorsicht zu genießen. Ein erfahrener Athlet mit überragender Ausdauer kann unter Umständen mehrere Stunden mit circa 90 Prozent seines Maximalpulses laufen, wohingegen ein Laufnovize bereits mit 80 Prozent des Maximalpulses überfordert ist. Bei langen Anstiegen kann man auch die Höhenmeter pro Stunde als Kennzahl nehmen, ein Wert, den mittlerweile viele GPS-Laufuhren anzeigen.

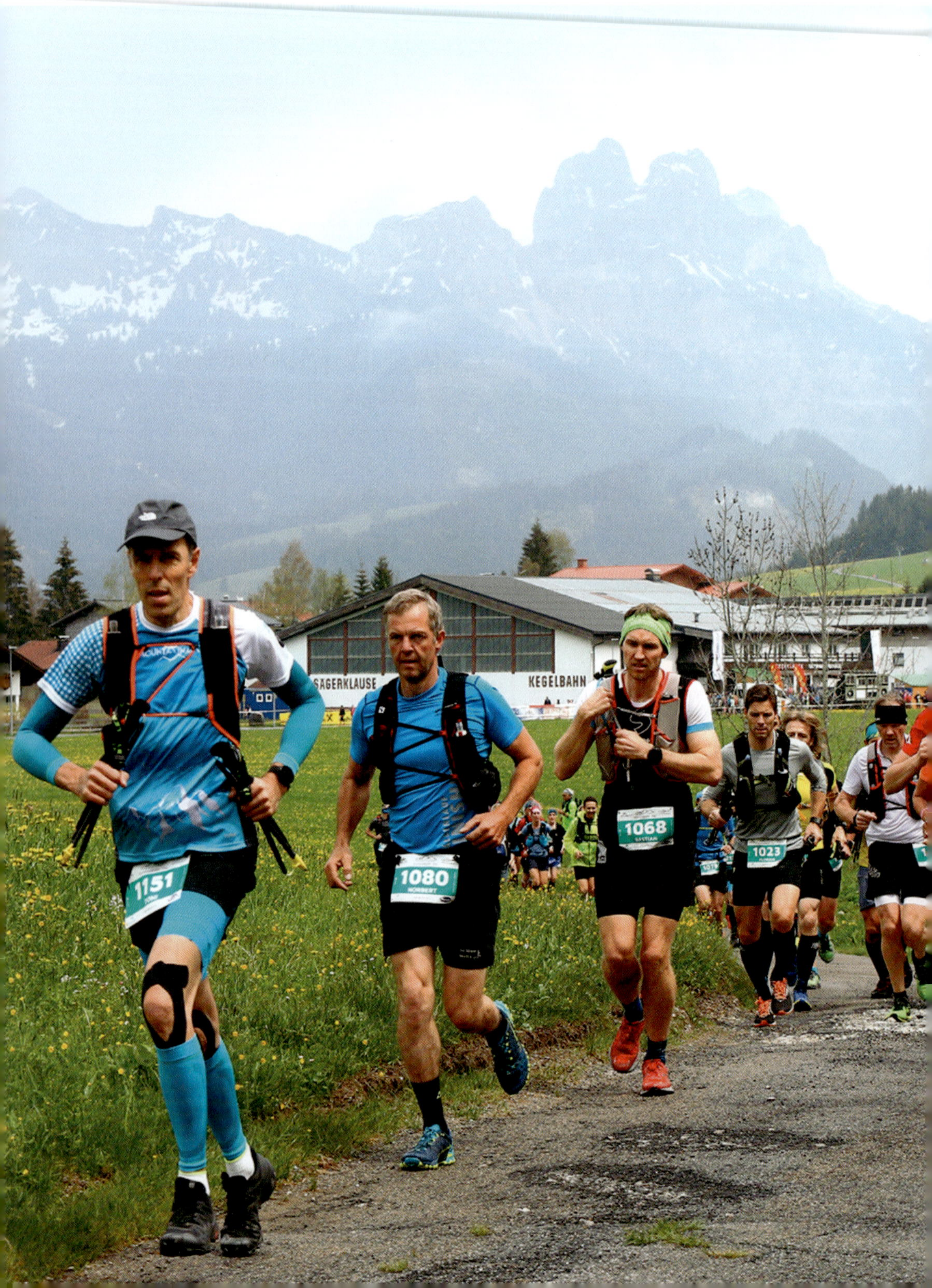
SAGERKLAUSE
KEGELBAHN
1151
1080
1068
1023

9.4 SICH RICHTIG VERPFLEGEN

„Der Wille ist des Menschen höchste Kraft."

(Esaias Tegnér, schwedischer Dichter)

Um bei einem Wettkampf sein persönliches Ziel zu erreichen, ist die richtige Verpflegung unabdingbar. Sobald ein Wettkampf länger als eine Stunde dauert, benötigt der Körper Flüssigkeit und Kalorien. Dies trifft auf nahezu alle Trailläufe zu. Hier bedarf es ausführlicher Planung und natürlich der Kenntnis, wie man seinen Körper optimal versorgen kann.

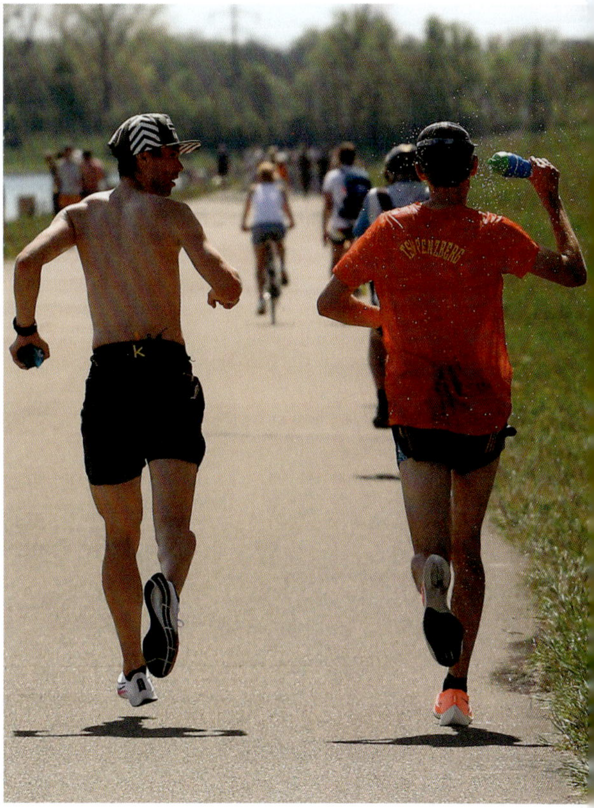

Zunächst ist es wichtig, die Versorgung mit Flüssigkeit während eines Traillaufs zu gewährleisten. Hier gilt als ungefähre Faustregel, dass man pro Stunde 0,5-1 Liter Wasser trinken sollte, wenn die Außentemperaturen dementsprechend hoch sind. Bei niedrigen Temperaturen kommt man auch mit 0,25-0,5 Litern aus. Allerdings gibt es hier große individuelle Unterschiede.

Man muss bereits im Training für sich herausfinden, wie viel Flüssigkeit man braucht. Auf jeden Fall muss man sicherstellen, während des Laufs nie so sehr zu dehydrieren, dass man sich selbst in Gefahr bringt. Man muss also minutiös planen, wie viel Wasser man mitnimmt bzw. wie man während des Laufs an Wasser kommt.

Bei Wettkämpfen gibt es in regelmäßigen Abständen Versorgungsstationen, die Wasser, Tee oder isotonische Getränke anbieten. Trotzdem muss man für Wettkämpfe im Vorfeld genau durchrechnen, ob die Versorgungsstationen ausreichen. Denn manchmal ist der Abstand zwischen den einzelnen Stationen relativ groß, sodass es mitunter deutlich länger als eine Stunde dauern kann, bis man bei der nächsten angekommen ist.

Außerdem muss man immer die Möglichkeit in Betracht ziehen, vom richtigen Weg abzukommen und sich zu verlaufen. Deshalb sollte man immer eine gewisse Menge an Flüssigkeit dabeihaben, ob in der im Rucksack integrierten Trinkblase oder in einer separaten Trinkflasche.

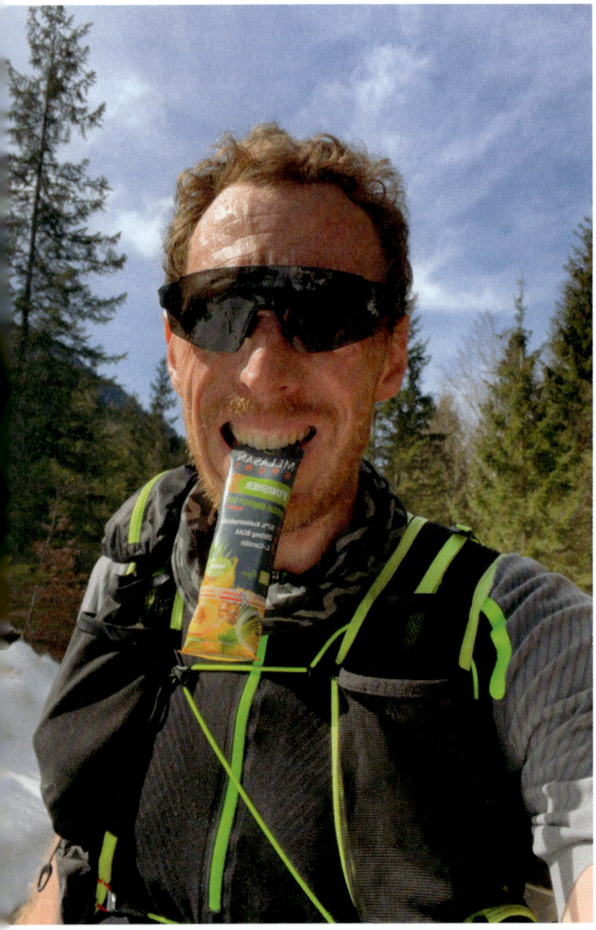

Neben der lebensnotwendigen Wasseraufnahme ist auch die Zufuhr von kalorienhaltigen Lebensmitteln zwingend nötig, um seine optimale Leistung abrufen zu können. Spätestens nach 90 Minuten, eher bereits nach 60 Minuten, sind die Kohlenhydratspeicher in der Muskulatur zu einem Großteil oder zur Gänze entleert. Die Leistungsfähigkeit nimmt ab, die Beine werden schwer.

Wer aber erst nach 60 oder gar nach 90 Minuten damit anfängt, Kalorien während eines Wettkampfs zu sich zu nehmen, der wird wertvolle Zeit verlieren. Denn bis die Energie der zugeführten Nahrung die Muskulatur erreicht, dauert es einige Minuten. Deshalb ist es ratsam, bereits nach 30 Minuten mit der Energieaufnahme zu beginnen. Circa 30-40 Gramm Kohlenhydrate pro 30 Minuten sollte man zu sich nehmen.

In einer spanischen Studie mit Trailläufern wurde gezeigt, dass der Magen unter Belastung bis zu 120 Gramm Kohlenhydrate pro Stunde schafft und dass dies zu weniger Muskelschäden führt und zu einer schnelleren Regeneration beiträgt (Viribay,

Arribalzaga, Mielgo-Ayuso, Castañeda-Babarro, Seco-Calvo & Urdampilleta, 2020). Allerdings konnten nur Athleten 120 Gramm Kohlenhydrate pro Stunde aufnehmen, die ihren Magen dahin gehend trainiert hatten, also bereits im Training regelmäßig während Belastungen Energie zu sich genommen hatten. Hier muss man selbst viel Geduld und Experimentierfähigkeit mitbringen. Schließlich gibt es unzählige Produkte auf dem Markt, deren Magenverträglichkeit höchst individuell ist.

Nur weil Athlet X ein bestimmtes Produkt problemlos während hochintensiver Belastungen zu sich nehmen kann, gilt das noch lange nicht für Athlet Y. Wichtig ist allerdings, zu wissen, dass in der Regel die Zufuhr von Wasser und Kohlenhydraten vollkommen ausreicht. Eiweiße oder Fette haben während eines Trailwettkampfs oder eines langen Dauerlaufs nichts in der Sportnahrung verloren. Ausnahmen gelten natürlich für extreme Ultra-Distanzen (> 36 Stunden).

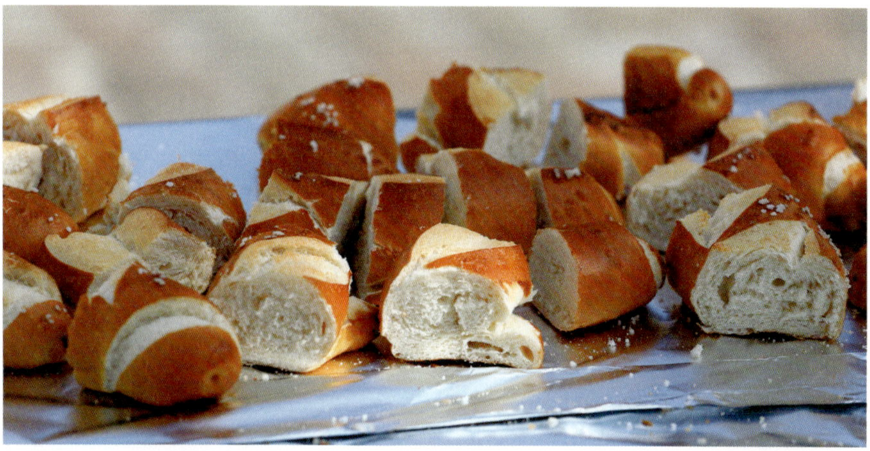

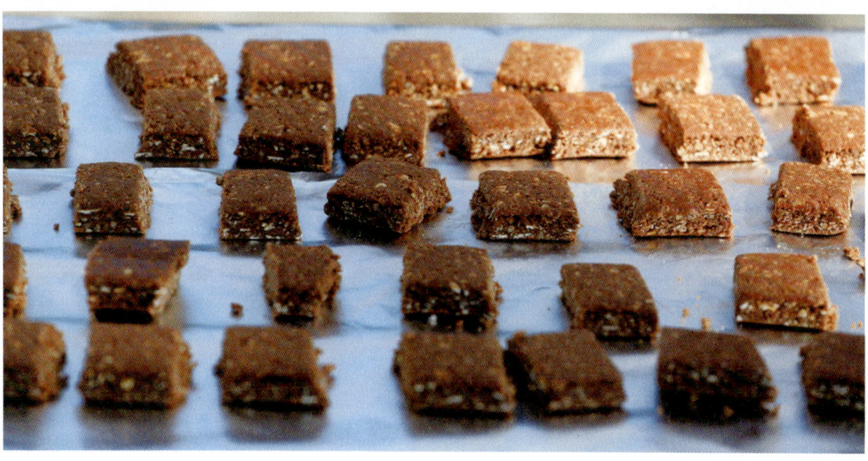

Ob man nun die Kohlenhydrate mithilfe von Sportgetränken in flüssiger Form zu sich nimmt oder in Form von fester Nahrung, bleibt jedem selbst überlassen. Kohlenhydrate in Sportgetränken gelangen schneller vom Magen zur arbeitenden Muskulatur. Allerdings nehmen diese deutlich mehr Platz im Laufrucksack ein als platzsparende Energieriegel, Gels oder andere kohlenhydrathaltige Sportnahrung. Die Gewichtseinsparung ist auch nicht unerheblich.

Es gibt natürlich auch die Möglichkeit, sich Kohlenhydratpulver vor dem Wettkampf in Tütchen abzufüllen und diese an den Verpflegungsstationen in Wasser aufzulösen. Das kostet natürlich Zeit, aber schließlich kommt es bei den Wenigsten bei langen Trailwettkämpfen auf jede Sekunde oder Minute an.

Man kann sich auch ausschließlich auf die Verpflegungsstationen verlassen. Dazu muss man aber im Vorfeld abklären, was am jeweiligen Verpflegungsstand angeboten wird. Viele Veranstalter geben mittlerweile an, was es an den jeweiligen Verpflegungsstationen gibt.

Diesen Luxus hat man bei langen Trainingsläufen eher selten. Hier muss man selbst im Vorfeld dafür sorgen, dass einem während des Laufs nicht die Energie ausgeht. Haben Sie deshalb also immer mindestens 60-80 Gramm Kohlenhydrate pro geplanter Stunde Bewegung mit im Rucksack.

9.5 WETTKAMPF- UND TRAININGSSTEUERUNG MIT WATT

„Während eines ganz normalen Trainingstags versuche ich, mich selbst immer daran zu erinnern, dass ich mich für etwas ganz Besonderes vorbereite."

(Shalane Flanagan, USA, Olympiazweite 2008 über 10.000 Meter)

Seit einiger Zeit hält eine neue Technik Einzug in die (Trail-)Laufwelt. Was im Radsport schon seit Jahren zur Standardausrüstung eines jeden halbwegs ambitionierten Athleten gehört, ist im Laufsport noch sehr neu. Dabei könn(t)en vor allem Trailläufer von der Wattmessung profitieren.

Die Einheit „Watt" ist ein Maß für die Leistung. Die Leistung, die ein Läufer zu einer bestimmten Zeit erbringt, ist abhängig von seiner Laufgeschwindigkeit, seinem Körpergewicht, der Steigung des Geländes, dem Gegen- oder Rückenwind und einigen anderen Faktoren, die allerdings im Vergleich zu den oben genannten kaum ins Gewicht fallen.

In der Vergangenheit war es fast unmöglich, die Leistung in Echtzeit zu berechnen. Doch mittlerweile gibt es einige Systeme, die das können. Ob die errechneten Werte wirklich korrekt sind, spielt dabei keine so große Rolle. Viel wichtiger ist, dass man lernt, die vom Sensor ermittelten Werte richtig zu interpretieren und für das Training und den Wettkampf zu nutzen.

Wer z. B. bei einem Testlauf über eine Stunde in der Lage ist, mit 360 Watt zu laufen, der weiß, dass 360 Watt für einen mehrstündigen Trailwettkampf eine zu hohe Intensität wären. Und nun kommt der entscheidende Mehrwert für einen Trailläufer. Der Sensor berechnet die aktuelle Wattzahl während des Laufens. So kann der Athlet auch bergauf immer beobachten, ob er sich gerade noch im grünen Bereich befindet (in unserem Beispiel unter 360 Watt) oder gerade im roten Bereich (über 360 Watt) unterwegs ist.

Bergab hingegen ist die Wattzahl keine hilfreiche Angabe. Denn aufgrund des Gefälles wird man fast immer unter der Wattzahl an der anaeroben Schwelle bleiben. Das Herz-Kreislauf-System wird bergab nie am Maximum belastet werden. Hier ist es eher die Muskulatur, die durch die hohen Aufprallkräfte ermüdet.

Die Wattmessung kann also während eines Wettkampfs einen guten Anhaltspunkt für das richtige Renntempo liefern. Außerdem kann man im Training vor allem die Trainingseinheiten bergauf gut steuern.

9.6 FOKUSSIERUNG AUF WENIGE SAISONHÖHEPUNKTE

„Die meisten Menschen lernen im ganzen Leben nicht das Hochgefühl kennen, wirklich in Form zu sein."

(Arthur Lydiard, neuseeländische Trainerlegende)

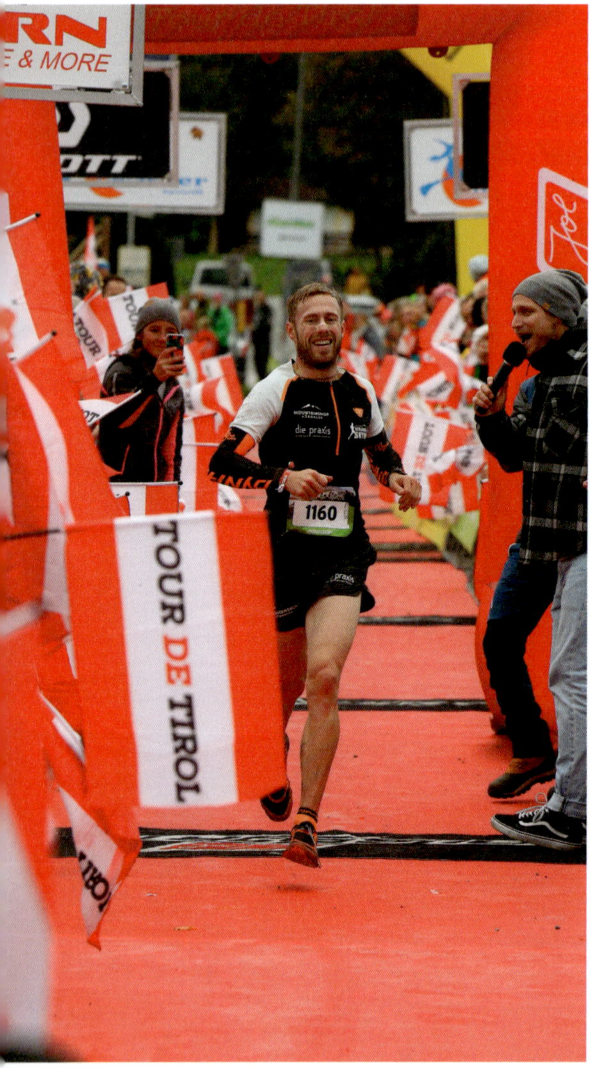

Die Vielzahl an attraktiven Trailläufen führt bei vielen Läufern dazu, dass sie von einem Wettkampf zum nächsten hetzen. Das eine Wochenende verbringt man in Tirol, das nächste im Berchtesgadener Land, weiter geht es ins Allgäu, in die Schweiz, in den Schwarzwald, ab in den Taunus und vielleicht sogar noch nach Übersee. Man sammelt unvergessliche Eindrücke, lernt viele interessante Menschen kennen und erhält eine Finishermedaille nach der anderen.

Zwischen den vielen Wettkämpfen muss man sich regenerieren, um seinen Körper nicht zu überfordern. Deshalb bleibt für ein planvolles Training eigentlich keine Zeit. Die Folge davon ist, dass man bei keinem einzigen Wettkampf in Topform antritt. Dies mag für viele Trailläufer kein großes Problem darstellen, da sie sowieso einfach nur „finishen" wollen.

Spitzenläufer fokussieren sich oft auf wenige Saisonhöhepunkte.

Aber es gibt auch zahlreiche Athleten, die aufgrund ihrer Saisonplanung ständig hinter ihren Erwartungen zurückbleiben und sich wundern, dass sie wieder einmal genauso schnell waren wie im Vorjahr.

Das heißt jetzt nicht, dass man nur ganz wenige Trailwettkämpfe in einer Saison laufen kann und darf. Wer aber herausfinden will, was er wirklich kann, sollte sich auf wenige Saisonhöhepunkt fokussieren. Denn der Körper kann nicht ständig in Topform sein, das funktioniert nicht. Schon gar nicht, wenn alle paar Wochen ein Ultratrail oder ein 30-Kilometer-Trail mit 2.000 Höhenmetern mit maximalem Einsatz gelaufen wird. Solche Wettkämpfe bedürfen streng genommen mehrerer Wochen Regenerationszeit, natürlich nur unter der Voraussetzung, dass man am Limit gelaufen ist.

Man kann selbstverständlich an mehreren Rennen in einer Saison teilnehmen und trotzdem am Tag X in Topform sein. Doch dazu muss man seine Wettkämpfe sehr gut planen und eventuell den einen oder anderen Wettkampf nicht mit 100%igem Einsatz gestalten. Zudem darf es gerne auch nur mal ein Trailwettkampf über 15 oder 25 Kilometer sein. Davon erholt man sich innerhalb weniger Tage und man kann mit dem Training relativ schnell wieder beginnen.

Viele sehr erfahrene Trailläufer werden jetzt natürlich einwenden, dass sie bereits wenige Tage nach einem Trailmarathon oder sogar nach einem Ultra wieder ins Training einsteigen. Doch selbst den alten Hasen unter den Trailläufern wird es nicht gelingen, ihre Topform auf diese Art und Weise herauszubilden. Natürlich können sie wieder mit dem Training beginnen. Natürlich können sie bereits wieder nach wenigen Tagen ein hartes Tempolaufprogramm oder sogar einen sehr langen Dauerlauf problemlos bewältigen. Doch der Körper ist zu diesem Zeitpunkt immer noch im Reparaturmodus, auch wenn man davon zunächst nichts merkt.

Neue, harte Trainingsreize verpuffen im besten Fall. Im schlimmsten Fall führen sie zu Überlastungserscheinungen, die sich eventuell erst einige Wochen oder Monate später bemerkbar machen. Eine Leistungsverbesserung durch dieses Training dürfte nicht zu erwarten sein, da die Erholungsprozesse durch zu frühzeitiges hartes Training (oder einen weiteren Wettkampf am nächsten Wochenende) unterbrochen und behindert werden.

Wie lange die Erholungszeit nach einem maximal gelaufenen Traillauf ist, ist natürlich von vielen verschiedenen Faktoren abhängig. Dass Streckenlänge, die Anzahl der positiven und negativen Höhenmeter, das Alter, die Trainingserfahrung, die Ernährung und der Schlaf Einfluss auf die Regeneration haben, ist wahrscheinlich den meisten Läufern bewusst.

Doch viele Athleten vergessen oftmals den Einfluss ihres Trainings nach einem Wettkampf auf die Erholungszeit. Da läuft man bereits wenige Tage später wieder drei oder vier Stunden durch das nächste Mittelgebirge, natürlich nur ganz locker mit einem Freund. Man hat ja nur noch leichte Muskelschmerzen und die Gelenke zwicken nur ein bisschen. Zudem läuft man ja ganz langsam.

Hier sollten die Trailläufer durchaus einmal auf die Straßen- und Bahnläufer blicken. Diese laufen meist sehr wenige Rennen im Jahr bzw. kommen auf relativ wenige Wettkampfkilometer. Dafür ist der Anteil der Trainingskilometer im Vergleich zu den Wettkampfkilometern wesentlich höher. Viele Traillaufenthusiasten sammeln in der Zeit von Mai bis Oktober mitunter mehr Wettkampfkilometer als Trainingskilometer. Dieses Missverhältnis führt dazu, dass man sehr wahrscheinlich nie sein wahres Leistungspotenzial abrufen kann.

Vielleicht wollen viele Trailläufer dies auch gar nicht, denn ihnen geht es mehr um Quantität als um Qualität der Wettkämpfe. Diese Einstellung ist teilweise nachvollziehbar und hat ihre Berechtigung. Doch im Endeffekt nimmt man sich diese einmalige Erfahrung, wenn man mehrere Wochen und Monate auf einen Höhepunkt hintrainiert, um an diesem Tag seine beste Leistung abzurufen und zu zeigen. Dieses Gefühl ist einmalig. Zudem ist es immer wieder ein besonderes Highlight, wenn man merkt, wie der Körper an Leistungsstärke hinzugewinnt.

Natürlich besteht die Gefahr, dass man am Tag X nicht die erhoffte Leistung abrufen kann und man enttäuscht das Ziel erreicht. Doch die Gefahr des Scheiterns macht ja durchaus auch den Reiz des Traillaufens oder des Laufens allgemein aus. Setzt man sich hingegen keine Ziele bzw. startet jedes Wochenende woanders bei einem Wettkampf, so ist man vielleicht tatsächlich immer zufrieden und schützt sich selbst vor Enttäuschungen. Doch die Zufriedenheit und das Glück, das man erlebt, wenn monatelanges Training durch eine starke Leistung belohnt wird, ist nicht mit dem Gefühl zu vergleichen, wenn man den x-ten Wettkampf in der Saison einfach nur gefinisht hat.

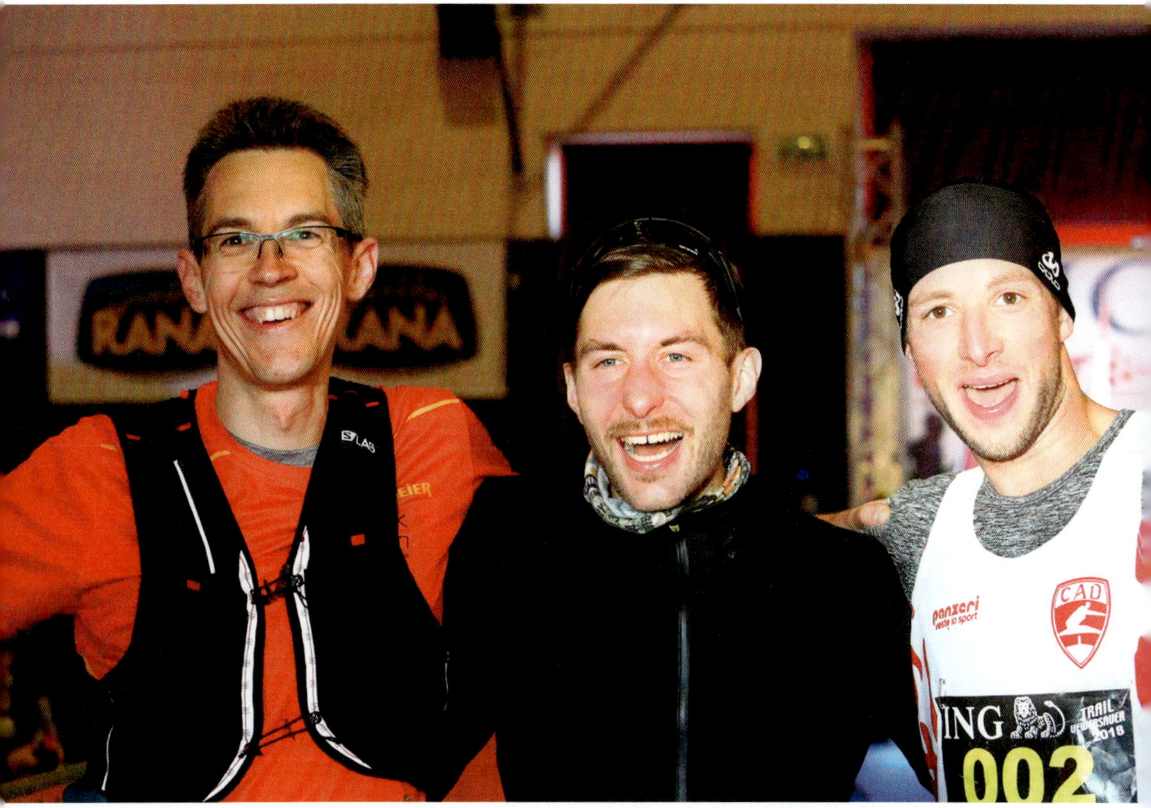
ING
TRAIL
2018
002

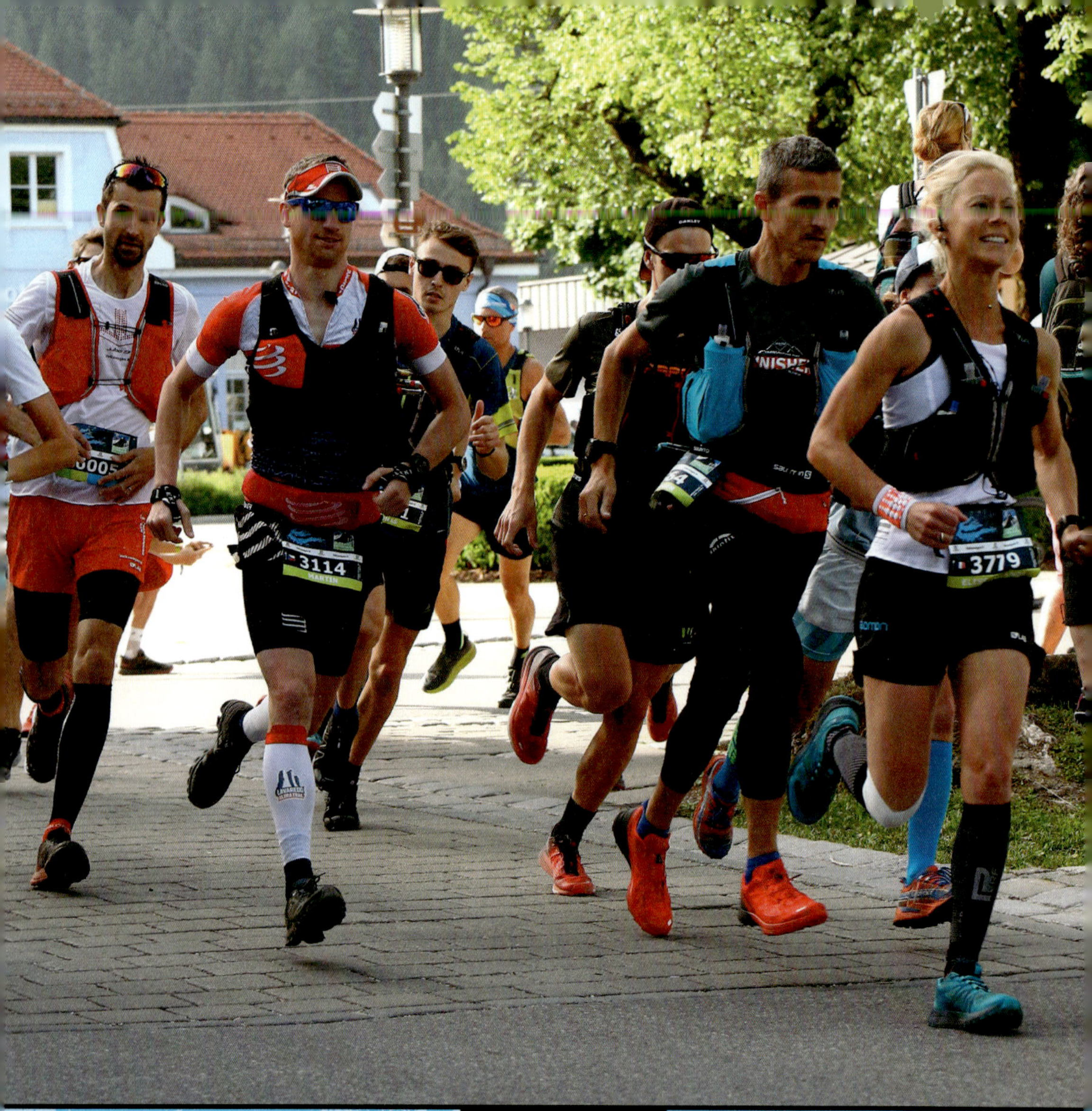

10

DER TRAININGSPLAN FÜR DEN ZUT

Deutschlands bekanntestes und beliebtestes Trailevent ist zweifelsohne der Zugspitz-Ultra-Trail (ZUT) am Fuße des höchsten deutschen Gipfels. Mehrere tausend Sportler versammelten sich bis 2019 in Grainau (ab 2022 in Garmisch-Partenkirchen) und in den verschiedenen Startorten, um die Trails des Wettersteingebirges unsicher zu machen.

Um Mitte Juni in Topform an den Start zu gehen, sollte man sich ab November mit dem Training für dieses Großereignis beschäftigen. Diese Zeit ist auch notwendig. Es muss hier noch einmal ausdrücklich erwähnt werden, dass 6-8 Monate die optimale Vorbereitungszeit darstellen, um auch das letzte Prozent aus seinem Körper herauszuholen.

Es ist auch problemlos möglich, mit nur drei oder vier Monaten Vorbereitungszeit zu arbeiten, doch dann wird man wohl nur 95 oder vielleicht 98 Prozent des Leistungsoptimums erreichen. Vor der Lektüre des Trainingsplans sollten Sie sich Folgendes bewusst machen:

- Die Trainingspläne sind rein theoretische Konstrukte. In der Praxis müssen Trainingspläne jeden Tag aufs Neue überprüft werden, denn ein Mensch ist keine Maschine. Anpassungen müssen erlaubt sein. Ein stures Festhalten an Zeiten, Kilometer- und Höhenmetervorgaben ist sinnlos.
- Der beste Trainingsplan bringt nichts, wenn der Athlet keinen Spaß damit hat. Natürlich hat man wohl nie zu 100 Prozent Spaß. Aber wer sich andauernd zu bestimmten Trainingsinhalten überwinden muss, wird auf Dauer keinen Erfolg und keine Freude am Laufen haben.
- Die einzelnen Phasen gehen ineinander über, dürfen also nicht zu 100 Prozent voneinander getrennt wahrgenommen werden.
- Die Übergänge zwischen den einzelnen Phasen sind zudem fließend.
- In den einzelnen Phasen tauchen auch konditionelle Aspekte auf, die in einer anderen Phase ihren Schwerpunkt haben, denn nur abwechslungsreiche Trainingsinhalte können langfristig zum Erfolg führen.

10.1 VERTEILUNG DER TRAININGSINHALTE

In der unten stehenden Tabelle ist die Wichtigkeit der einzelnen Trainingsinhalte aufgelistet, unter der Annahme, dass man im Juni beim ZUT in Topform sein möchte. Des Weiteren sind die Inhalte so verteilt, dass man auch noch im Juli einen wichtigen Wettkampf in ansprechender Form absolvieren kann, ein weiterer folgt eventuell im September.

Tab. 18: Verteilung der Trainingsinhalte (XX = sehr wichtig, X = wichtig) im Jahresverlauf in der Vorbereitung auf den Basetrail XL beim ZUT

	November	Dezember	Januar	Februar	März	April	Mai	Juni	Juli	August	September	Oktober
Steigerungsläufe	X	X	X	X	X	X	X	HAUPTWETTKAMPF I	HAUPTWETTKAMPF II		HAUPTWETTKAMF III	
Lauf-ABC	X	X	X	X	X	X						
VO_2max		X	XX	XX	X	X				X		
Dauerläufe bis 90 min	X	X	X	X	X	X	X			XX		
Dauerläufe > 90 min			X	X	X	XX	XX			X		
Anaerobe Schwelle			X	XX	XX	XX	X			X		
Kurze Bergprogramme		X	XX	XX	X							
Grundschnelligkeit I	X	XX	XX	X								
Gleichgewicht	X	XX	XX	XX	X							
Kraft Beine		X	XX	X								
Kraft Rumpf	X	XX	XX	XX	X	X	X					
Kraftausdauer			X	XX	XX	X						
Beweglichkeit	X	XX	XX	X	X	X	X			X		
Mentales Training	X	X	X	X	X	X	X			X		
Lange Bergprogramme				X	XX	XX	XX			X		
Downhilltraining				X	XX	XX	X					
Sprünge	X	XX	XX	X	X							
Skitouren		X	X	X								
Radfahren	X	X	X	X	X					X		X
Wandern	X	X										X

Diese Übersicht schließt natürlich weitere Wettkämpfe nicht aus. Diese müssen aber so sinnvoll in den Trainingsplan integriert werden, dass die Vorbereitung auf die Hauptwettkämpfe kaum oder gar nicht unterbrochen werden muss. Dies erfordert natürlich eine Menge Fingerspitzengefühl sowie eine gewisse Rücksichtnahme des Athleten selbst. Entweder nimmt man an kürzeren Wettkämpfen teil oder läuft einen längeren Wettkampf nicht mit vollem Einsatz, um vielleicht damit einen langen Dauerlauf zu ersetzen. Bei den kürzeren Wettkampfdistanzen kann man hingegen Vollgas geben und so eventuell eine harte Trainingseinheit an der anaeroben Schwelle ersetzen.

Das hat natürlich auch den Vorteil, dass man so eine mental und körperlich schwierige Trainingseinheit im Wettkampfmodus unter Gleichgesinnten laufen darf. Ein Nachteil könnte sein, dass man vielleicht seine Grenzen, die ja im Training mitunter schneller erreicht sind als im Wettkampf, überschreitet. Hierdurch reicht womöglich die Regenerationszeit, die im Trainingsplan eingeplant wurde, nicht aus, und man muss wichtige Trainingseinheiten auslassen.

Aus diesem Grund wurden in der Übersicht keine Vorbereitungswettkämpfe berücksichtigt, da diese eine hochindividuelle Angelegenheit sind, die man am besten mit seinem Trainer regeln sollte.

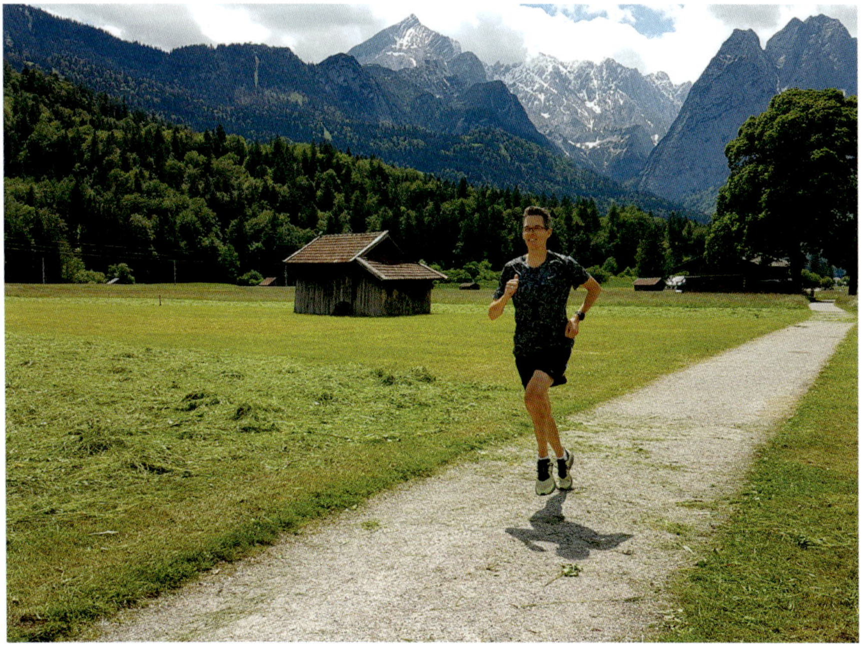

10.2 DIE ÜBERGANGSPHASE

„Aus seiner Komfortzone herauszugehen ist der Preis, den man zahlen muss, um herauszufinden, wie gut man wirklich sein kann. Wenn ich mir vorgenommen hätte, jedes Mal einen Rückzieher zu machen, wenn das Laufen anstrengend und schwierig wird, hätte ich meine Schuhe gleich an den Nagel hängen und mit dem Stricken beginnen können."

(Desiree Linden, USA, Weltrekordhalterin über 50 Kilometer)

Nach einer Saisonpause im Oktober, in der man nach Lust und Laune Radfahren oder Wandern darf und seinem Körper Erholung gönnen sollte, startet im November die Vorbereitung für die nächste Saison. Das Ziel dieses Plans ist es, den Athleten im Juni in Topform zu haben. Außerdem soll es gelingen, die Topform mit in den Juli zu nehmen und auch noch im August und September ansprechende Leistungen zu zeigen.

10.2.1 VIER WOCHEN GRUNDLAGEN LEGEN

In dieser frühen Phase der Vorbereitung braucht man keine intensiven Trainingseinheiten, um die ersten Fortschritte zu erzielen. Das bedeutet aber nicht, dass man nicht schnell laufen oder zunächst nur im flachen Gelände im langsamsten Tempo unterwegs sein darf. Doch die vorherrschende Fortbewegungsmethode ist zunächst der lockere und ruhige Dauerlauf, auch ausgiebige Spaziergänge, Wanderungen oder Radfahren haben ihre Berechtigung.

Parallel dazu wird aber bereits ein wenig an der Grundschnelligkeit I gearbeitet. Außerdem wird an der Beweglichkeit, dem Gleichgewicht und der Lauftechnik gefeilt. Nichts verloren haben in dieser Trainingsphase zunächst der lange Dauerlauf, Trainingseinheiten für die VO_2max, Schwelleneinheiten, harte Bergprogramme oder schnelle Downhills.

10.2.2 MÖGLICHE TRAININGSWOCHE IN DER GRUNDLAGENPHASE (NOVEMBER)

Tab. 19: Mögliche Trainingswoche in der Grundlagenphase im November

Wochentag	Trainingsinhalt
Montag	Trainingsfrei
Dienstag	3 km locker laufen Sprünge: 3 x 30 Seilsprünge, 3 x 20 Einbeinsprünge Lauf-ABC 3 Steigerungsläufe 100 m 8 x 150 m schnell mit zwei Minuten Gehpause 20 Minuten Dehnen
Mittwoch	12 km lockerer Dauerlauf, 3 Steigerungsläufe 100 m 20 Minuten Rumpfkrafttraining
Donnerstag	60 Minuten Mountainbike oder Spazierengehen oder Wandern 20 Minuten Dehnen
Freitag	3 km locker laufen Sprünge: 3 x 30 Seilsprünge, 3 x 20 Einbeinsprünge Lauf-ABC 3 Steigerungsläufe 100 m 8 x 8 Sekunden Sprint leicht bergauf mit zwei Minuten Pause Gleichgewichtszirkel
Samstag	10 km lockerer Dauerlauf oder Wandern/Radfahren 20 Minuten Dehnen 20 Minuten Rumpfkrafttraining
Sonntag	70 Minuten lockerer Dauerlauf im welligen Gelände

Das Tempo bei den Dauerläufen sollte ganz ruhig sein. Wenn man sich gut fühlt, kann man natürlich gegen Ende eines Dauerlaufs das Tempo ein wenig erhöhen. Dabei sollte man auf gar keinen Fall in die Nähe seines Marathontempos kommen, sondern ein gutes Stück davon entfernt bleiben. Im Verlaufe der ersten vier Wochen können die Dauerläufe behutsam verlängert, die Anzahl der Sprints und der kurzen Läufe am Dienstag minimal erhöht werden.

Nehmen Sie sich Zeit für Beweglichkeitstraining und für die Kräftigung der Bauch- und Rückenmuskulatur. Das Tempo bei den 150-Meter-Läufen sollte nicht maximal sein, sondern in etwa so schnell, dass die Beine auf den letzten 20-30 Metern schwer werden. Die kurzen Sprints am Freitag können hingegen mit fast vollem Einsatz gelaufen werden. Durch die kurzen Läufe soll die Grundschnelligkeit I verbessert werden. Um die Grundlagenausdauer zu verbessern, können Mountainbikeausfahrten eingeplant werden. Genauso gut eignen sich natürlich das Rennradfahren oder andere alternative Ausdauersportarten.

10.3 12 WOCHEN VORBEREITUNGSPHASE – SCHNELL WERDEN

„Jeder Idiot kann sich kaputt trainieren. Der Trick ist, so zu trainieren, dass du immer ein bisschen besser wirst."

(Keith Brantly, US-amerikanischer Langstreckenläufer)

Nach den ersten vier Wochen folgt nun die 12-wöchige Vorbereitungsphase (unterteilt in Vorbereitungsphase I und II). In dieser Phase soll der Schwerpunkt auf die Entwicklung der VO_2max gelegt werden. Der Athlet soll schneller werden. Am Ende dieser Phase soll der Trailläufer im Optimalfall in der Lage sein, neue Bestzeiten über fünf Kilometer bis hin zur Halbmarathondistanz aufzustellen. Im besten Fall sollen auch die Bestzeiten auf kürzeren Bergsegmenten (bis 30 Minuten Dauer) verbessert werden können.

Zeitgleich müssen die konditionellen Aspekte wie Kraft, Schnelligkeit und Beweglichkeit, aber auch natürlich die Ausdauer an sich auf ein höheres Niveau gehoben werden. Wobei die Entwicklung der reinen Ausdauer der späten Vorbereitungsphase II und der spezifischen Vorbereitungsphase vorbehalten bleibt. Die schnellen Tempoeinheiten werden in Umfang und Schnelligkeit im Laufe der 12 Wochen zunehmen.

Die Dauerläufe werden ebenfalls länger und schneller, wobei auf die ganz langen Dauerläufe nach wie vor verzichtet wird. Dies geschieht, um den Körper nicht zu überfordern. Trotzdem können in dieser Phase längere Wanderungen, Rad- oder auch Skitouren die Grundlagenausdauer positiv beeinflussen.

Es ist wichtig, erholt in die essenziellen Trainingseinheiten zu starten. Diese Einheiten sind zunächst vor allem diejenigen, die zur Entwicklung der VO_2max dienen. Man sollte immer mit einem prall gefüllten Kohlenhydratspeicher in diese harten Läufe starten, um das Maximum herauszuholen. Später kommen in der Vorbereitungsphase auch die Tempodauerläufe und Intervalle zur Entwicklung der anaeroben Schwelle hinzu, bei denen ein aufgefüllter Speicher sogar noch wichtiger ist. Außerdem werden immer öfter Berge bzw. Anstiege im Training berücksichtigt.

Doch zunächst wird der Schwerpunkt weiterhin auf die Entwicklung der Geschwindigkeit im Flachen gelegt. Da sich der Trainingsplan innerhalb der 12 Wochen verändern wird, sind zwei Pläne (Vorbereitungsphase I und II) abgebildet.

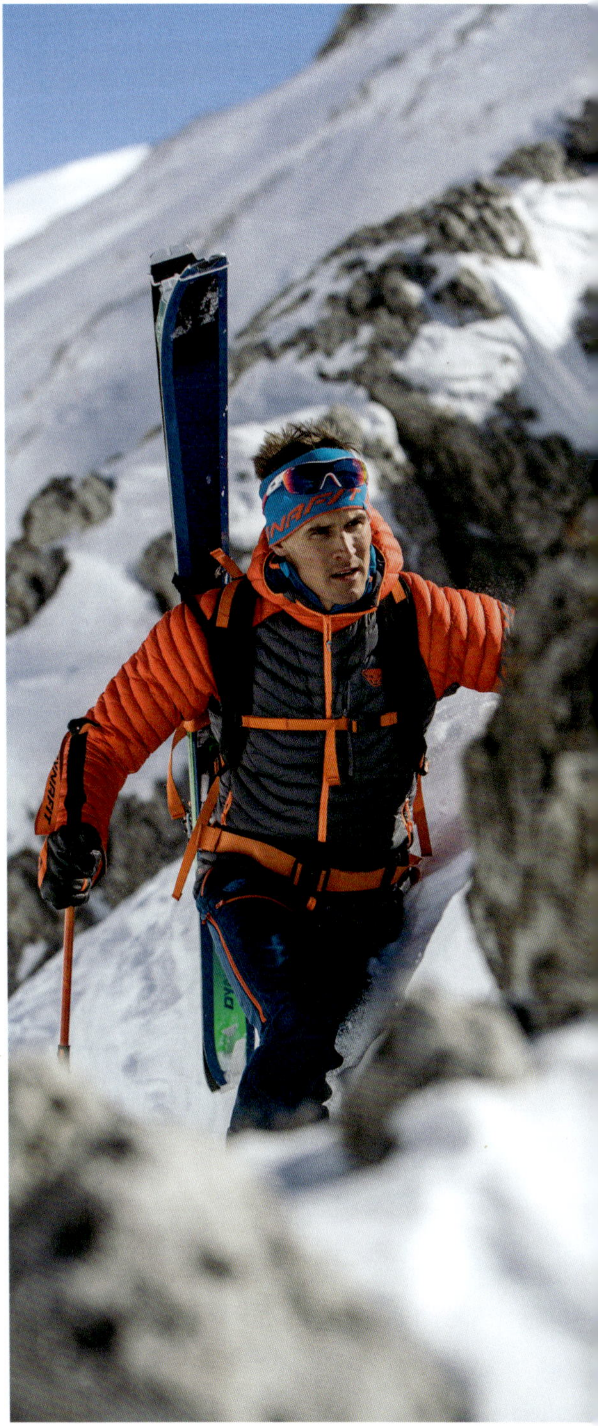

Traillauf-Ass Hannes Namberger nutzt das Skitourengehen regelmäßig zum Grundlagenaufbau.

10.3.1 MÖGLICHE TRAININGSWOCHE IN DER VORBEREITUNGSPHASE I (DEZEMBER/JANUAR)

Tab. 20: Mögliche Trainingswoche in der Vorbereitungsphase I im Dezember/Januar

Wochentag	Trainingsinhalt
Montag	Trainingsfrei
Dienstag	3 km locker laufen Sprünge: 3 x 30 m Hopserlauf, 3 x 30 m Seitgalopp Lauf-ABC 3 Steigerungsläufe 100 m 8 x 400 m mit 2 Minuten Gehpause 2 km locker laufen 20 Minuten Dehnen
Mittwoch	60-90 Minuten lockerer Dauerlauf, 3 Steigerungsläufe 100 m 20 Minuten Rumpfkrafttraining, Beinkrafttraining
Donnerstag	60 Minuten Mountainbike, Wandern, Skitour 20 Minuten Dehnen, Gleichgewichtszirkel
Freitag	6 km lockerer Dauerlauf Lauf-ABC Sprünge: 3 x 30 m Hopserlauf, 3 x 30 m Seitgalopp 3 Steigerungsläufe 100 m 4 x 8 Bergsprints an einem 10%igen Anstieg mit zwei Minuten Pause 6 x 25 Sekunden schnell im Flachen mit zwei Minuten Pause 2 km locker laufen
Samstag	3 km locker laufen 3 Steigerungsläufe 100 m Fahrtspiel: 1-2-3-5-3-2-1 Minuten schnell Pause zwischen den schnellen Belastungen: zwei Minuten traben 2 km locker laufen 20 Minuten Dehnen, Gleichgewichtszirkel
Sonntag	90 Minuten lockerer Dauerlauf im welligen Gelände 20 Minuten Rumpfkrafttraining

In dieser Phase liegt der Schwerpunkt auf der Entwicklung der VO_2max, weshalb gleich zwei Trainingseinheiten pro Woche zur Verbesserung dieses wichtigen konditionellen Aspekts eingeplant werden. Am Dienstag sollte die Belastungsdauer irgendwo zwischen 60-90 Sekunden liegen, was bei vielen Läufern einer Distanz zwischen 300-500 Metern entspricht. Das Tempo sollte so gewählt werden, dass man richtig gefordert wird (siehe Kap. 4.4). Für diese Einheit bietet sich eine 400-Meter-Rundbahn an, wobei man natürlich auch auf einem Rad- oder Feldweg laufen kann.

Am Samstag steht dann z. B. ein Fahrtspiel auf dem Plan, wobei hier die Belastungsdauer etwas länger ist als am Dienstag. Das Tempo soll wieder grenzwertig hoch sein. Das Fahrtspiel sollte zunächst im flachen, später auch gerne im welligen Gelände stattfinden. Bei einem Fahrtspiel wird mit verschiedenen Geschwindigkeiten gelaufen. Dabei wechselt man entweder planmäßig oder je nach Gefühl oder Streckenverlauf das Lauftempo.

Im Beispielplan ist die Länge der schnell gelaufenen Abschnitte in Minuten angegeben. Das Lauftempo sollte grenzwertig schnell gewählt werden. In dem einminütigen Abschnitt muss man also mit höherer Intensität laufen als im fünfminütigen Abschnitt. Zwischen den schnellen Segmenten sollte man ganz langsam traben bzw. gehen. Das Fahrtspiel eignet sich dabei wunderbar für welliges Gelände. So kann man in den schnellen Abschnitten bergauf laufen und eventuelle Downhills zur Erholung nutzen.

Der lange Dauerlauf am Sonntag sollte die 90 Minuten nicht überschreiten. Hinzu kommen lockere Dauerläufe und vor allem viele Trainingseinheiten zur Verbesserung der Beweglichkeit und der Rumpfkraft. Versuchen Sie in dieser Phase, sämtliche Rumpfmuskeln, vor allem Bauch und Rücken, zu kräftigen. Eine stabile Mitte ist von ungeheurer Wichtigkeit, um in einer langen Traillaufsaison fit und verletzungsfrei zu bleiben. Steigern Sie dabei sowohl Umfang als auch Intensität, um die Rumpfmuskeln auf ein neues Leistungsniveau zu heben.

Steigerungsläufe, kurze Bergsprints und Sprünge sind ebenfalls enthalten, um die Schnelligkeit nicht zu vernachlässigen. Die ganz kurzen Sprints (bis maximal 10 Sekunden Dauer) können bereits an steilen Anstiegen absolviert werden, wohingegen die längeren schnellen Läufe (bis maximal 30 Sekunden Dauer) noch im Flachen durchgeführt werden sollen. Nach wie vor kann die Grundlagenausdauer durch alternative Ausdauersportarten trainiert werden.

10.3.2 MÖGLICHE TRAININGSWOCHE IN DER VORBEREITUNGSPHASE II (JANUAR/FEBRUAR)

Tab. 21: Mögliche Trainingswoche in der Vorbereitungsphase II im Januar/Februar

Wochentag	Trainingsinhalt
Montag	Trainingsfrei
Dienstag	3 km locker laufen 3 Steigerungsläufe 100 m 5 x 500 m/5 x 1.000 m mit je zwei Minuten Pause 2 km locker laufen
Mittwoch	60 Minuten lockerer Dauerlauf, 3 Steigerungsläufe 100 m 15 Minuten Rumpfkrafttraining, Beinkrafttraining 15 Minuten Dehnen, Gleichgewichtszirkel
Donnerstag	60 Minuten Crescendo-Dauerlauf (langsam beginnen, schneller werden) 20 Minuten Dehnen
Freitag	6 km lockerer Dauerlauf Beinkrafttraining Lauf-ABC Sprünge: 2 x 50 Seilsprünge, 2 x 16 Aufsteigesprünge, 2 x 12 Treppensprünge 3 Steigerungsläufe 100 m 3 x 8 Sekunden Bergsprints an einem 10%igen Anstieg mit zwei Minuten Pause 7 x 20 Sekunden leicht ansteigend (3-4 %) mit zwei Minuten Pause 2 km locker laufen
Samstag	3 km locker laufen 3 Steigerungsläufe 100 m 10 x 2 Minuten Bergläufe (ca. 10 % Steigung) mit zwei Minuten Trabpause bergab 2 km locker laufen 20 Minuten Dehnen, Gleichgewichtszirkel
Sonntag	105 Minuten lockerer Dauerlauf im welligen Gelände 20 Minuten Rumpfkrafttraining

In der Vorbereitungsphase II kommt nun die Entwicklung der anaeroben Schwelle hinzu. Die harte Trainingseinheit am Dienstag ist dabei eine Kombieinheit. Mit den 500-Meter-Intervallen soll die VO_2max, mit den 1.000-Meter-Läufen die anaerobe Schwelle verbessert werden. Die Läufe finden im Wechsel statt. Das Tempo der 500-Meter-Läufe sollte dabei in etwa der Drei-Kilometer-Bestzeit entsprechen (siehe Kap. 4.4). Das Tempo der 1.000-Meter-Läufe sollte in etwa identisch mit dem Tempo der 10-Kilometer-Bestzeit sein.

Die Pausen nach den 500-Meter-Läufen können bei erfahrenen Athleten auf bis zu 60 Sekunden gekürzt werden. Die Pausen sollten aber nicht länger als zwei Minuten sein. Wem die Pausen zu kurz sind, sollte lieber das Tempo in den Läufen herunterfahren.

Am Donnerstag steht ein Crescendo-Dauerlauf auf dem Plan. Hier soll der Athlet immer schneller werden. Zunächst wird ganz locker begonnen. Nach 15 Minuten wird das Tempo langsam gesteigert, bis man nach circa 45 Minuten bei einem Tempo angekommen ist, das noch etwa 10-15 Sekunden pro Kilometer langsamer sein sollte als das Tempo an der anaeroben Schwelle. Das Tempo an der anaeroben Schwelle entspricht in etwa der Geschwindigkeit, die man 50-60 Minuten durchlaufen kann.

Am Freitag stehen wieder Sprünge auf dem Plan. Zudem wechseln die längeren Sprints nun vom flachen ins ansteigende Gelände. Suchen Sie sich zunächst relativ flache Anstiege (maximal fünf Prozent Steigung), damit das Lauftempo im Vergleich zur Ebene nicht zu sehr abfällt. Im Verlauf der Vorbereitungsphase II sollte der Anstieg immer steiler werden. Aber nicht so steil, dass man ins Gehen verfällt oder das Training erschöpfungsbedingt vorzeitig beenden muss. Deshalb stellt für die meisten Athleten 20 Prozent das obere Limit dar.

Am Samstag liegt dann der Schwerpunkt auf der VO_2max. Doch da die Trailrunningsaison näherrückt, werden diese Läufe nun in die Berge verlagert bzw. nun geht es bergauf. Hier darf man bei den ersten Läufen nicht überziehen, sonst kann es durchaus passieren, dass man diese Trainingseinheit vorzeitig abbrechen muss. Durch die Bergintervalle wird außerdem die Kraftausdauer verbessert.

Die Dauer dieser Läufe sollte zwischen 90 Sekunden und fünf Minuten liegen. Die Pausen variieren je nach Belastungsdauer zwischen 90 Sekunden bis drei Minuten. Die Summe der Belastungsminuten sollte 30 Minuten nicht übersteigen, mit Ausnahme von sehr erfahrenen Athleten. Wählen Sie die Anstiege am Ende der Vorbereitungsphase II so – wenn möglich –, dass sie den Anforderungen Ihres Hauptwettkampfs im Sommer entsprechen.

Der Dauerlauf am Sonntag wird behutsam verlängert, wobei die Dauer dieses Dauerlaufs langsam den individuellen Zielen des Athleten angepasst wird.

10.4 ACHT WOCHEN SPEZIFISCHE VORBEREITUNGSPHASE (MÄRZ/APRIL)

„Unterschätze niemals die Macht der Träume und ihren Einfluss auf die Psyche. In dieser Hinsicht sind wir alle gleich: Das Potenzial für den größtmöglichen Erfolg liegt in uns allen."

(Wilma Rudolph, USA, dreimal Olympiagold 1960 im Sprint)

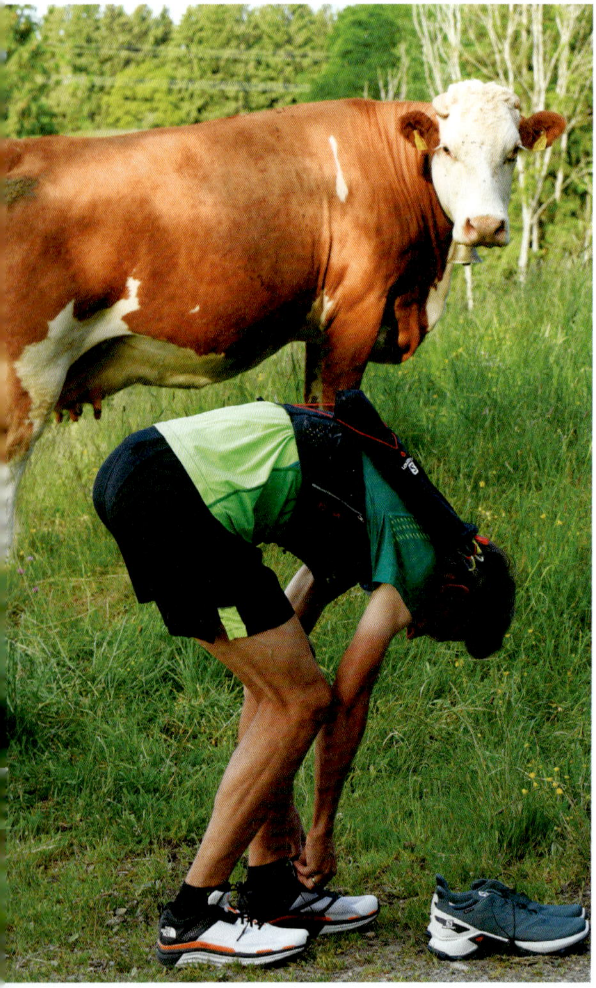

Die Saison rückt näher. Die schnellen und kurzen Trainingsprogramme rücken langsam in den Hintergrund, ohne dabei ganz aus dem Trainingsplan zu verschwinden. Obwohl die Dauerläufe allmählich länger werden und die Tempolaufprogramme mehr in Richtung Verbesserung der anaeroben Schwelle tendieren, müssen hin und wieder intensive Trainingsreize gesetzt werden. Aber der Schwerpunkt wird nun zunehmend auf das lange, ausdauernde und schnelle Laufen gelegt. Die Berge bzw. die Anstiege rücken immer mehr in den Fokus, die Höhenmeter nehmen Woche für Woche zu. Alternative Trainingsformen wie das Skitourengehen oder das Radfahren werden nur noch wenig berücksichtigt.

Schuhe an für die spezifische Vorbereitungsphase, neugierige Blicke inklusive

Nun geht es darum, den Körper auf die teilweise stundenlangen Anstrengungen eines (Ultra-)Trailwettkampfs vorzubereiten. Die Kilometerumfänge steigen, die Zeit auf den Trails wird länger und länger. Je nach der Wettkampfdistanz, die man sich im Sommer vorgenommen hat, wird auch der lange Dauerlauf (zumeist am Sonntag) länger und länger.

Dazu kommt neu das Downhilltraining, wobei dieses sehr behutsam eingeführt werden muss. Sowohl das Downhilltraining als auch die längeren Bergaufläufe orientieren sich in Umfang und Intensität am Hauptwettkampf im Sommer. Wer bei seinen Wettkämpfen im Sommer nie mehr als 1.000 Höhenmeter bergauf und bergab im Wettkampf zurücklegt, muss im Training deutlich weniger Höhenmeter bewältigen, als jemand, der sich für einen Wettkampf mit 4.000 Höhenmetern angemeldet hat.

Wie viele Höhenmeter und Kilometer in den Trainingsplan gehören, ist natürlich wieder eine sehr individuelle Angelegenheit. Dies hängt einerseits von den persönlichen Erwartungen ab:

- Will man die Cut-off-Zeit schaffen?
- Will man ganz weit vorne landen?
- Möchte man schneller als im vergangenen Jahr sein?

Das hängt aber auch davon ab, wie viele Höhenmeter man in den vergangenen Jahren im Training zurückgelegt hat.

10.4.1 MÖGLICHE TRAININGSWOCHE IN DER SPEZIFISCHEN VORBEREITUNGSPHASE (MÄRZ/APRIL)

Tab. 22: Mögliche Trainingswoche in der spezifischen Vorbereitungsphase im März/April

Wochentag	Trainingsinhalt
Montag	Trainingsfrei (oder 60-90 Minuten Mountainbike)
Dienstag	3 km locker laufen 3 Steigerungsläufe 100 m 2 x 20 Minuten bergauf mit fünf Minuten Trabpause bergab Locker auslaufen
Mittwoch	75 Minuten lockerer Dauerlauf, 3 Steigerungsläufe 100 m 15 Minuten Rumpfkrafttraining, Fußgelenkkräftigung 15 Minuten Dehnen
Donnerstag	80 Minuten Crescendo-Dauerlauf im welligen Gelände mit 4 x 20 Sekunden Downhilltraining 10 Minuten Faszienrolle
Freitag	6 km lockerer Dauerlauf Lauf-ABC Sprünge: 2 x 100 Seilsprünge, 4 x 50 m Laufsprünge bergauf 3 Steigerungsläufe 100 m 10 x 25 Sekunden leicht ansteigend (4-6 %) mit zwei Minuten Pause 2 km locker laufen
Samstag	3 km locker laufen 3 Steigerungsläufe 100 m 4 x 2.000 m schnell mit je 1.000 m lockerer Laufpause 2 km locker laufen
Sonntag	150 Minuten lockerer Dauerlauf mit 1.000 Höhenmetern 20 Minuten Rumpfkrafttraining

In der spezifischen Vorbereitungsphase werden die Umfänge nun höher. Deshalb kann eventuell auch der trainingsfreie Montag zu einem aktiven Trainingstag umgewandelt werden. Allerdings sollte das den Profis vorbehalten bleiben, wobei selbst einige von diesen einen Ruhetag pro Woche fest eingeplant haben.

Die Läufe am Berg werden länger, weshalb der Dienstag zweimal 20 Minuten schnelles Bergauflaufen verlangt. Hier kann entweder auf Feldwegen, aber auch gerne auf anspruchsvollen Singletrails oder dem Laufband gelaufen werden. Hauptsache, es geht ordentlich bergauf.

Wer keinen 20-minütigen Anstieg zur Verfügung hat, kann natürlich auch kürzere Anstiege mehrmals hinauflaufen, wobei der Trainingseffekt nicht identisch mit den langen Bergaufläufen ist. Bei dieser Trainingseinheit fällt das Auslaufen gezwungenermaßen ziemlich lang aus, da man ja 40 Minuten berghoch gelaufen ist. Um dies zu verhindern, kann man die Pause verlängern und vielleicht wieder bis zum Startpunkt zurückkehren. Die verlängerte Pause kann dann auch gerne schnell gelaufen werden, sodass man gleich einen Downhillreiz setzt.

Bei dieser Einheit sind natürlich Gehabschnitte explizit erlaubt bzw. erwünscht. Das hängt von der eigenen Leistungsfähigkeit und dem Gelände ab.

Am Mittwoch gibt es einen lockeren Dauerlauf, zudem eine Extratrainingseinheit für die Fußgelenke. Der Donnerstags-Crescendo wird verlängert, wobei die schnellen Dauerlaufanteile im Laufe der spezifischen Vorbereitungsphase immer mehr ausgebaut werden. Dazu sollen kurze Phasen des schnellen Bergablaufens eingebaut werden, um die Oberschenkelmuskulatur auf die exzentrischen Belastungen eines Trailwettkampfs vorzubereiten.

Nach dieser Einheit empfiehlt es sich, die Faszienrolle einzusetzen. Natürlich sollte die Faszienrolle ganzjährig fester Bestandteil des Trainings sein, da man dadurch die Regeneration der Muskulatur positiv beeinflussen und Verspannungen schneller lösen kann. Doch vor allem nach harten Bergabbelastungen kann die Rolle für die Oberschenkelmuskulatur ein Segen sein. Die Faszien werden durch die hohen Aufprallkräfte genauso wie die Muskulatur stärker gefordert als durch das Laufen im Flachen, weshalb die Faszienrolle einem eventuellen Muskelkater zwar nicht unbedingt vorbeugen, aber die Erholungszeit verkürzen kann. In welchem Umfang man die Rolle einsetzt, muss man selbst herausfinden bzw. seinen Trainer oder Physiotherapeuten um Rat bitten.

Am Freitag wird an der Kraftausdauer mithilfe von Sprüngen und schnellen Bergaufläufen gearbeitet. Die Laufsprünge sind ein hocheffektives Trainingsmittel, wobei natürlich zuerst die Technik dieser Sprünge erlernt werden muss. Die 25 Sekunden bergauf sollen richtig schnell gelaufen werden, sodass die Beine auf den letzten fünf Sekunden schwer werden.

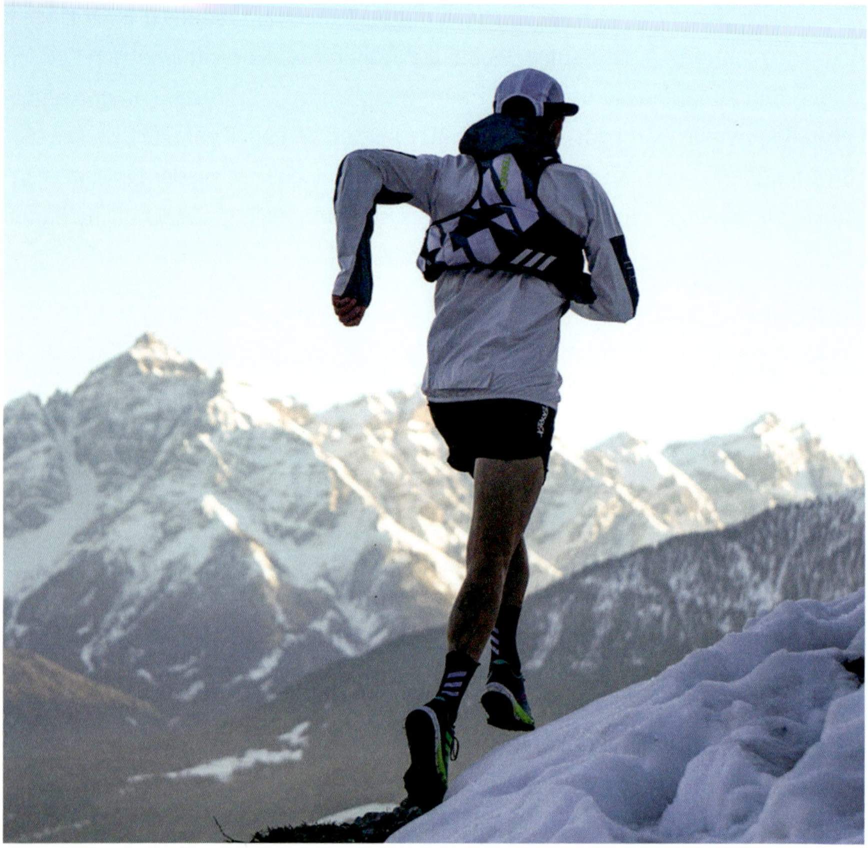

Spätestens im April geht es in die Berge, wie hier Trailläufer Moritz auf der Heide.

Am Samstag steht die Verbesserung der anaeroben Schwelle im Vordergrund. Das Tempo der 2.000-Meter-Intervalle soll irgendwo zwischen dem 10-Kilometer- und dem Halbmarathontempo liegen, soll also sehr anspruchsvoll sein. Das Tempo der 1.000 Meter dazwischen muss natürlich ruhiger sein, sollte aber tatsächlich nicht mehr als 30 Sekunden pro Kilometer langsamer sein.

Dies ist eine sehr fordernde Einheit, die man am besten im flachen oder leicht welligen Gelände absolviert. Starten Sie nicht zu offensiv in dieses Training, sondern laufen Sie kontrolliert. Der Sonntag ist dann dem langen und ruhigen Dauerlauf vorbehalten. Woche für Woche steigt die Dauer, die Anzahl der Höhenmeter nimmt zu. Das Tempo soll deutlich ruhiger als das angepeilte Wettkampftempo sein.

10.5 UNMITTELBARE WETTKAMPFVORBEREITUNG (MAI/JUNI)

„Du brauchst drei Dinge, um zu gewinnen: Disziplin, harte Arbeit und vor allem Hingabe. Keiner wird es ohne diese drei Dinge zu etwas bringen. Der Sport lehrt dich das."

(Haile Gebrselassie, äthiopische Lauflegende)

Jetzt sind es nur noch wenige Wochen bis zum ZUT. Die Traillaufsaison hat schon begonnen und man könnte im Mai an einigen tollen Wettkämpfen teilnehmen.

Wer im Mai bei einem oder vielleicht sogar zwei Trailwettkämpfen starten möchte, sollte sich darüber im Klaren sein, dass diese Wettkämpfe als sogenannte *Aufbauwettkämpfe* gesehen werden sollten. Dies gilt natürlich nur, wenn man beim ZUT in absoluter Topform an den Start gehen möchte. Wer mit etwas weniger als 100 Prozent der Topform beim ZUT zufrieden ist, kann nun schon im Mai die Lorbeeren seiner harten Trainingsarbeit ernten und den Trainingsumfang reduzieren.

Man kann selbstverständlich die Wettkämpfe auch so in den Trainingsplan integrieren, dass man sowohl beim ZUT in Topform ist und bei diesen Vorbereitungswettkämpfen erholt und in guter Verfassung an den Start geht. Wichtig ist hier, dass diese Vorbereitungswettkämpfe nicht länger als 2-3 Stunden (besser wären 90 Minuten) sein sollten, um das Training und die notwendige Regenerationszeit für den ZUT nicht zu gefährden.

Wer längere Wettkämpfe im Mai laufen möchte, sollte sich bewusst sein, dass in der darauf folgenden Woche deutlich weniger trainiert werden kann und der Aufbau der Topform für den ZUT unterbrochen wird. Wer natürlich solche Wettkämpfe nur mit 70 oder 80 Prozent Einsatz läuft, um so vielleicht den langen Sonntagsdauerlauf interessanter zu machen, muss in der nächsten Trainingswoche nicht Umfang und Intensität reduzieren.

Für den Mai gibt es zwei exemplarische Trainingswochen: eine Trainingswoche mit einem (Vorbereitungs-)Wettkampf und eine Trainingswoche ohne Wettkampf.

Das Training wird immer spezifischer. Die Dauerläufe werden länger. Es wird immer mehr schnell und lang bergauf gelaufen. Ganz schnelle Trainingseinheiten finden nur noch sehr dosiert statt. Außerdem sollte man sich mental auf die kommenden Aufgaben vorbereiten. Man sollte die Rennen in Gedanken durchspielen und sich bereits im Vorfeld mehrere Szenarien bewusst machen. Denn bei einem Trailwettkampf kann eine Menge passieren. Und je mehr man sich gedanklich damit beschäftigt und sich Handlungsstrategien zurechtlegt, desto eher kann man die Schwierigkeiten meistern, die einem begegnen können.

10.5.1 MÖGLICHE TRAININGSWOCHE MIT VORBEREITUNGSWETTKAMPF (MAI)

Tab. 23: Mögliche Trainingswoche im Mai inklusive Vorbereitungswettkampf

Wochentag	Trainingsinhalt
Montag	Trainingsfrei
Dienstag	3 km locker laufen 3 Steigerungsläufe 100 m 4 x 1.000 m/4 x 500 m mit zwei Minuten Pause 2 km locker laufen
Mittwoch	60 Minuten lockerer Dauerlauf mit 5 x 30 Sekunden Downhilltraining 10 Minuten Faszienrolle
Donnerstag	45 Minuten lockerer Dauerlauf, 3 Steigerungsläufe 100 m 15 Minuten Rumpfkrafttraining, Fußgelenkkräftigung 15 Minuten Dehnen
Freitag	Trainingsfrei
Samstag	3 km locker laufen, 3 Steigerungsläufe 100 m
Sonntag	Vorbereitungswettkampf: Kürzerer Trailwettkampf

Diese Trainingswoche kommt zum Einsatz, wenn Sie bei einem kürzeren Trailwettkampf erholt und in guter Form an den Start gehen wollen. Deshalb sind der Montag und der Freitag trainingsfrei. Am Dienstag gibt es eine Kombieinheit, die noch einmal das Herz-Kreislauf-System an seine Grenzen bringt. Mit insgesamt sechs schnellen Kilometern ist der Umfang geringer als in typischen Belastungswochen.

Die 500-Meter-Läufe sollen richtig schnell gelaufen werden, um die VO_2max trotz des niedrigeren Gesamtumfangs in dieser Woche oben zu halten. Dasselbe gilt für die 1.000-Meter-Läufe, wobei diese deutlich langsamer gelaufen werden (circa fünf Sekunden pro Kilometer schneller als das 10-Kilometer-Renntempo). Am Mittwoch folgt ein ganz lockerer Dauerlauf inklusive kurzer Downhillintervalle. Diese Intervalle könnte man auch weglassen, denn schließlich wird beim Wettkampf am Sonntag in ausreichendem Umfang schnell bergab gelaufen.

Am Donnerstag steht noch ein Dauerlauf auf dem Plan, dazu Rumpfkrafttraining, Fußgelenkkräftigung und Dehnen. Schließlich darf man in einer Erholungswoche die anderen Komponenten für ein gutes Wettkampfergebnis nicht aus dem Plan streichen. Am Samstag findet ein kurzer Auftakt statt.

Dieses kurze Laufen dient vor allem dazu, die Muskeln und Faszien noch einmal zu lockern. Die drei Steigerungsläufe am Ende sollen außerdem die Vorspannung leicht erhöhen. Am Wettkampftag sollte man sich auf jeden Fall warmlaufen, um die Muskulatur und das Herz-Kreislauf-System auf Touren zu bringen. Wer nach dem Wettkampf noch die Kraft und Lust hat, kann noch länger auslaufen, um damit den langen Dauerlauf, der in so einer Wettkampfwoche entfällt, zu kompensieren.

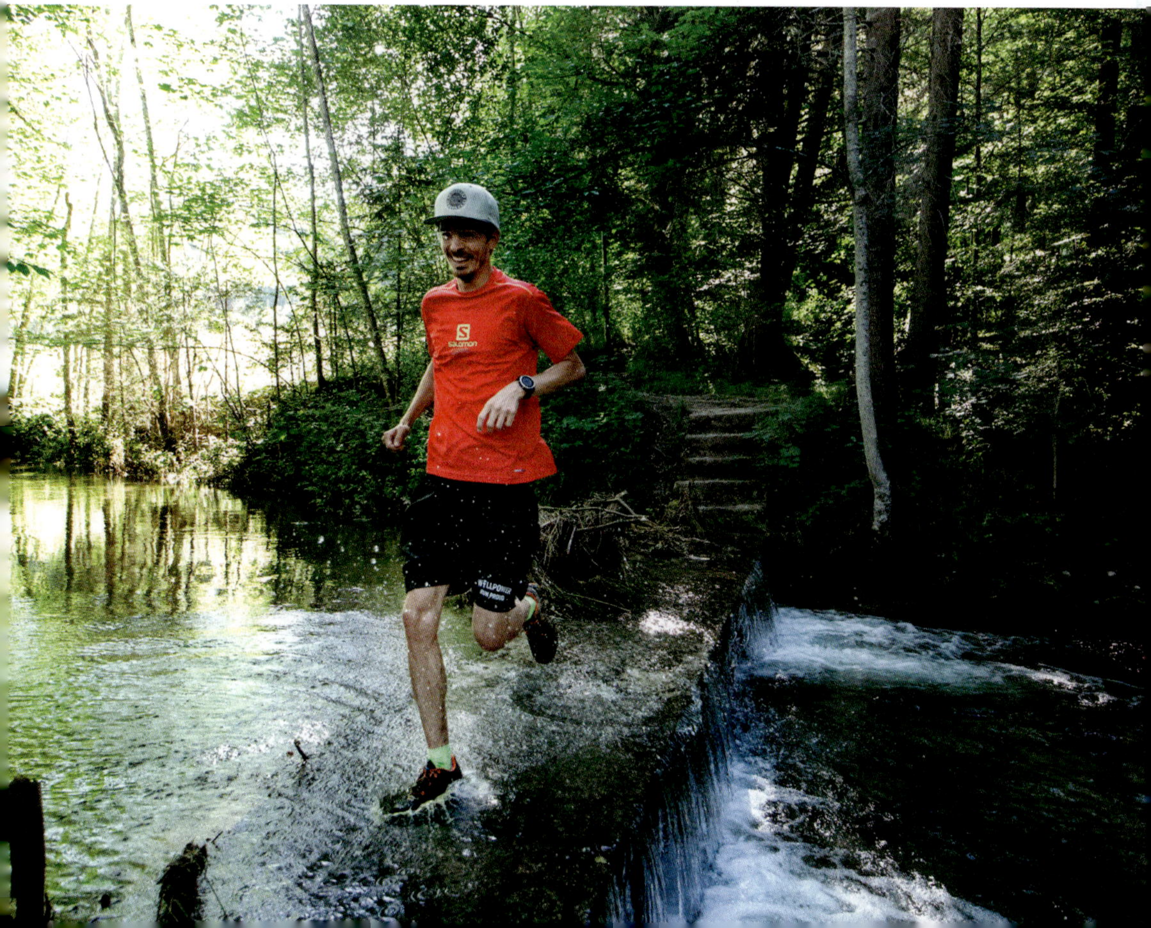

10.5.2 MÖGLICHE TRAININGSWOCHE OHNE VORBEREITUNGSWETTKAMPF (MAI)

Tab. 24: Mögliche Trainingswoche im Mai ohne Vorbereitungswettkampf

Wochentag	Trainingsinhalt
Montag	Trainingsfrei (oder 60-90 Minuten Mountainbike oder 45 Minuten locker laufen)
Dienstag	3 km locker laufen 3 Steigerungsläufe 100 m 6 x 8 Minuten Bergaufläufe mit je zwei Minuten Trabpause 2 km locker laufen
Mittwoch	60 Minuten lockerer Dauerlauf, 3 Steigerungsläufe 100 m 15 Minuten Rumpfkrafttraining, Fußgelenkkräftigung 15 Minuten Dehnen
Donnerstag	90 Minuten Crescendo-Dauerlauf im welligen Gelände mit 5 x 20 Sekunden Downhilltraining 10 Minuten Faszienrolle
Freitag	6 km lockerer Dauerlauf Lauf-ABC Sprünge: 6 x 50 m Laufsprünge bergauf 3 Steigerungsläufe 100 m 8 x 30 Sekunden leicht ansteigend (4-6 %) mit zwei Minuten Pause 2 km locker laufen
Samstag	3 km locker laufen 3 Steigerungsläufe 100 m 2 x 6 km Tempodauerlauf mit 1 km Laufpause 2 km locker laufen
Sonntag	180 Minuten lockerer Dauerlauf mit 1.300 Höhenmetern 20 Minuten Rumpfkrafttraining

Diese exemplarische Trainingswoche im Mai ist gekennzeichnet durch sehr hohe Umfänge. Die Gesamtbelastung in dieser Woche ist grenzwertig hoch und bringt den Athleten an sein persönliches Leistungslimit. So eine Trainingswoche benötigt mindestens 14 Tage Abstand zum Hauptwettkampf. Der letzte richtig lange Dauerlauf sollte ebenfalls 14 Tage vor dem ZUT erfolgen. In dem Beispielplan ist dieser mit 180 Minuten angegeben.

Natürlich kann man im Mai auch einmal 210-300 Minuten unterwegs sein, wenn der Basetrail XL mit seinen 49 Kilometern die angestrebte Distanz beim ZUT ist. Wer die längeren Distanzen laufen möchte, darf noch länger laufen, wobei 60-70 Prozent der angestrebten Wettkampfdauer im Training nicht überschritten werden sollten bzw. man braucht nicht weiter zu laufen.

Nach einem trainingsfreien Montag folgt am Dienstag eine grenzwertig harte Tempoeinheit mit sechsmal acht Minuten Bergauflaufen. Das Tempo sollte so gewählt werden, dass man jedes Intervall gleich schnell bzw. mit derselben Intensität laufen kann. Das erfordert Selbstdisziplin und Motivation, schließlich darf man nicht zu schnell starten und spätestens ab dem dritten oder vierten Intervall wird es körperlich und mental schwierig.

Der Donnerstags-Dauerlauf ist mit 90 Minuten relativ lang und darf zumindest auf der zweiten Hälfte flotter gelaufen werden. Am Samstag wird an der anaeroben Schwelle gearbeitet, wobei man den Tempodauerlauf im flachen oder welligen Gelände durchführen kann. Auf bergiges Gelände sollte verzichtet werden, da man ansonsten zu viele Downhillpassagen hat, die die Muskulatur und Gelenke unnötig in Mitleidenschaft ziehen. Diese exemplarische Trainingswoche ist natürlich nur etwas für sehr erfahrene Athleten, die größere Umfänge gewohnt sind.

10.5.3 DIE LETZTE TRAININGSWOCHE VOR DEM ZUT (JUNI)

Tab. 25: Die letzte Trainingswoche vor dem ZUT

Wochentag	Trainingsinhalt
Montag	Trainingsfrei
Dienstag	3 km locker laufen 3 Steigerungsläufe 100 m 4 x 1.000 m mit 2-3 Minuten Pause 2 km locker laufen
Mittwoch	10 km ganz lockerer Dauerlauf im welligen Gelände 3 Steigerungsläufe 100 m
Donnerstag	Trainingsfrei
Freitag	3 km einlaufen, 3 Steigerungsläufe 100 m
Samstag	ZUT Basetrail XL (49 km mit 1.760 HM)
Sonntag	–

In der letzten Trainingswoche ist Entspannung angesagt. Jetzt heißt es, die Füße hochlegen und nur nicht zu viel trainieren. Die Trainingsarbeit der vergangenen Wochen ist geleistet. Wer nun zu viel trainiert, wird beim ZUT nicht seine volle Leistung zeigen können. Deshalb ist sowohl der Montag als auch der Donnerstag trainingsfrei.

Dazu gibt es am Dienstag ein kurzes, aber hartes Intervalltraining und am Mittwoch einen lockeren Dauerlauf. Am Tag vor dem Basetrail XL sollte man noch einmal ein wenig laufen, um die Muskulatur zu lockern. Und natürlich vor allem, um sein eigenes Gewissen zu beruhigen.

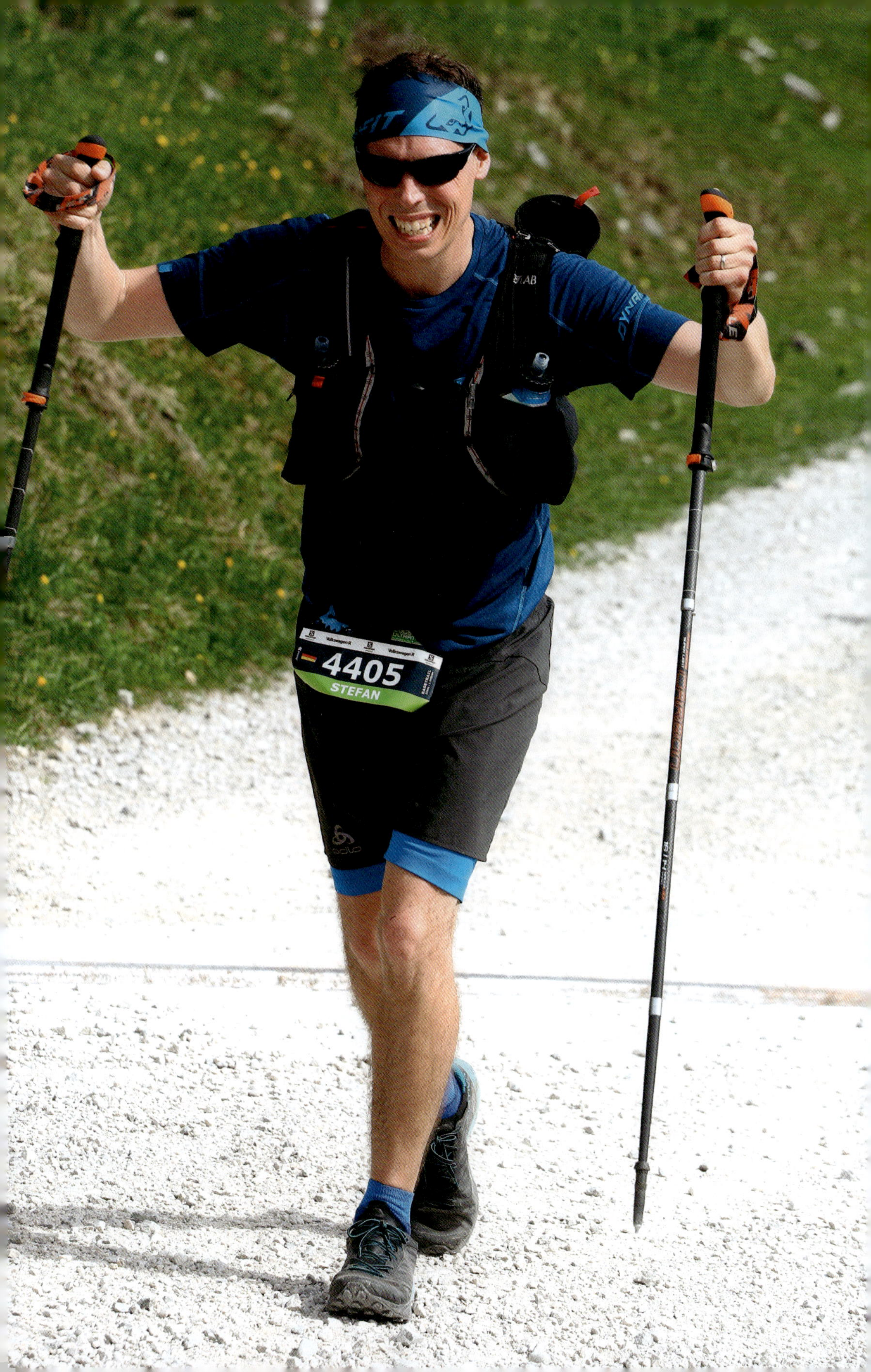
4405
STEFAN

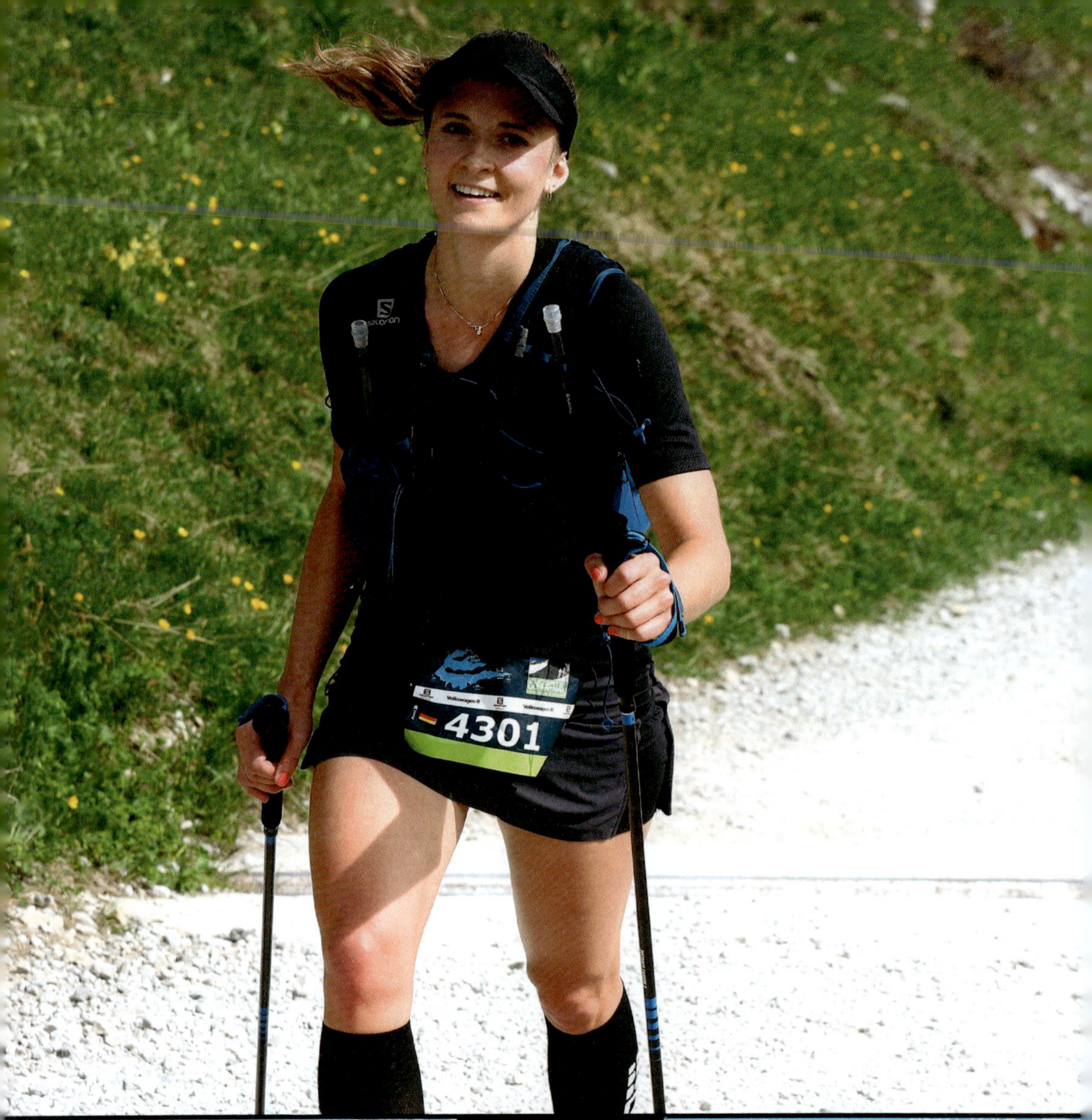

11

PFLICHTAUSRÜSTUNG, VERPFLEGUNG & CO.

Bei vielen Trailwettkämpfen gibt es einige Regeln, die beachtet werden müssen. Neben dem obligatorischen Hinweis, dass man nicht abkürzen darf, ist hier vor allem die Pflichtausrüstung zu beachten. Die Pflichtausrüstung ist mittlerweile bei vielen Veranstaltungen obligatorisch. Doch je nach Streckenlänge und Standort gibt es teilweise große Unterschiede. Vor allem bei hochalpinen Strecken ist Wärme- und Regenkleidung meist verpflichtend.

Hin und wieder kann es vorkommen, dass der Veranstalter beim sogenannten *Briefing* den Teilnehmern mitteilt, dass auf Mütze, Handschuhe oder andere wärmende und schützende Ausrüstung verzichtet werden kann, da die Wetterlage für den Wettkampf stabil ist und keine Wetterumschwünge (Regen, Gewitter, Schnee, Wind usw.) zu erwarten sind.

Da diese Ankündigung aber nur unmittelbar vor dem Rennen stattfindet, muss man sich als Teilnehmer eines Traillaufwettkampfs bereits in den Wochen zuvor mit den Vorgaben des Veranstalters auseinandersetzen. Denn schließlich muss man eventuell seine eigene Ausrüstung um den einen oder anderen Gegenstand erweitern.

Folgende Ausrüstung gehört z. B. beim Zugspitz-Ultra-Trail für den Basetrail XL zur Pflichtausrüstung:

Tab. 26: Die Pflichtausrüstung für den Basetrail XL beim ZUT (Stand: 2021)

Pflichtausrüstung für den Basetrail XL beim ZUT
Geschlossene Trailrunningschuhe mit Profilsohle
Laufrucksack
Regenbekleidung
Warme Kleidung
Handschuhe und Mütze
Trinkbehälter
Wasserbehälter mit mindestens einem Liter Fassungsvermögen
Notfallausrüstung
Navigationsuhr oder Streckenkarten
Mobiltelefon

11.1 TRAILRUNNINGSCHUHE UND KLEIDUNG

„Lasse nie deine Füße schneller laufen als deine Schuhe."

(aus Schottland)

Der erste Punkt dieser Liste überrascht wohl niemanden. Trailrunningschuhe bieten mehr Grip und Halt als normale Straßenlaufschuhe. Durch das tiefere Profil verzahnt sich die Sohle besser mit unebenen Untergründen. Ihre Stärke spielen sie vor allem bei steinigen Untergründen aus. Schuhe mit sehr ausgeprägtem Profil bieten auch bei Matsch Halt. Zudem bestechen die Schuhe oftmals durch festes Obermaterial, das die Füße vor Steinen, Wurzeln oder anderen scharfkantigen Hindernissen schützen soll. Zudem ist die Sohle meist stabiler und unflexibler als bei Straßenlaufschuhen, da im Gelände größere Kräfte auf die Schuhe und Füße einwirken als in der Ebene.

Allerdings gibt es hier große Unterschiede. So gibt es Trailrunningschuhe mit einer sehr steifen Sohle und extremem Profil. Diese eignen sich vor allem für hochalpines Gelände und lange bis ultralange Distanzen. Es gibt aber auch eher minimalistisch gehaltene Trailschuhe, die auf Leichtigkeit und Flexibilität setzen. Diese sind für kürzere Distanzen geeignet bzw. für kürzere Wettkämpfe.

Trailrunninganfänger sollten sich für den Kauf der Schuhe ausgiebig Zeit nehmen und vor allem auf die Passform und den Tragekomfort achten. Denn man trägt diese Schuhe oftmals stundenlang. Hier darf nichts drücken. Denn nichts ist unangenehmer als ein schlecht sitzender Schuh.

Stellt sich noch die Frage, ob man wasserdichte Schuhe braucht. Hier muss jeder für sich selbst entscheiden. In der Regel läuft man ja bei trockenem Wetter, und Bachdurchquerungen gibt es eher selten. Natürlich kann man vor allem in den Bergen von Regenschauern und Gewittern überrascht werden. Doch ob sich deswegen die Anschaffung von wasserdichten Schuhen lohnt, ist eher fraglich.

Mancher Trailläufer verzichtet sogar komplett auf Trailschuhe und läuft mit normalen Straßenschuhen auf den Trails. Bei trockenen Verhältnissen und nicht allzu anspruchsvollen Wegen ist das in der Regel überhaupt kein Problem, vor allem, wenn die Steigungen nicht zu extrem sind. Hier spielt natürlich auch die läuferische Erfahrung und die Trittsicherheit eine Rolle. Denn in der Regel fühlt man sich in Trailschuhen sicherer und man hat mehr Kontrolle.

Dieses Mehr an Kontrolle zahlt sich vor allem dann aus, wenn man müde wird und die Kraft nachlässt. Deshalb verlangen viele Veranstalter das Tragen von speziellen Traillaufschuhen, denn bei Wettkämpfen gehen viele Teilnehmer an ihr persönliches Leistungslimit.

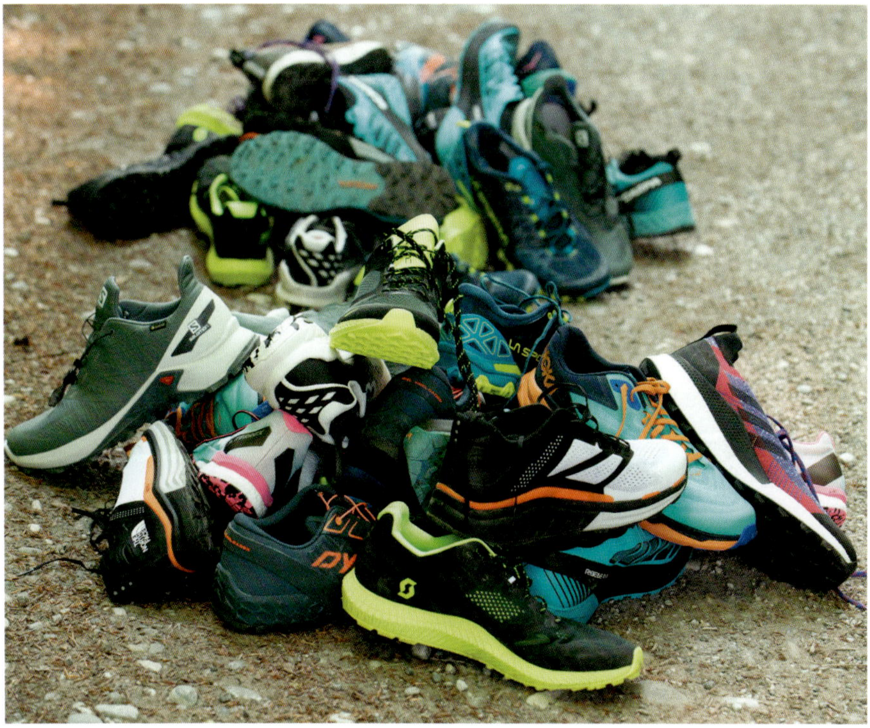

Neben den Schuhen ist auch Regenbekleidung und wärmende Kleidung vorgeschrieben. Regenbekleidung gehört mittlerweile bei nahezu allen Traillaufveranstaltungen zur Pflichtausrüstung. Und selbst wenn diese nicht vom Veranstalter verlangt wird, sollte man im Zweifelsfall immer eine Regenjacke im Laufrucksack oder im Laufgürtel verstaut haben. Dies gilt nicht nur für Wettkämpfe, sondern auch für das Training. Denn es gibt für einen Trailläufer kaum ein wichtigeres Utensil als eine wasserdichte und winddichte Regenjacke. Im Extremfall kann allein dieser Ausrüstungsgegenstand lebensrettend sein, wie man im Mai 2021 auf tragische Weise erfahren musste.

Beim Yellow River Stone Forest 100k in China wurden die knapp 100 Teilnehmer eines Ultratraillaufs von einem Sturm mit Eisregen überrascht. 21 Läuferinnen und Läufer starben binnen weniger Minuten. Der eiskalte Wind mit Böen um 100 Kilometer pro Stunde und die Mischung aus Regen und Hagel kühlte die Körper der nur mit kurzen Hosen und T-Shirts bekleideten Athleten in Minutenschnelle aus.

In diesem Zusammenhang muss noch auf folgende Problematik aufmerksam gemacht werden. Warten Sie nicht bis zur letzten Sekunde damit, sich die Regenjacke überzustreifen. Vor allem im Wettkampf tendieren einige Athleten dazu, Kälte und Regen möglichst lange zu ertragen, in der Hoffnung, der Regen werde vielleicht bald wieder aufhören. Sie erhoffen sich dadurch, Zeit zu sparen. Schließlich muss man zum Anziehen der Regenjacke stehen bleiben und verliert so wertvolle Sekunden oder Minuten.

Doch wer zu lange wartet, ist unter Umständen gar nicht mehr in der Lage, die Regenjacke mit seinen vor Kälte steif gewordenen Fingern anzuziehen. Ziehen Sie deshalb die Regenkleidung im Zweifelsfall lieber zu früh an. Genauso sollten Sie im Zweifelsfall immer eine Regenjacke einpacken.

Denn nicht selten startet man bei schönstem Wetter zu einem mehrstündigen Trailrunabenteuer und der Wetterbericht hat keinerlei Gewitter oder Regen vorhergesagt. Doch plötzlich türmen sich dunkle hohe Wolken auf und Sie befinden sich mitten in einem Gewitterregen. Wer nun eine dieser ultraleichten Regenjacken mit dabeihat, die nur sehr wenig Platz im Rucksack einnehmen, kann beruhigt weiterlaufen.

Eine wasserdichte Regenhose ist vor allem dann wichtig, wenn große Temperaturunterschiede zu erwarten sind. Also vor allem im alpinen, hochalpinen Gelände, wo durchaus Temperaturunterschiede von 15-20 Grad Celsius möglich sind. Hier ist es sinnvoll, auch seine Beine vor Kälte und Regen zu schützen.

Mit einer Regenjacke und Regenhose haben Sie auch fast schon den Ausrüstungsgegenstand „Wärmekleidung" erfüllt. Die Veranstalter des ZUT empfehlen aber noch zusätzlich eine isolierende Zwischenschicht zwischen Regenbekleidung und der Haut. In diesem Zusammenhang noch ein Tipp für Ihre persönliche Ausrüstung.

Packen Sie sich, vor allem bei langen Touren, ein Wechsellaufshirt ein und verpacken Sie dieses in einer wasserdichten Tüte. Diese Tüte schützt das Shirt nicht nur bei Regen vor dem Nasswerden, sondern auch vor Ihrem eigenen Schweiß. Meist schwitzt man am Rücken, dort, wo der Laufrucksack anliegt. Diese Feuchtigkeit arbeitet sich nicht selten bis zum Rucksackinhalt vor. Wenn man sich dann oben am Gipfel auf ein trockenes T-Shirt freut, erlebt man keine böse Überraschung.

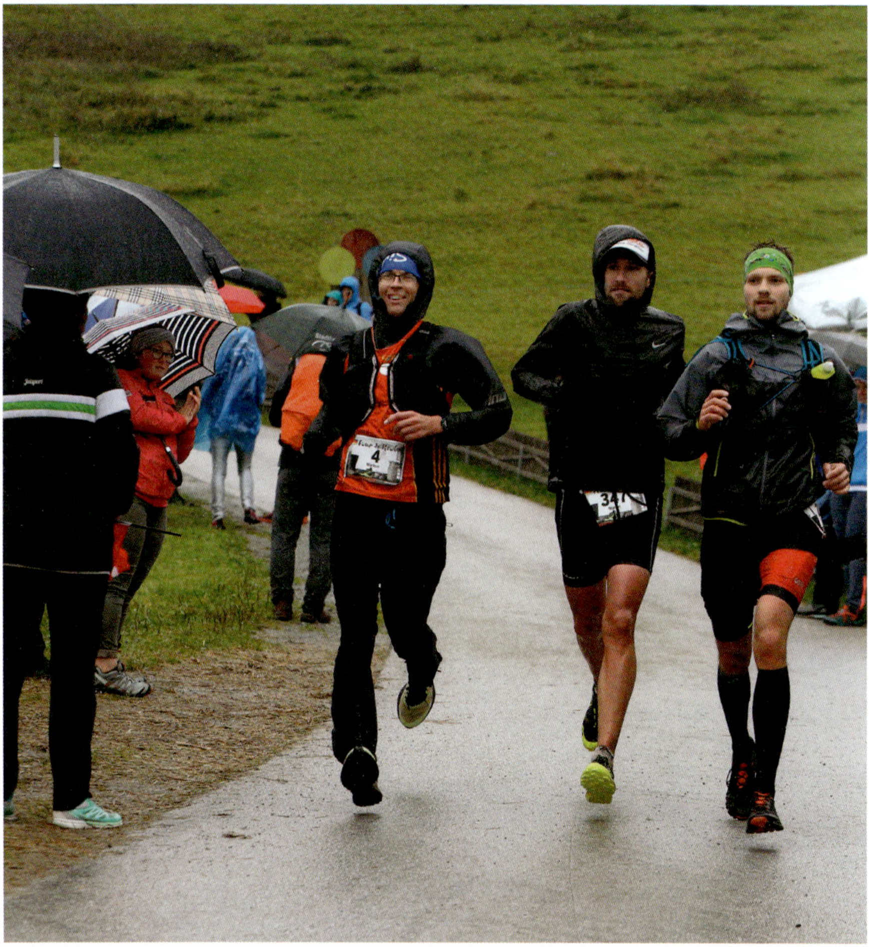

Man sollte immer gut vorbereitet für schlechtes Wetter sein.

Stellt sich nun die Frage, ob man für das Trailrunning spezielle Laufkleidung braucht. Die Laufindustrie meint ja. Immer mehr Hersteller haben spezielle Trailrunningshorts im Angebot, die mehrere Taschen enthalten, um das Handy, Gels oder andere Gegenstände zu verstauen. Auch Trailrunningshirts gibt es mittlerweile. Hier darf jeder selbst entscheiden. Ob man wirklich spezielle Trailrunningshorts braucht oder doch lieber einen Laufrucksack oder Laufgürtel verwendet, ist Geschmackssacke.

11.2 RUCKSÄCKE, GÜRTEL UND FLASKS

„Es ist eine Wohltat, ein Läufer zu sein, der alleine draußen unterwegs ist, ohne dass dir ein anderer deine Laune verdirbt oder dir sagt, was du zu tun hast."

(aus *Die Einsamkeit des Langstreckenläufers* von Alan Sillitoe)

Um sämtliche Ausrüstung verstauen zu können, empfiehlt sich ein Laufrucksack. In diesen passt nicht nur die Pflichtausrüstung, sondern auch noch jede Menge Proviant. Beim ZUT ist der Rucksack selbst Teil der Pflichtausrüstung, schließlich gibt es sonst fast keine andere Möglichkeit, die vielen Ausrüstungsgegenstände auf die lange Reise durch das Wettersteingebirge mitzunehmen.

Bei den Laufrucksäcken gibt es minimalistische Varianten, die mehr einer Laufweste mit Taschen ähneln. Es gibt aber auch Laufrucksäcke mit richtig viel Stauraum, die sich aber trotzdem sehr gut dem Läuferkörper anpassen und beim Laufen kaum bis gar nicht stören. Mittlerweile haben viele Hersteller auf die anatomischen Besonderheiten von Männern und Frauen reagiert und haben geschlechtsspezifische Kollektionen auf den Markt gebracht.

Zudem gibt es Laufrucksäcke in verschiedenen Größen. Deshalb muss man Laufrucksäcke, genauso wie Schuhe oder Kleidung, unbedingt vorher probieren. Denn nichts ist unangenehmer als ein scheuender, ständig wackelnder Laufrucksack, der beim Laufen als störend empfunden wird.

Beim Kauf eines Laufrucksacks sollte man sich zudem bereits im Vorfeld Gedanken darüber machen, ob dieser eine Trinkblase enthalten soll. Trinkblasen sind extrem praktisch. Von dieser führt ein Schlauch mit Mundstück nach vorne zum Mund, sodass man mit einem Handgriff sofort etwas trinken kann. Ein Nachteil ist die Reinigung, vor allem, wenn man kohlenhydrathaltige Getränke eingefüllt hat. Diese gestaltet sich oftmals sehr kompliziert und erfordert viel Geduld und Arbeit.

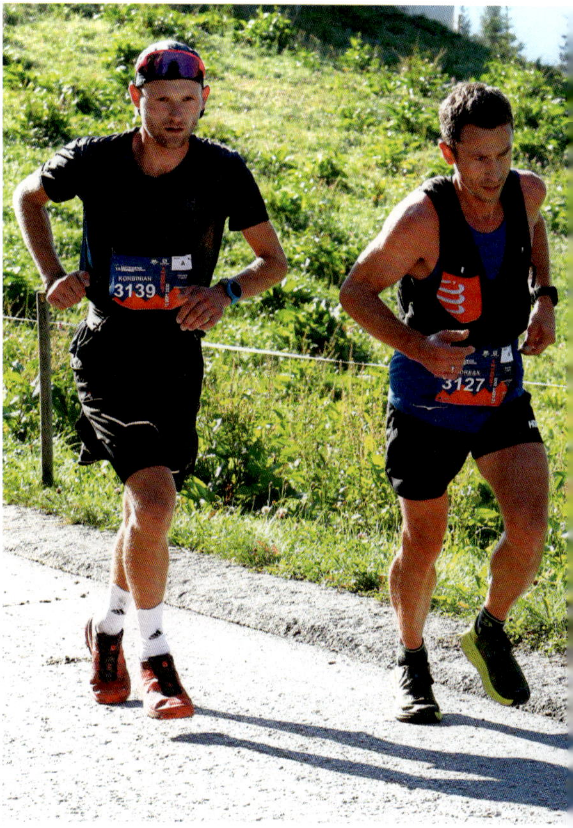

Die deutschen Spitzenläufer Korbinian Lehner und Andreas Schindler beim Mayrhofen Ultraks 2020. Lehner läuft mit Laufgürtel, Schindler vertraut auf einen Laufrucksack.

Ein Laufrucksack eignet sich also vor allem für lange Touren, bei denen man nicht nur einiges an Ausrüstung, sondern auch Wasser und Proviant mitnehmen muss. Bei kürzeren Touren oder dem täglichen Training ist ein Rucksack aber teilweise überdimensioniert. Hier reicht in den meisten Fällen ein Laufgürtel. Hier kann man sein Handy, ein paar Energiegels oder -riegel, den Schlüssel und eventuell sogar eine Regenjacke problemlos verstauen.

Der Vorteil des Gürtels liegt darin, dass der Oberkörper besser die Wärme abgeben kann und nicht so sehr schwitzt. Selbst eine kleine Trinkflasche mit 250 Milliliter Wasser lässt sich in so einem Gürtel verstauen, ohne dass dieser dabei verrutscht. Die Laufgürtel gibt es ebenfalls in verschiedenen Größen.

Natürlich lässt sich in einem Gürtel deutlich weniger Flüssigkeit verstauen als in einem Laufrucksack. In einem Laufgürtel könnte man nur schlecht einen gefüllten Wasserbehälter mit einem Liter unterbringen. Man kann aber durchaus den von den Veranstaltern des ZUT als Pflichtausrüstung geforderten leeren Wasserbehälter mit einem Liter Fassungsvermögen unterbringen.

Denn seit einigen Jahren gibt es von verschiedenen Herstellern die sogenannten *Flasks*. Diese aus Kunststoff hergestellten Trinkflaschen können im leeren Zustand so zusammengedrückt werden, dass sie in der Hand eines Erwachsenen verschwinden. Meist gibt es sie für 250 oder 500 Milliliter Flüssigkeit. In den modernen Laufrucksäcken gibt es diverse Halterungen für die Flasks, sodass diese schnell greifbar und so verstaut sind, dass sie beim Laufen möglichst wenig stören.

In der Pflichtausrüstung für den ZUT wird neben dem Wasserbehälter mit einem Liter Fassungsvermögen noch explizit ein Trinkbehälter erwähnt. Dieser ist bei nahezu allen Veranstaltungen mittlerweile mitzuführen, da an den Verpflegungsstationen keine Trinkbecher mehr aus Umweltschutzgründen zur Verfügung gestellt werden. Hier empfiehlt sich ein Trinkbecher aus flexiblem Kunststoff, der auf wenige Kubikzentimeter Packmaß zusammengedrückt werden kann.

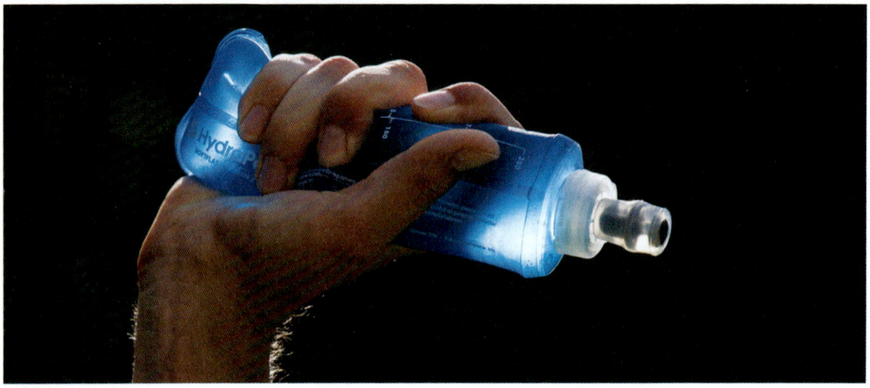

Praktisch und leicht verstaubar. Diese Trinkflaschen gibt es von verschiedenen Herstellern.

11.3 GPS-UHR UND NOTFALLAUSRÜSTUNG

„Je mehr ich laufe, desto mehr will ich laufen und desto mehr lebe ich ein Leben, das geprägt, beeinflusst und bestimmt vom Laufen ist. Und je mehr ich laufe, desto sicherer bin ich mir, dass ich meinem wahren Ziel näherkomme: der Mensch zu werden, der ich bin."

(George A. Sheehan, USA, Läufer, Arzt und Autor)

Ein weiteres verpflichtendes Element ist die Notfallausrüstung. Die Veranstalter des ZUT listen dabei explizit auf, was in der Notfallausrüstung enthalten sein muss:

1 x Kompresse, 10 cm × 10 cm
2 x Verbandspäckchen
2 x Handschuhe
1 x Dreieckstuch

4 x Wundpflaster
Notfallpfeife
Blasenpflaster
Rettungsdecke

Bevor Sie nun in die nächste Apotheke rennen, um dies alles einzukaufen, besuchen Sie einfach Ihren Sportfachhändler Ihres Vertrauens. Dort gibt es spezielle für den Bergsport bzw. für das Trailrunning hergestellte Erste-Hilfe-Päckchen, die die oben genannten Utensilien so oder in ähnlicher Weise enthalten. Diese Päckchen sind sehr klein und kompakt und können problemlos im Rucksack verstaut werden. Einzig die Notfallpfeife ist meist nicht enthalten. Diese ist aber mittlerweile in vielen Laufwesten oder Rucksäcken integriert.

Wer nun glaubt, darauf verzichten zu können, sollte sich immer wieder vor Augen führen, dass man sich bei vielen Trailläufen einige Kilometer von der gewohnten Infrastruktur entfernt befindet. Zudem ist das Gelände für Rettungskräfte teilweise sehr schwer zu erreichen, sodass man mitunter Stunden auf seine Rettung warten muss. Wer hier keine Rettungsdecke dabeihat, kann sehr schnell auskühlen. Und wer ganz alleine außerhalb eines Wettkampfs unterwegs ist und sich vielleicht verläuft, der kann sich mit seiner Notfallpfeife bemerkbar machen und so gefunden werden.

Natürlich kann zur Ortung auch immer das Handy verwendet werden. Doch vor allem in tiefen Schluchten oder weit abgelegenen Gegenden in den Bergen ist der Handyempfang schlecht bzw. sogar gar nicht vorhanden. Für den ZUT bzw. bei fast allen Traillaufveranstaltungen gehört das Mobiltelefon zur Pflichtausrüstung. Die ZUT-Organisatoren verlangen zudem, dass die Telefonnummer des Rennarztes im Handy gespeichert ist, um im Notfall diesen zu verständigen. Auch für das Training empfiehlt es sich, das Mobiltelefon mitzuführen. Zudem sollte man vor jeder Tour irgendjemandem Bescheid geben, wo und wie lange man ungefähr unterwegs sein wird.

In diesem Zusammenhang muss unbedingt auch erwähnt werden, dass man sich vor einer mehrstündigen Tour über das Gelände und die Strecke selbst informieren sollte. Dies gilt auch für einen Wettkampf, bei dem die Strecke ja meistens markiert ist. Denn trotz dieser Markierungen ist die Möglichkeit relativ hoch, doch einmal die falsche Abzweigung zu nehmen. In der Hektik des Wettkampfs, und vor allem unter dem Einfluss der schwindenden Kräfte und abnehmenden Konzentration, sind schon viele Teilnehmer einfach geradeaus gelaufen, anstatt z. B. links abzubiegen.

Bis man seinen Fehler bemerkt, können durchaus mehrere Minuten vergehen. Mancher Trailläufer merkt eventuell erst nach mehreren Kilometern seinen Fehler und muss nun den Weg zurück zur richtigen Strecke finden. In den meisten Fällen kann hier die GPS-Uhr helfen. Viele der hochmodernen Alleskönner verfügen über Kartenmaterial, mit dessen Hilfe man sich orientieren kann.

Aus diesem Grund ist z. B. beim ZUT das Tragen einer solchen Uhr Pflicht. Außerdem muss die Strecke auf der Uhr abgespeichert sein. Wer noch analog unterwegs ist, muss beim ZUT eine Karte in Papierform mitführen.

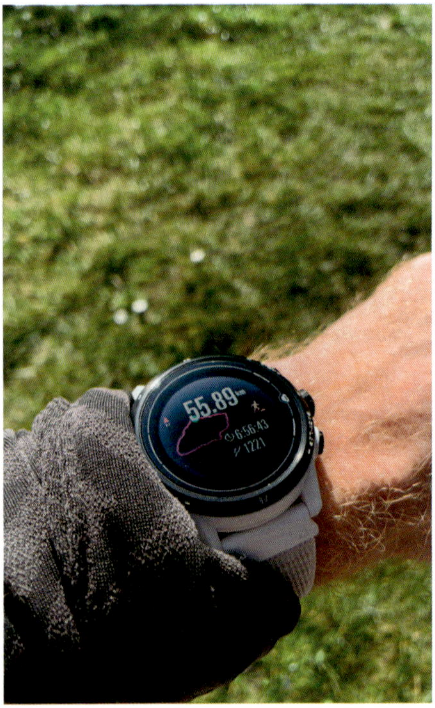

Man kann eigentlich allen angehenden Trailläufern nur empfehlen, sich eine GPS-Uhr mit integriertem Kartenmaterial zuzulegen. Ob man diese dann bei jedem Lauf oder jeder Wanderung auch benutzt, ist eine andere Frage. Aber alleine schon zur Sicherheit ist so ein Alleskönner sehr hilfreich. Denn dort, wo kein Handyempfang ist, das Handy als Navigationshilfe also ausfällt, funktioniert die GPS-Uhr immer noch und kann einen zurück zum Start oder zum Ziel navigieren.

GPS-Uhren sind für Trailläufer ein unerlässlicher Ausrüstungsgegenstand.

11.4 STÖCKE UND ANDERE HILFREICHE AUSRÜSTUNG

„Gib dein Geld für Dinge aus, die du für Geld kaufen kannst. Nutze deine Zeit für die Dinge, die du nicht für Geld kaufen kannst."

(Haruki Murakami, japanischer Autor und Läufer)

Neben der obligatorischen Pflichtausrüstung, die im Übrigen wenige Minuten vor dem Start des ZUT stichprobenartig vom Veranstalter überprüft wird, gibt es noch eine Reihe weitere Ausrüstungsgegenstände, die man bei einem Traillauf brauchen kann.

Dazu gehören z. B. Stöcke. Viele Trailrunner schwören darauf. Vor allem bei langen, kräftezehrenden Anstiegen können die Stöcke die Beine entlasten (siehe Kap. 6.1). Außerdem geben sie einem im technisch schwierigen Gelände mehr Sicherheit. In Kap. 6.1 und in Kap. 7 wird ausführlich über den Einsatz der Stöcke im Gelände berichtet.

Wer sich Stöcke anschaffen möchte, sollte darauf achten, dass die Stöcke nicht höher als Brusthöhe sind, am besten zwischen Bauchnabel und Brust. Sehr praktisch sind faltbare Stöcke, die man im Laufrucksack verstauen bzw. an diesem befestigen kann, wenn man sie einmal nicht braucht. Viele Hersteller verkaufen mit den Stöcken auch spezielle Handschuhe, da die Reibung zwischen der Grifffläche und den Händen oftmals zu Blasen oder wunden Stellen führen kann.

Blasen und wunde Stellen sind vor allem für Trailläufer ein nicht zu unterschätzendes Problem. Aufgrund der langen Distanzen und der mitzuführenden Ausrüstung werden einige Hautpartien extrem in Anspruch genommen. Um hier vorzubeugen, empfiehlt sich der Einsatz von speziellen Cremes, die die Reibung reduzieren. Nehmen Sie zudem Blasenpflaster mit, wenn Sie ganz lange Touren planen oder wissen, dass Sie für Blasen an den Füßen anfällig sind. Denn bei Trailläufen gelangt recht schnell Dreck oder Wasser in die Schuhe, was die Gefahr für Druckstellen oder schmerzhafte Blasen steigen lässt.

Vergessen Sie außerdem nicht, sich ausreichend vor der Sonne zu schützen. Das Traillaufen wird in vielen Gegenden vor allem im Sommer durchgeführt, da dann das Wetter in den höher gelegenen Regionen besser ist und die Wege gut zu belaufen sind. Eine Kappe, Sonnencreme und Sonnenbrille sind hier fast schon zwingende Ausrüstungsgegenstände.

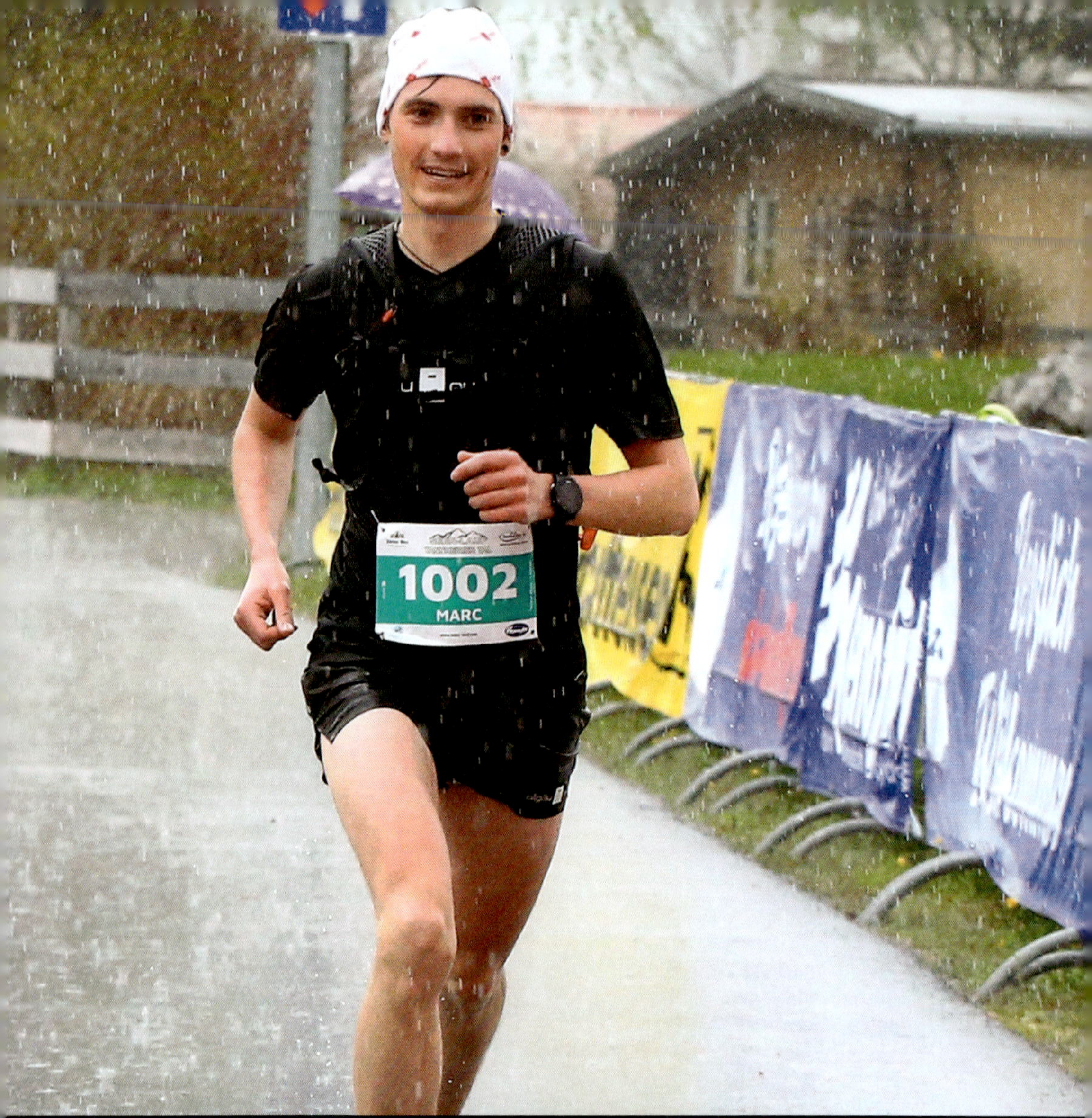

12

DER WETTKAMPFTAG

Der große Tag ist gekommen. Es sind nur noch wenige Stunden bis zum Start. Das Training der vergangenen Monate soll heute Früchte tragen. Man ist nervös, angespannt, aber auch gleichzeitig freut man sich auf das bevorstehende Ereignis. Der Fokus richtet sich spätestens jetzt voll und ganz auf das Rennen.

Eigentlich kann jetzt nichts mehr schiefgehen. Doch an dem Wort „eigentlich" merkt man schon, dass durchaus noch einiges passieren kann, was diesen Tag nicht so perfekt werden lassen könnte, wie man es sich vorgestellt hat. Denn bei einem Traillauf selbst, aber auch im Vorfeld, ist teilweise mehr Planung notwendig als bei einem Straßenlauf. Diese fängt dabei bereits Monate vorher an.

12.1 DIE ANMELDUNG

„Most people run a race to see who is fastest. I run a race to see who has the most guts."

(Steve Prefontaine, US-amerikanische Laufikone, 1951-1975)

Bevor man mit der Trainingsplanung für ein Trailrunningevent beginnt, sollte man sich ausgiebig mit der Anmeldung und dem Anmeldeprozedere auseinandersetzen. Denn viele Trailläufe sind bereits innerhalb weniger Tage, manche sogar innerhalb weniger Minuten, ausgebucht. Dies bedeutet, dass man sich schon mehrere Monate vor dem Event anmelden muss. So ist z. B. für den Karwendelmarsch im österreichischen Scharnitz der Anmeldebeginn meist Anfang Dezember. Obwohl das Event erst im August stattfindet und es 2.500 Startplätze gibt, waren diese für 2020 innerhalb von 24 Stunden vergeben.

Auch die meisten Strecken beim ZUT sind innerhalb weniger Tage ausgebucht. Für einen der bekanntesten Bergläufe der Welt, den „Sierre-Zinal", startet die Anmeldung vier Monate vorher. An drei verschiedenen Tagen hat man die Möglichkeit, einen der begehrten Startplätze zu ergattern. Doch es reicht nicht, das Datum zu wissen. Man muss die genaue Uhrzeit an dem jeweiligen Tag kennen.

Denn wer sich nur fünf Minuten nach Anmeldebeginn registrieren möchte, hat keine Chance mehr auf einen Startplatz. So waren die Startplätze für 2020 innerhalb von fünf Minuten vergriffen. Danach hatte man nur noch die Möglichkeit, ein kombiniertes Hotelticket zu erwerben, bei dem man mit der Startnummer auch zwei Übernachtungen mitbuchen musste. Vor wenigen Jahren waren die 5.000 Startplätze bei Weitem nicht so schnell ausgebucht, doch die Nachfrage wird immer größer.

Mittlerweile sind viele Veranstaltungen, ob in Deutschland, Österreich oder in der Schweiz, extrem schnell ausgebucht. Deshalb sollte man sich spätestens im Oktober die Zeit nehmen, sich zu überlegen, an welchen Veranstaltungen man teilnehmen möchte. Dann sollte man sofort herausfinden, wann die Anmeldung für das jeweilige Event startet.

Trotz akribischer Vorbereitung gibt es aber auch Veranstaltungen, bei denen man nicht so ohne Weiteres einen Startplatz bekommt. So gibt es Rennen, bei denen die Startplätze aufgrund der riesigen Nachfrage ausgelost werden (z. B. beim Traillaufklassiker „Zegama-Aizkorri" in Spanien). Es gibt aber auch Wettkämpfe, bei denen man bestimmte Voraussetzungen erfüllen muss, um überhaupt teilnehmen zu dürfen. Hier muss natürlich der UTMB (Ultra-Trail du Mont-Blanc) genannt werden. Dieses Trailrunningevent der Superlative rund um das Mont-Blanc-Massiv ist **das** Trailrunningevent schlechthin.

Wer hier starten möchte, muss im Qualifikationszeitraum eine bestimmte Punktzahl erreichen, die nur bei bestimmten Rennen erzielt werden kann. So musste man z. B. für die Ausgabe 2021 die Punkte zwischen dem 01.01.2018 und dem 31.12.2020 gesammelt haben. Man muss also schon zwei bis drei Jahre vor einem anvisierten Start in Chamonix genauestens planen, bei welchen Rennen es Qualifikationspunkte gibt. Dass diese Qualifikationsrennen ihrerseits ebenfalls sehr beliebt und teilweise früh ausgebucht sind, macht das Unterfangen nicht gerade leichter.

Neben der notwendigen Punktzahl benötigt man für den UTMB, aber auch für viele andere Rennen im Ausland, ein medizinisches Zertifikat. Man muss also rechtzeitig bei einem Allgemein- oder Sportmediziner einen Termin ausmachen. Im deutschsprachigen Raum wird ein solches Zertifikat allerdings fast nie gebraucht.

Diese frühe Festlegung auf bestimmte Rennen und Distanzen hat natürlich einen großen Nachteil. Wer weiß schon im Spätherbst, ob man im Sommer des nächsten Jahres überhaupt fit ist? Oder ob man auch wirklich an besagtem Termin Zeit haben wird. Verletzungen oder private Verpflichtungen können eine Teilnahme verhindern. Zudem ist es gar nicht so unwahrscheinlich, dass Rennen aufgrund des Wetters abgesagt oder zumindest verkürzt werden müssen.

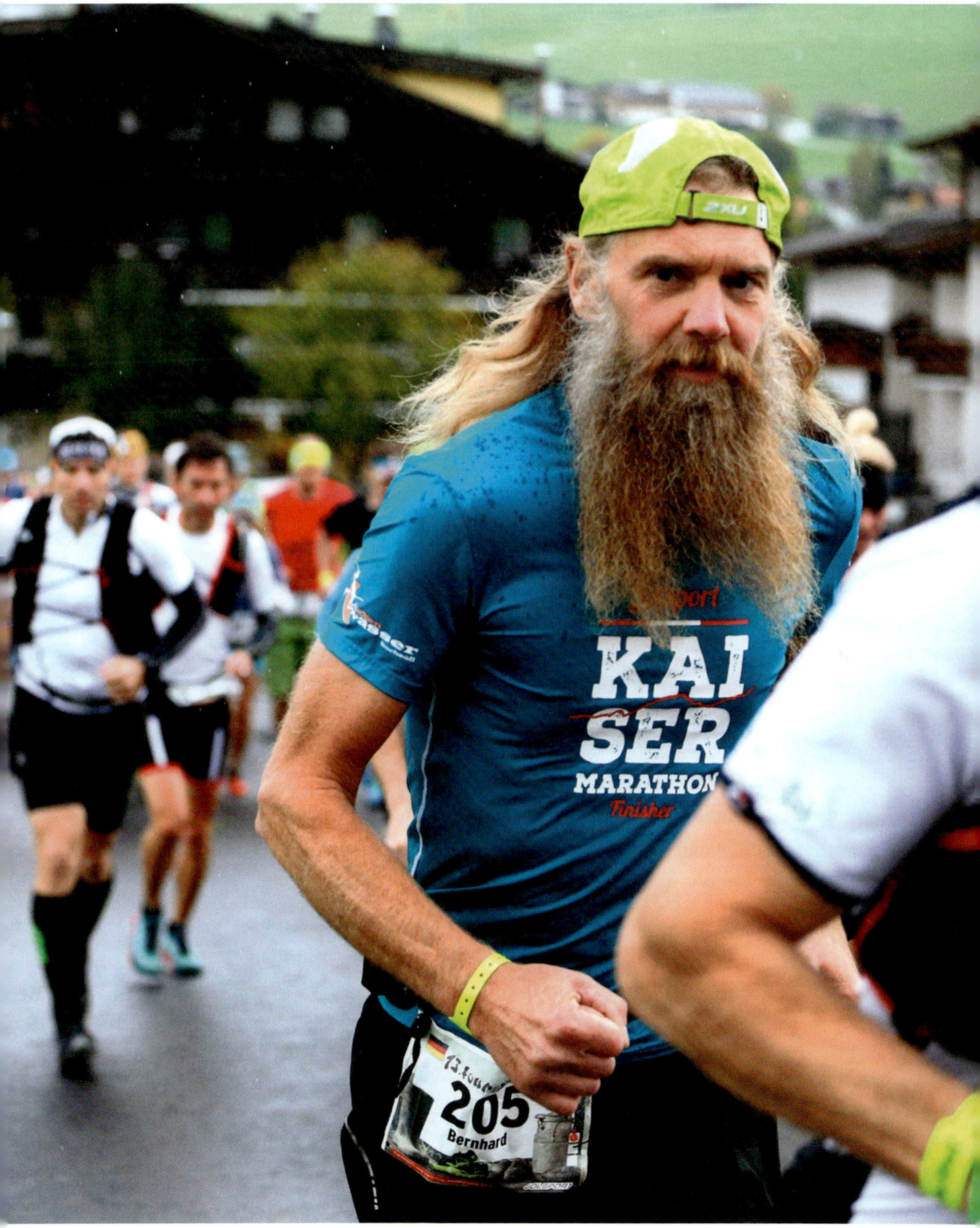
2XU
KAI
SER
MARATHON
Finisher
205
Bernhard

Aus diesem Grund ist es empfehlenswert, sich sicherheitshalber für das eine oder andere Rennen zu viel anzumelden. So ist man in der Traillaufsaison flexibler. Dieses Vorgehen kostet natürlich relativ viel Geld, schließlich rufen die Veranstalter mitunter hohe zweistellige oder niedrige dreistellige Eurobeträge auf. Doch mittlerweile bieten viele Veranstalter an, dass man seinen Startplatz in einer Startbörse an andere weitergeben kann. So hält sich der finanzielle Verlust in Grenzen.

Umgekehrt kann natürlich jemand, der keinen Startplatz für sein favorisiertes Rennen bekommen hat, so noch an einen Startplatz kommen. Manche Veranstalter bieten zudem die Möglichkeit eines flexiblen Startplatzes an. Denn man muss sich ja bei der Anmeldung für eine bestimmte Distanz entscheiden. Schließlich gibt es bei vielen Veranstaltungen oftmals von der Kurz- bis Ultradistanz unterschiedliche Streckenlängen. Mit einem flexiblen Startplatz kann man bis wenige Tage vor Startschuss die Streckenlänge wählen.

Bei vielen Trailläufen gibt es sogenannte *Cut-off-Zeiten*. Diese Zeit gibt an, wie lange man maximal für das Rennen brauchen darf. Sollte man länger als diese Vorgabe brauchen, wird man disqualifiziert und nicht mehr in die Ergebnisliste aufgenommen. Das Ziel ist geschlossen. Damit die Veranstalter besser planen können, gibt es auch bei vielen Rennen Zwischenzeiten, die man erfüllen muss. Vor allem bei längeren Distanzen wird alle paar Kilometer eine Zwischenzeit genommen. So werden frühzeitig die Teilnehmer aussortiert, die sehr wahrscheinlich die Zeitvorgabe im Ziel nicht schaffen würden.

Für viele Trailläufer ist zu Beginn ihrer Traillaufkarriere diese Cut-off-Zeit das Ziel schlechthin. Studieren Sie also genau die Ausschreibung, nicht dass Sie aufgrund eines zu vorsichtigen Starts gleich bei der ersten Zwischenmarke aus dem Rennen genommen werden.

12.2 STRECKENCHECK UND BRIEFING

„Versuche nicht, den Fortschritt zu schnell zu erzwingen. Denke dran – ein Schritt vorwärts, wie klein er auch immer ist, ist ein Schritt in die richtige Richtung."

(Kara Goucher, USA, WM-Zweite 2007 über 10.000 Meter)

Wie bereits in Kap. 9.1 beschrieben, ist die Streckenkenntnis für den Trainingsplan von großer Bedeutung. Von noch größerer Bedeutung ist natürlich die Streckenkenntnis für den Wettkampf selbst. Wer die Strecke und die Gegebenheiten vor Ort kennt, erspart sich am Wettkampfwochenende nicht nur unnötigen Stress. Darüber hinaus wird das Risiko des Verlaufens minimiert. Man muss keine unnötige Energie für das Finden des richtigen Weges verschwenden und man fühlt sich einfach sicherer.

Wer also die Möglichkeit hat, sollte bereits im Vorfeld die komplette Strecke oder auch nur Abschnitte ablaufen bzw. abgehen. Verbinden Sie dies mit einem Kurzurlaub. So können Sie auch gleich in Erfahrung bringen, wo Sie am Wettkampfwochenende eventuell übernachten können, wo man die Startnummern abholen kann usw. Außerdem kann man eventuelle Betreuer oder Begleiter besser anweisen, wie diese zu bestimmten Streckenabschnitten gelangen.

Viele Streckenabschnitte sind bei Trailwettkämpfen nicht mit öffentlichen Verkehrsmitteln oder dem Auto erreichbar. All das kann und sollte man nicht erst am Rennwochenende klären. Denn am Wettkampftag (und am Tag zuvor) sollte man sich auf das Wesentliche, nämlich auf das Laufen, konzentrieren.

Selbst wenn man sich mit aller Akribie auf den Wettkampf vorbereitet hat, sollte man dem sogenannten *Briefing* nur in Ausnahmefällen fernbleiben. Das Briefing ist sogar bei manchen Veranstaltungen Pflicht. Entweder findet es 30-60 Minuten vor dem Start statt oder auch teilweise bereits am Vorabend. Hier informiert der Veranstalter die Teilnehmer über die Strecke, das Wetter, die Pflichtausrüstung und andere wichtige Details.

Nicht selten wird im Briefing bekannt gegeben, dass die Strecke aufgrund von Schnee, umgestürzten Bäumen, Erdrutschen oder anderen Gründen verändert werden muss, so geschehen beim ZUT 2019. Damals mussten die beiden längsten Distanzen (103 Kilometer und 82 Kilometer) kurzfristig auf 64 Kilometer verkürzt werden, was den Teilnehmern erst am Vorabend mitgeteilt werden konnte. Grund dafür waren Wetterwarnungen vor Gewitter am späten Nachmittag des Wettkampftages. Den Veranstaltern war das Risiko zu groß, schließlich wären viele Läufer zu diesem Zeitpunkt gerade am höchsten Punkt der Strecke gewesen.

Außerdem wird beim Briefing oftmals verkündet, ob man wirklich die gesamte Pflichtausrüstung mitnehmen muss. Vor allem bei hochalpinen Rennen werden von den Organisatoren Mütze und Handschuhe als Pflichtausrüstung gefordert. Sollte der Wetterbericht für den Wettkampftag allerdings Temperaturen von deutlich über 20 Grad Celsius vorhersagen und das Gewitterrisiko bei null Prozent liegen, dürfen mitunter Handschuhe und Mütze im Tal gelassen werden.

Manchmal gehen die Veranstalter sogar so weit, dass sie kurzfristig sogar Regenkleidung und wärmende Kleidung streichen. Es lohnt sich also meistens, dass Briefing nicht auszulassen, selbst wenn es am Vorabend stattfindet. Außerdem lernt man dort neue Leute kennen, sieht altbekannte Gesichter und bekommt vielleicht noch einen Tipp von Läufern, die schon des Öfteren bei diesem Event mitgelaufen sind.

12.3 DIE (TRAININGS-)WOCHE VOR DEM WETTKAMPF

„Man lebt, um mitzumachen, nicht um zuzuschauen."

(Kathrine Switzer, USA, Pionierin des Frauenlaufsports)

In der letzten Trainingswoche vor einem Wettkampf heißt es, Ruhe bewahren. Im Training sollte der Umfang deutlich heruntergefahren werden. Die letzte harte Trainingseinheit sollte 4-5 Tage vor dem Rennen stattfinden, wobei diese kürzer ausfallen sollte als in den Wochen zuvor. In den letzten 10-14 Tagen vor dem Wettkampf sind lange Dauerläufe tabu. Auf lange und schnelle Downhills sollte in der letzten Trainingswoche verzichtet werden. Diese würden die Muskulatur nur unnötig belasten und das Risiko erhöhen, am Wettkampftag nicht in Topform zu sein.

Auch wenn es Sie noch so sehr in den Beinen juckt, sollten Sie sich von schwierigen und anspruchsvollen Trails fernhalten. Kommen Sie bitte auch ja nicht auf die Idee, am Vortag des Rennens die halbe Strecke abzulaufen oder vielleicht sogar die ganze Strecke abzuwandern. Ihr Körper braucht jetzt Ruhe. Ernähren Sie sich wie gewohnt, wobei es ruhig ein paar mehr Kohlenhydrate als sonst sein dürfen. Reduzieren Sie, falls möglich, den Stress im Alltag und Beruf.

Behalten Sie den Wetterbericht im Auge, um dementsprechend Ihre Wettkampfkleidung auszusuchen. Überprüfen Sie noch einmal die Liste mit der Pflichtausrüstung und packen Sie schon einmal alles zusammen, was Sie für den Wettkampf brauchen. Gehen Sie noch einmal Ihre Verpflegungsstrategie sowie Ihre Renntaktik durch.

Bleiben Sie gelassen. Denn wer zu nervös ist, macht schneller Fehler. Außerdem kann die Nervosität auf den Magen schlagen. Wer in der Vergangenheit hiermit Probleme hatte, kann es mit autogenem Training versuchen. Sagen Sie sich immer, dass es „nur" ein Trailrunningwettkampf ist, bei dem Sie vor allem eins haben wollen: Spaß.

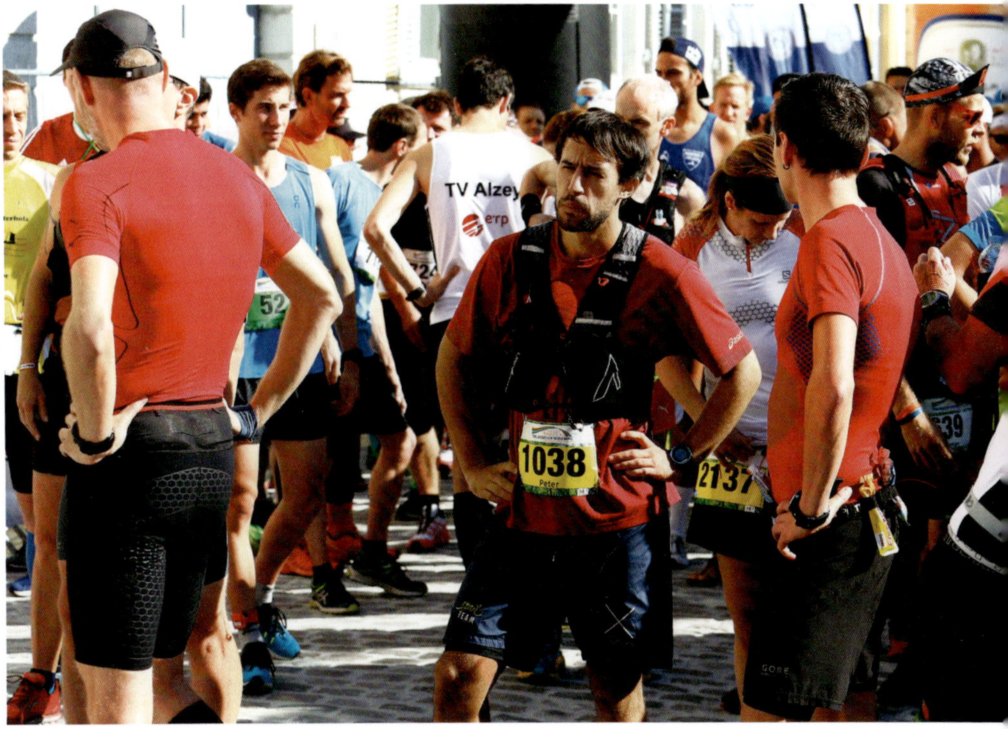

Am Start herrschen oft Anspannung und Nervosität.

12.4 AM WETTKAMPFTAG

„Stärke wächst nicht aus körperlicher Kraft – vielmehr aus unbeugsamem Willen."

(Mahatma Gandhi, indischer Freiheitskämpfer und Nationalheld)

Stellen Sie sich den Wecker mindestens 3-4 Stunden vor dem Start. Das ist genug Zeit, um den Kreislauf in Schwung zu bringen und noch einmal ordentlich zu frühstücken. Da bei Trailrennen der Start meist sehr früh ist, ist es durchaus möglich, dass Sie bereits um 4 oder 5 Uhr aufstehen müssen. Sie brauchen aber deswegen nicht am Vorabend bereits um 18 oder 19 Uhr zu Bett gehen. Gehen Sie zur für Sie gewohnten Uhrzeit ins Bett.

Seien Sie rechtzeitig am Start. Das ist mitunter gar nicht so einfach zu organisieren, da bei einigen Trailwettkämpfen Start- und Zielort nicht identisch sind. Meist bieten die Veranstalter dann einen Shuttleservice an. Informieren Sie sich bitte rechtzeitig im Vorfeld und reservieren Sie sich gegebenenfalls einen Platz.

Je nach Streckenlänge bzw. Wettkampfdauer sollten Sie sich ein wenig aufwärmen. Sollte die Wettkampfdauer unter zwei Stunden liegen, ist ein normales Warm-up mit 10-15 Minuten lockerem Traben empfehlenswert. Dazu noch 2-3 Steigerungsläufe im Wettkampftempo, dann können Sie in den Startbereich gehen. Sollte der Wettkampf deutlich länger dauern, können Sie eventuell auf das Aufwärmen verzichten.

Hier sollte aber jeder Athlet selbst im Vorfeld seine Routine entwickeln. Im Startbereich sollte man sich entsprechend seiner Fähigkeiten platzieren. Nach dem Startschuss heißt es dann, Ruhe bewahren und nicht zu schnell zu starten. Man sollte seinen eigenen Rhythmus finden und sich seinen Platz im Läuferfeld suchen.

Danach heißt es: Geben Sie Ihr Bestes und genießen Sie das Rennen.

Das Rennen ist vorbei. Sie haben Ihr Ziel erreicht und sind glücklich, aber erschöpft. Dieses Gefühl ist mit nichts zu vergleichen.

ANHANG

1 DANKE AN DIE COMMUNITY

Was wäre Trailrunning ohne Fotos? Natürlich wäre es immer noch eine der schönsten Nebensachen der Welt. Doch ohne die oft eindrucksvollen Bilder würde dem Trailrunning eine wichtige Facette fehlen. Deshalb sind in diesem Buch viele beeindruckende Aufnahmen, die nicht nur Läufer, sondern auch wunderschöne Landschaften zeigen.

Der Großteil der Fotos stammt dabei von meiner Frau Conny. Ihre Aufnahmen sind fantastisch. Sie hat ein einmaliges Gespür für den richtigen Moment und die perfekte Komposition. Ihre Landschaftsaufnahmen, die man auf Instagram bewundern kann, sind grandios.

Ich möchte ihr danken für die vielen Tage und Stunden, die sie mit mir bei Wettkämpfen, bei Trainingseinheiten, FKT-Versuchen und den vielen Fotoshootings für dieses Buch verbracht hat. Sie hat immer Verständnis für meine zeitraubende Leidenschaft und unterstützt mich immer und überall. Ohne sie wäre dieses Buch nicht möglich gewesen. Alleine für das Covershooting haben wir sieben Stunden gebraucht.

Auf dem Cover sind Sascha und Martin zu sehen, beide Vollblut-Trailläufer, die ich seit einiger Zeit mit Trainingsplänen versorgen darf. Vor allem Sascha möchte ich danken, der mir wertvolles Feedback zu vielen Kapiteln gegeben und mich auf einige Ideen gebracht hat. Stundenlang haben wir uns über einzelne Inhalte unterhalten, das Ergebnis davon ist nun für alle zu lesen.

Auch Martins Feedback war extrem hilfreich, genauso wie die Rückmeldung von Fabian, der als begeisterter Trailläufer regelmäßig Spenden sammelt.

Großer Dank gebührt auch Hugo. Der mehrfache deutsche Marathonmeister in verschiedenen Altersklassen hat das Buch aus der Sicht eines Straßenläufers unter die Lupe genommen.

Ramona und Sharon, zwei Läuferinnen, die ich seit 15 Jahren auf der Straße und der Bahn betreuen darf, möchte ich auch danken. Stundenlang liefen sie auf dem Weg zwischen Heimgarten und Herzogstand, um das perfekte Foto zu erhalten. Gemeinsam mit Andreas und Michael, die seit fast 20 Jahren bei mir trainieren, haben sie sich zudem für das mehrstündige Fotoshooting für die Kraft- und Sprungübungen zur Verfügung gestellt.

Großer Dank gebührt auch Birgit und Marcus, die mir ein paar Aufnahmen für dieses Buch überlassen haben. Hier wurde wieder einmal der große Zusammenhalt innerhalb der Trailrunning-Community deutlich. Marcus, selbst begeisterter Trailläufer, zögerte keine Sekunde, als ich ihn nach den Fotos fragte. Genauso positiv war die Reaktion der vielen anderen Läufer, die auf den diversen Fotos zu sehen sind.

Ausdrücklich bedanken möchte ich mich an dieser Stelle noch einmal bei Hannes und Lukas für die tollen Skitourenfotos und natürlich auch bei Moritz. Das macht die Traillauf-Community aus. Hier gibt es keine Berührungsängste zwischen Spitzenläufern und den ganz „normalen" Trailläufern. Es ist eine große Gemeinschaft, die sich ganz einer wundervollen Sache verschrieben hat.

2 LITERATURVERZEICHNIS

Giovanelli, N., Ryan Ortiz, A. L., Henninger, K. & Kram, R. (2016). Energetics of vertical kilometer foot races; is steeper cheaper? *Journal of Applied Physiology, 120,* 370-375. https://doi.org/10.1152/japplphysiol.00546.2015

Giovanelli, N., Sulli, M., Kram, R. et al. (2019). Do poles save energy during steep uphill walking? *European Journal of Applied Physiology, 119*, 1557-1563. https://doi.org/10.1007/s00421-019-04145-2

Minetti, A. E., Moia, C., Rio G. S., Susta, D. & Ferretti, G. (2002). Energy cost of walking and running at extreme uphill and downhill slopes. *Journal of Applied Physiology, 93*, 1039-1046.

Pöhlitz, L. & Valentin, J. (2015). *Trainingspraxis Laufen – Beiträge zum Leistungstraining.* Aachen: Meyer & Meyer Verlag.

Van Dijk, H. & Van Vegen, R. (2017). *Das Geheimnis des Laufens.* Aachen: Meyer & Meyer Verlag.

Viribay, A., Arribalzaga, S., Mielgo-Ayuso, J., Castañeda-Babarro, A., Seco-Calvo, J. & Urdampilleta, A. (2020). Effects of 120 g/h of carbohydrates Intake during a mountain marathon on exercise-induced muscle damage in elite runners. *Nutrients 2020, 12* (5), 1367; https://doi.org/10.3390/nu12051367

Abonnieren Sie unseren kostenlosen Newsletter unter **www.dersportverlag.de**

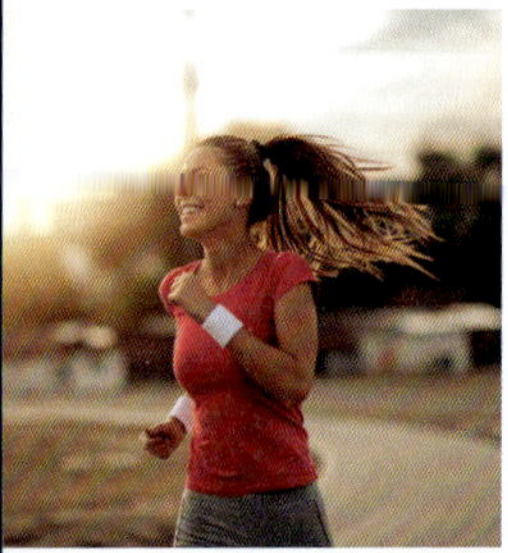

RUND UMS LAUFEN

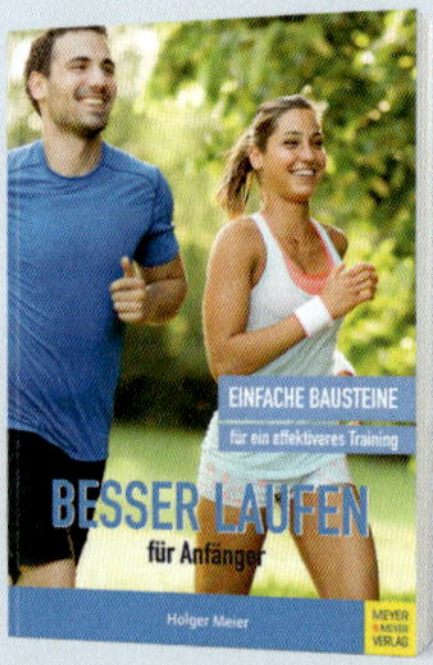

ISBN 978-3-8403-7748-8
€ [D] 20,00/[A] 20,60

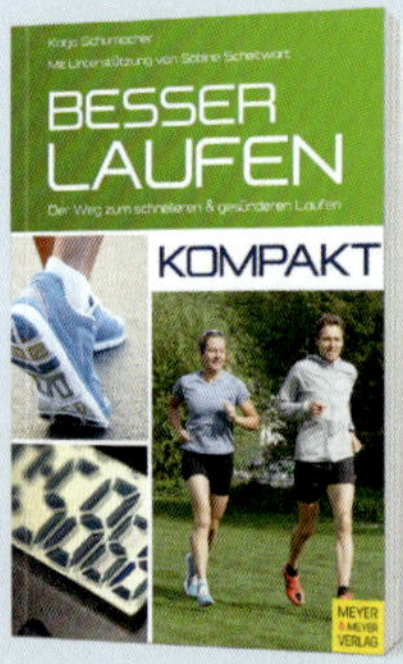

ISBN 978-3-89899-878-9
€ [D] 9,95/[A] 10,30

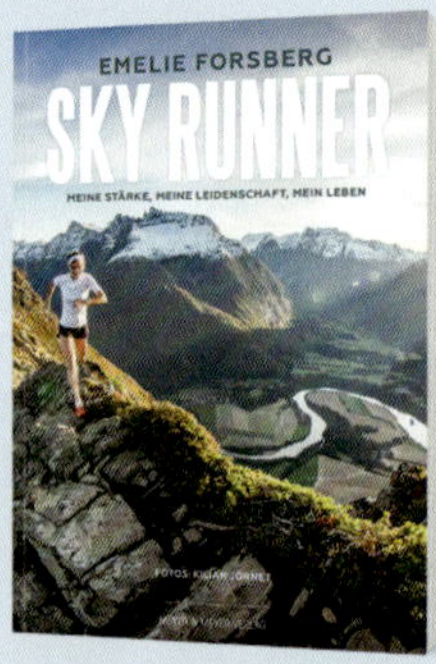

ISBN 978-3-8403-7633-7
€ [D] 25,00/[A] 25,70

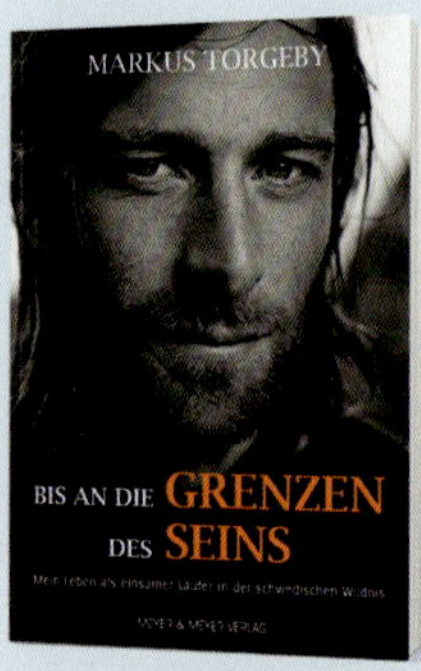

ISBN 978-3-8403-7607-8
€ [D] 14,95/[A] 15,40

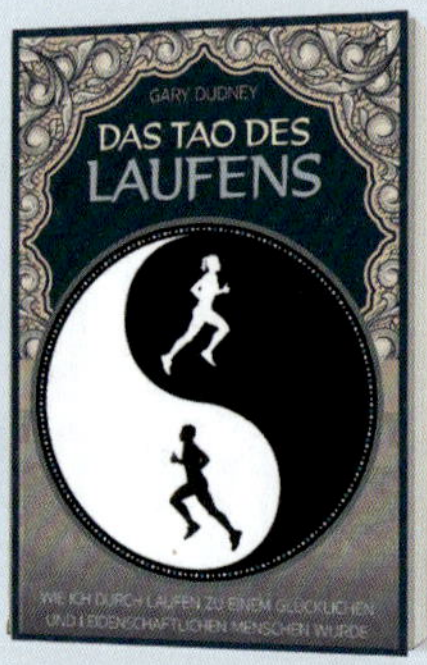

ISBN 978-3-8403-7560-6
€ [D] 16,95/[A] 17,50

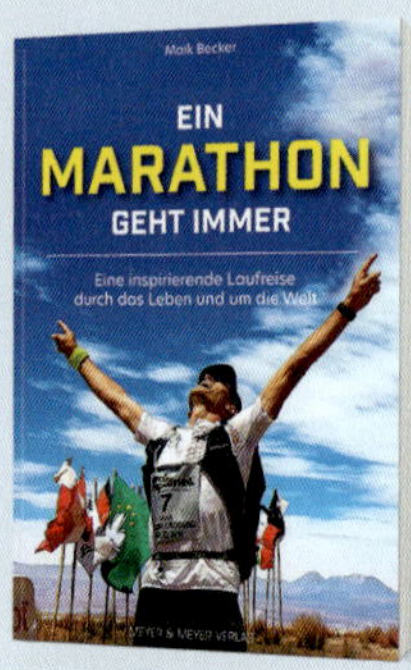

ISBN 978-3-8403-7795-2
ca. € [D] 18,00/[A] 18,50

MEYER
& MEYER
VERLAG

MEYER & MEYER Verlag
Von-Coels-Str. 390
52080 Aachen

Telefon 02 41 - 9 58 10 - 25
Fax 02 41 - 9 58 10 - 10
E-Mail vertrieb@m-m-sports.com
Website www.dersportverlag.de

BESSER LAUFEN

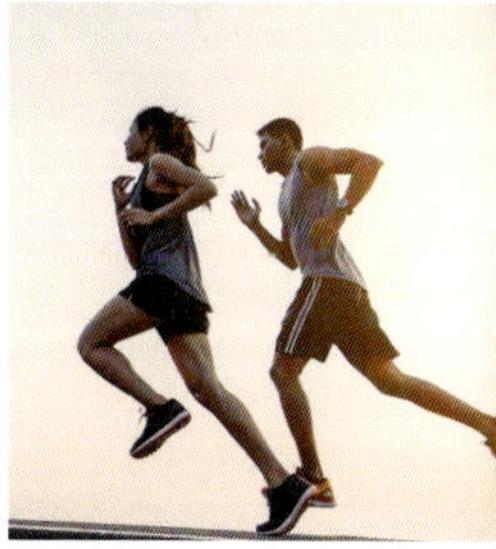

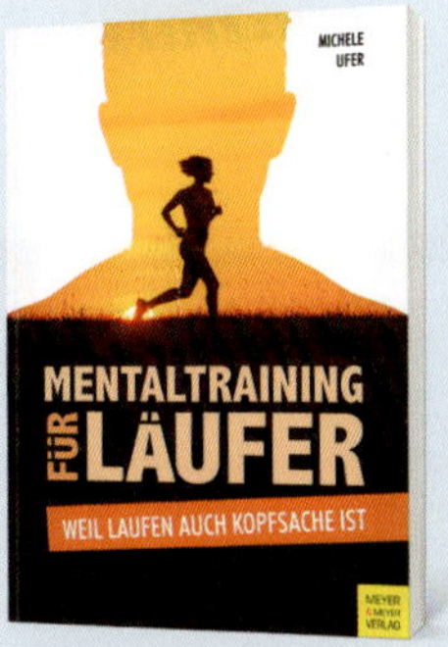

ISBN 978-3-89899-926-7
€ [D] 19,95/[A] 20,60
2. Auflage

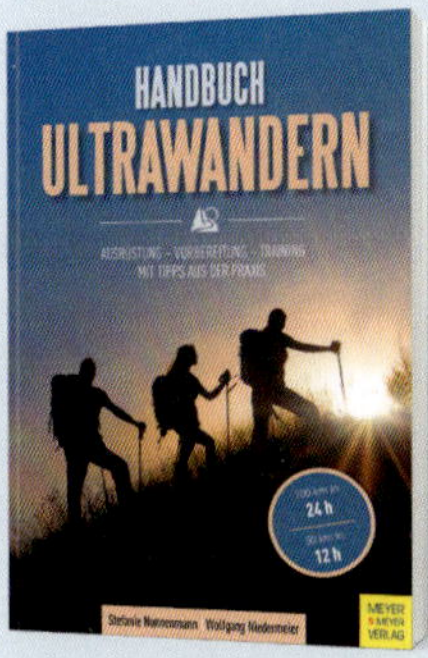

ISBN 978-3-8403-7746-4
€ [D] 24,00/[A] 24,70

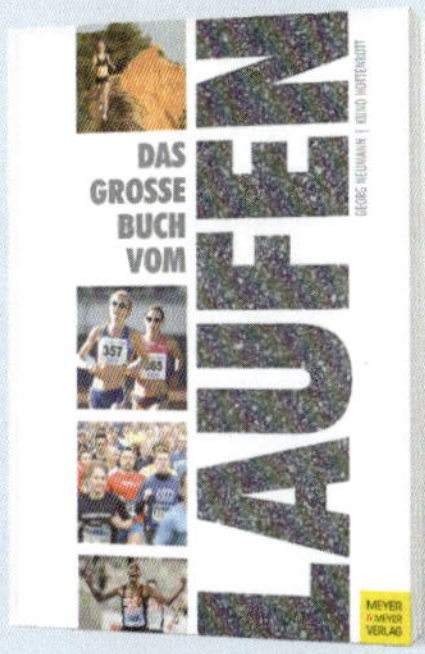

ISBN 978-3-89899-924-3
€ [D] 29,95/[A] 30,80

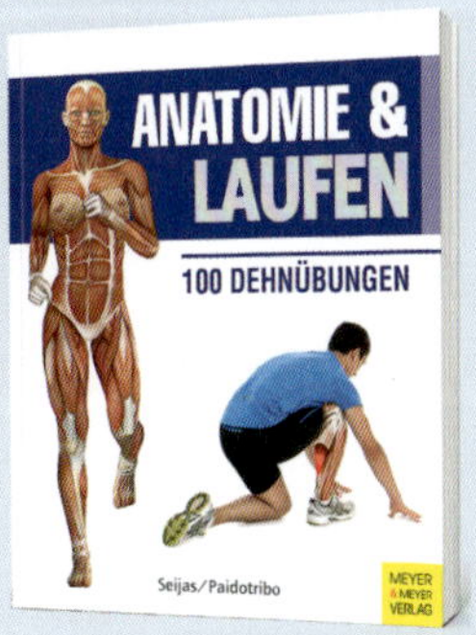

ISBN 978-3-89899-940-3
€ [D] 22,95/[A] 23,60

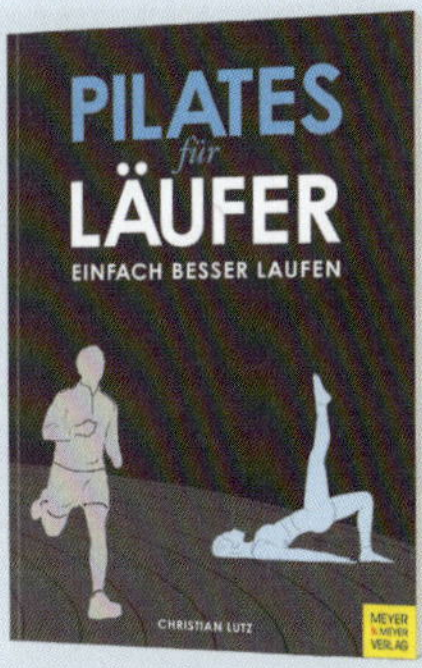

ISBN 978-3-8403-7730-3
€ [D] 22,00/[A] 22,70

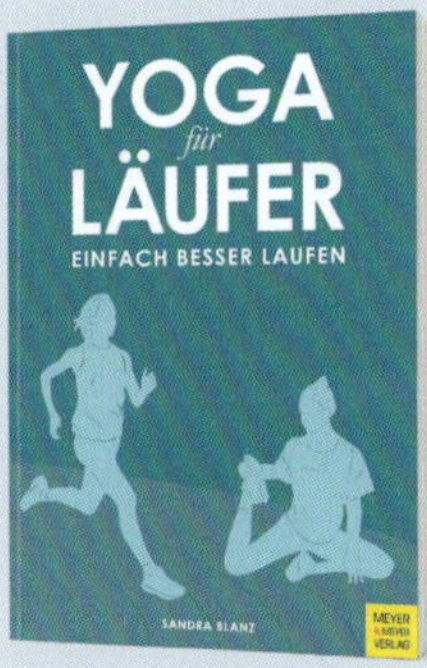

ISBN 978-3-8403-7729-7
€ [D] 22,00/[A] 22,70

MEYER & MEYER Verlag
Von-Coels-Str. 390
52080 Aachen

Telefon 02 41 - 9 58 10 - 25
Fax 02 41 - 9 58 10 - 10
E-Mail vertrieb@m-m-sports.com
Website www.dersportverlag.de

MEYER & MEYER VERLAG

3 BILDNACHWEIS

Coverfoto: Conny Lechner-Brennauer

Covergestaltung: Katerina Georgieva

Innenlayout: Katerina Georgieva

Satz: www.satzstudio-hilger.de

Fotos Innenteil:

Adrian Niski: Seite 11, 254

Birgit Gelder: Seite 19, 119, 200, 213, 250, 265

Conny Lechner-Brennauer: Seite 9, 13, 14, 17, 18, 21, 23, 24, 25, 27, 28, 30, 32, 33, 34, 36, 37, 38, 39, 40, 42, 43, 44, 45, 47, 48, 51, 52, 56, 62, 63, 64, 68, 78, 80, 81, 83, 84, 85, 86, 88, 89, 91, 93, 94, 95, 96, 98, 101, 102, 104, 105, 108, 110, 111, 114, 115, 117, 122, 124, 125, 128, 130, 131, 132, 137, 142, 143, 145, 146, 147, 148, 152, 155, 156, 158, 159, 160, 162, 165, 171, 173, 177, 179, 180, 182, 184, 185, 187, 190, 192, 193, 197, 199, 201, 204, 206, 214, 217, 219, 221, 223, 224, 226, 228, 229, 231, 234, 237, 238, 241, 257, 261, 262, 267, 269, 270, 274, 277, 281

Dynafit: Seite 150, 245

Marcus Haller: Seite 77, 113, 139, 166, 188, 195, 202, 230, 272

PLAN B: Seite 218, 239

Lektorat: Dr. Irmgard Jaeger